广告经典著作与理论发展导读

何平华　　主编

中国出版集团　东方出版中心

图书在版编目（CIP）数据

广告经典著作与理论发展导读 / 何平华主编. 一上
海：东方出版中心，2023.12
　　ISBN 978-7-5473-2327-4

　　Ⅰ. ①广… Ⅱ. ①何… Ⅲ. ①广告学 Ⅳ.
①F713.80

　　中国国家版本馆CIP数据核字（2024）第000903号

广告经典著作与理论发展导读

主　　编　何平华
责任编辑　钱吉苓
封面设计　钟　颖

出 版 人　陈义望
出版发行　东方出版中心
地　　址　上海市仙霞路345号
邮政编码　200336
电　　话　021-62417400
印 刷 者　昆山市亭林印刷有限责任公司

开　　本　787mm×1092mm　1/16
印　　张　20
字　　数　420千字
版　　次　2023年12月第1版
印　　次　2023年12月第1次印刷
定　　价　98.00元

目 录

序论
经典阅读与传播视野下的
百年广告经典理论发展之我见

何平华

　　编撰这本教材的目的实际内含广告学的教与学、教学研究与理论研究两个层面的问题，因此我拟从两个层次及其关涉的四个小点展开谈谈，亦即"我国的广告学研究与广告学科发展""我国广告教育现状与经典阅读""传播视野下百年广告经典理论发展"和"本书的编撰特色"。尤其是前面三个命题，实际上是互相联系、互为影响的关系，对此的深入了解也是读者诸君对本教材的价值意义、阅读目的和对编撰者的观点之基本认知。质言之，我以为当下中国广告学研究总体上"重术轻学"，理论建设滞后；在广告教学上则表现为"重实践课轻理论课"；在广告实践上则表现为"重引进轻创新"，教学、理论和实践的相互激荡，尤其是理论学术建设一环相对薄弱，对本身较为年轻的广告学学科发展带来不利影响。

一、我国的广告学研究与广告学科发展

　　此处对当下我国的广告学研究与广告学科发展不作系统深入细致的学术讨论。尽管目前我国广告学归属传播学一级学科下的二级子学科，众所周知我国传播学研究起点以1982年世界传播学创始人美国威尔伯·施拉姆来华访问为标志，但广告学的建立却始于20世纪20年代，几乎与现代广告学起源地美国不相上下。我在《中国广告》杂志（2020年第12期）发表《广告产业变迁与广告教育变革及理论建设刍议》，文中有一段引文，简要回顾我国广告学学科发展的历程：

　　我国高等教育发展史上，广告高等教育几与新闻学同步，学者考证我所在的华东师范大学前身私立大夏大学1924年其商科中便开设广告学课程，并列为"专系必修课程"，而至晚在1928年前便产生成建制的广告学系，堪为中国最早的广告学系，与世界广告高等教育产生历史不相上下

　　——路鹏程《民国时期上海大夏大学广告学系考述》，《国际新闻界》，2011年第3期，第87—93页

　　而20世纪上半叶中国战乱频仍，1949年新中国成立，与经济类相关的学科几欲退出舞台，20世纪60年代后，广告成为批判对象，完全退出日常生活，更谈不上理论研究，直至1983年厦门大学才成立新中国高等教育史上第一个广告专业，可见20世纪大部分时间内，中国广告发展步履蹒跚，学科及理论建设几乎停滞不前。改革开放40多年来，随着经济建设的飞速发展，中国广告业也迎来飞跃，已成为仅次于美国的世界第二大广告市场，广告教育和广告学研究取

得长足发展，据称国内开设广告学专业的高校有近400所，但学科大而不强、基础理论和创新理论建设不足，却也是事实。针对当下广告理论建设现状，我在上述文章中也专门谈了自己的看法：

毋庸讳言，我国广告理论建设总体上受制于我国广告业和广告高等教育的发展，与欧美发达国家比，而呈滞后性。改革开放40余年来，引进和翻译的国外（尤其是美国）广告学经典理论著作和教材依然是今天我国高校广告专业学生的主要学习和案头阅读书目。广告理论建设总体上落后于广告产业发展，尤其是对近20年来我国新媒体经济及广告发展缺乏深度理论回应，不能不说是一个大的遗憾，尽管早期不少广告高等教育建设探索者在广告理论知识启蒙教育方面，做了不少筚路蓝缕之工作。

个人以为我国广告理论建设至少在下述方面存在不足：

一是对40余年中国广告产业实践，尤其是近20年新媒体广告实践缺乏深度理论关照。众所周知，美国20世纪百年广告实践中，贡献了许多经典广告著作，尽管其中包含广告实践家的经验总结，但也不少是学者的专门研究著作。如第一本《广告心理学》，以及其后的《定位》《整合营销传播》等。而20世纪90年代中后期开始的新媒体广告运动，中国广告实践基本与欧美在同一起跑线上，今天我们网络广告实践和探索有些方面甚至超越了西方诸国。我们已然是世界第二大广告产业国，却没有向世界广告界和营销界贡献过哪怕一个有世界影响力的广告策略和创意理论。

二是广告理论研究整体观不足，缺乏打通中国古典广告、近代和现当代广告的宏观视野。我们过于关注当代广告，过于被当下广告实践所牵绊；我们的近代广告有丰富的文献资源，却缺乏深度而整体的挖掘；我们的古典广告信息广泛散见于各类文献史料中，缺乏甄别和钩沉。只有打通古今广告理论研究，建立广告文明纵深视野，才能尝试建立中国广告理论话语体系，发现中国广告文明特点。

三是支撑广告学元理论的周边学科对广告传播现象的理论研究深度不够，削弱了广告学理论基础。尽管40余年来心理学、营销学、美学、设计学、文化学、社会学、语言学等纷纷介入广告传播现象研究，但依然缺少公认的扛鼎之作。这也一定程度上影响到广告学的学科地位。

四是广告理论研究在"术"和"学"的两端，均未扎实地得以展开，尤其缺乏"学术性"，令广告学学科的合法地位频遭质疑。我们的广告理论研究初期，尽管经历过"案例赏析""作品赏析""案例编年""大事年鉴""史料汇编"阶段，但学科研究不能永远停留在这个阶段，我们需要加大对广告本体论、本质论、价值论、认识论的研究，以回应"中国特色"的学术界长久以来的偏见。一个令人啼笑皆非的现象是对广告本质论的认识，我们的学生却常常需要从西方文化批判学派的理论著述中去寻找。

可以说，我们的广告高等教育面临的危机一方面直接来自广告产业急剧变革的现实追打，另一方面也来自广告理论建设的严重滞后及对产业实践理论主动回应的放逐。不及时回应产业变革，则失去广告教育存在的目的；不重建广告理论则失去广告的专业属性和学科价值。

——《广告产业变迁与广告教育变革及理论建设刍议》，《中国广告》，2020年第12期，第24—25页（摘编）

　　我在此所指的广告基础理论建设不仅仅指偏于"术"层面的广告策划、广告创意、广告设计、广告媒介、广告管理类的介绍与普及读物，实际上几十年来这类出版物倒也十分繁荣与丰富，更指中观及宏观层面的广告理论建设，是确立专业本体性、学科主体性及学科属性的知识体系和理论体系建设。以《一个广告人的自白》等西方广告经典著作译介及港台著述引进为例，尽管20世纪80年代初期已设立广告学专业高等教育，这类著作的大规模引进却是90年代末21世纪初，较具知名度的策划组织出版机构竟是一家民营广告书店"龙之媒书店"，到今天国有出版机构、大学出版机构仍未形成以广告学术类为特色的出版品牌；国内对经典广告传播理论回顾发展研究最早的著作应是2002年武汉大学张金海教授所著的《20世纪广告传播理论研究》，今天来看该著是国内首次试图对20世纪西方广告经典传播理论发展建立历时性观照视角，起到筚路蓝缕的先导研究作用，但总体而言，尚嫌疏阔。近20年来，学界对陆续引介的广告经典理论缺乏扎实的理论跟进研究，仅出现许正林主编的《西方广告学经典著作导读》（郑州大学出版社，2009年）和左晶主编的《西方广告经典》（知识产权出版社，2013年），这两本著作偏向资料汇编，具有工具书特色作用。近40年来，西方广告原典被积极引进，也引起市场追捧，但学界及理论界对原典的诠释、疏解却付之阙如，理论研究的基础工作没有得到扎实开展；此外，虽称西方广告经典，其实绝大多数是对美国广告和营销类著作的译介。鉴于此，我在2006年开始为华东师范大学我的第一届广告学硕士研究生开设"广告经典著作与广告理论史专题研究"课程，通过研究生课程教学，尝试对广告经典理论做一点基础性研究工作，课程持续了近十年时间。

二、我国广告教育现状与经典阅读

　　毫无疑问，广告基础理论建设研究得不到重视，直接体现在广告教学环节和课程设置环节，并对高质量学生培养产生直接影响。在中国，广告教育的确有分层培养体系，如职业技校、高等专科学校、一般本科院校和重点大学（发展中有不同称谓），但广告教育总体依然向实操靠拢，向技术倾斜，即使是今天所谓的"双一流"大学的课程设置，"术"的特色依然明显。然而，就我这些年的近距离观察，在中国广告及营销界具有创新性、引领性并卓有成就者，往往是来自传统文、史、哲学科领域的毕业生，这的确是一个特殊现象。以我所在的华东师范大学为例，毕业后的学生中产生了一个杰出的"广告人"群体：分众传媒的创始人毕业于中文系，蜘蛛网的创始人毕业于哲学系，观池广告的创始人毕业于体育系，焦点品牌的创始人毕业于哲学系……

　　我曾就我国广告教育的"学"与"术"问题，于2013年专门撰文阐释过，这一教育倾向在顶尖学校今天有所改观，但仍未得到根本改变，讨论依然有其现实意义：

　　高校广告教育的"术化"有其现实根源。第一个原因便是改革开放30年来，我国迈上了一个以经济建设为中心的快车道，技术教育强化、人文教育弱化主导整个社会风潮。长期以来，业界人士不断批评广告教育与实践严重脱节。他们指责刚走出校门的学生难以达到企业的用人标准。他们要求毕业生操作能力强，走上工作岗位后，无须培训就能为其所用。在他们眼中，高校广告教育最大的目的就在于为广告公司输送人才。面对来自业界的批评，学界作出了过度的反应，转而追求高校广告教育与实务界实现"无缝对接"，希望能批量生产出适应业界需求的人才。这也部分涉及高校教师自身的问题。我国高校广告教育相对来说，起步较晚。在广告专业建立之初，大部分的广告学教师具有的都是其他相关学科的学术背景，譬如：中文、新闻、经济、美术设计等方面。他们多数缺乏在广告行业的从业经验，这造成了他们往往对业界的评价尤为在意。

其次，广告专业的定位在国内高等教育体系内还不甚明确。这也是造成"术化"倾向的重要传媒教育因素。现在，许多国内高校效仿美国将广告专业安置在新闻传播学院中，虽然形式一样，实质却是大相径庭。国内的高校还是更多地倾向于接受这样的观点：广告是一门与实践结合紧密的技巧，因此在本科教学过程中应注重对学生动手能力的培养，使其今后能够胜任在广告公司的具体工作。而美国则是"把广告教育重点集中于媒体和传播方面，使广告脱离了'术'而走上了'学'的道路，最终通过对广告课程科学性和原理性的加强，使这一专业得以顺理成章出现在高等教育体系中"。反观国内，尽管很多广告专业是在新闻传播院系中，但仍然难以脱去"术"的桎梏。

"术化"倾向直接导致的是对"学"的轻视，这带来的后果是学生综合素养的欠缺……几年前，丰田汽车广告、立邦漆广告和耐克广告均因涉及我国政治、宗教、文化传统等因素，而被人诟病，并对品牌产生负面效果，都与创意者的人文素养缺失有关。

严重的"术化"教育必然导致培养出来的学生成为一个"只见树木不见森林"的机器人，成为一个刺激反应的"植物人"，又怎能成为一个洞察社会、引领社会的领袖和精英……

广告教育的"术化"倾向带来的另一个严重后果是：广告教师的科研对象、科研项目和科研成果向应用研究靠拢，屈服于市场，甚至沦为企业和广告公司的项目外包基地，广告理论研究缺乏宏观理论视野，极少对整个社会重大关切问题作出深度理论回应，导致广告学科自我矮化，广告学科缺乏应有的学科尊严，这也许能理解为何这些年国家社科基金项目和教育部社科基金项目中广告学项目立项数量少之又少……

作为世界上广告教育起步最早也是最为发达的美国，其关于高校广告教育课程的设置不无启发，而它所走过的弯路也足以让我们以之为鉴。

有着"广告教育之父"美称的伊利诺伊大学教授桑德奇（Charles H. Sandage）认为广告专业学生的课程中，广告类的课程比重不应该超过12%。他指出某些技能方面的培训虽必不可少，但亦仅能视为一种解决问题的辅助手段。将学生"打磨抛光"是广告业界的任务。人们不应期望大学为企业培养技艺纯熟的工匠。在大学，我们所要做的是帮助学生建立起属于自己的"广告理念"，增强他们分析事物的能力，同时给予他们专业技能方面的足够培训，使他们今后能够适应广告业界……

不难发现，上述几所美国高等学府在广告教育中都极其重视对学生综合素养，尤其是人文素养的培养，而不仅仅局限在学生广告专业知识和专业技能的训练上。当然，美国高校的广告教育也并非历来如此，美国早期的广告教育有点类似于中国的现状，即偏重广告技能的培训，忽视理论素养的养成。显然，用这种职业培训化的手段培养出来的广告人是后劲不足的。美国广告教育界正是认识到这一弊端方才形成了如今注重培养学生综合素养的广告教育格局。美国高校广告教育从"术"到"学"的转变提醒着我们必须扭转我国广告教育当下的"术化"之风，并围绕着提升学生综合素养为中心进行课程设置。

　　——《广告教育的"学"与"术"——从课程设置角度看我国高校广告教育的"术化"倾向》，《新闻界》，2013年第22期，第66—69页

　　经典教育业已成为当下中国高等教育的总体趋势，各个学科都在课程设置上加强经典阅读，广告专业自不例外，既要阅读社会科学和自然科学经典，以丰富学生的综合人文、科学素养，更要加强学科及专业自身的理论经典学习，较之于偏向"术"层面的知识，经典理论则是系统性、本质性、规律性的知识体系，是"驭术"的理论。大约在五年前，我将为研究生开设的课程"广告经典著作与广告理论史专题研究"，下放到广告专业本科生专业必修课程设置体系中，课名改为"广告经典理论与著作选读"，这大概是在全国高校广告专业中较早进行的教学探索。一个学期下来，学生精读10本左右广告与营销经典著作，每本著作均要撰写读书笔记。华东师范大学广告学系本科毕业生的广告理论素养和专业知识厚度令人刮目相看，无论国内直升研究生还是国外名校考研，均有较强的竞争力；即使在职场上，校友认为课堂接受的专业理论素养培训对他们的业务竞争力也有莫大助益。

三、传播视野下百年广告经典理论发展

　　站在21世纪20年代初回望20世纪百年广告行业发展史走过的道路，你会发现这的确是一个极为有趣又激动人心的行业！没有任何一个服务性行业能像广告一样将整个社会的生产、交换、消费及意识形态像人体巨大的血管一样串联起来，它一端连着物质世界，一端连着精神世界。从19世纪中叶美国现代广告业发端迄今，这个行业吸引了无数才俊投身其中，一位位广告大师以他们的言行或著述影响着广大从业人员，并进而使产业发展深深烙下他们的思想印迹，从而形成广告流派、广告文化、广告观念、思想及知识体系，也使广告登堂入室，进入大学，形成专业和学科。因此广告理论发展史，直言之，是对产业产生实际影响力的大师学说、流派生成的发展史，是经典理论构成的发展史。

　　广告史的形成是多重力量作用下的结果，广告理论生成可以从经济学、营销学、社会学、美学等多重视角加以审视观照，我仍将广告回归到传播学本体论视野中予以简略考察，更能直观地发现经典广告理论及其发展所蕴含的传播逻辑和生成特征；广告"科学本质论"和"艺术本质论"至今依然相爱相杀，难分难解；一个世纪以来穿行其间的媒介发展、传播理论、营销理论、社会思潮甚至艺术思潮，则在其中起着或明或暗的杠杆作用，使各个理论呈现独特的文化光谱。

　　提及应掌握的广告经典著作，第一本当属20世纪初被誉为"应用心理学之父""广告研究之父"及"广告教育之父"的沃尔特·迪尔·斯科特（Walter Dill Scott）的《广告心理学》。其重大意义在于它是广告理论史上第一本广告心理学专著，斯科特博士第一次将心理学系统应用于广告活动研究中，确立了广告的科学基础，为此后的广告"科学本质论"打下了第一根树

桩，也为未来广告学学科地位的形成奠定了知识基础。应用心理学中的"注意、记忆、感觉、情感、暗示、了解、意愿、习惯"等基础概念和理论，被运用于对广告活动的观察；更值得注意的是"本能"这一精神分析学中的基础概念，也在广告分析中得到重视。19世纪中后期，美国广告文化进入"魔法与巫术"阶段，秘方药广告修辞和叙事以狂欢形象著称，而心理学的介入则配合了现代广告企业从此前广告的神话浪漫式夸大修辞，转而重视广告销售的物质承诺，广告修辞的科学叙事取向逐步占据主流。

斯科特以后广告心理科学成为广告策略、广告设计、广告媒介、广告调查等广告一切活动的基础理论。在此基础上，基础心理学之"精细加工模型论"、人本主义心理学之"需要层次论"、视觉心理学之"形象说服论"、文化心理学之"3B原则论"，堪称是广告心理科学之深化与发展。

第二本经典著作是阿尔伯特·戴维斯·拉斯克尔（Albert Davis Lasker）的《拉斯克尔的广告历程》。这是依美国广告史发展顺序而出现的第二本有影响力的著作。拉斯克尔被"现代广告教皇"大卫·麦肯锡·奥格威（David MacKenzie Ogilvy）称为"创造现代广告的六位巨人之一"，拉斯克尔的公司洛德暨托马斯广告公司（Lord & Thomas）是20世纪初美国现代广告公司经营典范，他培养了美国广告史上的另两位巨人肯尼迪和霍普金斯。选择该著，更着重于拉斯克尔关于广告公司的管理观念和理论，其广告公司管理观念的贡献主要体现在三点：一是正确理解广告代理公司与客户的各自角色，强调广告公司不能越俎代庖，提供本不该承担的附加服务；二是强调公司管理协调的重要性，且对广告人才培养十分重视；三是他认为广告公司也应懂得宣传自己，为自身做广告。

现代广告公司的经营管理理论及其发展作为广告理论的重要内容，并未得到国内学界的重视，甚至并未进入有些大学广告专业的课程体系。而实际上，广告公司的管理并非一个单纯的管理概念，一个多世纪以来西方广告公司文化的变迁，恰恰反映了广告服务内容、广告市场、广告媒介、广告受众等的变化，如早期媒介型公司、内容型公司、综合型公司、大型集团公司、创意热店的先后出现，广告管理理念与广告服务内容是一种相互生成的关系。拉斯克尔之后，包含奥格威在内，不少西方广告大师就广告管理理念发表过真知灼见。

第三本经典著作是克劳德·霍普金斯（Claude C. Hopkins）的《我的广告生涯·科学的广告》。霍普金斯是奥美广告创始人奥格威和恒美广告（DDB）创始人伯恩斯坦膜拜之人。该著作分为两部分，其中《科学的广告》部分第一次公开提出广告本质的"科学性"特征，提出21条广告科学原则，包括广告法则、推销思维、服务观念、邮购广告、标题、受众心理、诉求方法、艺术技巧、营销战略等，第一次使广告有了可操作的执行规范。霍普金斯是广告理论发展史上明确提出广告"科学本质论"的第一人，该著的相关内容实际涉及未来广告学的基本环节和运行要素：广告策划、广告创意、广告设计、广告媒介、广告受众与效果、广告市场等。

"科学本质论"的提出显然经历了早期心理科学的理论背书以及广告"硬性推销派"或"原因追究派"的理论启发，由此出发，20世纪50年代罗瑟·瑞夫斯才成为"科学派的集大成者"，此后60年代奥格威的品牌形象论、70年代的定位论、90年代的整合营销传播相继诞生，令"广告科学派"成为广告理论发展史上的主流理论，21世纪基于大数据及计算机算法基础上的数字营销与传播，则将"科学派"理论的科学性贯彻得更为彻底。

第四本著作为罗瑟·瑞夫斯（Rosser Reeves）的《实效的广告》。瑞夫斯被誉为"广告科学派旗手""科学派的集大成者"，国际知名4A公司达彼思广告创始人。他在书中提出的独特的销售主张理论（Unique Selling Proposition，USP理论）享誉全球广告和营销界，具体内容包括：其一，每则广告必须向消费者提出一个主张，即消费者购买此产品将会获得承诺的特定利益；其二，这一主张是具有独特性的，是品牌专有的特征或其他同类产品宣传时不曾提出或表现过的；其三，这个主张必须足够有利，能打动消费者并使其购买，或者可为企业带来新的消费者。其"科学性"可以概括为：以产品为基础，重视广告传播的客观性原则；以竞争为手段，重视广告传播的有效性原则；以销售为目的，重视广告传播的实用性原则。

USP理论实际上是一个动态发展的过程，此后达彼思公司还进一步将其分化延伸出情感的USP、品牌的USP以及观念的USP等主张。而之后的品牌形象论、品牌个性论、定位论、企业形象论、整合营销传播理论均能看到或多或少对USP理论的借鉴和延伸。

第五本著作选取了最具国际知名度的奥格威的《一个广告人的自白》。奥格威是当今国际知名4A公司奥美广告创始人，《一个广告人的自白》一书则被誉为"广告人的圣经"。奥格威在书中为广告行业相关的四个主体——广告公司经营者、广告主、广告从业人员、即将从业的年轻人提出了自己的精辟见解，其内容可以划分为管理论、创作论、价值论三个部分。

书中最有理论价值的部分即品牌形象论（Brand Image，BI理论），他也因此被誉为"品牌形象之父"。通过与USP理论的对照，品牌形象论从品牌形象（广告）的战略地位与意义、品牌形象的建设、品牌形象的维护三个层面，建构了品牌理论的基础框架。60年代品牌形象论的提出标志着广告理论历史发展的重大转变：广告传播从产品到品牌的转变，从产品功能到品牌形象的转变，从产品独特的功能到品牌形象独特个性的转变，从满足消费者的实际利益需求到满足消费者的心理感受的转变。品牌形象论为此后庞大的品牌学建立了基本理论框架；为品牌个性论、品牌识别论、企业形象识别论（Corporate Identity，CI理论）、定位论、整合营销传播论孕育了理论发生的种子。品牌形象论是一个介于广告"科学本质论"和"艺术本质论"之间的理论，兼具科学性和艺术性双重特征，"艺术本质论"此后分道扬镳，在广告大师伯恩斯坦、李奥·贝纳、韦伯·扬及乔治·路易斯的倡导下，走上另一条发展之路。

第六本著作选取了有"现代品牌之父""品牌资产鼻祖"美誉的戴维·阿克（David A. Aaker）"品牌三部曲"的第二部《创建强势品牌》。该著主要关注品牌识别系统的建立，对一些基本的品牌识别概念进行了阐述，为如何建立品牌识别系统打造了相关的方法论和体系。书中的很多观点如今都已经成为品牌识别系统领域中耳熟能详的基本概念。而其中最有理论价值的部分即系统化、模型化的"品牌个性论"（Brand Character，BI理论）。

阿克著作中的品牌个性维度表论述继承并整合了其女儿、学者詹妮弗·阿克（Jennifer L. Aaker）首次提出的品牌个性维度量表理论（Brand Dimensions Scales，BDS理论）。詹妮弗·阿克根据西方人格理论的"大五"模型，以个性心理学维度的研究方法为基础，以西方著名品牌为研究对象，发展了一个系统的品牌个性维度量表作为测量品牌个性的基本框架。她将114个个性特征应用于37个不同品类的品牌，由600多个美国人进行评分，最终测量出品牌个性的五大因子。经过阿克著作的传播后，品牌个性维度表在西方品牌个性论研究和实践中得到了广泛应用。

品牌个性论在奥格威的品牌形象论基础上发展为更加系统化、更具操作性和更加科学化的理论，此后还衍生出美国精信（Grey）广告公司的"品牌性格哲学"、日本小林太三郎教授的"企业性格论"；而品牌个性的测量方法在不同学者和不同国家得到相应的理论发挥。

第七本著作仍出自阿克的"品牌三部曲"——《品牌领导》。《品牌领导》是在"品牌三部曲"的第一部《管理品牌资产》和第二部《创建强势品牌》中对品牌资产和品牌识别展开详细论述的基础上，进一步探讨品牌识别核心概念、品牌架构、品牌和广告的关系以及经济全球化背景下的品牌管理策略。该著特别强调，品牌识别是品牌领导模式的核心。因此，阿克提出了一个全面的、可操作的"品牌识别规划模型"，包含三个步骤：战略性品牌分析、品牌识别系统和品牌识别执行系统。

戴维·阿克将"品牌识别"定义为品牌开发者试图创造或维持的一套独特品牌联想，它们代表了品牌的核心价值和对消费者的承诺；法国学者让·诺埃尔·卡普费雷则强调品牌识别"规定了品牌的独特性和价值的各个层面"；而德·彻纳东尼教授认为品牌识别是"代表一个品牌独特差异化的特征、目标和价值"。阿克的品牌识别理论比较全面地整合了品牌形象论、定位论和企业形象识别系统的核心观点，形成了更完整的品牌科学创建理论。

第八本著作是乔治·路易斯（George Lois）的《蔚蓝诡计》（*What's the Big Idea*）。路易斯被誉为"广告界的莽夫""麦迪逊大道上的疯子""麦迪逊大道的叛逆者"，其另一本著作《广告的艺术》（*The Art of Advertising*）被誉为"大众传播学的圣经"。选择《蔚蓝诡计》，乃因为通过该著能一窥广告"艺术本质论"之堂奥，它是美国广告艺术派之集大成者。

该著围绕"创意"展开，讨论了关于其从思考、洞察到产生、执行等环节中存在的问题与解决方法。同时，作者将自己对创意、广告的认识贯穿始终。全书分为"寻找大创意""酝酿大创意""执行大创意"三章，写作逻辑脉络清晰。"寻找大创意"体现了路易斯关于广告艺术本质论的核心观点。他讨论了一些常常为大众忽视的、基础但重要的问题。从广告的定义，到令无数广告人狂热的"大创意"，再到广告界流行的理论如"定位"等，通过对广告大创意的呈现特征和"广告科学派"赖以成立的基础，如战略定位、市场调研、营销趋势等命题的诘问，作者坚定地捍卫广告艺术本质论观点。

广告"艺术本质论"流派的草蛇灰线自现代广告创立以来，便与"科学派"针锋相对，并与之纠缠不清。且不说美国19世纪中期以来，广告叙事流行的"魔法与巫术"风格，20世纪20年代广告的"情感氛围派"，60年代奥格威的品牌形象论（被瑞夫斯评为"USP是诉求的哲学，BI是感受的哲学"），70年代韦伯·扬的"魔岛浮现论"，80年代的VI设计理论，至乔治·路易斯的横空出世，广告"艺术本质论"流派发展有着公认成功的经典案例和大师及其理论表述、言论。

第九本著作是杰克·特劳特（Jack Trout）和艾·里斯（Ai Eies）共同撰写的《定位》。《定位》被美国《广告时代》（*Advertising Age*）杂志评为"史上最佳营销经典"，奥格威盛赞"定位"是"有史以来对美国营销影响最大的观念"，二人也被誉为"定位之父"。

作为极具创见的品牌营销传播战略理论，该著的论证逻辑非常清晰。在考察商业发展历史环境和传播环境背景下，书中运用极大篇幅去论述定位论对于当今消费市场的重要性，即消费者的心智遭到了史无前例的信息轰炸，严重受到了广告信息的骚扰；定位即将信息简化，帮助企业能够通过一个聚焦的信息来更好地建立消费者认知，从而获得市场地位；同时他们还将定位论进行具象化，使之更加具备可实践性，提出了多种定位方法来帮助企业进行战术设计。

70年代定位论的出现实际上发展和融合了USP理论、品牌形象论、品牌个性论、品牌识别论的理论精髓，前者是后者的具体展开，后者是前者的理论融合与升华。定位是一种品牌和企业战略设计，这种设计又基于受者特定的消费习惯和心理：USP理论堪为品牌诉求定位，BC理论堪为品牌文化定位，CI理论堪为品牌视觉定位。

第十本著作为唐·E. 舒尔茨（Don E. Schultz）的《整合营销传播》（也译作《整合行销传播》）。1993年《整合营销传播》甫一出版，即风行世界，人称90年代是"整合营销传播时代"，舒尔茨也被誉为"整合营销之父"。

该著从整合营销传播产生的背景和认知心理基础出发，论述了成功的整合营销传播的必要条件，包括新的企划模式、策略和创意、佣金报酬制度的重整等方面，并探讨了如何测量效果和排除障碍等。"整合营销传播"的提出事实上是基于90年代以来市场变化、信息技术革命、文化心理认知的发展趋势，从企业主体、经营及营销主体、信息及传播主体、消费及接受主体、时空语境出发，构建的一个立体式、多方位、理想化的营销传播理论模式。其中"营销即传播，传播即营销"和"用同一种声音去传播"的命题，是理解舒尔茨营销传播思想的关键钥匙。

"整合营销传播"是一种试图融合营销理论、广告传播理论、企业管理、经营理论的综合性、理论性、理想性的学说，不可避免带有空想成分和实践缺陷，也有学者称之为"新世纪的新广告学"。

第十一本著作选取了伯德·施密特（Bernd H. Schmitt）的《体验营销》。作为在理论、咨询、培训及管理上不遗余力推广体验营销思想观念的理论家和实践家，施密特在国际和中国均具有较高声誉。除《体验营销》外，他还单独或与人合作撰写了《营销美学》《顾客体验管理：实施体验经济的工具》及《娱乐至上：体验经济时代的商业秀》。

施密特在书中指出：体验营销（Experiential Marketing）是站在消费者的感官（Sense）、情感（Feel）、思考（Think）、行动（Act）、关联（Relate）五个方面，重新定义、设计营销的思考方式。为此他提出对应的五种不同的战略体验模块（Strategic Experiential Modules，SEMs），以此来形成体验营销的构架；并要求重视作为体验营销执行工具的体验媒介。

我们应将施密特的"体验营销"视为"体验经济"宏观战略思想的战术化具体化实践理论。1970年，知名未来学家阿尔文·托夫勒（Alvin Toffler）在《未来的冲击》一书中首次提出"体验经济"一词，又在1983年的《第三次浪潮》中再次重申"服务经济的下一步是走向体验经济，商家将靠提供这种体验服务取胜"。1998年，美国俄亥俄州战略地平线顾问公司的共同创始人约瑟夫·派恩二世（B.Joseph Pine Ⅱ）与詹姆斯·吉尔摩（James H. Gilmore）在美国《哈佛商业评论》上发表的论文《体验经济时代的来临》震动了美国经济界。

"体验营销"理论是应对70年代以来西方体验经济发展趋势的营销传播理论，质而言之，是主要针对以服务经济、创意经济而产生的理论；今天随着互联网经济逐步成为经济发展的新动力，体验营销与传播理论呈现出日益旺盛的生命力，最近几年流行的"场景理论"乃是"体验营销"理论的新发展。

至此，我们回顾一下20世纪以来依次产生巨大影响的广告营销传播理论，它们是：USP（独特销售主张理论）、BI（品牌形象论）、BC（品牌个性论）、Positioning（定位论）、CIS（企业形象识别论）、IMC（整合营销传播理论）、ME（体验营销理论）。从广告信息心理诉求方式、信息编码方式、信息互动方式，体现出以下传播发展趋势：

从重物质承诺到重心理承诺，从重功能诉求到重视觉诉求，从重一般心理记忆到个性心理记忆，从重大众传播到重分众传播，从重单一单向传播到重整合互动传播，从重物质现实体验到重精神虚拟体验，从重大众化一般心理诉求到重人类独特的文化心理传播。

从经典传播要素理论看，广告传播主体地位变化趋势总体由强至弱；广告传播客体地位变化趋势总体由弱至强；广告传播媒介地位变化趋势，经历由强至弱，由弱至强，因技术文明发展，地位交替起作用；广告传播信息地位变化，也因媒介技术文明，致其地位相应产生循环变化，由弱至强，由强至弱，交替嬗变。这正是长期流行于广告及营销界的迷思之问"是技术为王，还是内容为王？"的理论应答。

自20世纪90年代末迄今，在互联网信息技术的革命浪潮和急速变化的世界经济和贸易的双重冲击下，世界广告业也迎来全方位挑战，但广告业比其他服务业更主动地接收并拥抱这一变化，这也对传统广告高等教育和广告理论研究提出了时代变革的命题，20世纪的广告经典理论是否已过时？我的个人看法是"理论之树常青"，只要社会市场和贸易竞争永存，广告目标和本质不变，在日益技术化的广告平台上，广告经典理论课程学习只是进一步从此前广告教育"术"之层面，下沉为新的广告课程体系设计中的广告思维层面、理论层面，亦即"学"之层面。

四、本书的编撰特色

以下再对本书的编撰特色、体例安排及写作情况略加说明：

其一，本书编撰主要依据本人近十年为华东师大广告学硕士研究生开设的课程"广告经典著作与广告理论史专题研究"教案和近五年来为广告专业本科生开设的专业必修课程"广告经典理论与著作选读"教案。

其二，本书所选著作及经典理论按历史发展时序，以其对广告界和营销界、产业界和理论界产生重大影响为遴选标准。所以，有广告及营销实践大师，也有驰名的理论专家和学者；有大师传记、口述类著作，也有横跨广告和营销、边界模糊的著作。

其三，所选著作具有理论发展的代表性、总结性，能基本反映一个世纪以来广告营销传播领域理论发展的脉络、趋势与规律，凸显其经典意义。

其四，既完整简述每本著作的基本内容和写作框架，又钩玄提要评析著作及理论的核心思想及理论贡献，做到述评结合，纲举目张。

其五，对每一个理论的发展展开前后左右的理论爬梳，尝试对理论产生的萌芽、发展、影响、趋势，予以客观科学分析和判断，以尽量达到史论结合，探索规律及其演生逻辑。

其六，将人物小传钩沉、著作内容归纳、思想贡献评析、理论发展探索等内容，有机融合，以立体式呈现经典理论的发展轨迹。

最后，对受邀参加本书编撰的作者和东方出版中心负责出版沟通事宜的黄升任等编辑、编务表示真挚感谢！特别感谢钱吉苓编辑耐心细致的敬业精神！对教材出版提供资助的华东师范大学传播学院表示由衷谢意！

本教材乃抛砖引玉之作，由多人合作撰写，主编统稿，或有错谬之处，敬请读者诸君不吝指教！

以下为各章节编撰人员：原华东师范大学传播学院"晨晖学者"、中国传媒大学广告学院张驰博士（第一章），新加坡国立大学市场营销系研究生王子琪（第二章），复旦大学新闻学院研究生高睿曈（第三章），武汉大学新闻与传播学院研究生边斯文（第四章），华东师范大学传播学院研究生张琼宇（第五章）、陈晨（第六章）、朱舒璇（第七章）、武怡静（第八章）、王芷薇（第九章）、黄菁菁（第十章）、张芷瑜（第十一章）。

2023年4月于华东师范大学

第一章

《广告心理学》
——斯科特与广告心理理论萌芽

第一节 《广告心理学》主要内容与核心思想述评

一、斯科特小传

沃尔特·迪尔·斯科特（1869—1955）出生于美国伊利诺伊州库克斯维尔，曾担任美国西北大学校长，职业横跨学术、企业和军队，是著名的应用心理学家和教育行政管理专家。斯科特较早运用心理学的理论和方法研究广告现象[1][①]，出版世界上第一本《广告原理（广告学）》[2]，标志着广告心理学的诞生和广告学科的突破性进展。斯科特是世界上第一位广告教授（professor of advertising）。由于他在应用心理学、广告研究及广告教育方面的卓越建树，他被称为"应用心理学之父""广告研究之父"以及"广告教育之父"[3]。

20世纪初，大多数心理学家致力于心理学理论研究，较少关注心理学的应用领域。美国少数心理学家群体中兴起了一个新的运动，即把心理学技术方法和理论应用到日常生活、商业及工业中，但这种行为却受到了学院派心理学家的反对。作为这个运动的代表人物，斯科特认为，如

图1-1 沃尔特·迪尔·斯科特

果不关注人民大众，心理学就会什么也获得不了，并且会迷失方向。大规模生产的现象与人们的身体和心理经常发生碰撞，这促使斯科特研究注意到指向人类心智的现代广告与推销、人才测评与选拔、商业效率和公众演讲等领域。1901年，斯科特受到《巴特里克》（Butterick）杂志广告经理托马斯（Thomas Balmer）的邀请在芝加哥的一个广告俱乐部——艾格特俱乐部（Agate Club）的聚会上阐述心理学应当如何应用于广告之中。斯科特在聚会上发表了"无意识关注的心理学暨广告应用"（The Psychology of Involuntary Attention as Applied to Advertising）的主题演讲，在广告业界引发巨大的反响和震动。美国马辛（Mahin）广告公司邀请斯科特撰写了与其演讲相关的总计26篇文章，发表在公司旗下的《马辛杂志》上。1903年，在托马斯的资助下，前12篇文章整合出版，成为《广告原

---

① 斯科特不是第一个将心理学导入广告研究之中的心理学家，明尼苏达大学心理学家、斯科特的同门师兄哈洛·盖尔（二人先后师从实验与认知心理学之父威廉·冯特）在19世纪末就开始研究广告现象，1895年他发送问卷调查人们对广告的看法，并于1900年写了一本关于广告心理的小册子。

理》一书。1908年，26篇文章全部整理出版，成为《广告心理学》[4]一书。这两本著作此后成为广告研究和广告教育的经典之作。值得一提的是，托马斯还同时邀请了来自哈佛大学的雨果·孟斯特伯格以及哥伦比亚大学的爱德华·桑代克，但由于两位学者拒绝将学术想法运用于解决商业问题，因此他们婉拒了托马斯的邀请。

表 1-1　斯 科 特 年 表

年　份	重　要　事　件
1869	斯科特出生于伊利诺伊州库克斯维尔
1888—1891	进入伊利诺伊师范大学开始了为期两年半的学习，后成为乡村学校教师
1891—1895	进入美国西北大学学习并获得文学学士学位
1898	由于想进入中国担任教会所属大学的校长，遂进入麦考密克神学院学习，1898年获得神学学位，但由于中国没有职位空缺，决定去德国学习
1898—1900	在德国莱比锡大学师从心理学权威威廉·冯特，获得心理学和教育哲学博士学位
1900	回到西北大学担任心理与教育讲师兼实验心理实验室主任
1903	在《纽约时报》发表文章，提倡在广告中使用插图
1904	在西北大学哲学系开设"实验心理学进阶"课程，广告是其中的核心主题之一，这是第一个真正的大学广告课程，斯科特也因此被称为"广告教育之父"
1907	被任命为心理学教授，两年后被任命为新成立的心理学系主任
1909	在商学院被任命为广告学教授，成为广告教育史上的首位广告学教授
1916—1918	休假期间担任卡内基理工学院新成立的销售员研究中心主任，斯科特在该机构的主要兴趣和工作是将科学知识运用于商业领域。其间，设计并向陆军提出了一项通过科学方法选拔军官的建议，该建议在新泽西州迈尔堡进行了试运行，获成功后得到推广
1919	和同事创立了斯科特工业工程与咨询公司（Scott Company Engineers and Consultants in Industrial Personnel），在芝加哥费城和代顿设有办事处，第一年就为40多个工商业企业提供服务。由于此前在军队中的贡献，被授予上校军衔，颁发卓越贡献奖章。斯科特也在这一年当选美国心理学会（APA）主席
1920—1939	担任西北大学校长，将西北大学的固定资产从不足1 200万美元提升至近4 800万美元，大学的捐赠基金从1920年的562.5万美元增加到1938年的2 670万美元，在职期间将西北大学转变为一所财务稳定、行政统一、学术上受人尊敬的大学
第二次世界大战期间	担任固体燃料咨询战争委员会（Solid Fuels Advisory War Council）主席
1955	因脑溢血医治无效，在埃文斯顿的住所去世

（本书整理）

二、斯科特的《广告心理学》

在斯科特1908年《广告心理学》一书的序言里通过业界的表述指出广告学与心理学之间的密切关系。"或许将来有一天，我们在得到更多的启蒙之后，广告人会像教师那样，去认认真真研究心理学。这是因为无论广告人与教师这两种职业,乍一看存在着多么大的差异,但二者缺一个共同的伟大目标:影响人的心理。""当广告人发现心理学的知识无法估量的价值时,让广告建立在心理学原理的基础上也就指日可待了。""到了今天,作者们开始断言,成功的广告人必须学习心理学,而且必须刻不容缓地去学习它。"[5]实际上,斯科特的广告心理学说在民国时期就已经传入中国,审计学家吴应图(1885—1925)率先将该书翻译为中文,吴应图逝世后由上海商务印书馆出版(1926),并作为当时新学制高级商业学校教科书。[6]2004年由李旭大重新翻译并由中国发展出版社出版。下面将介绍该书的主要内容、核心思想、写作特点以及历史地位。

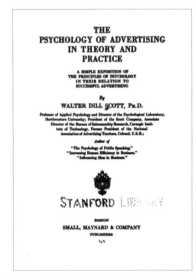

图1-2 《广告心理学》原书与中译本

(一)《广告心理学》的主要内容与核心思想

《广告心理学》全书正文共计15章,斯科特从研究人的心理出发,对包括记忆、习惯、情感、意愿等各个方面进行了论述,讨论了人们的心理如何发挥作用、如何影响广告制作,以及如何正确把握和利用人们的种种心理,以创造出优秀的广告作品等。其中,第一至第十章概括介绍了基础心理学的相关知识及其在广告活动中的表现,第十一至第十五章则列举了心理规律在相关广告实践中的表现及运用,涉及大量的实证调查。

斯科特在该书中主要探讨了与广告有关的心理机制,并进一步提出了如何最大化地发挥广告的暗示作用。主要包括如下数点[7]:

1. 记忆

斯科特指出能增加对广告记忆的四个原则,分别是重复、深刻、联系和巧妙。重复是指广告商多次在媒体上重复呈现他们的广告,会大大增加消费者记住广告的可能性;深刻是指广告要尽可能地给消费者留下深刻的印象;联系是指要努力把广告内容与消费者以前的切身经历、个人兴趣或动机联系起来；巧妙是要求为商品选择一个能反映它的特性的名字。

2. 感觉与情感

愉快的感觉会使人们的心智开放，易受暗示，更可能以赞许的观点看待任何事情；而痛苦的感觉则会使人们拒绝接受暗示，并且会以怀疑的态度看待所提及的任何事情。广告要想成功，就必须设计得符合人们的审美观，能引起消费者愉快的感受。

3. 同感

同感是通过对别人特定经历的认识，从而使自己产生与他人相同的心态。我们最同情的是那些在各方面与我们颇为类似的人。我们还能够与被我们视作楷模的人产生同感。一般来说，那些在广告中的描述与消费者之间的类似性越多，广告引起消费者产生同感的程度就会越强；广告引起的同感越强，消费者通过暗示的作用受到影响的可能性就越高。

4. 人的本能

人的本能有以下几种：维护和增加物质财富的本能、饮食的本能、穿衣打扮的本能、收集和贮存的本能、狩猎的本能、建设的本能、母爱的本能、寻找社会自我的本能、影响精神素质的本能。广告要想成功，必须提供适当的刺激来引诱消费者的兴趣和动机，让他们产生其强有力的本能行为，而不是向他们展示做出这些行为的价值。

5. 意志

人类的大多数行为是受到自己意志的控制，特别是在做出重大决定时，会反复考虑和琢磨才做出行动。因此，广告要合乎逻辑，要经得起消费者的理性推敲。斯科特将人的有意志参与的行为划分为五个程序：（1）在心中有两个或多个可以实现的目标；（2）想到了实现这些目标的途径；（3）感觉到不同目标的价值，或感到值得去为之付出努力；（4）对不同目标的价值和各种途径的难度进行比较；（5）从多个目标中选择一个，并不遗余力地实现它。这五个程序在具体的广告中的体现是：第一要对商品进行足够的介绍；第二要注明商品购置的途径；第三要努力宣传商品的价值；第四要降低消费者拿本商品与其他商品相比较时而对自己造成的负面影响，在此广告商要做是突出自己商品的强项，而不要通过贬低对手的商品来抬高自己；第五要让消费者满脑子想的都是自己的商品，并暗示消费者立即把看中的商品买到家中。

6. 习惯

如果一个想法或行为在个体身上发生了许多次，那么这种想法或行为就会在脑海中留下深深的印记，而和这些印记相一致的想法和行为肯定会更易发生，这就是习惯的力量。斯科特认为，一方面，广告要以一种不用强求消费者改变以前的思维习惯就能接受的方式推出自己的商品，这样他们就能够很好地理解并愉快地接受，也就是呈现的广告最好不要与消费者以前的习惯相冲突；另一方面，要诱导公众形成一种使用他们特定商品的新习惯，在这种习惯形成之后，还要想方设法让消费者更长时间地保持这种习惯。

7. 注意

斯科特认为"在其他方面都一样的前提下，任何一件物品之所以能够强烈地吸引我们的注意力，是由于竞争性吸引力的缺乏"，他做了一个关于大广告和小广告的研究。结论显示，在其他东西相同的情况下，广告的尺寸越大，让读者对这类信息留下的印象越深刻，整版的广告要比零零碎碎的小幅广告更能吸引人们的注意力。

8. 媒介的选择

在选择广告媒介时，斯科特认为月刊、周报和日报要比海报、小册子、宣传单更权威，但海报、户外广告牌在一个限定的区域内会有很大的关注价值，小册子、宣传单及其他类似的广告形式会对产品的描述较为详尽。斯科特还强调了公共汽车作为一种广告形式的影响力。此外，斯科特还把调查问卷法引入了广告领域的研究。他认为这种方法可以把许多人的意见集中起来，可以让广告商了解人们每天都看哪些报刊，最喜欢哪些报刊、哪些栏目，订阅报刊的动机等等。这些信息对广告商的决策起到重要的引导作用。

（二）《广告心理学》的理论地位和内容特点[8]

学界对《广告心理学》一书的评价较高，认为其是广告理论上第一本广告心理学专著，确立了广告学科的心理学基础，为未来广告学科地位的形成奠定了知识基础。本书第一次将心理学和广告系统地结合了起来，使广告摆脱了主观、随意和粗糙，并开始逐渐地将广告建立在科学的基础之上，使之向现代广告的方向迈进。正如路易斯·坎普斯所说："既然做广告是在和人的心理打交道，那么它唯一的学科就应该是心理学，而这里所说的心理学，则是广告人努力地去影响的那些人的心理进行系统地研究的一门学问。"在斯科特之前，心理学并没有在广告业中获得大规模的应用和认可。有关广告心理学的研究仅限于学术界，从业人员接触并学习广告心理学的机会十分有限，更不用说在广告的创意、制作和发布的过程中加以运用。在广告业急需学术界支持的时候，斯科特充当了学界和业界的桥梁，他将普通人难以接触到的心理科学和大量的广告案例结合起来，用通俗易懂的语言，有条理地、系统地向广告界推介心理学。即便放到现在，书中大量的观点仍不过时，依旧能够对读者有所启发，经典的价值历久弥新。

第一，《广告心理学》将心理学理论系统地应用到广告现象的分析中，奠定了广告研究的心理学范式及源头，当下基于心理学角度的广告学研究基本上没有冲破斯科特的知识脉络与大体分析框架。斯科特在书中提出的基础性的心理学概念如记忆、遗忘、感觉、知觉、注意直到现在也依旧是广告心理研究的热点，同时也被大量地运用在广告实践之中。

第二，《广告心理学》提出了许多开创性的概念和见解对后世学者产生了重大的影响。如斯科特提出的"本能"概念，对于后来人本主义心理学派的马斯洛影响颇大，马斯洛受到启发提出了人类需求层次理论，下文将有详述。改革开放之后，广告心理学引入中国，对中国学者也产生了重要影响。如中国较早系统性地从事广告心理研究的学者马谋超所撰写的《广告心理学基础》[9]就大量运用了斯科特提出的概念。

也正因斯科特本人积极将研究应用到商业实践中，广告作为一门科学的观念得到了极大的普及，广告作为一门专业学科和职业的合法性得到有力的论证，广告这一社会现象也吸引了更多学者的关注，这些因素对于发展早期的广告学科以及广告业界具有重要意义。数字时代，中国广告学科的发展处在一个十字路口，回顾广告学的起源，尤其是斯科特在研究中积极与产业实践有效互动的做法对于中国广告学界和业界极具启示价值。从内容上看，《广告心理学》主要有两个特点：

其一，应用性较强。该书是面向广告从业者或者有志于进入广告行业的人的著作，所以斯科特在讲述每一个心理学知识点的时候都采用了大量的广告实例来进行生动且直观的描述。整个本书对人的心理特征的描述都限定在介绍性的范围之内，也没有将心理学中那种详细的心理分析照搬到本书中来，反而运用大量的图例来向读者讲解如何在广告当中应用这些心理学知识。

其二，语言通俗易懂，生动幽默。这无疑抓住了读者的心理特征。这本书的主要读者并非学术界的人，他们没有心思去读那些晦涩难懂的理论文章，他们希望用最短的时间获得最多的知识和理解。阅读本书就像在读一些有趣的故事，读者会在轻松的阅读中学到广告心理学的应用方法。

第二节　现代广告心理理论的发展及其运用

一、基础心理学及其广告应用

（一）广告诉求：理性广告、情感广告及其他

广告诉求心理理论的一个重要方面是对诉求方式的研究，广告诉求方式与广告实践结合得十分紧密，它指的是用来吸引消费者的注意力和使他们在情感上更贴近产品、服务或目标的途径。诉求方式广义上包括理性诉求和感性诉求，分别对应理性广告和情感广告，当然也包括混合型广告即理性诉求和感情诉求相结合的广告。[10]

理性广告的现代实践可以追溯到20世纪初在美国形成的一个广告流派——硬性推销派，也称原因追究派。其主张是，广告必须提供一个切实的销售理由，告诉消费者为什么要买，"广告是印在纸上的推销术"，讲清为什么消费者值得花钱购买广告所宣传的产品，并且不对广告语体做过多修饰。营销推销派的代表人物有约翰·肯尼迪、克劳德·霍普金斯以及阿尔伯特·拉斯克尔。软性广告则可以追溯到比硬性推销派稍晚的软性推销派，或称情感氛围派。该流派主张把广告建立在消费者购买后或产品赠与他人时所获得的满足感的基础之上。广告围绕暗示和联想展开，这种暗示和联想都在传递产品的质量和声誉的完美印象，赞美产品将提供给消费者拥有后的喜悦。主张广告营造情感氛围，旨在以暗示和联想所造成的强烈的感染力和诱惑力告诉消费者：这是会满足其需要或愿望的产品。代表人物有西奥多·麦克马纳斯和雷蒙·罗必凯等广告大师。[11]

1. 理性诉求和感性诉求的定义、分类及作用机制

理性广告（rational advertising）指提出事实根据或进行特性比较，通常是展示商品特性、用途、使用方法等关于产品的事实性信息而使消费者形成一定的品牌态度。这种广告通常

又叫作"理由广告""理论广告"或"说明广告"。而情感广告（emotional advertising）则诉诸消费者的情绪或情感反应，传达商品带给他们的附加值或情绪上的满足，使消费者形成积极的品牌态度。这种广告又叫作"情绪广告"或"感性广告"。[12]

理性广告和情感广告的区分标准多种多样，雷斯尼克（Resnik）和斯特恩（Stern）于1977年最早提出了一个分类标准，认为若一个广告中包含以下14条关于产品的事实性信息线索中的一条或一条以上时，该广告就被认为是理性广告，否则就是情感广告：价格，质量，性能，成分，购买时间与地点，特价销售，品尝商品，营养，包装，对用户的保证，产品安全特点，独立研究（即由独立研究机构进行的研究），公司研究（即由广告主进行的研究），以及新产品概念。[13]帕斯马克（Pelsmacker）和戈尤恩斯（Geuens）于1997年提出的分类标准是通过对情感广告进行定义来确定的。他们认为，若一个广告中包含幽默、热情、怀旧、性、愤怒、恐惧等情感中的一个或多个时，该广告就是情感广告。不含这些情感诉求手段的便是理性广告。[14]该书认为，情感广告和理性广告的分类并不是绝对的，如果说广告存在两个端点，情感广告和理性广告分别位于两个端点，则当下绝大部分的广告都处于两端之间，或者偏向于理性广告但也带有情感诉求的成分，或者偏向于情感广告但也能发现理性诉求的成分。随着广告业的发展，广告本身也变得更为复杂，或许利伯曼（Liebermann）和古尔（Goor）提出的混合型分类更加科学，他们认为，广告可以分为高度理性型、混合-理性型、混合型、混合-情感型、高度情感型。[15]

关于广告说服消费者的作用机制和模型中，大多数学者认为佩蒂（Petty）和卡乔波（Cacioppo）[16]提出的精细加工可能性模型（ELM，也翻译为详尽可能性模型）是解释消费者态度形成，说服和信息处理等相关问题的最佳模型之一。[17]该模型也成为理解情感广告和理性广告说服消费者机制的重要参考。根据该模型，广告引起受众的态度改变可归结为中枢说服和边缘说服两条路径。两条路径的相对强度取决于精细加工可能性（elaboration likelihood）水平的高低，即受众对所得信息进行加工的动机强度和能力水平。当精细加工可能性高，即受众具备对信息的加工能力且动机强时，便启动中枢说服路径，此时态度的改变是个体主动考察广告信息源、搜索和检验有关体验、分析和评价广告产品的各种特点等综合、精细的信息加工的结果。理性诉求的广告往往通过这一路径说服受众。而边缘说服路径发生于精细加工可能性低（受众不具备加工能力或动机弱）的情况下，受众态度的改变不源于个体对广告的精细认知加工，而是根据诸如广告信息源的可靠性或权威性、广告诉求引发的各种联想、所激发的不同情绪情感体验等边缘线索直接对刺激作出反应，更多地依赖于情感迁移（affect transfer）、直观推断（heuristics）或其他自动的信息加工过程。这一路径被认为是情感诉求影响受众品牌态度变化的内部机制。[18]

那么影响消费选择加工路径的因素是什么呢？麦金尼斯（MacInnis）和贾沃斯基（Jaworski）[19]认为消费者是否通过中枢路径对广告进行精细的加工取决于其MAO水平：M指动机（motivation），消费者必须处于高卷入状态；A指能力（ability），消费者必须具有必要的知识和信息加工技能；O指机会（opportunity），指消费者接触广告时的条件是促进还是妨碍信息加工的程度，如分心的刺激或时间限制不利于信息加工，适当的重复则有利于信息加工。只有同时满足了这三个条件，精细的信息加工才有可能。因此，当消费者具有较高的MAO水平时，中枢路径在品牌态度的形成过程中起主要作用，若接受的是具有强有力的诉求点的认知性信息，消费者就容易被说服；若接受的是缺少认知信息的情感广告，消费者就会认为广告只是在制造一种气氛，并没有实质性内容。反之，当消费者的MAO水平较低时，边缘路径起主要作用，理性广告会因为消费者缺乏相应的信息处理的动机或能力而显得枯燥，而情感广告则容易引起消费者的共鸣。[20]

2. 理性诉求和感性诉求的常见方式

（1）理性诉求的常见方式

理性诉求广告在信息层面强调事实、学习和说服的逻辑性，强调以理服人。理性诉求包括多种方式，根据美国学者韦尔巴彻的分类方法，主要包括以下几种。[21]

第一，产品特征诉求，集中传达产品特性、性能以及购买利益。大卫·奥格威在1959年的经典广告"这辆新型劳斯莱斯在时速达到60英里（约96公里）时，最大的噪声来自电子钟"中通过13条产品的详细信息让消费者信服新款劳斯莱斯的优秀品质。[22]

第二，竞争优势诉求，此类诉求的广告也称比较式广告。一般是借助广告信息的对比分析来突出产品或服务的特性和优点，广告主经常直接或间接地将品牌与另一个或另一些品牌进行比较，并声明自己的品牌在一项或多项特性上具有优势。需要注意的是，中国广告法规定不得在比较性广告中出现竞争对手的品牌名称。海外市场上竞争性的广告较为常见，如美国可口可乐和百事可乐在广告宣传上经常"争锋相对"。2003年，新加坡的肯德基（KFC）找到天联（BBDO）广告公司设计了一款平面海报，在画面中麦当劳大叔坐在长椅上，旁边则放着KFC的快餐，盒子上还印着"It's finger lickin' good"（吮指回味，自在滋味），通过麦当劳大叔下班也吃肯德基来表明自己对竞争对手的压倒性优势。

第三，价格优势诉求。着重让价格成为竞争优势的核心，常见于零售商的宣传促销活动，特殊供应产品或日常低价。如沃尔玛的广告口号就是"天天低价"。

第四，新闻诉求。新闻诉求可用于新的产品或服务，当公司有重要信息希望向目标市场传播时，这种诉求最有效。广告主在发布新品的时候往往会邀请数家媒

"At 60 miles an hour the loudest noise in this new Rolls-Royce comes from the electric clock"

图1-3 奥格威为劳斯莱斯所做的报纸广告

图1-4 沃尔玛超市的广告海报

体报道，营造事件性的效应，这正是新闻诉求的应用。苹果、小米等电子消费品企业往往通过盛大的新品发布会来营造新闻效应。

第五，产品或服务的流行性诉求。指通过指出某一产品的消费者数量、从其他品牌转变为该品牌消费者的数量、推荐该品牌专家的人数或者品牌在市场上的领导地位，来强调产品或服务的流行性。如有的品牌常在广告中强调"销量领先"或"销量绕地球××圈"等。

（2）感性诉求的常见方式

感性诉求是广告诉求的另一种基本方式，与消费者购买产品或服务的社会需求和心理需求相关。感性诉求的常见方式包括性诉求、幽默诉求和恐惧诉求等。

第一，性诉求。所谓性元素广告（或称性感广告、性广告）是以"性"作为吸引受众和传达信息的手段，达到宣传某种产品或服务的目的的广告表现形式，其本质是试图借助能引起关注的广告形象与主题语言，利用人们的好奇心及心理欲望引起受众的注意。[23]正如鲍德里亚所说，身体已经成为消费社会中最美的消费品。[24]性是人类的基本欲求之一，在广告中经常被使用。有调查发现，在美国杂志广告中穿着暴露的女性模特比例1983年为28%，1993年为40%，而2003年已达45%；同时，模特间互动也更性感化，如异性模特间外显的情爱接触所

图1-5 1871年珍珠牌香烟广告

占的比例从1983年的21%上升至1993年的53%。在电视广告中，性诉求尽管比杂志媒体要少，但其投放量也不低，1993年电视广告中有近8%的模特表现有煽情行为，并且根据模特的穿戴和媚人体态，18%的模特被评价为"非常性感"。到了1998年，网络电视上有近21%的广告含有煽情行为。[25]互联网时代，性元素的使用更加普遍多元，也为监管带来了新的挑战。广告中的人物形象、广告语等都可以将性元素纳入其中。中国汉代就有文君当垆卖酒的故事，民国时期的月份牌广告画中常见各类美女形象，有些尺度颇大，以至于遭受色情和低俗之议。西方已知最早在广告中使用性元素的是1871年的珍珠烟草品牌，它在包装封面上描绘了一位裸体少女。

随着性观念的逐步解放，性元素在广告中的使用也愈加频繁和常见。内衣品牌维多利亚的秘密正是依靠一年一度的超模内衣秀吸引了众多消费者的目光，杜蕾斯则在社交媒体上将性诉求广告玩到极致。一些广告语中充满了性暗示，如"做女人挺好"（某内衣广告）。随着女性消费力和主体性的日益觉醒，男性也成为消费对象，男色经济正在兴起。由于某种程度上存在将女性或男性物化、加深大众刻

板印象等情况，性诉求广告虽引人注意但也常常遭受广告批评家的批判、法律条文的规制以及伦理道德的审视。

第二，幽默诉求。幽默诉求在当下广告实践中的使用频率十分之高，幽默广告拥有超过百年的历史，[26] 是一种自现代广告诞生之时就较为常用的广告诉求策略。据估计在美国黄金时段播出的电视广告中 24.4% 含有幽默内容，而在英国这一比例更高达 35.5%。[27] 马丁·艾森（Martin Eisend）通过对三百多篇幽默广告研究的荟萃分析发现，包含幽默元素的广告显著增强了消费者的广告态度和品牌态度，并能够有效吸引消费者的注意力和增强消费者的购买欲望。[28] 根据卡塔内斯库（Catanescu）和汤姆（Tom）的分类[29]，幽默广告可以分为七种类型：① 对比（comparison），将两个或两个以上的元素置于一起进行比较而产生幽默情境；② 拟人（personification），即将人的特征赋予动、植物或其他事物；③ 夸张（exaggeration），夸大事物的某些构成部分；④ 双关（pun），改变语言的使用情境或某些元素使其产生新的语意；⑤ 讽刺（sarcasm），运用夸大其词或说反话的方式对刺激所作出的反应；⑥ 蠢笨行为（silliness），依靠扮鬼脸或滑稽动作制造幽默氛围；⑦ 惊愕（surprise），通过创造出乎意料的情境引人发笑。

在中国广告史上，幽默广告十分常见，1994 年双汇火腿肠广告葛玲篇、1996 年步步高无绳电话小丽篇都是经典之作。进入数字传播时代，幽默元素也依然是常见的广告策略。2019 年大众汽车品牌推出的"众行家轻松才出趣"互动传播项目，就是一个很好的用幽默讲述科技的案例。大众一共推出三则短片，分别向消费者传播车辆位置查找功能、天气功能以及旅行资讯功能。大众汽车品牌用充满智慧的小幽默，以及令人出乎意料的结尾，在短短 30 秒内，完整呈现了日常出行中的一些痛点体验，并同时提出来自大众"众行家"的轻松解决方案，让消费者通过移动互联智能服务，轻松出行。如视频中在停车场找车难的窘境，以及自驾出游中导航迷途的无奈，在这些源自生活的真实体察之上，再通过略带夸张的演绎，不仅把"众行家"的科技功能体现出来，还通过"Sōu Sōu""Hū Hū""Wǎi Wǎi"这种略带幽默的互动方式表现了出来。本次项目多个渠道的访问者达到 910 万人次，收获了 270 万（次）的互动数据。[30]

第三，恐惧诉求。恐惧诉求是常见的广告形式之一。所谓恐惧是指个体面对某种危险性恐吓时所作出的情感反应，它往往会给人们的行为产生重要影响，驱使人们试图避开或应对所面临的困境。市场运作者期望借助这一关系，在广告中使用恐吓或危险信息以激起受众的恐惧情感，并进而诱导人们钟情于他们的产品或服务。[31] 一般而言，一则有效的恐惧诉求广告应该包括两个要素：一是营造适当程度的恐惧诉求，恐惧诉求的目的是引起人们的注意而非引发恐慌；二是要给诉求对象提供用于排除恐惧的途径。[32] 烟盒上一般会标明"吸烟有害健康"，有的烟盒上会配一张骷髅的香烟图片，这些文字和图片旨在让人们不要吸烟，但是效果不明显，原因在于恐惧诉求不足，且反馈周期过长。舒肤佳香皂会通过在广告中描述日常生活中的细菌，然后给出舒肤佳可以消灭细菌的解决方案，进而促进产品销售。恐怖诉求往往出现在公益广告中，各类禁烟禁酒和保护动物、环境等的广告中常常可以见到这种策略的使用。台湾地区奥美广告公司的创意人孙大伟为美商保德信人寿保险公司所做的"智子篇"就是一个比较有效的恐惧诉求广告。广告依据一份空难书信而设计。文案如下：

"日航123次航班波音747航班，在东京羽田机场跑道升空，飞往大阪，时间是1985年8月15日下午6点15分，机上载着524位机员、乘客以及他们家人的未来。""45分钟后，这班飞机在群马县的偏远山区坠毁，仅4人生还，其余520人已成为空难的统计数字……""在空难现场一个沾有血迹的袋子里，智子女士发现了一张令人心碎的信条。在别人惊慌失措呼天抢地的机舱里，为人夫为人父的谷口先生写下了给妻子的最后叮咛：智子，请好好照顾我们的孩子。就像他要远行一样。""你为谷口先生难过吗？还是为人生的无常而感叹？免除后顾之忧，坦然面对人生，享受人生，这就是保德信117年前成立的原因。走在人生的道路上，没有恐惧，永远安心——如果你与保德信同行。"

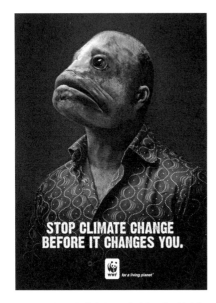

图1-6　世界自然基金会关于全球变暖的公益广告

但也有人批评恐惧诉求广告，认为其将人们置于潜在的令人痛苦的环境中并不道德，因为这会引发部分受众的焦虑，甚至会导致那些被视为已经遭受不良行为负面后果的人的污名化，如当残疾被描述为不可接受时，残疾人也被描述为不可接受，从而增加了对残疾人的污名化。[33]世界自然基金会（WWF）就常常推出充满争议且会引起观众恐惧感的广告图片，并以此而闻名。恐惧诉求广告操作不当也会造成一定风险，例如2015年超级碗期间，美国全国保险公司（Nationwide）有一条呼吁关注儿童安全，避免儿童受伤的广告，就使得许多观众感到不适，进而引发争议。广告中，一个小男孩在谈论他还没做的事，然后以"我不能长大了，因为我死于一场事故"的字幕结尾。这条广告的确吸引了大量的关注目光，但是观众认为这则广告"麻木不仁"。广告播出几个月之后，美国全国保险公司的原首席营销官辞职。

除性诉求、幽默诉求和恐惧诉求之外，诉诸友情、亲情和爱国情感等也是广告诉求中的常见策略。随着市场竞争的激化，一则广告也会结合使用情感诉求和理性诉求的混合性的手段以加强说服效果。还有一些广告则诉诸潜意识，潜意识广告（阈下广告）是在某种媒体背景上呈现极微弱或极短暂的广告信息的一种广告宣传手段。[34]有基于大脑核磁共振成像的研究[35]表明如果用人类无法察觉的速度快速地闪现某些信息，虽然人们意识不到，但大脑的一些部位却会被激活，从而证明了潜意识广告在技术和实践上的可能性。2011年加利（Galli）等人[36]通过实验证明，即使受试者认为自己没有看见品牌名称，但26毫秒的短暂显示可以在他们的脑海中形成颜色和虚构名称的联系，进而影响到他们对品牌名称的感受。具体的实验过程是，电脑快速在一堆汉字间切换，只有在显示"黑"或者"白"这两个字时，受试者才按下按键。在出现汉字"黑"或"白"之前，电脑屏幕会分别显示两个虚构的中文品牌名称，但是虚构品牌的显示时间只有26毫秒，因此受试者来不及意识到看到的这两个品牌名称。在这个实验以后，再请受试者为可乐和豆奶分别选一个品牌名称。结果发现，受试者在为豆奶选择名称时，均比较不喜欢在"黑"字前出现的品牌名称；在为可乐选择名称时，均比较不喜欢在"白"字前出现的品牌名称。潜意识广告可以让受众在毫无察觉的情况下被影响，如果说大规模地运用到传播系统之中服务于各种商业的或政治的目标，那么意味着人们有可能被无意识地控制或者"洗脑"，这对所有社会大众都将是一个噩梦。因此，把控潜意识广告的技术，并制定相应的标准就显得十分重要。

（二）马斯洛层次理论与受众需求

不同的消费者有不同的消费需要，消费需要是广告诉求的基础。需要是指人们为了延续和发展生命并以一定方式适应生存环境而产生对客观事物的要求和欲望。[37]消费者的购买动机是在消费需要的基础上形成的，并最终促成购买行为的发生。可以说消费者需要是消费行为的原动力。人类的一切消费行为都建立在需要的基础之上。消费需要有以下两种形式：一是显现的需要，它通常是多方面的；二是潜伏的需要，顾名思义，是一种处在未激活状态的需要。有效的广告宣传活动可以唤醒这种潜伏的需要。[38]

美国心理学家亚伯拉罕·马斯洛最早提出了人类需要的层次理论。他1943年在《人类动机理论》[39]一文中首次提出该理论，1954年在《动机与人格》[40]中作了进一步的阐述。马斯洛的需要层次理论对理解消费者的需要与行为具有很大的启发性，对广告实践也具有指导意义，有助于营销商理解不同细分市场商消费者的动机、确定产品和服务的市场策略。马斯洛认为人有许多基本需要，并将这些需要排成一个具有高低层次的系统。马斯洛的需要层次理论主要有三个方面的内容。[41]

第一，人类有五种基本需要，从低级到高级分别是：一、生理上的需要，这是人类维持自身生存的最基本要求，包括饥、渴、衣、住、行的方面的要求；二、安全上的需要，这是人类要求保障自身安全、摆脱事业和丧失财产威胁、避免职业病的侵袭、接触严酷的监督等方面的需要；三、归属与爱或社交的需要，也就是同他人建立满意关系并感觉到爱情、亲情、友情、归属感和被接受的欲望；四、尊重的需要，获取并维护个人自尊心的一切需要以及希望个人能力和成就获得社会承认的需要；五、自我实现的需要，即实现个人理想、抱负，发挥个人的能力到最大限度，完成与自己的能力相称的一切事情的需要。

第二，需要是有层次的。我国古代思想家管仲说"仓廪实而知礼节，衣食足则知荣辱"，描述的就是人类在低层次需要满足之后，才会追逐高层次的需要。生理和安全需要属于低级需要，尊重和自我实现需要属于高级需要，社交需要为中间层次。广告中往往会针对不同层次的需要设计不同的诉求点，如沃尔沃一直以安全为卖点，有的汽车则有意无意地在广告中彰显购买带来的身份和地位象征，如奔驰，实际上更多地针对的是消费者尊重和自我实现的需要。

第三，消费者行为由优势需要决定。马斯洛认为，对于一般人来说，当低层次的需要获得相对满足之后，更高层次的需要就占据了主导地位，成为驱动行为的主要动力。但需要注意的是，任何一种需要都不会因为更高层次需要的发展而消失。各层次的需要相互依赖和重叠，高层次的需要发展后，低层次的需要仍然存在，只是对行为影响的程度大大降低。

（三）卷入度与广告说服

1. 卷入度概述

卷入（involvement）概念在市场研究中得到了极为广泛的关注，特别是在广告心理领域更是备受重视。研究证实，卷入几乎对各种消费者行为存在影响，包括品牌搜索、信息加工、态度改变、购买意向形成等诸多方面。广告的传播效果往往受制于受众特征、插播环境和广告自身特点三大因素，这三者作用大小均受到卷入水平的调节。[42]卷入存在于任何一个关乎个体自我态度和再现价值观的事物中，"卷入度"是根据内在的需要、价值和兴趣而感知到的与客体的关联性，是一个连接着个体、产品特性和情境的复杂整体。针对广告或消费行为，客体指一个产品或品牌，一则广告或一种购物情境，消费者对这些客体都能发生卷入。消费者与产品和服务形成稳定的关系，相关联的状态大小亦称为"卷入度高低"。[43]卷入度的概念为广告从业者制定广告内容策略和理解广告传播效果提供了一个参照性的指导。

一般来说，由于高卷入度产品的价值往往较高，消费者的错误决策所带来的风险较大，所以消费者在做出购买决定之前会仔细评估品牌之间的差异，搜集相关的信息以供参考。这种情况下，适合用理性广告来表现。对低卷入度的产品而言，由于消费者不愿花太多时间去思考信息内容和比较品牌之间的差异，此时诉诸情感也许能比诉诸理性收到更好的成效。[44]

2. 卷入度的广告运用：FCB模型及其在数字时代的更新

与卷入度相关的一个影响较大的模型是FCB网格模型。20世纪80年代，该模型由博达大桥广告公司（FCB）时任高级副总裁理查德·沃恩（Richard Vaughn）提出[45]。FCB网格模型采用一个矩阵对商品进行归类。该模型认为，商品都具有两个维度：维度一是消费者的高-低卷入连续体，以矩阵的垂直轴表示之；维度二是商品所具有的认知–情感（thinking-feeling）连续体。沃恩认为消费者在购买决策时往往会引发认知和情感两种成分，但有些商品可能涉及的认知成分多，而另一些商品的消费则由情感因素起主导作用，这一维度以矩阵的水平轴表示。整个矩阵可以分为四个象限。

象限一：高卷入/认知型（High Involvement/Thinking）。这一象限是指投资较大、风险较高的商品（如房产、大型家具等），消费者对此类商品极为重视，并且在购买决策中需要参考诸如价格、属性、功能、实用性等大量信息。FCB网格模型指出，为这类商品所作的广告可遵循信息策略（Informative Strategy），即广告中尽可能提供详细而精确的信息和示范。

象限二：高卷入/情感型（High Involvement/Feeling）。这类商品与个人自尊（Self-esteem）有着密切联系，同样得到消费者的重视，但在购买决策时消费者往往注重整体心理感受或自我的表现，而不是细节信息。如珠宝首饰、时尚服饰等便落在这一象限内。针对这一象限的特点，FCB网格模型建议运用情感策略（Affective Strategy）创意该类商品广告。

象限三：低卷入/认知型（Low Involvement/Thinking）。这类商品包括大多数食物、日用品等，消费者在购买前往往对这类商品的意识水平低微，尽管相关信息在购买决策中起着某种程度的作用，但该类商品带来的风险小，因而无须对信息进行深度加工。品牌忠诚（Brand loyalty）对这类商品的重复购买起着重要作用，因此，广告创意在于如何提醒受众以便使之形成习惯性消费，即习惯形成策略（Habit Formation Strategy）。

象限四：低卷入/情感型（Low Involvement/Feeling）。这主要是指那些满足个人嗜好的商品，如香烟、饮料、电影等。这类商品往往不涉及功能、属性等的差异，更多的是一种自我体验、自我满足。因此，创意该类商品广告可运用自我满足策略（Self-Satisfaction Strategy）。

表1-2　FCB表格模型

	思考（Thinking）	感受（Feeling）
高卷入度	1. 信息型（思考者） 汽车、房屋、新产品 可能的应用 媒体：长文案格式、可提供有效反应的载具 创作：特定信息、制作展示	2. 情感型（感受者） 珠宝、时装、化妆品 可能的应用 媒体：大幅空间、形象广告 创作：表现、冲击力
低卷入度	3. 习惯形成（行动者） 食品、家庭用品 可能的应用 媒体：小空间广告、10秒钟广播广告 创作：提醒式	4. 自我满足（反应者） 香烟、酒、糖果 可能的应用 媒体：海报栏、报纸、POS 创作：引起注意

数字时代，FCB网格模型中的商品类型和消费者行为特点也发生了很大的变化，张（Cheong）等[46]提出了数字时代更新版的FCB网格模型，主要增添了消费者线上/线下购买（Offline-online Shopping）这一维度。如高卷入/认知型线下购买为主的产品类别包括房子、汽车等，高卷入/认知型线上购买为主的产品类别则包括机票、火车票等。也就是说，新的FCB模型依据线上线下购买的程度可以一共划分出八个商品类别，有些商品是互联网诞生之后才有的。

二、视觉心理学及广告运用

（一）视觉形象在广告说服中的作用

视觉是通过视觉系统接受外界环境刺激，经过编码加工和分析后获得的主观感觉。当代文化高度视觉化把可视性和视觉快感凸显出来，视觉因素一跃成为当代文化的核心要素，成为创造、表征和传递意义的重要手段。[47]纽约大学心理学家吉米·布洛诺在实验中发现，人们能够记住10%听到的东西、30%读到的东西，却可以记住80%看到的东西。[48]视觉说服（Visual Persuasion）指用图像作为说服的主体进行视觉传达的过程。视觉说服是依靠眼睛这一器官进行的，通过眼睛接收并加工视觉信息最终传达给大脑皮层形成情感态度。视觉说服本质上是用视觉语言对事物进行有意义的建构。在以大数据、人工智能、虚拟现实等为技术支撑的新媒体时代，视觉说服给广告传播带来了更大的施展空间。[49]随着5G等技术的逐步应用，人类从读图时代走向视频时代，视觉形象在广告中占据了越来越重要的地位。

视觉形象研究专家保罗·梅萨里指出视觉形象在广告中具有三大作用[50]：第一，视觉形象可以通过模拟某一真实的人或物来引发人们的情感；第二，视觉形象可以作为说明某事确实发生了并被拍摄记录下来的证据；第三，视觉形象可以在所推销的商品与其他形象之间建立一种隐含的联系。广告形象的这三大功能源于视觉传播的内在基本特点，这些特点决定了形象的基本性质，并将其余人类其他传播形式区分开来。广告形象的这三个功能继而产生了大量的特定的广告手法，从名人的认可到偷拍式采访，到政治家站在旗帜前拍摄的镜头。

（二）案例简析：央视公益广告"春节回家篇"系列的视觉说服[51]

依据皮尔斯对符号学的分类，视觉形象在符号语义学范畴拥有形象性和标记性两个特性，而在符号关系学范畴则体现结构的不确定性。形象性、标记性和结构不确定性也是保罗·梅萨里探讨视觉说服的鲜明特征的出发点。[52]下边的案例分析也从这三个角度出发。2013年央视"春节回家篇"系列的公益广告赢得了观众的好评，这也是央视春晚开播31年来首次插播公益广告。这是一个由《迟来的新衣》《过门的忐忑》《家乡的滋味》《63年后的团圆》四则广告构成的系列广告。借由真实、震撼的镜头，整组公益广告阐释了"回家"对于中国人的特殊意义，在观众中引发广泛的情感共鸣，成功实现了视觉说服。

1. 形象性：调动视觉印象，激发情感共鸣

保罗·梅萨里认为，人类对现实世界的观察并不是纯粹客观、中性的，而是依据生物学影响、文化背景和个人阅历，对形象所再现的现实进行综合分析，从而产生一种既定程序的情感反映。比如，人们在看到与个人经历相似的场景时会想到"我也是这样"，而看到不幸的场景时想到"幸好我不是这样"等。这种将自身带入视觉语境中的情绪反映，恰巧是广告活动所期待的效果。"春节回家篇"系列虽然讲述了四个"别人"的故事，却将每个中国人"回家团圆"的视觉印象都调动了起来——追赶飞机的脚步、机场相拥的笑泪、火车站排队买票的人潮、长途跋涉的辛苦、吃到饺子的满足、一家团圆的美满，等等。从文化背景上讲，它们是中国人自古传承的特有的文化记忆，而从个人经历上讲，每一个离家的游子都曾亲身经历。因此，观众在欣赏作品时，会因为看到某些熟悉的场景而产生情感共鸣，从而加深对作品真实性及其所反映出的"春节要回家"观念的认可。值得一提的是，农民工骑行回家、台湾同胞探亲回家的场景，许多人并没有亲历过，但媒体的广泛报道让观众对这类故事并不陌生。"春节回家篇"系列设置这样两个故事，虽然无法调动观众亲历的感官体验，却调动了观众从前接触相关媒体报道时所产生的情感，因此故事虽不普遍，却同样动人。

视觉的形象性往往让受众忽略自己身处说服语境，这种效果通过视觉形象的形式，如视角、距离、透视等而产生。比如，近年来一些药品广告，多采用"节目"的形式，在"演播厅"设"主持人"与"专家"一问一答介绍药品信息，并通过播放"小片"来展示其他患者的使用效果。这样的广告设计一方面是为规避工商管理部门对药品广告的严格审查，另一方面则利用受众对电视节目形式的观看印象，使之忽略说服语境，产生是在"看节目"而非"看广

告"感受，从而减少对药品广告真实性的怀疑。"春节回家篇"系列也通过镜头的设置来增强观众的代入感。比如，在《63年后的团圆》中，爷爷抚摸小时候与母亲的照片、对着镜子整理衣装、为追赶飞机在机场奔跑、与哥哥相拥老泪纵横的场景，都通过近距离拍摄表现细节。观众的视角因此从电视机外的旁观者变为场景内的"亲历者"，参与身份的改变伴随对说服语境的忽略，有利于传播效果的实现。

视觉的形象性发挥作用的不仅是形象指代的内容，形式本身也隐含着意义，对观者的态度产生微妙的影响。比如，女性广告的背景线条较为流畅柔和，而男性广告则较为粗犷有棱角，这些形式特点都符合受众的心理惯例。"春节回家篇"系列广告的背景处理就体现了这一点。广告的主人公在回家之前，其活动背景多为冷色调，而回家之后，包括衣着、春联、窗花、饭菜、烟火、红包在内的元素，共同呈现出春节所特有的暖色调氛围。这一冷一暖的对比，除了起到真实展现春节场景的作用外，也能调动观众从离家在外到回家、从普通日子到春节的一系列心理变化。

2. 标记性：指示真实存在，获取受众信任

广告一般会使用名人来加强说服效果。但在"春节回家篇"系列广告中，我们可以从另一角度来理解标记性。整个广告片中虽然没有名人，但角色的选定都非常合适，特别是《63年后的团圆》中来自台湾地区的爷爷和《迟来的新衣》中骑行回家的农民工。单从外貌来看，爷爷虽步入老年，但穿西装打领结外表一丝不苟，而农民工则身着防寒服全副武装跨上摩托车，这样的人物形象设定十分符合观众对其身份固有的认识，非常真实。而正是由于形象的真实性引发人们的联想，使观众觉得广告中记载的人和事都是真实存在的。事实的确如此，四个故事都源自真实生活，而《迟来的新衣》中的农民工汪正年更是本色出演，汪正年时年33岁，在广东打工，摩托车骑行1 300公里路程回贵州老家过年。老家在贵州的汪正年当时已经和老婆一起在广州打工6年，为了省车费，每年他都带着老婆蒋正琼骑摩托车回家过年。《家乡的滋味》中，刘春生是在非洲工作的工程师，历经多次转机历时数十小时回东北老家过年。

3. 结构的不确定性：文字辅助画面，引发受众联想

"春节回家篇"系列广告中，人物对话很少，主要通过画面的衔接来顺联故事的发展，因此观众在观看时，虽然知道片子在表现回家的故事，却难有更深层次的思考。但出现在片末的广告语打破了这种肤浅的认知。"这一生，我们都走在回家的路上"和"全中国，让心回家"两句广告语依次出现，首先让观众从"别人"的故事联想到自身，再从自身联想到整个国家和民族的"回家"情结。而"回家"，也就不单单只是"春节回家"的行为这样简单，而引申为人对归属的渴望、无论走多远都要心系家庭以及家国情怀等更为深层次的解读。这让广告所表达的内涵更加多元、深刻。但从另一个角度来看，结构的不确定性对说服效果也是有益的。因为没有明确的因果关系和严密的论证过程，观众如要获得理解就需参与到对视觉形象解释过程当中，那么他获得的将不是传播者强加的结论，而是通过自己推论得出的结论。比起他人的强加，自己的推论显然更有说服力。《迟来的新衣》中有一个场景是对结构不确定性益处的典型反映。汪正年一行过大桥时，采用了航拍的方式，黑色的车队映衬着白色的大桥，镜头越拉越远，并快速切换到蓝天映衬下飞翔的群鸟。这样两个场景没有十分明确的逻辑联系，但当观

众代入其中时，很容易联想到离家奋斗的人们就像迁徙的候鸟一样，飞得再高再远，也终要回乡归巢。这样主观的移情于物，非常能够打动人心。

"春节回家篇"系列公益广告虽然没有融入新颖的技术手段，没有很强的趣味性，却以源于生活的创意、脚踏实地的拍摄制作、丰富的表达元素和贯穿全片的真实感制胜。其中，最能打动人心的当属从故事、演员形象到拍摄细节、演员出演所共同展现的真实感。这种真实感是通过视觉形象特有的形象性、标记性和结构的不确定性体现出来的。而这种真实感 所激发的受众的情感共鸣，则高度加强了整部片子的传播效果，使"家"作为符号的丰富内涵广泛地深入人心。传播者可以利用视觉元素的形象性、标记性和结构的不确定性，分别将调动视觉印象、激发情感共鸣，指示真实存在、增强传播效果，文字辅助画面、调动受众联想的实践策略践行于视觉说服过程中使广告获得最有效的传播。

三、广告3B原则理论概述

Beauty（美女）、Beast（动物）和Baby（儿童），通称3B原则，也被称为"ABC原则"，即Animal、Beauty和Child。该原则由美国广告大师大卫·奥格威提出，历来被广告创作人员运用，成为广告创意中屡试不爽的黄金法则。三种元素主要从视觉出发，目的是尽可能地抓住广告受众的注意力，从而激发广告效果，促进销售。除了传播上的引人注意，3B原则有着更深层次的哲学与伦理学理路。有学者认为，Beauty对应着美学中的"美"，Beast隐喻着哲学上"善"，而Baby则代表着伦理学中的"真"。或许正因为3B原则遵循了人类天性中对"真善美"的需要和喜爱，才在无形中赋予了3B原则有效性，令其在广告界风靡。

（一）美女元素在广告中的运用

AIDMA法则［Attention（引起注意）、Interest（引起兴趣）、Desire（唤起欲望）、Memory（留下记忆）、Action（购买行动）］表明，吸引消费者的注意力是广告成功的第一步，广告从某种程度上而言就是一种注意力经济，也就是尽可能在信息过剩的环境中吸引稀缺的消费者注意力[①]，而美女就是吸引注意力的一种重要手段。爱美之心，人皆有之。美女之所以引人注目，从弗洛伊德的精神分析学以及美学范畴的审美理论中可以找到缘由。从符号学的视角来看，美女是"美"与"性"的符号化表达。中国名人广告的历史由来已久。汉司马相如携卓文君私奔成都，相如自为伙计，文君则当垆卖酒；隋唐之时，与西域相通，长安城和金陵城内酒肆多是胡姬侍酒；清末，上海开埠之后，大批洋商涌入，曾出现"洋妇当垆"的风景；民国年间，南京路先后出现了"康克令小姐"和"吃酒招待"、活人橱窗广告之风；现当代，影视明星、歌星、职业模特、社会名人等年轻亮丽的女性成为广告的主角。[53]有资料显示，通过科

[①] 1997年，"注意力经济"这一概念的提出者迈克尔·戈德海伯指出，当今社会是一个信息极大丰富甚至泛滥的社会，而互联网的出现，加快了这一进程。信息非但不是稀缺资源，相反是过剩的。而相对于过剩的信息，只有一种资源是稀缺的，那就是人们的注意力。

图1-7 2022年冬奥会期间谷爱凌为三棵树油漆代言

学手段调查的1 197个电视广告（除无声广告外），在517个女性角色中，87%是年轻漂亮的女性，7.4%是少年儿童，1.5%是中年妇女，3.7%是老年妇女，0.4%是混合年龄的妇女。年轻女性在女性角色中所占的比例（87%）大大高于年轻男性在男性角色中所占的比例（61.4%）。[54]互联网时代，美女元素依旧是广告说服屡试不爽的元素。

美女广告通过对女性美好姿态的描绘或塑造以达到激发受众并使其产生联想的目的，从这个意义上说，美女广告也是性诉求广告的一种，相关内容在前文已经有所介绍。美女广告通常通过采用女性某一身体部位，如脸、眼睛、嘴、乳房、胳膊、腿与臀部，或女性的用品、语言和对象，以激发受众形成联想。美国马萨诸塞州中心医院曾做过一项实验，医生们向10名年龄在21—28岁的正常男子展示了一些美女的图片，同时对他们的大脑活动进行检测，结果发现这些美女照片刺激了大脑的某些区域，而这些区域在男人服用违禁品或拿到钞票后也会出现同样的反应。[55]通过视觉热力图同样可以发现美女总是能够引起人们目光的聚焦。带有美女元素的广告可以加深受众的信息加工程度和学习程度，进而使得广告效果得到提升。

广告是时代的镜像，美女广告也反映出不同时代审美风格、女性意识等的变迁。不同时期的"美女"有不同的意义和美感内涵。20世纪40年代及以前的美丽面孔——传统、典雅，或有小家碧玉的腼腆，或有大家闺秀的矜持；20世纪50年代的美丽面孔——美艳、稍带傲气；20世纪60年代的美丽面孔——清新、自然，充满青春气息；20世纪70年代的美丽面孔——健康、活跃、敏捷，具有独立性，有时代感；20世纪80年代的美丽面孔——清丽、冷艳、脱俗，极富有女性化；20世纪90年代的美丽面孔——冷酷、奔放、高傲、气质高贵；21世纪的美丽面孔——火爆、热烈、活力四射。[56]这种女性形象的变化可以在美女广告中发现。美国广告学者詹姆斯·特威切尔指出："女人的脸作为商品由来已久……理想化的身材时而变大，时而缩小。尤其是乳房来来回回不断变化，20世纪50年代，当女性主要是家庭主妇时，相对大一些。20世纪60年代，当选举权和解放运动成为社会的中心问题时，乳房相对小一些。"[57]

当然，作为性感诉求广告的一种类型，美女广告也时常招致物化女性、不尊重女性、色情化等的批评。

（二）动物元素在广告中的运用

在广告中使用动物元素越来越常见，有的甚至直接以动物为品牌的标志，如京东的狗、天猫的猫、腾讯的企鹅、圣象地板的大象、兰博基尼的牛、法拉利的马、骆驼牌香烟的骆驼……动物已经成为许多品牌不可或缺的一部分。在西方国家，动物常常被用在广告之中，有研究表明，几乎五分之一的超级碗广告以动物为主要元素。[58]

在广告中使用动物元素的原因主要包括以下几个方面：

第一，基于人类世界对另一个未知世界的好奇、窥视心理以及一种独特的动物审美心理。如美国探索频道（Discover）被引入中国引起的轰动，正是利用了人们对于动物的这种好奇和审美心理。

第二，动物本身的符号特性、象征意义和隐喻功能。直接借用动物在日常生活中的原始象征意义的广告不胜枚举。汽车广告喜欢用动物界奔跑迅速的动物如狮、虎、豹此类的大型动物作为叙事符号，是因为这些动物在世界各民族中都是王者、至尊者的比喻。奥迪的一则电视广告曾使用骆驼和猎豹作为符号，生活中骆驼象征耐力，猎豹象征速度，影像中二者甜蜜接吻，意指奥迪是耐力与速度的完美结合。百威啤酒在中国投放的《自行车篇》广告使用的是蚂蚁符号，根据创意者的解释，蚂蚁在我国是"人多力量大""众人拾柴火焰高"的比喻，是集中众人智慧的比方。有则杜蕾斯安全套电视广告用的是两只野外相遇的兔子，它们一见钟情，相继跑到洞内寻欢，只见洞口尘土飞扬，最后叠印字幕：忘情时刻，勿忘安全。兔子在国外的视觉文化中，是一种鲜明的性符号象征。广告表达含蓄，需求准确，令人印象深刻。广告中有大量的动物符号意义是通过文本自身的指向及互文性而重新获得符号意义的。大量动物广告的运用，实际上深刻反映了动物与人类之间关系的变化，尤其是动物广告中的符号化和隐喻化表达，成为动物社会化的典型表现，从某个角度而言，动物广告隐喻了哲学上的真。[59]

第三，动物广告对于品牌的积极价值。研究认为，动物是一种有效的市场沟通工具，因为它们可用于将所需的文化意义转移到与之相关的产品和品牌中。[60]也有研究指出，动物符号整合运用有助于自动激活和连接消费者心中的原型联想，从而使他们能够激活品牌所代表的文化图式。[61]与品牌相关的文化图式的有效应用有助于品牌参与，从而有助于品牌资产增加。

华为P40广告就成功地使用了动物元素，华为也因《有惊无险》广告片被戏称为"华为影业"。《有惊无险》广告片由张大鹏导演，主要宣传的是华为P40 Pro+强大的照相功能，让人们对华为的相机再次有了更深层次的了解和感触。华为P40 Pro+在发布之初，一大主要亮点就是其强大的照相功能，被誉为当时手机相机中的天文望远镜。广告片由一只兔子为主角，以其意气风发的样子为切入点，讲述了兔子凭借华为P40 Pro+强大的照相功能从狐狸、黑豹以及老鹰中脱困的故事。而故事的幽默点则主要在于兔子讲述自己故事时以及在亲身经历时的前后动作对比。华为也很好地借助兔子向人们完美地介绍了P40 Pro+的相机功能。

图1-8　华为《有惊无险》广告片

（三）儿童元素在广告中的运用

　　儿童广告是指将儿童作为主要的形象符号加以呈现的广告。儿童广告由来已久，18、19世纪的美国广告中，我们能看到不少肥皂等洗涤产品使用儿童形象做广告，如19世纪80年代伍尔肥皂广告的画面中是两个女孩形象；80年代末金粉孪生兄弟洗涤粉广告的画面中是两个黑人孪生兄弟；1981年象牙皂广告的画面中是一个黑人小孩凝视着漂浮在水面的肥皂；19世纪皮尔斯香皂广告的画面中是一个白人小孩。最初的儿童广告是为了销售儿童产品或服务而产生的，广告多以儿童或儿童监护人为说服对象。儿童形象的广泛利用是建立在儿童符号的伦理的隐喻功能的基础之上。相较于充斥着"伪善"和"装腔作势"的成人世界，象征着纯洁、真与善的童孩，其符号的含义在某种程度上具有"普世价值"。正是儿童形象有了这些与成人世界截然不同的内涵，许多儿童广告的叙事才得以进行。[62] 儿童广告也是西方广告学研究的重点领域之一，《广告学刊》（*Journal of Advertising*）曾经出过两期专刊加以研究。[63]

　　麦当劳的一则电视广告"婴儿摇篮篇"曾获1996年法国戛纳国际广告电视金狮奖。这则经典广告作品广告采用了设置悬念的方法吸引观众的注意力。躺在摇篮里的婴儿当摇篮荡高靠近窗口时就露出开心的笑，当摇篮落下来时就眯着眼睛皱起眉哭。镜头反反复复，婴儿时笑时哭调动了观众的好奇心，到底婴儿是怎么了？是什么让他的表情变换不停？最后，镜头转向摇篮正对着的窗外，有一个巨大的麦当劳金拱门标志，出乎意料的答案让观众恍然大悟。原来摇篮往上摆的时候婴儿看了标志，他就笑；往下摆时标记消失了，婴儿就哭。这一切源于麦当劳金拱门标志的魅力，传达了麦当劳是小孩们幸福的源泉：一切欢笑尽在麦当劳。麦当劳在向全球推广这则广告时，还针对不同的市场（欧美、非洲、亚洲）采用了不同的婴儿形象。

　　儿童被当作善与真的符号与象征在中外哲学、伦理学、社会学、文学和艺术中较为常见，在日常生活和世界中更是一个习焉不察的人类意识。中国古代哲学中儿童一直被哲学家当作阐释其哲学思想的话语，最著名的莫过于明朝"离经叛道"的哲学家李贽的"童心说"。[64] 此外，更早的孟子秉持"性善论",古代儿童启蒙读物《三字经》更是明白地指出"人之初,性本善"。大部分广告商喜欢在广告中设置家庭情境,借助于儿童符号来指称人类伦理中的真与善,从而对成人世界构成微妙的讽喻。但这不是一种走向真正的反成人、反体制、反现状的政治和伦理行为。相反,广告的商业本性规定,这终究是创意者的一种策略性姿态,一种自嘲式的幽默。这种幽默美学的心理机制建立在审美主体对审美客体具有绝对优势的地位上。从策略和文本的角度上讲,它使人们先以一个假定的被贬抑身份进入广告设计的叙事情境,但最终广告情节指向一个产品或品牌,从而轻易地将先前由真和善构成的崇高伦理符号加以结构。从接受解读讲,这种幽默美学的效果取得正是依赖于人们知识优势的参与,通过对崇高的消解,人们获得智力与知识的优越感,以及对自我状态的把握感和安全感。人们在自嘲中获得快感,产品或品牌信息便在一种陶醉状态中随机而入。[65]

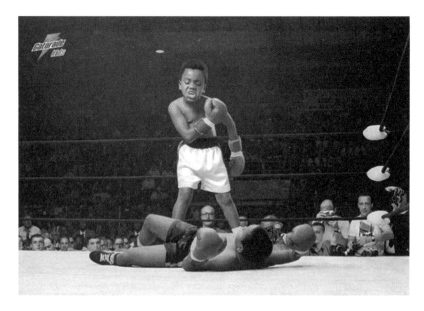

图1-9 佳得乐饮料广告对成人世界的隐喻

(四)3B原则与文化禁忌

在运用3B原则时要特别注意各个国家、民族乃至个体之间的文化心理差异,文化禁忌是广告营销中必须重视的。文化是一群人共同的生活理念,是一定社会在某一区域内人们经过学习获得的信念、价值观和习惯的总和。受地理边界的限制,在不同区域内,受各种因素的影响可能会形成截然不同的文化,每种文化都存在着一个不可触摸的禁区,被称为文化禁忌。[66]

如在很多伊斯兰国家,运用美女元素则必然与美国有极大的不同,同时也要谨慎使用类似于猪的形象。在澳大利亚则要注意不要使用兔子,因为作为外来物种,兔子给澳大利亚带来了严重的生态破坏,因此形象不佳。在西方很多国家,要注意龙的形象的运用,在中国龙是正面的、积极的，在西方则往往与邪恶、残暴等词汇相联系。鹤在亚洲文化中表示长寿吉祥，在意大利却是妓女的代称。在美国，蝙蝠是凶神的象征，蝙蝠和恐怖、死亡、不吉祥联系在一起，蝙蝠是可怕的"吸血鬼"的意识深入人心，因此出口至美国的商品不应有蝙蝠图案。但是在中国因"蝠"与"福"谐音，所以蝙蝠图案受人欢迎。[67]上海电池厂出品的"白象"牌电池，在我国很受欢迎，在东南亚市场也备受青睐，但是在美国西海岸却严重滞销。造成这一冷一热强烈反差的原因就是文化差异。因为上海电池厂在出口的时候，将"白象"牌直接翻译为英语"White Elephant"，这个词虽然表面上看起来是白色大象的意思，但我们不知道的是，在英语中它还有另一层理解——华而不实、既耗费钱财又无实际用途的物品。而在东南亚各国却没有出现这种问题，因为他们的传统文化认为大象是吉祥的象征，白色的大象更是很尊贵的动物，所以白象电池在东南亚的销路很好。

第三节 广告心理经典案例举要

一、乐百氏纯净水的27层净化——理性诉求与心理暗示[68]

（一）案例概述

20世纪90年代后期，经过一轮又一轮的"水战"，饮用水市场形成了三足鼎立的格局——娃哈哈、乐百氏、农夫山泉，就连实力强大的康师傅也曾一度被挤出了饮用水市场。综观各水成败，乐百氏纯净水的成功相当程度上得益于其"27层净化"的营销传播概念。1997年，乐百氏在行业内率先推出了"27层净化"的概念，成功从众多饮用水品牌中脱颖而出。

（二）案例具体分析

当年纯净水刚开始盛行，市场上存在着众多纯净水品牌，同质化现象严重。大多数纯净水厂商都希望能从中寻求差异，运用自身独特的优势来彰显不同，从而求得生存。娃哈哈一马当先，凭借广告偶像加音乐的情感诉求一跃成为行业老大。面对这样的市场局面，乐百氏该走一条怎样的广告路线呢？乐百氏经过分析发现，当时市场上的所有纯净水品牌的广告都说自己的纯净水纯净，而消费者却不知道哪个品牌的水是真的纯净，或者更纯净。很多消费者只是根据"广告宣传"来决定自己购买的饮用水品牌。

抓住这一点后，乐百氏在行业内率先推出了"27层净化"的概念。"27层净化"通过事实的暗示给消费者一种"很纯净，可以信赖"的印象。但广告里提及的27层净化实际上只有5层，分别为石英砂过滤、活性炭过滤、精密保安过滤器过滤、反渗透设备过滤和紫外线杀菌。乐百氏将每一层的作用都拆开来用广告的方式传递给消费者。如前15层，其实就是一层过滤——砂石过滤，可以过滤悬浮、泥沙、铁锈、胶体、有机物5类杂质，而广告又把三道工序（粗型、中型、细型）独立了出来。所以3×5=15，一层过滤拆解成了15层。后面的几层过滤也作了分解，于是凑足了27层。

第一层石英粗型沙过滤悬浮杂质

第二层石英粗型沙过滤泥沙杂质

第三层石英粗型沙过滤铁锈杂质

第四层石英粗型沙过滤胶体杂质

第五层石英粗型沙过滤有机物杂质

第六层石英中型沙过滤悬浮杂质

第七层石英中型沙过滤泥沙杂质

第八层石英中型沙过滤铁锈杂质

第九层石英中型沙过滤胶体杂质

第十层石英中型沙过滤有机物杂质

第十一层石英细型沙过滤悬浮杂质

第十二层石英细型沙过滤泥沙杂质

第十三层石英细型沙过滤铁锈杂质

第十四层石英细型沙过滤胶体杂质

第十五层石英细型沙过滤有机物杂质

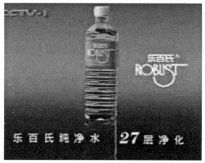

图1-10　乐百氏1997年电视广告截图

…………

第二十七层紫外线杀菌

广告的呈现也很有特点。宁静幽蓝的基调，万籁俱寂。一滴晶莹的水珠缓缓坠落，每到一层，都有紫光一闪，给人"又被净化一次"的联想。经过一层层的净化，乐百氏纯净水才"千呼万唤始出来"，一个强有力的利益承诺也随之推出：乐百氏纯净水，27层净化！这则广告的成功不仅仅在于对纯净水概念的强调和突出，更在于其高雅的基调，吻合了消费者内心对纯净的感性理解。尤其是在当时各种水五花八门的情况下，广告别出心裁地为纯净水作了一个很好的定位。当年北京地区调查显示，这条广告大得消费者好评。

但其实27层净化并非乐百氏厂家独有工艺，当时其他纯净水绝大多数都经过了几十道工序以确保品质安全，可能达到甚至超过了这样一个净化标准。但是，只有乐百氏将这个概念明确提出并在各种媒介上推出了"乐百氏的每一滴水都经过27层净化，是真正的纯净之水"这种卖点统一的广告。27层净化，给消费者一种"很纯净，可以信赖"的印象，为乐百氏纯净水的纯净提供了一个有力的支持点。这条广告也很快家喻户晓。

20世纪90年代，营销学之父舒尔茨在其全球第一部《整合营销传播》（IMC）专著中就指出：在同质化的市场中，唯有传播能创造出差异化的品牌竞争优势。而有效的传播必须有一个以消费者欲求为出发点的"轴心"概念。由此，我们不难看出，乐百氏的成功正是紧紧抓住了消费者对纯净水"纯净"的欲求，从众多品牌中脱颖而出。广告表现紧扣广告策略，给"品质"作与众不同的演绎。结果，造成了鲜明的传播差异。当年的饮用水市场，几大品牌各出奇招制胜。但是，乐百氏纯净水通过27层净化这样独特的广告诉求，在短短几个月内，销售额就达到了2亿元。产品的市场占有率当年即跃居全国同类产品第二位。时隔多年，当年乐百氏纯净水的成功案例，仍然让许多人津津乐道。

二、南方黑芝麻糊：一股浓香，一缕温暖——情感营销[69]

（一）案例概述

　　典型的南方麻石小巷，母女俩，挑着竹担，悬在竹担前的橘灯摇晃、晃悠。随着一声亲切而悠长的"黑芝麻糊咯"的吆喝，一个身着棉布布衫的少年，从深宅大院中推门出来，不停地搓手、呵气，眼中充满渴望，慈祥的大婶将一勺浓稠的芝麻糊舀入碗里。男孩搓手，咬唇，一副迫不及待的馋猫样儿。大婶递过香浓的芝麻糊，男孩大口大口地飞快吃光，意犹未尽小心地舔着碗底。引得一旁碾芝麻的小女孩的发笑。大婶怜爱他多舀了一碗给他，替他抹去嘴角的芝麻糊，此时画外音传来男声旁白：一股浓香，一缕温暖，南方黑芝麻糊。1991年的广告《南方黑芝麻糊·怀旧篇》用的是怀旧的主题，而今这则广告本身，已经成为那个年代的怀旧符号之一。《南方黑芝麻糊·怀旧篇》曾荣获全国第三届优秀广告作品一等奖及"花都杯"首届全国电视广告大奖赛金塔大奖。得益于这则广告，南方黑芝麻糊品牌知名度和销量迅速打开，成为黑芝麻糊品类的代表性品牌，助力公司在1997年上市，成为黑芝麻产业第一股。值得一提的是，片中卖芝麻糊的慈祥大婶，就是这则广告的导演蔡晓明。当时因为找不到演员，剧组就提议导演蔡晓明试试，结果一试镜，效果非常好。

图1-11　南方黑芝麻糊广告截图

（二）案例具体分析

　　南方黑芝麻糊的电视广告始终围绕"温馨"主题思想在"情"字上大做文章，令观众在种种温馨之中达到情感沟通，从而树立芝麻糊的形象。该广告画面朴实、温馨，几许乡情，几许温馨，几许关怀，几许回忆，涵盖于此。卖芝麻糊大婶的微笑，买芝麻糊男孩天真的眼睛，母爱与童心，关怀与成长溢出于画。大婶所添的第二碗芝麻糊更是画龙点睛，一举使广告主题升华，此乃"卖非为卖"，由此喻示企业的生产乃是爱的奉献。

黑格尔说："美是理念的感性显现。"黑格尔对美的定义在南方黑芝麻糊的电视广告中得到了很好的实现。从亲切的"芝麻糊"叫喊声中，切入对童年回忆的镜头，此时出现了细节描写。画面中的男孩喝了一碗芝麻糊后忍不住用舌头舔了三下，先舔碗，再舔手，最后舔唇。此广告一推出，便获得了强烈的反响，在一片对其整体表现的肯定声中有不少人对广告中男孩"舌舔"的细节提出了疑问，认为"此细节不敢恭维"，"这种吃法既不雅观又不文明"，甚至要求对此细节做点改动。

首先，这种"舌舔"动作虽"不雅观"，但符合小孩的心理特征，不仅是"童心"的真实表现，也是"童真、童趣"的生动反映。因此，这一细节是非常真实的。其次，从对商品的诉求角度来看，"舌舔"的动作是对南方芝麻糊诱人魅力的一种象征暗示，这种"无声"的手法比起一些"急吼吼"的自吹自擂，是对商品有力的传达，不仅更为明晰，也更加含蓄、文雅。因此，这一细节也是非常传神的。最后，也是最为关键的是小孩一而再，再而三的"舌舔"动作，不仅强化加深了观众的记忆，给观众留下形象而深刻的印象，而且犹如一把利剑直击消费者的心扉，激起消费者的购买欲望。因此，这一细节便具有了强烈的劝服力。由此看来，这一细节不仅是无可非议的，而且此则广告正是依赖这一细节产生的真实性、记忆性与劝服性效果而获得成功，最终打开了产品的销路。

在各种广告满天飞的今天，南方黑芝麻糊广告却有其不同凡响的地方。它毫无哗众取宠、叫卖拉客的气味，而是通过一个生活场景、一段儿时经历的回顾，逗引人们眷恋往事的情思。我们都有这样的生活体验，儿时喜欢吃的东西，回忆起来味道是最美的。这个广告所表现的，正是人人共有的这种生活体验。小男孩埋头猛吃芝麻糊的香味诱人，自在不言之中。画外音"一股浓香，一缕温暖"，画龙点睛，意蕴含蓄，耐人寻味。这样的场景，极易触发联想，唤起人们的心理共鸣，以致对屏幕宣传产生确信无疑的心理效果。

创制广告的用意，是为了填补、满足人们不平衡的心态，以富有戏剧性和人情味的生活场景，唤起人们的心理共鸣，其立意之悠远，绝非王婆卖瓜、急功近利式的广告所能比拟。由于广告的场面完全做到生活化，浑朴自然且毫不做作，形成了自然天成的风格，因此具有"润物细无声"的功效。看了这个广告，难怪孩子们想吃，大人也嘴馋。黑芝麻糊自然而然地走进了千家万户。

（三）案例策划分析

广告的目标是塑造品牌。"实施品牌战略，促使企业长盛不衰"是广西黑五类食品集团长期运作的主题。该集团在创造、发展和保护自己的品牌上，就像一个人保护自己的生命那样执着。于是，便有旗下南方品牌一系列婴幼儿食品畅销大江南北，一时间"南方"的号角响彻中华大地。容县人外出还遇到不少笑话，有的外省人只知广西有个南方食品厂，不知容县。可想而知，品牌效应威力如此之大。

广告的定位是温情。"黑芝麻糊咯，一股浓香，一缕温暖——南方黑芝麻糊"这段经典广告，曾获得全国性广告设计大奖，它的定位就是情感销售：受众与广告之间产生联动效应，并对该产品产生认同感、亲切感和温馨感。由此即会触发人们购买产品的欲望，并将其转化为到商店去购买该商品的行动。可以说，南方黑芝麻糊广告片利用了人们的怀旧心理，调动了人们的情愫，广告宣传获得了巨大的成功，也由此获得了极高的品牌的知名度。

广告的主题是怀旧。在该广告片的整个画面、背景、底色、人物装束打扮和声音的处理上，处处渲染和营造着一种怀旧的氛围。当人们在看这则广告片时，会不知不觉地被其引到了一个南方的小镇，特别是有同样生活经历的人，很容易在内心油然而生对过去生活的怀念和追忆。画中那个可爱的小男孩，吃得满嘴黑乎乎的，还在舔着碗边，眼馋地伸出碗向那位大婶讨吃的样子，会令人想起自己儿时的情境，会心地露出微笑。而小男孩直勾勾的眼神和眼馋的动作，又会刺激受众的味觉，让他们感到香郁滑软的芝麻糊正穿过他们的舌尖、喉咙滑进胃里。

广告的诉求点是情感。这则广告从情感入手，以恰到好处的方式取得成功，用回忆的手法把人带到了芝麻糊的香甜可口中，以达到引发人们欲望的目的。视听配合较好，在表现上，采用了统一的暖色调，配合演员的恰当表演，强化了情感诉求的效果。中心画面表现了小男孩舍不得放下碗而不断地舔碗，镜头用了大特写，使主题展示令人动情，大婶给小男孩添半勺的镜头进一步强化了观众心中的情感。

（四）案例小结

人是在经历中成长的，成长中的回忆有时可能会使人终生难忘，所宣传的产品如果能够引起人们的美好回忆，无疑是一个成功的广告。片中舔碗的小男孩宛如自己小时候吃某种喜爱食品时意犹未尽的影子；江南小镇黄昏的静谧和民谣式朴实悠扬的音乐，可能会牵动每个游子的思乡之情；卖芝麻糊的大婶和蔼的笑容以及对小男孩的爱怜，可能会让人体会到母性的怜爱和父老乡亲的朴实。最后主题广告语"一股浓香，一缕温暖"，给南方黑芝麻糊营造了一个温馨的氛围，深深地感染了每一名观众。当人们在超市里看到南方黑芝麻糊时，可能就会回忆起那片温情。

思考与练习

1. 如何评价斯科特及其《广告心理学》在广告学科发展史中的历史地位？
2. 请结合《广告心理学》中的基本知识对某一当下的广告案例写一篇分析文章。
3. 结合案例从美学、伦理学与哲学视角分析其与广告3B原则之关系。

参考文献

1. Eighmey J, Sar S. Harlow Gale and the origins of the psychology of advertising [J]. Journal of Advertising, 2007, 36(4): 147–158; Gale H. On the psychology of advertising [J]. Psychological studies, 1900, 1: 39–69.

2. Scott W D. The theory of advertising: A simple exposition of the principles of psychology in their relation to successful advertising [M]. Boston: Small, Maynard & Co. 1903.

3. 西北大学图书馆在线档案，http://exhibits. library. northwestern. edu/archives/exhibits/presidents/scott. html；吕云飞. 应用心理学之父——沃尔特·迪尔·斯科特述评 [J]. 心理研究, 2008, 1（06）: 60—66. Ross B I, Richards J I, Fletcher A D, et al. A century of advertising education [C]. Austin, TX: American Academy of Advertising, 2008. Lynch E C. Walter Dill Scott: pioneer industrial psychologist [J]. Business History Review, 1968, 42(2): 149–170. Schultze Q J. "An Honorable Place": The Quest for Professional Advertising Education, 1900-1917 [J]. Business History Review, 1982, 56(1): 16-32. 也有人将第一个成建制广告系的美国伊利诺伊大学广告系创系主任查尔斯·桑德奇称为 "广告教育之父"。

4. Scott W D. The Psychology of Advertising in Theory and Practice [M]. Boston: Small, Maynard & Co. 1908.

5. 沃尔特·D. 斯科特. 广告心理学 [M]. 李旭大译. 北京：中国发展出版社, 2004：序。

6. 方圆. 中国审计拓荒者：吴应图 [J]. 财会通讯, 2012（07）: 135—136.

7. 吕云飞. 应用心理学之父——沃尔特·迪尔·斯科特述评 [J]. 心理研究, 2008, 1（06）: 60—66.

8. 许正林. 西方广告学经典著作导读 [M]. 郑州：郑州大学出版社, 392—393.

9. 马谋超. 广告心理学基础 [M]. 北京：北京师范大学出版社, 1992.

10. 何平华. 中外广告案例选讲 [M]. 武汉：华中科技大学出版社, 2010: 244.

11. 张金海. 20世纪广告传播理论研究 [M]. 武汉：武汉大学出版社, 2002: 26—31；朱丽安·西沃卡. 肥皂剧、性和香烟——美国广告200年经典范例 [M]. 周向民, 田力男译. 北京：光明日报出版社, 1999：149—160.

12. 王怀明. 理性广告和情感广告对消费者品牌态度的影响 [J]. 心理学动态, 1999(01): 56—59.

13. Resnik A., Stern B L. An analysis of information content in television advertising [J]. Journal of marketing, 1977, 41(1): 50-53.

14. De Pelsmacker P., Geuens M. Emotional appeals and information cues in Belgian magazine advertisements [J]. International Journal of Advertising, 1997, 16(2): 123-147.

15. Liebermann Y., Flint-Goor A. Message strategy by product-class type: A matching model [J]. International Journal of Research in Marketing, 1996, 13(3): 237-249.

16. Petty R. E., Cacioppo J. T., Schumann D. Central and peripheral routes to advertising effectiveness: The moderating role of involvement [J]. Journal of consumer research, 1983, 10(2): 135-146.

17. Simonson I., Carmon Z., Dhar R., et al. Consumer research: In search of identity [J]. Annual review of psychology, 2001, 52(1): 249-275.

18. 周象贤, 金志成. 情感广告的传播效果及作用机制 [J]. 心理科学进展, 2006（01）: 126—132.

19. MacInnis D. J., Jaworski B. J.. Information processing from advertisements: Toward an integrative framework [J]. Journal of marketing, 1989, 53(4): 1-23.

20. 王怀明. 理性广告和情感广告对消费者品牌态度的影响 [J]. 心理学动态, 1999（01）: 56—59.

21. 何平华. 中外广告案例选讲 [M]. 武汉：华中科技大学出版社, 2010: 245—246.

22. 大卫·奥格威. 奥格威谈广告 [M]. 曾晶译. 北京：机械工业出版社, 2003: 8—9.

23. 马力. 我国性元素广告的现状及发展 [J]. 新闻爱好者, 2010（16）: 95—96.

24. 让·鲍德里亚. 消费社会 [M]. 刘成富、全志钢译. 南京：南京大学出版社, 2014：123.

25. 周象贤, 金志成. 性诉求广告及其传播效果探微 [J]. 中国广告, 2008（05）: 107—110.

26. Beard F. K. One hundred years of humor in American advertising [J]. Journal of Macromarketing, 2005, 25(1): 54-65.

27. Weinberger M. G., Spotts H E. Humor in US versus UK TV commercials: A comparison [J]. Journal of Advertising, 1989, 18(2): 39-44.

28. Eisend M. A meta-analysis of humor in advertising [J]. Journal of the Academy of Marketing Science, 2009, 37(2): 191-203.

29. Catanescu C., Tom G. Types of humor in television and magazine advertising [J]. Review of Business-Saint Johns University, 2001, 22(1): 92-95；周象贤. 幽默广告诉求及其传播效果 [J]. 心理科学进展, 2008（06）: 955—963.

30. 【案例】大众汽车品牌 如何用「幽默」讲述科技, https://socialbeta.com/t/case-of-volkswagen-technology-marketing-2019-06.

31. 周象贤, 肖兵艳. 恐惧诉求广告传播效果研究及其应用启示 [J]. 新闻界, 2009 (06): 157—158+136.
32. 何平华. 中外广告案例选讲 [M]. 武汉: 华中科技大学出版社, 2010: 249—250.
33. Wang C. Culture, meaning and disability: Injury prevention campaigns and the production of stigma [J]. Social Science & Medicine, 1992, 35(9): 1093—1102.
34. 王沛. 广告心理效果与评价 [M]. 北京: 科学出版社, 2008: 262.
35. Brooks S J, Savov V, Allzén E, et al. Exposure to subliminal arousing stimuli induces robust activation in the amygdala, hippocampus, anterior cingulate, insular cortex and primary visual cortex: a systematic meta-analysis of fMRI studies [J]. NeuroImage, 2012, 59(3): 2962—2973.
36. Galli M, Gorn G. Unconscious transfer of meaning to brands [J]. Journal of Consumer Psychology, 2011, 21(3): 215—225.
37. 丁家永. 广告心理学 (第2版) [M]. 广州: 暨南大学出版社, 2005: 145.
38. 何平华. 中外广告案例选讲 [M]. 武汉: 华中科技大学出版社, 2010: 243.
39. Maslow A H. A theory of human motivation [J]. Psychological review, 1943, 50(4): 370—396.
40. 亚伯拉罕·马斯洛. 动机与人格 [M]. 许金声译. 北京: 中国人民大学出版社, 2012.
41. 吴柏林. 广告心理学 (第二版) [M]. 北京: 清华大学出版社, 2014: 25—28.
42. 金志成, 周象贤. 受众卷入及其对广告传播效果的影响 [J]. 心理科学进展, 2007 (01): 154—162.
43. 陶化冶. 基于卷入度的高卷入商品广告策略研究 [J]. 企业经济, 2008 (09): 81—83.
44. 何平华. 中外广告案例选讲 [M]. 武汉: 华中科技大学出版社, 2010: 251.
45. 金志成, 周象贤. 受众卷入及其对广告传播效果的影响 [J]. 心理科学进展, 2007 (01): 154—162. Vaughn R. How advertising works: A planning model [J]. Journal of advertising research, 1980. Vaugn R. How advertising works: A planning model revisited [J]. Journal of advertising research, 1986, 26(1): 57—66.
46. Cheong H J, Cheong Y. Updating the Foote, Cone & Belding grid: Revisiting the product classifications of the FCB grid for online shopping and contemporary consumers' decision making [J]. Journal of Advertising Research, 2021, 61(1): 12—29.
47. 周宪. 视觉文化的转向 [M]. 北京: 北京大学出版社, 2017: 7.
48. 保罗·莱斯特. 视觉传播: 形象载动信息 [M]. 北京: 北京广播学院, 2003: 446.
49. 李佳蔚. 新媒体广告视觉说服的机制与策略 [J]. 现代传播 (中国传媒大学学报), 2019, 41 (09): 141—144+156.
50. 保罗·梅萨里. 视觉说服: 形象在广告中的作用 [M]. 王波译. 北京: 新华出版社, 2003: 3.
51. 案例引用自: 刘亦凡. 电视公益广告的视觉说服策略——以央视《春节回家篇》为例 [J]. 中国广播电视学刊, 2013 (08): 21—23.
52. 保罗·梅萨里. 视觉说服: 形象在广告中的作用 [M]. 王波译. 北京: 新华出版社, 2003: 9.
53. 陈培一. 中国期刊广告实务研究 [M]. 北京: 中央文献出版社, 2006: 74—75.
54. 赵彦. 对大众传媒中女性文化与女性观的透视 [J]. 学术交流, 1997 (05): 140—142.
55. 丁楠. 美女经济 [J]. 经营与管理, 2003 (05): 36—37.
56. 陈培一. 中国期刊广告实务研究 [M]. 北京: 中央文献出版社, 2006: 78.
57. 詹姆斯·特威切尔. 美国的广告 [M]. 南京: 凤凰传媒出版集团, 2006: 197.
58. Lancendorfer K M, Atkin J A L, Reece B B. Animals in advertising: Love dogs? Love the ad! [J]. Journal of Business Research, 2008, 61(5): 384—391.
59. 何平华. 视觉饕餮的秘密 [M]. 上海: 上海文化出版社, 2008: 222—226+229.
60. Phillips B J. Advertising and the cultural meaning of animals [J]. ACR North American Advances, 1996.
61. Lloyd S, Woodside A G. Animals, archetypes, and advertising (A3): The theory and the practice of customer brand symbolism [J]. Journal of Marketing Management, 2013, 29(1-2): 5—25.
62. 何平华. 视觉饕餮的秘密 [M]. 上海: 上海文化出版社, 2008: 208—210.
63. Journal of Advertising, 2018年第4期以及1998年第3期.
64. 何平华. 视觉饕餮的秘密 [M]. 上海: 上海文化出版社, 2008: 213—214.
65. 何平华. 视觉饕餮的秘密 [M]. 上海: 上海文化出版社, 2008: 221—222.
66. 汤筱晓. 基于文化禁忌视角的企业营销对策研究 [J]. 科技情报开发与经济, 2010, 20 (32): 136—139.
67. 王宏平. 文化禁忌与跨文化营销 [J]. 湘潭大学学报 (哲学社会科学版), 2005 (S2): 149—151.
68. 贾子玉. 乐百氏, 27层的净化 [J]. 市场观察, 2008 (12): 47.
69. 钟子期. 南方黑芝麻糊: 一股浓香, 一缕温暖 [J]. 市场观察, 2008 (12): 38. 莫敏. 从"南方黑芝麻糊"谈广告的情感化策略 [J]. 广西大学梧州分校学报, 1996 (01): 56—58.《南方黑芝麻糊》广告简要分析, https://www.sohu.com/a/84149181_222745.

第二章

《拉斯克尔的广告历程》
——拉斯克尔与广告公司管理

第一节 《拉斯克尔的广告历程》
主要内容及核心思想述评

一、阿尔伯特·戴维斯·拉斯克尔小传

阿尔伯特·戴维斯·拉斯克尔（1880—1952）是20世纪上半叶美国广告史上创造现代广告的六位巨擘之一[①]，他在洛德暨托马斯广告公司工作长达40余年，广告大师约翰·肯尼迪（John Kennedy）和克劳德·霍普金斯都曾在其麾下效力。拉斯克尔极大地改变了20世纪上半叶人们对广告的模糊观点，对于促进现代广告的建立和发展有着不可替代的贡献，他还深刻地影响了广告企业的营销模式，被尊称为"现代广告之父"。

1880年5月1日，拉斯克尔在德国的弗赖堡出生。他的父亲莫里斯·拉斯克尔（Morris Lasker）1840年从普鲁士移民至美国，是一位犹太银行家，母亲内蒂·海登海默·戴维斯（Nettie Heidenheimer Davis）是美国人，他们住在得克萨斯州的加尔维斯顿。但为了让内蒂怀孕期间获得更好的医疗服务，他们搬到了德国。一家人暂居六个月后回到了加尔维斯顿，在这里，拉斯克尔度过了他的童年。

拉斯克尔青少年的时候开始从事新闻记者的工作，12岁时就体现出与众不同的聪敏与天才，创办了《卡尔弗斯顿早间新闻》（*Galveston Morning News*），报道体育、犯罪、宗教、戏剧、商业及政治等消息，同时他也亲自为报纸拉广告。这段报纸的从业经历深刻影响和奠定了他对广告的认知。

图2-1 阿尔伯特·戴维斯·拉斯克尔

拉斯克尔18岁时，他的父亲不赞成他继续在新闻业发展，说服他进入芝加哥的洛德暨托马斯广告公司[②]工作，他勉强接受了父亲的安排，本打算体验一段时间然后就离开，却一待就是40余年。1898年5月31日他进入公司，从打扫办公室和处理邮件的办公职员做起，约一年后，一名销售人员离职，拉斯克尔接替了他的职务并很快体

---

① 另五位是斯坦利·雷索、雷蒙·罗必凯、李奥·贝纳、克劳德·霍普金斯和威廉·伯恩巴克。

② 拉斯克尔进入时，洛德暨托马斯公司是当时全美第三大广告公司。洛德暨托马斯公司是博达大桥广告公司的前身，成立于1873年，1943年更名为FCB，现隶属于美国IPG集团（Interpublic Group of Companies）。

现出销售天赋，成为争取新客户的能手。他抓住了一个负责印第安纳、俄亥俄、密歇根地区销售的机会，做成了一笔3 000美元的生意。紧接着，他为了锻炼自己的文案写作能力，请求老板把他调到当时几个不赚钱的地区，不到一年，就帮助一家助听器公司取得了不俗的业绩。这一系列成就都使洛德和托马斯对他另眼相看。

1903年洛德退休后，23岁的拉斯克尔购买了他的股份，成为公司的合伙人；32岁时，他收购了这家公司。直到1942年，他担任洛德暨托马斯公司的首席执行官达30年。拉斯克尔对广告的本质以及它如何取得成功有着强烈的探求欲望。1904年，他遇到了约翰·肯尼迪——一位从事广告文案撰稿的加拿大前骑警，深入学习了广告作为"纸上推销术"（Salesman in print）所应具备的特质。拉斯克尔非常欣赏这个观点，他高薪雇佣肯尼迪。两人在1900年的洗衣机公司（现在的惠而浦）广告中使用了这个概念。他们的营销计划

图2-2 洛德暨托马斯公司制作的威尔森助听器广告

非常成功，在投放第一个广告后的四个月内，就为品牌吸引了更多的客户，并且使该公司的广告支出从每年1.5万美元增加到每月3万美元。肯尼迪帮助拉斯克尔建立了文案部来贯彻这个新概念，拉斯克尔也成为美国历史上第一个专门系统训练文案员工的广告人。由于重视文案写作，洛德暨托马斯公司慢慢成为广告业内的领头羊。肯尼迪离开公司后，拉斯克尔又学习了霍普金斯"科学的广告"的理论，并在1908年说服霍普金斯来到洛德暨托马斯公司工作。1918—1923年，他邀请霍普金斯接任执行总裁的职务，而自己则投身政界，开始在共和党中大展身手。

在离开公司期间，拉斯克尔证明了自己不仅是一位广告人，还是一位出色的政客。他应老罗斯福总统[①]之邀，自1918年起主掌共和党宣传部部长达四年之久。1920年沃伦·哈丁（Warren Harding）竞选总统期间，拉斯克尔继续在共和党内活跃，成为党内的关键顾问，主要负责共和党的宣传，并首次展示了如何将现代广告技巧应用于政治竞选中。哈丁在新闻短片、广告牌和报纸广告中呼吁选民投票，并对刚刚获得投票权的妇女做广告。1921年6月9日，哈丁总统任命拉斯克尔为美国航运委员会主席，并得到了美国参议院的批准。拉斯克尔接受了这份工作，条件是他任期不超过两年。当时，他是第三位被任命到联邦政府如此高职位的犹太裔人。然而，在被任命之前，拉斯克尔没有航运业务经验，而且面临着一个巨大的困境，航运委员会控制的2 300多艘船每天都在亏损，舰队中四分之一的船只都是木制船壳，而这在当时已经过时。他以平均每吨30美元的价格处理了这些无用的船只。此外，他的成就还包括将党卫军利维坦号改装为乘客服务，并发明了船岸电话服务。后来，他成为温德尔·威尔基（Wendell Wilkie）"天下一家"国际合作思想的有力支持者。

---

① 西奥多·罗斯福（Theodore Roosevelt，1858—1919），人称老罗斯福，第26任美国总统。

图2-3　拉斯克尔（左前中）和时任美国总统沃伦·哈丁（右前中）在扬基体育场合影（1923年）

　　然而，在拉斯克尔暂离公司期间，洛德暨托马斯公司在广告界的地位大不如前。1923年7月1日他按照约定结束了政府工作，同年9月，他回到公司，重拾广告事业。1926年，拉斯克尔再次显示了自己能够敏锐抓住重要机会的能力，他开始使用大众传播工具——广播和电视进行广告制作，"广告就是纸上推销术"的观念被有效延伸。同时，拉斯克尔还创造了一个拍摄肥皂剧来做电视广告的方式，在今天我们称之为赞助。1930年，洛德暨托马斯公司重新成为当时美国也是世界上最大的广告公司。拉斯克尔有着能使每个职员充分发挥潜能的慧眼，公司涌现出大量优秀广告人才。有一段时间，全美9家主要广告公司的老板都是他过去手下的职员。拉斯克尔说："我将我的职员训练得太好了，无法留住他们。"

　　20世纪30年代，拉斯克尔逐渐对商业事务失去信心。一个原因是他已经达到了事业的巅峰，更重要的原因是他的第一任爱妻弗洛拉1936年9月的逝世使拉斯克尔悲痛不已。此时许多重要客户开始批评洛德暨托马斯公司的案例，这使拉斯克尔非常愤怒，他放弃了很多重要的生意伙伴，包括美国无线电公司和通用电气。1938年，拉斯克尔退休，但他仍然持有公司的股份。1942年，拉斯克尔解散了公司，停止使用洛德暨托马斯的名字，但同时创立新公司来安置原来的员工，新公司名为博达大桥广告公司，由当时他的三个部下担任主管，几乎所有洛德暨托马斯的老员工都留在了新公司。

　　退休后，拉斯克尔把主要的精力和金钱都投入了国家的医学活动。他与第三任妻子玛丽·拉斯克尔——一位美国著名的慈善家在1940年结婚，并建立了阿尔伯特和玛丽研究基金。通过他们的努力，美国国家健康部门在1946到1950年之间建立起来。同时，他们在促进和扩大国立卫生研究院方面也发挥了重要作用，帮助美国该方面的预算从1945年的240万美元扩大到1985年的55亿美元。此外，他们用自己的巨额财富创立了拉斯克尔奖，该奖旨在支持顶尖科学家和研究人员的工作，尤其是在医学研究领域。80位拉斯克尔奖得主获得了诺贝尔奖。

1952年5月30日，72岁的拉斯克尔在纽约病逝，享年72岁。他被安葬在沉睡谷公墓的一座私人陵墓里。

拉斯克尔一手包装或创办了许多至今享誉世界的商品和知名品牌，极大地扭转了消费者购买习惯、企业营销模式，改变了作为媒介的广告在商业生活中的作用，现代广告的潜能被充分发掘出来。他指引并亲自参与制订了至今被广告业视为基本方法的广告创意模型——"广告是纸上推销术"。拉斯克尔在任期间创造并参与了许多成功的广告活动，他的开创性贡献之一是在公立学校开设了向年轻女性解释青春期和月经的课程（推广高洁丝卫生棉条）。作为洛德暨托马斯公司的负责人，拉斯克尔对广播的使用极具前瞻性，尤其是他在高露洁棕榄（Palmolive）肥皂、白速得（Pepsodent）牙膏、高洁丝产品和好彩（Lucky Strike）香烟的广告中迎合了消费者的心理。他也被认为帮助创造了现代的肥皂剧，拉斯科尔的贡献不仅深刻影响了广告行业，也极大地辐射了流行文化领域。[1]

大卫·奥格威在他的《奥格威谈广告》中论及拉斯克尔时说，他是"创造现代广告的六位巨擘"之一。《一个广告人的自白》称赞拉斯克尔知人善任，可以容忍约翰·肯尼迪等卓越文案人才的傲慢态度。霍普金斯也在其《我的广告生涯：科学的广告》中提到拉斯克尔任命他做洛德暨托马斯广告公司总经理，并对他信任、爱护有加。约翰·甘瑟（John Gunther）在写拉斯克尔的传记之前，曾去问他过去的部下，什么是拉斯克尔最伟大的特质。他们的回答是："他兼具明察秋毫又能抓住重点的特质，同时他也是个预测消费者反应的天才。除此之外，他旺盛的体力和魅力令人难以望其项背，他是个名副其实的工作狂——每天工作15个小时。"

拉斯克尔不仅是一位颇具影响力的广告人，还拥有丰富的阅历与广泛的兴趣。他曾在政界大展身手，[2]还是芝加哥小熊棒球队的早期老板。他在1916年对棒球队产生了兴趣，并很快购买了芝加哥小熊棒球队的多数股权。他提出了"拉斯克尔计划"，这是一份建议改革棒球管理机构的报告，正是这份报告促成了棒球专员办公室的成立。拉斯克尔在美国伊利诺伊州森林湖开发了私人庄园米尔路农场后，在上面建了一个高尔夫球场，该高尔夫球场被1939年的《国家高尔夫评论》评为"世界100强球场"（位居第23位）。拉斯克尔还是一位慈善家，美国大萧条之后，他把全部财产捐给了芝加哥大学，退休后又创办并资助了拉斯克尔基金。

阿尔伯特·拉斯克尔因其杰出的成就与贡献被选入美国国家商业名人堂[3]。

二、《拉斯克尔的广告历程》[4]主要内容

1952年拉斯克尔过世后，时任智威汤逊公司副总裁的唐·弗朗西斯科（Don. Francisco）①在接受采访时提到，拉斯克尔1925年在洛德暨托马斯公司一次职员代表会（下简称"会议"）上的讲话体现了他对广告及广告公司经营的观念。经总编辑伯恩斯坦、拉斯克尔之子爱德

---

① 弗朗西斯科是洛德暨托马斯广告公司的前任总裁，也是拉斯克尔长期合伙人和亲密的朋友。

华·拉斯克尔和弗朗西斯科的审阅，《拉斯克尔的广告历程》得以出版。

在这本书中，拉斯克尔先以自传体的形式讲述了自己的广告生涯，并结合丰富的案例阐述了自己对广告的本质、广告创作与营销、广告公司经营的理解。

图2-4 《拉斯克尔的广告历程》原书与中译本

第一至第三章：拉斯克尔说明会议召开的行业背景，并结合自己进入洛德暨托马斯公司的经历探讨自己最初对广告的本质的认识——"广告就是新闻"。

首先，他提出会议的目的是讨论洛德暨托马斯公司如何做关于自己公司形象的广告宣传活动，接着简要介绍了20世纪初美国广告业的状况。20世纪初，美国广告代理公司只是媒介版面的销售者。智威汤逊控制了多数美国妇女杂志的版面，艾尔夫子公司控制了所有农业报纸，洛德暨托马斯则控制了全部宗教类报纸，公司之间的竞争主要以媒介的控制权展开。例如广告主在报纸上登一则广告，代理商从客户那里得到的佣金占到广告费用的5%—15%不等。洛德暨托马斯公司拥有悠久的历史，拉斯克尔从1989进入公司以来受到不少资深员工的提携。他在学习中意识到广告的力量是强大的，但发现没有人能告诉他广告是什么。当时广告公司作为媒介代理最重要的工作就是和全国的出版商搞好关系，公司内的报纸监测部门员工人数占到总人数的将近一半。在自己探索的过程中，拉斯克尔发现了一家发展迅速的代理公司——查尔斯·H. 富勒（Charles H. Fuller），该公司做的广告用报纸的字体，并像记者那样讲故事，他明白了——广告就是新闻。

第四至第八章：相遇肯尼迪，拉斯克尔学习并贯彻"广告是纸上的推销术"这一主张，将文案在广告中的地位大大提升。

约翰·肯尼迪针对拉斯克尔"广告就是新闻"的观点提出了自己的看法："新闻只是陈述的技巧"，而广告应是"纸上推销术"。在肯尼迪提出这一观点此之前市场上充斥着"喊口号"式的广告，如："桂格燕麦片，永不消失的笑容，人人都吃桂格燕麦片。"真正优秀的广告不应让消费者感到无聊，也不应恐吓消费者，而要告诉他们购买产品能得到的好处，并让他们觉得自己不需要花钱，甚至买来的产品在帮助他们赚钱。此外，所有广告都应当在正式投放前测试，邮购广告就是做实验的理想方法，可以获知消费者的需求和感受。肯尼迪教授了拉斯克尔大约一年，拉斯克尔在公司中专门成立了广告文案部，培养文案撰稿人，他把自己学习的知识再传授给员工们，很多人从中受益并成为西部大牌的广告人。1902年洛德暨托马斯公司的营业额达到199.5万美元，1903年增长到245.1万美元，1906年增长到319.6万美元，1910年变为617.2万美元。

第九至第十章：相遇霍普金斯。肯尼迪离开后，洛德暨托马斯公司需要新血液。拉斯克尔通过喜力滋啤酒广告发现了霍普金斯（该案例详细内容见本书第三章）。经多人引荐，他终于见到霍普金斯并成功说服他加盟洛德暨托马斯。

第十一章：拉斯克尔为图像在广告中的重要作用正名，并阐述自己为何暂时离开公司。文案在广告中的地位固然重要，但图画之于广告正如漫画之于社论，又因为能看懂图画的人比能看懂文字的人多，如果运用得当，图像传达的信息也更简短生动。由于广告公司在同一个领域只能服务一家客户，而文案撰写员如果熟悉了某一领域就可以接竞争对手的活，因此人员流动很高，拉斯克尔不得不付出更多精力培养新的人才。而他在此期间还投资了许多甲方公司，工作繁忙，最终把身体搞垮，无暇顾及洛德暨托马斯的经营。

第十二至第十三章：拉斯克尔讲述自己担任国家公职的经历。1916年战争期间，拉斯克尔投身于工业投资和管理。1918年，在威尔·海斯（Will Hays）[①]的邀请下，拉斯克尔前往牡蛎湾会见西奥多·罗斯福并加入共和党全国委员会，此后又负责沃伦·哈丁竞选总统时的宣传活动，接着又应邀担任航运委员会主席。

第十四至第二十五章：拉斯克尔讲述自己重回公司的行业背景，并阐释自己对广告及广告公司管理的洞见。

1923年他卸任国家公职，重回公司，此时广告业已迅猛发展，艺术占到了重要地位。洛德暨托马斯在行业中的领导地位已然不保，公司中也有众多问题。他承认自己应当早一点意识到艺术的重要性，并用霍普金斯的观点提醒员工：吸引生产商的东西不一定吸引大众，广告人应当拥有这种洞见。由于员工中有懒惰的行为，他以自己1992年12岁便创办报纸的经历鼓励员工刻苦和团结。

在广告公司经营上，拉斯克尔有了很多心得。他希望在1928年建立一种广告公司服务的模式——标准化、稳定化、专业化，并形成自己完善的体系。当时市场上存在一种风气，广告公司之间竞争激烈，为了争取客户，很多公司会提供附加服务，比如市场调查或供应商调查。但拉斯克尔认为，公司不应该把重心放在附加服务上，而是要支持广告主的销售经理和批发商。即使进行广告调查，也不在于调查足够多的人，而是在于调查极少的人就能理解核心问题。例如，他以"五月气息"口臭清除剂和高洁丝卫生巾的成功案例来证明了这个观点：消费

---

① 威尔·海斯是一名律师，曾任共和党全国委员会主席，哈丁总统任命的邮政总长，其后多年都是电影业的"沙皇"，曾任美国电影制片厂及发行公司的总裁。——原注

图2-5 洛德暨托马斯公司为自己做的广告
《培生杂志》（*Pearson's Magazine*），1902年10月

者可能会因为羞于询问有关口臭和月经的产品而不便购买，所以最好的广告方式是将产品陈列在收银处，方便消费者购买。在采取了洛德暨托马斯公司的建议后，这两个产品的销量都大幅提升。

广告主不应当对广告公司有过多的期望，如果产品存在问题，再好的广告也难以让消费者买单；但广告公司对广告主又是必不可少的，他们有更多的经验，也更了解消费者。拉斯克尔结合自己的反例提醒员工，广告公司不应当卷入广告主的经营，否则会失去旁观者的判断。对于长期合作的客户，并不是劝说其花越多的钱就是越好的，因为这可能导致失去这个客户，客户的广告费和期待值是成正比的。

拉斯克尔还提出广告公司应当为自己做广告，积极争取新客户。他立即推行对洛德暨托马斯广告公司的案例作品建库，从而更好地向客户推销自己。此外，他提出公司不同地区的分部要形成统一的风格，员工的理念也应当一致。

第二十六章：拉斯克尔谈到演讲的初衷——广告公司应当秉持他以上提出的观点，做明智的广告，并懂得向客户展现自己。广告人也应当是优秀的商人，他首先需要获得广告主的信任，了解症结所在后，才能做出最合适的广告。

三、拉斯克尔主要观点评析

（一）对广告本质的认识

拉斯克尔是"广告是纸上的推销术"理论集大成者，是他将肯尼迪提出的"广告是纸上的推销术"正式引入广告界，并将其提升到理论高度的，他也因此被称为"现代广告之父"。他从三个层次完善了这一理论：

首先，拉斯克尔找到了广告作为一种推销术的表现形式——新闻，确立了现代广告文案的基本风格。他在不断探求广告本质的过程中发现，当时查尔斯·H. 富勒代理公司做的广告使用报纸的字体，并以记者的口吻讲故事，大获成功。拉斯克尔明白了——广告就是关于产品的新闻。这样一来，他12岁时便创办报纸的经验使他在新闻式广告文案的撰写上得心应手。拉斯克尔并未在对广告本质的探索上止步不前，他向约翰·肯尼迪学习并实践"广告是纸上的推销术"，向霍普金斯学习"科学的广告"；并在公司中专门成立了广告文案部，把自己学习的知识再传授给员工们，培养文案撰稿人，很多人从中受益并成为西部大牌的广告人。拉斯克尔不仅将文案在广告中的地位大大提升，也在"广告科学派"的发展和完善上始终参与其中，发挥了重要的推动作用。20世纪初期，报纸仍然是主要的大众媒介，以新闻的方式叙写"科学的广告"更易获得观众的信赖，也因此在以增加销售为主要广告目的的时代备受青睐。这样的广告风格并没有过时，时至今日，我们仍能在一些高科技产品广告或新品发布的广告中感受到新闻式广告的延绵不绝的生机。

其次，拉斯克尔发现了广告作为一种推销术的内容源——常识，因为我们每个人都是消费者，对于消费者的洞察就是对我们自身和身边人的洞察，因此很多销售创意和广告创意就源于常识。为了确保广告的成功，广告客户和广告公司往往寄希望于展开广告调查，然而广告调查有时可以用常识代替。拉斯克尔认为，广告调查不在于调查了足够多的人，而在于调查极少的人、花费最低的成本就能理解消费者的真正需求。高洁丝卫生巾的成功案例就佐证了他的这个观点：由于消费者羞于向服务员询问经期卫生用品在哪里，企业即使投放了广告，销量也一直没有明显提升。拉斯克尔团队提出将产品陈列在收银处，使消费者避免尴尬、方便地购买。在采取洛德暨托马斯公司的建议后，产品厂商的销量都大大提升。然而，这一洞察并非源于广告调查，而是由几个员工询问了自己亲人中的女性后得出的。如今，这样的思维仍在成功的创业案例中屡见不鲜，例如"饿了么"的创始人张旭豪在学生时期发现，在学校除了堂食外的送餐方式就是学生给餐馆老板打电话订餐，没有系统的外卖平台，因此他与几位同学于2009年创办了饿了么网上餐厅，这就是饿了么外卖平台的前身。

最后，拉斯克尔明确了广告作为一种推销术的目的——赚钱、赢利，广告公司为客户服务的核心不能偏离这一目的。在以销售为广告主要目标的时代，这是毋庸置疑的，美观的插画和引人入胜的文案并不一定能成为成功的广告。即使现在很多广告的直接目的可能是维护品牌形象，增加用户黏性或传递品牌的价值观，但其最终的目的仍然是将消费者对品牌的情感与认同变现。例如，我们可以看到一些情感诉求或价值观广告的最后常常出现"在某网上购物平台搜索店铺"的画面，这是引导消费的重要步骤。

作为"广告科学派"（或曰"硬性推销派"）的重要人物，拉斯克尔对广告本质不断摸索，为现代广告的渐进式认识做出了重要贡献。他将理念贯彻到实践中去，在任期间创造并参与了众多成功的、被奉为典范的广告营销活动，将现代广告的潜能充分发掘出来。通过广告营销，他一手包装或创办了许多至今享誉世界的商品和知名品牌，极大地影响了消费者购买习惯和企业营销模式。

客观而言，拉斯克尔以销售为核心的理论与"品牌管家"及"整合营销"等其他广告理论相比，的确具有时代的局限性，但我们也不能忽视其产生的时代背景。

19世纪末20世纪上半叶正值两次世界大战与重大经济危机期间，美国经济状况较为低迷，价格成为消费者产生购买时的重要考量因素，销量也成为企业衡量广告效果最为重视的标准。

并且，当时市场营销学处于萌芽阶段，20世纪20—40年代是营销功能主义时期，较少关注品牌形象等方面，从这个意义上讲，拉斯克尔所提出的广告营销理论和60年代才出现的4P理论（产品、渠道、价格、促销）不谋而合，是超前于时代的。

另外，以报纸作为主要的大众媒介（以及后来出现的广播）的客观媒介状况也决定和塑造了拉斯克尔等人以文案，尤其是标题为核心的广告思想。在媒介的运用上，拉斯克尔并没有止步于报纸，他与时俱进，在电视出现后还创造了广告的肥皂剧赞助模式。

20世纪初，传播理论也处于起步阶段，以单向式传播为主，受众能动性理论并未被探索，消费者接受广告的过程被看作被动的过程。在这样的理论环境下，拉斯克尔及其同事能极早地预见到广告预投放的重要性，并用邮寄广告的方式收集顾客的需求及满意程度，是具有前瞻性的。

（二）对广告公司经营管理的认识

作为洛德暨托马斯公司三十年的首席执行官，拉斯克尔对广告公司经营管理理论的贡献颇丰：

首先，他提出要正确理解广告代理公司与客户的各自角色，强调广告公司不能越俎代庖，提供本不该承担的附加服务。拉斯克尔发现当时的市场充斥着一种风气：广告公司间竞争时为了争取客户很多会提出提供附加服务——市场调查或供应商调查。他认为这样不仅会导致广告公司在附加服务上投入太多而忽视了对广告业务的投入，还可能形成一种不良的竞争模式，对广告业自身的发展产生负面的影响。因为在预算一定的情况下，广告调查的费用与人力消耗定会影响到广告本身的完成情况。但广告主往往将"附加服务"视为一种额外的好处，而忽视了广告公司因此可能增加的负担及其对广告质量的影响。因此，一方面，广告公司自身应意识到不应把重心放在附加服务上，不要试图取代广告主的销售经理和批发商。拉斯克尔结合自己的反例提醒员工广告公司不应当卷入广告主的经营，否则会失去旁观者的判断。另一方面，广告主也应对自身和广告公司的职责有所划分。诚然，广告公司对于广告主是必不可少的，他们有更多的经验，也更了解观众，可以以消费者的视角来推销广告客户的商品。但广告主在一定情况下不应当对广告公司有过多的期望，因为如果产品存在问题，再好的广告也难以让消费者买单，因而广告主应当对自身的产品及市场有着清晰的认识，而不是将所有调查工作转嫁给广告公司。时至今日，关于广告调查工作应当由谁承担的问题仍然存在。当代大型的综合型广告公司的经营活动已然包括市场调查、消费者画像及广告活动的事后评估；而广告主的市场部门也在不遗余力地开展此类调查，有时就会造成调查的重复浪费。其实，广告公司的调查应当集中在消费者对广告接受的方面，广告主则应更重视消费者对产品的反馈。例如，一个产品的成分或包装不符合消费者的期待，这就不应属于广告公司的调查范畴。只有分工更加明晰，让广告公司和广告客户各司其职，才能得到资源利用效率最大化，公司人员在各自的领域才能真正发挥所长。

其次，拉斯克尔强调了公司管理协调的重要性，并且对广告人才培养十分重视。广告较强的实操性和它与社会文化、经济、政治动向紧密相关的特质使得"象牙塔"式的教育难以满足实际的需求，因此，广告公司肩负着重要的人才培养的责任。正如拉斯克尔所说，这不仅是出于对公司发展的考量，还是对整个广告业繁荣的贡献：只有当广告人才涌现，广告行业受到重视和尊重，更多资金、资源投入其中时，每一个广告公司才能发展得更好。日本电通公司的人才培养就被奉为典范。电通会对新入职员工进行综合业务培训：首先培养新员工的创新精神、团队合作精神、自律精神、专业能力、沟通能力、表达能力和综合能力；经过一个半月具体而又有针对性的培训以后，电通将根据员工的性格、专业掌握的程度将他们分配到相关部门任职。来自各个不同的部门的创意人员组成创意小组，与设计师组建提案团队，一起完成设计项目。如不同创意小组分别承接丰田汽车和本田汽车的项目，由于不同创意小组被分配至不同的楼层，负责丰田的设计师进不去负责本田的楼层，本田的广告主也不可能与丰田的广告主见面，虽然他们都处于电通，但他们的创意与设计都是完全独立地进行的，这就形成了他们独具特色的创意特点，让创意团队本身也产生巨大的竞争力。[5] 在创意落地后，公司内也会进行跨国界的成功案例分享，形成内部学习的氛围，这就保证了创意执行期间的独立及创意完成后的共享。这样有针对性的培养及独立的创意是电通保持创新的法宝，它促进了创意部门的精英化、个性化发展。

图2-6　电通公司标志

我国教育部为了培养中国广告教育人才，提高中国广告教育质量，与电通公司自1996年起开展"电通·中国广告人才培养基金项目"，双方开展广告讲座、研讨会及中国任课教师赴日研修等交流项目，组织了共计近5 000人次学生参加的电通学生讲座，举办了5届共约900所大学的2 000余人次骨干教师参加的"中国广告人才培养研讨会"，派遣百余名学科骨干和专业教师赴电通公司总部研修，使中国广告专业师生充实了业界的前沿理论，丰富了实践经验，为提高中国的广告教育和广告行业的水平起到了积极的促进作用。为表彰电通公司长期以来在中国广告教育方面所做出的贡献，教育部分别于2006年8月和2009年9月向电通公司颁发"捐资助教特殊贡献奖"。

此外，拉斯克尔认为广告公司也应懂得宣传自己，为自身做广告。员工在面对客户时应体现出统一的风格与面貌，并积攒公司的成功案例，便于宣传。他提出广告公司应当为自己做广告，积极争取新客户。他开始指导员工为洛德暨托马斯广告公司的案例作品建立作品库，这样在会见客户时就有丰富的材料来宣传自己、展现广告的重要作用。我们如今打开任意一家广告公司的网站，这家公司的优秀案例往往都会占据醒目的位置。他还提出公司不同地区的分部要形成统一的风格，员工展现给客户的形象和理念也应当一致，建立一种标准化、稳定化、专业化的服务模式，形成自己广告公司的完善的经营体系。拉斯克尔对统一公司形象的洞见与后来出现的企业形象识别系统理论不谋而合。在众多广告公司中，奥美在宣传本公司上不遗余力，的确将"品牌管家"的理念贯彻到公司自身的运营中。大卫·奥格威的著述《一个广告人的自白》和《奥格威谈广告》不仅仅是一种个人行为，更是对奥美公司的有力宣传，使得奥美在4A广告公司中也占据了独特的位置，甚至使广告人走入了更多大众的视野。无独有偶，叶茂中1996年出版的《广告人手记》是大陆出版的第一本由中国人自己编写的偏重实务操作的广告著作，并成为当年的畅销书，出版后的第一个月就卖了一万多册，叶茂中因此在广告界小有名气。1997年他成立自己的公司时，已有了送上门来的客户。作为活跃的广告经理人，他共出版了《广告人手记》《创意就是权力》《营销的16个关键词》《新策划理念之叶茂中谈策划》等十余本著作，并至今活跃在广告舞台上。他的曝光正是对广告公司的无形宣传。

拉斯克尔长达几十年的广告经营管理经历在广告史上也属罕见，作为第一批现代广告公司的首席执行官，他对现代广告的形成及广告公司经营理论发展的影响是不容忽视的。然而由于著述极少，与奥格威等人相比，拉斯克尔在国内广告教学中并未引起足够的重视。本节对其人其作进行简要介绍，希望能为关于拉斯克尔的理论研究作背景铺垫。

第二节 现代广告管理理论发展及现状

当代的广告经营活动从广告主的选择到承揽广告主的广告业务，从广告市场调查到广告创意、策划活动的开展，从广告计划制订到广告文案写作，从广告媒介选择到广告活动的事后评估报告，无所不包。这样的广告经营体制的形成经历了漫长的发展过程，广告公司经营的发展和广告代理制的产生、发展与确立息息相关。广告代理制是广告发展到一定历史阶段产物，是广告业自身发展的内在要求，是伴随着社会和市场的需要应运而生的——广告代理发展到独立的专门化代理时代后，广告代理公司、广告媒介和广告主都需要一种制度来规范市场主体行为，保障市场各方利益，因而在充分协商的基础上，确立了广告代理制。广告代理制的确立与发展促进了广告市场的专业化分工和广告产业的独立发展，并成为一种国际通行的广告运作机制。

广告代理制诞生于欧美发达国家。纵观其漫长的发展历程，主要经历了依附于媒介的媒介推销时代、脱离媒介的媒介捐客时代以及独立的专门化代理时代三个阶段。

一、早期广告时期——媒介推销时代

在人类社会的演变中，原始广告以及11世纪产生、发展的早期印刷广告只是将广告视为一种促进商品交换的方式，广告经营的认知尚未成熟，实际操作也非常有限。[6]从17世纪初报刊媒介产生到19世纪中期广告发展成为独立的经济行业，历时两百多年，在此期间欧美等主要资本主义国家都处于政党报业时期，大多数情况下由政党、政客出钱办报，报纸在经济上依附于政党，时常成为其攻讦、谩骂的工具。其时报纸发行量小、读者对象十分有限，且企业很少在报纸上做广告。因而报纸更多的是一种社会性的媒介，还不能算是一种经营性媒介。媒介代理的土壤并未形成，现代意义上的广告公司并未出现。

早期的广告代理是应媒介自身发展的需要，以媒介代理者的身份而出现的。在大众传播媒介中，报纸发展得最早，而最早承揽、发布现代意义的广告的媒介也是报纸。报纸广泛传播信息的功能吸引了一些敏感的商人，他们开始尝试利用报纸刊登有关商品销售的信息，这就促成了早期报纸广告的出现。

随着报纸广告的增多，报人逐渐认识到广告业务有利于报社收入的增长，于是指派专人负责承接此项业务。由于竞争的加剧，最初坐等广告业务上门的方式已经落伍，一些报社开始主动出击，聘请专人负责招揽广告业务。这样，在报社的广告业务人员中就存在两种类型：一种是报社的工作人员，他们直接与广告客户联系，负责推销报纸的广告版面；另一种则是来自社会的受聘人员，他们代表报社向广告客户推销版面，并从广告费中按规定提取个人佣金，报社不向他们支付固定薪金。两种业务人员都从属于报社，受报社的指派或雇用，为报社销售广告版面。因此，这一时期又被称为"版面销售时代"。

随着社会经济的不断发展，企业广告活动益频繁，早期的媒介自身代理广告的局限影响了广告的进一步发展，这一时期逐渐由"媒介时代"向"广告代理时代"转变，媒介开始减少直接向广告主宣传的经营活动，渐进地转变为专一的广告发布平台，专门型广告代理公司开始形成。

二、近代广告经营——媒介掮客与专门化代理时代

19世纪中后期到20世纪初，是印刷媒介大众化期，也是广告经营的产生期。美国在19世纪初开始进行工业革命，又经过几十年的发展，到19世纪末20世纪初，它逐渐取代英国，成为当时世界的工商业中心和工业强国。伴随着美国工商业的迅猛发展，制造业的企业为将工业产品推向全国市场，转向依赖此时正在突破政党控制、走向大众化的报刊媒介。企业开始借助广告沟通促进销售。一方面，制造业企业通过不断向报刊媒介提供广告刊载的业务，使其能够在经济上摆脱政党的资助而最终走向独立。另一方面，报刊媒介通过收取制造业主的广告刊载费，得以实现编辑方针的改变——由政治新闻为主转向社会新闻；媒介对读者重新选择——由主要面向政党、政客转而面向普通大众，报刊进而由政党媒介变为大众化媒介。大众化报刊的普及不仅扩大和培养了大批大众读者群，也反过来刺激制造业企业投入更多的钱来做广告，有利于"广告主（付费做广告）—广告媒介（刊载商业广告）—读者（阅读广告实现购买）—广告主（支付更多费用做更多广告）"的良性循环的形成，在客观上促进了世界广告业的发展。[7]

因此，大众化报刊的兴起以及由此而起的大众化报刊广告的发展塑造了这一时期最主要的广告经营特征——这一时期的主要事件就是广告代理公司的产生。它主要担任媒介代理的角色，向广告主和广告媒介提供双向的专业化服务：既向广告主提供广告创意、策划、制作、代理和基本的市场调查等方面的服务，又向广告媒介提供广告刊载业务和广告作品。在提供这些服务的同时，广告公司向他们收取相应的报酬。这种提供服务、收取佣金的机制使广告代理公司的市场活动具有了广告经营性质，现代意义的广告经营模式由此萌芽。

（一）媒介掮客时代

在脱离媒介的媒介掮客时代，原先受雇媒体、专为一家媒体做版面推销的雇佣推销人员也开始推销起多家媒体的广告版面，并进而脱离媒体，摆脱媒体的雇佣地位，独立从事起版面的贩卖活动，现代意义上的广告代理公司产生了。它介于媒体与广告主之间，从媒体廉价批发购买版面和时间，然后将其分割，再高价零售给各广告主，从中赚取买卖差额，成为自主的媒体版面或时间的掮客。

1841年，美国人沃尔尼·B.帕尔默在宾夕法尼亚州的费城建立了一家脱离媒体的独立的广告代办处，它被认为是美国，也是世界上最早的广告代理公司。帕尔默自称是"全国的报纸代理商"，负责为他所代理的各家报纸兜售广告版面，也充当广告主的代理人，这被视为现代广告代理的萌芽。1865年，乔治·P.罗威尔在波士顿成立了一家具有划时代意义的广告代理店。他与100家报纸签订了为期一年的版面合同，收取25%的佣金，然后再把版面分成小的单位，以零售方式卖给广告客户，其价格高于他买进的实际价格，但低于广告客户通过其他途径购得的价格。至此，广告代理商正式摆脱了报社附庸的地位，开始了自我的独立发展。帕尔默和罗威尔从事的广告版面的买卖业务，虽具有独立经营的性质，但仍然带有媒介业务代表的特点。然而，比起早期的广告代理，这无疑又向前迈进了一大步。他们能向媒介保证一定数量的广告业务，减轻媒介的负担，减少媒介广告运营的风险，初步具备了真正意义的广告代理的性质。[8]

由于市场的扩展和日趋复杂，企业之间的竞争也日益加剧，广告主的广告意识随之提升，单纯的媒介代理已不能满足他们的需求，广告代理内容的拓展成为必然。因此，广告代理由单纯的媒介代理向独立且专门化的代理演进。[9]

（二）独立的专门化代理时代

19世纪60年代广告业才开始进入一个独立的专门化代理时代，其重大标志之一就是真正具有现代广公司特征的广告代理公司的出现。1869年，年仅21岁的弗朗西斯·W.艾尔在美国创办了艾尔父子广告公司（N. W. Ayer & Son）。该公司不仅从事报纸广告的媒介代理业务，全面代理广告客户的各项广告活动——向广告客户提供广告策划、文案撰写、广告设计与制作、媒介的建议和安排等方面的服务，广告实施与发布、效果测定与反馈等，后来还开展市场调查，为客户提供广告宣传的资料。

图2-7　艾尔父子广告公司为自己做的广告《周六晚邮报》（*Saturday Evening Post*），1920年10月2日

1879年，艾尔父子广告公司为一家生产打谷机的企业制订了媒介计划表，并事先从州政府取得了有关谷物生产资料，使客户的媒介投放更切合实际；1884年，该公司为某香烟企业提供了一套广告活动方案；1888年，该公司聘用专职广告撰文人员，并于1889年组建起专门的文案部门，成为当时广告业的先导。这些活动的开展已完全不同于早期的媒介代理，而是向广告主提供全面、专业服务的方向发展。

1914年，美国开始实施报刊发行核查制度，对报刊发行量进行核查。随着报刊发行量的公开化，报刊更加重视信息服务的质量，以此来争取更多的客户。广告代理业原先专门为媒介推销版面，主要在媒介的价格上展开竞争，到了这一时期也相应调整了经营方式，发掘新的经营理念，转变为在提高广告客户服务的质量上进行竞争，从而争取更多的业务。如：为广告客户制定广告传播计划、设计制作广告作品、从事有关广告商品的市场调查以及开展其他的服务项目等。广告界实行的"独家代理"观念——"一种行业一个公司代理"和"一种商品由一个公司代理"的制度就是在这一时期形成的，这一制度是从保护广告主的利益出发，树立为广告主服务的观念。

广告代理制度得以确立的另一重要因素，是广告代理佣金制的提出和确认。19世纪80年代初，艾尔父子广告公司创造人艾尔率先推出一种新的收费建议，即如实向广告主收取购买媒介版面的费用，另按一定的比例向广告主收一笔代理佣金，并将代理佣金确定为15%。这一收费方式正式建立了广告公司与广告客户之间的代理与被代理关系。后来，美国著名出版大亨库蒂斯出公司也同意向广告公司支付佣金，广告公司则负责替媒体向广告主索取全额媒介刊播费。这一做法逐步得以推广，形成制度。只是佣金比例没有统一规定，由各媒体自行决定，从10%到25%不等。1917年，美国广告公司协会成立，呼吁广告公司代理广告活动的佣金比例确定为15%。同年，美国报纸出版协会也采纳了这一建议，将15%确立为标准的广告代理佣金比例。

独立的、专业化的广告公司的出现，广告主与广告公司代理关系以及广告代理佣金制的建立与确认，标志着现代意义上的广告代理制度的真正确立。自艾尔父子广告公司奠定广告代理制度的基本形态之后，经历了大约半个世纪的发展，在20世纪30年代，比较完整的广告代理制在美国形成。除了传统的媒介代理，广告公司开始全面代理广告客户的广告活动，为之提供市场调查、广告策划与创意、广告设计与制作、广告文案撰写、广告发布、广告效果测定等一系列服务。在从事广告代理活动时，广告公司接受广告客户的全权委托，在其授予的权限范围，完成有关环节的各项工作。在其广告策略和活动方案获得广告客户的认可并付诸实施之后，广告公司可以从所代理广告的媒介刊播费中获得15%的佣金。至此，现代广告代理制从美国发轫，并相继在广告业比较发达的国家和地区推广，逐渐成为国际通行的广告经营机制。

三、现代广告经营——以消费者为中心的时代

以广播、电视和报刊三大传统媒介共存为代表的传统媒介时代是广告经营的发展期。20世纪20年代广播媒介、40年代电视媒介，特别是50年代中期彩色电视机的产生，带来了以声音传播、视听传播为主的信息传播方式和信息存在、表现形态的变化，相对此前以纸媒为主的时期而言是一场革命性变革，由此也产生出不同于以往任何时期的广告经营特征。广播、电视和报刊等传统媒介广告的并行发展和共同繁荣为这一时期的广告经营发展奠定了基调。

此时，美国的经济总量接近世界经济总量的四分之一，成为世界经济发展的火车头，在广告领域，美国也引领着时代潮流：知名的企业，当时最大规模、实力最强的广告代理公司，经验丰富的广告大师，经典的广告作品，影响广泛的广告思潮、广告流派都在美国产生。与此同

时，随着日本和欧盟国家在第二次世界大战后的崛起，其经济总量在世界经济总量中的比例上升，它在世界广告中的地位和作用日渐现出来。

在这一时期，广告经营由萌芽进入发展阶段，不仅有数量众多的成功案例流传下来，而且还有许多广告大师对广告经营活动进行总结，许多经典的广告理论应运而生——从罗瑟·瑞夫斯的USP理论到威廉·伯恩巴克的ROI理论（关联性、原创性、震撼性原则），从品牌形象到品牌个性，从定位论到企业形象（CI、VI、BI），显示出广告经营的巨大发展和广告经营理念的提升。[10]

到20世纪60年代，广告公司的业务内容逐渐扩展至为企业的市场营销战略提供整体服务，广告公司不仅为广告主代理广告活动，更直接参与到企业制订产品计划、确定推销与流通战略开展各种公关活动之中。1976年，国际商会（ICC）发表的一份报告，对广告公司代理的业务内容做了较为全面的概括：[11]

① 对有关商品及服务的市场营销活动和广告活动的历史与现状进行调查分析；

② 收集有关新产品开发的信息；

③ 改善现存的商品状况；

④ 收集有关市场的信息；

⑤ 市场调查；

⑥ 制订广告活动战略；

⑦ 策划和选择媒介；

⑧ 制作广告；

⑨ 确定广告活动的人员和资金并提供其他专项服务；

⑩ 展销、博览等促销活动；

⑪ 公共关系（PR）活动。

20世纪90年代，随着市场环境和传播环境的日渐复杂和企业之间竞争的加剧，广告主产生了整合营销传播代理的需求，希望广告公司提供包括传播、直接促销、公共关系和形象策划等在内的综合性服务。于是，广告代理服务的内容也从广告运作层面的代理走向企业整合营销传播的代理，全方位整体服务开始占据主流地位。[12]1990年，美国的罗伯特·E. 劳特朋在《广告时代》上发表文章，提出"以消费者为中心"的新的市场营销观念，即4C理论。这一时期，在广告经营领域，广告经营者积极寻求广告经营与社会相关性，"一切以消费者为中心"的理论深入人心，"社会价值"取代了"金钱价值"，广告公司的经营目标也由市场占有率转为顾客占有率，由过去的"企业本位"转为"以消费者为中心"。这一时期，广告公司的业务重点在于进行整合营销传播，广告公司也逐步信息交流公司过渡。大型广告公司面对新的竞争压力，更重视发挥广告信息沟通的作用，并与其他信息传播手段进行整合。广告公司必须以统一的传播目标来协调各种不同的传播手段和传播工具，在每一阶段发挥出最佳的、统一的、集中的作用。最终建立品牌整体的强度和一致性，建立与消费者长期、双向和维系不散的关系。这就要求广告公司必须牢固树立"一切以消费者为中心"的经营理念，与上下客户建立起有效的价值链，从而确保营销传播活动的成功开展。

四、广告经营的当代发展

　　始于20世纪90年代的网络新媒介时代是广告经营的整合期。在这一时期，以国际互联建立和网络传播兴起为特征的网络媒介成为第四大媒介。它以其广域性（或超时空性）和互动性特征与报刊、广播和电视三大传统媒介形成了鲜明的对比，使这一时期的广告传播方式和广告存在形态发生了深刻的变革：由传统的以产品为中心向以消费者为中心转移，由"从传者到受众"的单向传播模式向"传者—受众"的双向互动传播模式转移，广告传播重点由以诉求产品功能利益与物质利益为主向以塑造品牌形象、品牌个性、体现消费者心理诉求为主转移。

　　这一时期的广告经营展现出全球化、垄断化、专业化、竞争加剧的发展特征。其一，全球化步伐的加快和国际竞争的加剧：日本、欧盟国家广告业的大发展，同时拉美广告业的崛起和中国广告业的恢复、发展，标志着发展中国家广告业大发展时代的来临，美国广告业的单极地位受到挑战。其二，世界范围内企业的并购、重组之风也吹向了广告业，数家大型跨国广告企业集团兼并了一批规模庞大、竞争实力强的著名广告代理公司，传媒集团之间的竞争在国际层面进行。其三，广告公司从媒介代理公司逐渐向调查业、公关业和咨询业等领域扩张和延伸，功能更加齐备。其四，广告代理公司的专业化程度越来越高，以创意见长或品牌整合营销是广告公司的两个不同发展方向。

　　1994年以后，全方位综合性广告代理服务遭遇困境。一方面，广告主自身整合营销的能力得到强化，其市场营销部门开始自主履行整合营销传播职能；另一方面，随着广告公司整体服务职能的弱化，广告主更希望广告公司提供专项服务，如专注于创意，做出有想法、有创意的广告。顺应着广告主的期待，一批非传统的、专业化程度较高的广告公司，如媒介购买公司、市场调查公司、广告设计制作公司和广告策划创意公司等纷纷出现。不同于传统的全方位服务的广告公司，这些公司主要侧重于提供某一方面的专门化服务，由此导致部分广告代理随之向专业化方向发展。

　　这一时期的广告公司呈两种公司并存、两极化发展的趋势。一些原本规模较小、实力较弱的广告公司为解决越来越频繁的业务冲突，也为求得自身的发展而纷纷扩充实力，广告行业兼并之盛行；一些广告公司寻求专业化方向的发展。

　　对当代大型的综合型广告公司来说，其广告经营活动从广告主的选择与维系到承揽广告主的广告业务，从广告市场查的执行到广告创意、策划活动的开展，从广告计划的制订到广告文案的写作，从广告媒介的选择到广告活动的事后评估报告，无所不包。广泛的业务面让大型传媒集团纷纷走上并购的道路：1986年，天联、恒美和尼德汉姆·泼三家跨国广告公司合并组建奥姆尼康集团；1987年，英国跨国传播集团WPP收购了世界著名的智威汤逊广告公司，随后又于1989年并购了当时世界最大的跨国广告公司奥格威集团；1987年，英国特帕布立克集团与普林顿斯环球广告司、坎贝·爱华合并成为特帕布立克集团；2013年，日本电通公司收购英国媒介代理集团安吉斯。

Omnicom（奥姆尼康，又名宏盟集团）　　WPP集团　　dentsu AEGIS（电通安吉斯）

图2-8　大型传媒集团标志

　　除大型的综合型广告公司外，由于广告代理分工越来越细，专业化程度来越高，诞生了为广告主提供针对性服务的专门型广告代理公司。在广告运行的前期出现了负责市场调查和媒介效果调查的专业公司；中期出现了公共关系公司，促销公司，平面广告设计公司，影视广告制作公司，大型喷绘、电脑技术服务公司和专门从事媒介服务的媒介购买公司；后期出现了广告效果调查公司、媒介监测公司。此外，由于一些新媒介的兴起，还产生了以单一媒介（如交通媒体、餐厅媒体、卖场媒体、楼宇媒体等）为运作内容的媒介公司。各种广告公司在广告的运行中各司其职。也有一些综合型广告公司代理了广告业务之后，将一些工作交与这些专门型广告公司完成，产生"转包""转单""分单"的现象。专门型广告公司有的只提供某一特定产业的广告代理的专门服务，有的只限于某些特殊广告业务，经营的业务范围有所局限，服务内容较单纯，却能满足特定广告客户的特殊需求，并在某些项目上具有更强的专业优势。然而对于专门型广告公司而言，由于公司规模的局限性，客户开发的数量应当和广告公司的规模相适应，否则会降低公司的服务质量，不利于公司声誉的维护。

五、广告经营的现状

（一）广告代理制

　　作为一种经营机制，广告代理制不是一成不变的，其核心要素——代理内容和代理佣金一直处于不断的发展和变化之中，不断适应变化的媒介与受众。[13]不同的国家和地区的总体环境和客观条件存在诸多差异，由此导致广告代理制度在实施过程中衍生出双向代理式、媒介代理模式和客户代理模式等多种模式并存的状态。

1. 双向代理模式

　　这是广告代理制最基本、最主流的模式。它产生并流行于欧美发达国家广告行业中。其核心内容是广告公司作为广告代理的中心、主体，为广告客户、广告媒体实施双向代理，提供双向服务。这种模式下的广告代理又被描述为"第三方代理""独家代理"。①

2. 媒介代理模式

　　这是20世纪50年代，日本在学习欧美广告代制的基础上，结合本国特点形成的一种模式。[14]受到本国历史和文化的影响，日本的广告代理制不同于欧美，是一种媒介代理的模式。在日本，

---

① 所谓"第三方代理"是指广告公司作为"第三方"，既不能与广告客户过于亲密，也不能和广告媒介走得太近，必须保持绝对中立；所谓"独家代理"则是指为了保持中立，一家广告公司在某一行业只能代理一个客户

广告公司最早大都脱胎于媒体，与媒体关系密切。如博报堂最早是作为杂志的广告代理公司；电通则脱胎于通讯社，以信息服务换取报纸的广告版面，为客户提供广告服务。因此，广告公司媒介代理的角色凸显，广告代理活动就不受"独家代理"的限制，可以对某一行业的多个业进行广告业务受理。具体运作时，不同部门进行不同品牌的广告活动，具有极强的兼容性。广告公司主要收取媒介代理费，对于广告客户要求的广告创意等服务，则不再另行收费。这种媒介代理模式极大地促进了日本媒介和广告业的共同繁荣，使得日本广告公司能够拥有丰富的客户资源，促进了自身的规模化发展；同时，也为日本企业塑造了一批有国际影响力的品牌。

3. 客户代理模式

在韩国，广告公司一般都归属大型企业，其广告代理服务的内容侧重于客户代理。韩国经济的特点是财阀经济。不同财团都有众多的产业，这些产业在广告方面的需求足以支持一个有实力的广告公司发展壮大。对这些大型集团下的广告公司来说，虽然避免了与行业内其他广告公司的正面竞争，但来自集团内的管理压力可能会更大，这也在无形中激发了韩国广告公司的成长，促进了一批优秀广告公司的诞生。[15]

为保证客户代理模式的有效运行，韩国还采用了将媒介代理高度集中的策略。1981年，韩国建立放送广告公社（OBACO），将所有电波广告的投放权限集中交与放送广告公社。任何一家广告公司，如果要做电波广告，只有通过放送广告公社的认定才能购买电波媒体的广告时段。而放送广告公社对广告公司的认定条件非常苛刻，因此，只有实力雄厚并能保证广告主客源的大广告公司才能获得资格认定，此举在一定程度上支持了大型集团下属广告公司的稳定与发展。

4. 多重代理模式

多重代理指一项广告业务由多家广告公司合作完成。形成这种模式的原因大多是中小专门型广告公司不具备独立制作大型广告的能力，只能将广告业务进行分解，再转包给其他广告公司，有时可能会出现层层转包的现象。其结果大多情况下是广告效果大打折扣且严重扰乱市场秩序。

5. 低代理、零代理、负代理

低代理、零代理、负代理即广告代理活动少收取代理费、不收取代理费，甚至倒贴钱。主要有两种情形：其一可能为，广告客户和广告媒体绕开广告公司，直接洽谈、运行广告，广告代理费就在"广告客户自办广告公司—广告客户"或"媒介自办广告公司—广告媒介"内部流动，形成零代理。其二可能为，在激烈的市场竞争下，广告公司之间为了争夺广告客户的广告业务，不惜竞相压价，将广告媒介支付给自己的代理费的最大限度优惠给广告客户，自己只留下很小比例的代理费，或者分文不取，甚至对于一些长期合作的客户，在某些广告活动中倒贴钱给广告主，由此形成低代理、零代理、负代理。

我国目前的广告业处于"媒介强盛时代"，在广告市场中，广告主、广告公司和媒体三大主体长期处于实力严重不均衡的状态。[16]广告客户、广告媒体一直保持强势，两者都掌握着宝贵的广告资源，在一定程度上制约着广告公司的生存。数字营销与新媒体传播在广告实践中的探索、大数据理论和智能技术在广告中的运用，计算广告在媒介公司、公关公司、和咨询公司中的流行也给广告公司的经营提出了挑战与转型的要求。[17] 在如今数字为王的时代，广告公司的经营内容可能受到挤压，阿里巴巴、腾讯、百度等互联网公司凭借自身掌握的用户数据优势，发展起以大数据为核心的数字化营销业务，对广告公司的市场调查及广告效果调查业务产生冲击。无独有偶，国外互联网公司巨头谷歌收购 Doubleclick 公司和咨询公司的举动也表现出网络媒介向广告领域侵蚀的迹象。

图2-9　互联网公司营销品牌标志

传播媒介之所以不太愿意实现广告角色的弃权，仍集多种职能为一体，可能更多的是考虑媒介在广告经营中的利益。但媒介实行职能分离，不仅是广告业发展的需要，也是媒介自身发展的需要。媒介除兼营广告业务外，还担负着更多、更重大的社会责任。承担太多的广告经营职能，会影响媒介重大社会责任的履行，不利于自身的发展。[18] 为解决这个问题，国家工商行政管理总局（现为国家市场监督管理总局）从1993年开始试点推行广告代理制。

实际上，不直接照搬美国的双重代理模式，结合本国国情及广告行业具体状况对广告代理制模式进行创新和发展，才能真正地推动本国广告业的发展，才能为民族品牌走向世界贡献力量。

（二）广告代理的佣金制

广告代理的佣金制也随着代理制的发展经历了演变的过程。

1. 代理佣金制

在广告代理制确立之后的相当长的历史时期，代理佣金制是其最主要的收费模式。广告公司在双重代理、双向服务的过程中，其劳动报酬主要通过代理佣金制兑现，即根据广告主的媒介投放量按比例提取佣金。首开代理佣金制先河的是美国人帕尔默，他在为其父亲开办的《米勒报》代理广告版面时以25%的比例提取佣金。后来，艾尔父子广告公司实行"公开合同制"，将广告代理佣金比例固定为15%。1917年，固定比例得到美国报纸出版协会的认可，成为广告行业的通行规则。

广告公司的代理佣金主要由媒介机构按15%的比例从其代理的广告活动的媒介刊播费中支付。15%的佣金比例是固定的，对广告公司来说，媒介刊播费总额越高，其经济收入也就越高，这就容易引起广告客户的不满，导致双方常为昂贵的媒介刊播费和由此升高的广告代理费发生纠纷。为缓解这些矛盾，此后又出现了其他一些收费方式，如协商佣金制、实费制、效益分配制和议定收费制等。

2. 协商佣金制

以15%为标准的固定佣金比率使广告公司有了一定的收入保障，但有时却对广告主不利。在佣金比率固定不变的情况下，媒介刊播费用越高，广告公司所得就越多，而其所付出的劳务却不因刊播次数的增加而增加。与此同时，广告公司在为广告主所做的广告计划中，出于自身的利益，也倾向于增大刊播费用，倾向于比较昂贵的媒介。这样，广告主与广告公司为佣金的事常起纠纷。于是，20世纪60年代，一种新的计费方法协商佣金制在美国广告界出现了。协商佣金制主要适用于媒介费用支出较大的广告代理业务，经由广告客户与广告公司的协商，确定一个小于15%的佣金比例，依照协定的比例，广告公司把从媒介处得到的超出协定佣金比例的部分退还广告客户。此举在一定程度上保护了广告客户的利益。

3．实费制

实费制与协商佣金制几乎同时兴起，由奥美广告公司总裁奥格威率先实行。所谓实费制，就是不采取一定比例来支付代理佣金的形式，而是按实际的成本支出与劳务支出来计算和支付整个广告代理费用。按照实费制，广告公司在整个代理过程中的一切外付成本，包括媒介费用、调查费用、广告制作费用以及印刷、出差等各项杂费，均按实际付款凭证向广告主结算。而广告公司为此所付出的切实劳务则按实际工时和拟定的工时单价向广告主收取酬金。这就要求一切外付成本必须具有收款机构的收款凭证，公司机构内各项花费如无须外付成本的，也必须具有公司本身的财务凭证，一并提供给广告主审核，广告主审核后方能据此支付。如果广告项目持续的时间较长，可划阶段或分月结算。

此外，广告公司所有参与此项代理的作业人员必须每天记录自己在各项业务上花费的时间。所有参与作业人员的合计工时乘以工时单价，再加上双方一定的利润比率，便是广告主应支付给广告公司的劳务酬劳。

平心而论，实费制在操作上相当麻烦，员工记录更是凭良心，但的确也可避免佣金制的许多缺点和不足，除了使广告主觉得比较公平合理外，也使广告公司自身在进行广告策划时解除了许多顾虑，如建议广告主加大广告投入而削减促销投入，建议使用高价媒介时不至于被广告主怀疑动机不良，因为实费制与广告公司的收入没有实际的联系。

4．效益分配制

在以往的广告代理中，广告公司只向广告主要求代理权利，一般不承担实际的代理责任。效益分配制将代理的权利与责任联系在一起，要求广告公司承担代理的销售风险。广告公司从广告主实际产生的销售中，按一定的比例获取利润，如果广告不能产生实际的销量，则不能取得相应的利润。因为，"大多数企业觉得，代理商作为一个独立的销售承包商，也应该承担一点风险"。效益分配制将代理的权利和责任联系在一起，把代理的利益与销售效果联系在一起，要求广告公司承担代理的销售风险。

这种方式在理论上很难成立，因为销售效果并不是广告的直接目的，销售应是多种推广形式共同努力的结果。因此，销售责任不能由广告公司独自承担，但是不只是广告主主张实行效益分配制。事实上，自从"达格玛"文件发表以来，有许多广告公司和广告业务实践这一代理收费方式，并取得了好的效果。

5．议定收费制

议定收费制是广告主与广告公司根据具体的广告运动个案，对代理广告的时间成本和外付成本做事先的预估，并在预估的基础上共同议定包括代理酬劳在内的总金额，一并交付广告公司，在此后的运作过程中，广告主不再过问盈亏状况。

这种收费方式可以说是实费制的补充形式，它可以避免广告公司与广告客户因对时间成本和外付成本的不同认定而引发的纠纷。

一直以来，广告公司如何收费都是广告代业务中的热门话题。广告主与广告公司由于收费问题无法达成业务上的合作关系是常有之事，建立一个统一的收费模式是相当困难的，应该允许多种收费方式的存在。但不管采取何种收费方式，都必须建立在广告主与广告公司双方充分协商的基础之上。

综合以上各种收费方式，广告代理费制主要有佣金模式、服务费模式和奖励模式三种模式。佣金模式包括传统的代理佣金制和协商佣金制，是较为主流的广告代理费制度。服务费模式则涵盖了实费制和议定收费制，最早由奥美广告公司在壳牌业务中采用。奖励模式主要体现为效益分配制，指广告主根据广告公司运作广告的实际结果支付相应代理费作为奖励。自20世纪90年代开始，传统的佣金制模式被很多企业抛弃，取而代之的是服务费模式。进入21世纪，一些大型企业纷纷采用奖励模式。奖励模式成为广告代理费制度发展的新方向。此外，还出现了将代理佣金制、服务费制和效益分配制结合在一起的混合模式。

第三节　广告管理经典案例举要

广告公司按照不同的经营标准可以划分为综合型广告代理公司和专门型广告代理公司。两种公司有着不同的经营内容与职能部门划分，收费项目也因此有所差异。在此以奥美、胜加及黑闻黑尔（Heaven & Hell）为例，分别简述其公司历史，并介绍两种广告公司类型的差异。

一、奥美

奥美是一家总部位于纽约市的英国广告、营销和公共关系机构。它由埃德蒙·查尔斯·马瑟于1850年创建，总部最初设在伦敦的机构。1964年，该公司与大卫·奥格威于1948年创立的纽约市代理机构合并后，被称为奥美公司，现在是世界上最大的广告和公关公司之一，1988年被WPP集团并购。奥美在品牌战略、广告、客户参与和商业、公共关系和影响力、数字化转型以及合作伙伴关系六个领域提供服务。

图2-10　奥美标志

作为一个拥有170余年历史的广告公司，奥美的经营结构随着媒介和广告业的发展经历了变革。奥美1850年在伦敦成立时，报纸广告还处于起步阶段，广告公司主要扮演媒介代理人的角色，同时渐渐发展广告文案创意服务。20世纪20年代，该公司在创造了"一天一苹果，

医生远离我"和"一天喝一杯牛奶"等领先的非品牌广告活动
后，声名鹊起。20世纪中期，美国分部的大卫·奥格威敏锐察
觉到物质丰富、商品同质化越来越严重的市场环境下，广告公
司的角色应当从"媒介代理""销售为王"升级为"品牌管家"，
广告公司的经营内容应当聚焦于如何塑造品牌形象，这使奥美
成为对广告史产生重要影响的公司之一。[19]

图2-11　大卫·奥格威

　　奥美在广告佣金模式上也做出了创新。1956年，奥美在赢
得壳牌石油这个大客户后，规模几乎翻了一番。奥美摒弃了传
统的佣金模式，创造了新的佣金模式——实费制，并成为首批
采用实费制的广告公司之一，奥格威其时认为这将成为业界通
用的方法。而壳牌集团决定终止和智威汤逊的合作转而选择奥
美，正是因为不满此前高额的15%的服务费。奥格威在自传《一个广告人的自白》中写道："当
代理商的代理费和广告主的广告预算挂钩时，就很难给出客观中肯的咨询服务。我喜欢的状态
是在固定的代理费下，当我提出多花钱的方案时，客户不会质疑我的动机；当我提出节省开支
的方案时，不至于因为代理费问题得罪我自己的股东。"对于调整代理商和广告主的利益关系
这个问题，奥格威是对的。但他没有注意到新的实费制体系给广告代理商带来的后果。诚然，
15%的佣金制度的确动摇了广告主与代理商之间的信任，但奥格威的新的费用体系动摇了那些
创意的代理商。杰里米·布摩尔认为：传统的佣金制度的确不合理，但它使得代理商努力在服
务上而非价格上竞争。而实费制使得企业的财务官锱铢必较，比如提出"为什么不换一个更便
宜的广告文案撰稿者"等类似的问题。奥美广告的杨名皓认为："这样一来，代理商的获利将削
减三分之一，甚至一半。"[20]

　　在20世纪70年代，奥美也加入了并购之路，逐渐发展为综合型广告公司。1971年收购
了其原始赞助商之一的S. H. 本森；1976年，收购了斯卡利、麦凯布、斯洛维斯；1977年收
购了康恩-韦伯。1980年，奥美开设了公共关系部门——奥美公共关系。1981年，成立了互动
营销集团，成为第一家互动营销的大型机构。1989年，WPP集团以8.64亿美元收购了奥美集
团，大卫·奥格威最初拒绝出售，但最终接受了WPP名誉主席的头衔。2005年，奥美收购了
共和党游说公司和联邦党集团。联邦党集团随后更名为奥美政府关系。迈尔斯·杨在领导奥美
亚太部门13年后，于2009年1月成为全球首席执行官，领导奥美专注于"双峰"战略，即制
作同样具有创造性和有效性的广告。2010年，奥美成立了专业战略咨询公司。2012年成立了
Social@Ogilvy，专门从事为客户提供社交媒体的项目。

　　2013年，奥美活动运营部门奥美行动与其他WPP旗下的同类公司——精诚信忠市场营
销（G2 World Wide）和智威汤逊行动（JWT Action）——合并，成立了几何全球，这是一个
在全球56个市场运营的活动网络。2015年3月，奥美的广告制作部门红工场全球公司与制作
公司霍加斯全球公司合并，成立了霍加斯&奥美公司，以满足WPP所有机构的制作需求。在
2017—2018年之前的几年里，奥美在全行业范围内加大了对数字媒体广告购买的重视，旗下
设有Neo@Ogilvy，专门为奥美的所有客户提供数字媒体服务。

　　由于担心奥美变得过于复杂，公司于在2018年6月启动了公司的"重新创立"计划，公司将名称从奥格威＆马瑟（Ogilvy & Mather）改为奥美（Ogilvy），进行重组，并推出了新的统一品牌和标志，以简化服务。除了保留奥美的一个子品牌——独立的战略部门"奥美咨询"外，所有子品牌都被包装成一个品牌：奥美。

（一）职能部门

　　奥美作为一个传统的4A广告公司，其内部如今主要分为四大职能部门：

　　策略策划（SP, Stratagem Planning）：主要负责客户服务，接受客户简报，制作方案，分配预算，监测竞争对手广告活动，收集并提供客户刊播报告。

　　技术策划（TP, Tactical Planning）：主要负责制作、优化排期，分析媒体指标，跟踪分析竞品在相关媒体的广告活动等。

　　谈判（Negotiation）：负责和各个媒体及媒体供应商建立购买关系，就购买政策、折扣、返点等进行谈判，维护媒体刊例及折扣系统。

　　购买执行（Booking）：负责和媒体的日常联系及下单工作，包括准备物料、统计各个媒体投放情况、收集刊例、确定稿件、收集刊播证明等。

（二）经营内容

　　全面服务综合型广告代理公司向广告主提供全方位、全过程的广告活动服务，其服务的主要内容有：产品研究、市场调研、广告策划、广告创意、广告制作、媒介计划和购买、广告监测、广告效果测评以及其他相关服务。一般综合型广告代理公司规模较大，对大的广告活动具有较强的把握能力，拥有一批专业人员，能够为客户提供较全面的广告服务，具有一套完整的服务机制，擅长全案代理。综合型广告公司经营成本较高，故收取的代理费用也较高。一般来说，综合型广告代理公司的业务范围主要包括以下内容：

　　第一，市场调查。详尽的市场调查数据是制订一份客观的广告计划的科学依据。综合型的广告公司一般都可以为客户提供市场调查的服务，包括调查实施、数据统计分析、调查报告撰写。

　　第二，在周密的市场调查的基础上，为广告主制订一份详尽的广告计划，包括广告战略、广告目标、广告预算等。

　　第三，根据广告代理合同，具体实施广告战略，为客户提供尽可能完善的广告创意、广告设计，制作出上乘的广告作品。

　　第四，根据广告代理合同和媒介计划的约定，与媒介部门签订广告作品刊播合同，以保证广告作品能顺利地在一定的时间内在特定的媒介、版面、频道刊播，并保证一定的效果。

　　第五，对媒介刊播进行监测，监测广告播的次数、时段、版面是否与合同约定相吻合，测试到达率，及时向广告主反馈广告效果的信息。

　　第六，为广告主进行整体CI（企业形象识别）设计，包括产品的包装建议、POP（卖点）海报的设计以及其他有关的设计。

（三）收费范围

1. 媒介代理费

媒介代理费是广告代理主要的收入来源，约占整个广告代理收入的四分之三。这项收费在广告代理业萌芽之初即确立，并逐步演进，形成代理佣金制度。

第一，最初的媒介代理费是由广告主按实际媒介费用的一定比例向广告公司支付的，后转而由媒介向广告公司支付。从目前的实际运作情况来看，又明显表现出由广告主向广告公司支付的倾向，或者由广告公司在购买媒介的价格折让中实现。

第二，早期的媒介代理费主要是用来支付广告公司从事媒介代理的佣金或劳务费用的，随着媒介刊播费用在整个广告费用中所占比率的增长，这项费用不仅包括广告公司从事媒介代理的劳务费用，还包括广告公司为实现媒介代理而为广告主所提供的其他广告代理服务的酬金，如广告策划和广告文案等代理服务。

第三，并非所有广告公司都有资格从事媒介代理并能从媒介获取代理佣金。媒介仅对被认可并正式签订代理协议的广告公司支付佣金。

2. 其他服务费

广告市场调查、广告策划、广告创意、广告设计与制作、广告媒体调查和广告效果测定都属于广告代理公司的基础代理服务。更为复杂的是，这些代理服务如何收取费用？是否属于广告代理的收费范围？

广告策划这项服务是否收费需视具体情况定。如属于全面代理，其酬劳已包括在代理公司从媒介所得的代理佣金内，广告主一般不再向广告公司另行支付策划酬劳，这在现在已成惯例。即使属于全面代理，但由于广告主的广告投入有限，代理公司从媒介获得的佣金不足以支付代理公司为策划所付出的成本和劳务，代理公司可向广告主另行收取策划特别服务费，但必须事先征得广告主的认可和同意。如属单项代理，广告公司应向委托策划的客户按成本和劳务收取策划费用。

广告调查包括市场调查、媒体调查、广告前事中测试和广告效果调查。广告调查的费用由谁承担？一般的意见为：制订广告的运动策划所进行的必要的调查，其费用由广告代理公司承担；如受广告主专项或特别所托，为广告主所做的调查，调查成本和佣金广告主支付。情况也不尽然，如果广告代理公司本身不从事市场调查而必须通过专门的调查机构进行，其费用由广告主承担也是理所当然之事。

广告创意费的收取，可参照广告策划费收取的情况执行。广告设计与制作费用依惯例均在收费范围之内。这里有两种情况：一是由广告公司自行完成设计制作；二是由广告公司完成创意设计后，转托专业制作公司执行制作。如属前者，广告主应一并向广告公司支付制作成本及制作劳务佣金；如属后者，广告主应向制作公司全额支付制作费用，另向广告公司支付一定比例的费用，作为广告公司在这一过程中所付出的监督制作执行、控制制作品质等劳务的酬金。

3. 特别服务费

特别服务是指广告代理服务之外的其他服务项目，如PR（公共关系）和SP（促销活动）

等代理，包括为企业所进行的CI策划均在正常的收费范围之内。

二、胜加与黑闻黑尔

由于广告代理分工越来越细，专业化程度来越高，为适应市场变化的需要，为广告主提供某一专项服务的专门型广告代理公司诞生了。专门型广告代理公司有的只提供某一特定产业的广告代理的专门服务，如房地产广告代理公司便只向房地产广告主提供房地产广告的代理服务；有的往往只提供广告运作某一方面的服务，如广告策划创意或广告调查等；有的只限于某些特殊广告业务，如只经营户外广告，一般不承担整体广告运的策划和实施。

21世纪以来，我国兴起的广告创意热店如雨后春笋：天与空、时趣互动、环时互动、W、W+K、喜邑互动、有门互动……他们以互联网为创意平台，创造出一个个"刷屏"的"爆款"。如：W为新百伦（New Balance）做的"致匠心"沟通策略案，为添柏岚（Timberland）做的"踢不烂"社交媒体传播方案；天与空为锐澳鸡尾酒（RIO）制定的2019年微醺品牌独处战役创意方案；黑闻黑尔联合天猫平台品牌做的"天猫识遗计划"……这些成功案例体现出创意热店脑洞大、机构简单、执行效率高、能动性高的特质。这些独立创意公司不满足于遵循传统4A广告体系下的经营和生意规则，希望获得更多的话语权和灵活性。

一般而言，在传统4A广告公司中，一个团队通常专门服务于一个品牌，团队成员主要负责广告活动的某一个具体内容，如媒介采买。团队的所有工作都围绕这个品牌展开，员工比较注重专业程度，流程清晰（有时冗杂）、分工明确，广告活动的其他环节各自由专职团队的人去完成。而在创意热店中，由于员工较少，往往需要参与到整个项目全过程，从接到创意简报（brief），到脚本的制定，到现场的拍摄可能都需要同一个团队完成。一个团队甚至可能会同时负责几个项目，与多个品牌方对接。

（一）胜加

胜加于2002年底成立。公司经营范围包括：设计、制作、发布、代理国内外各类广告，商务信息咨询服务，机电设备、杂务劳动，电子商务等。目前已发展为国内独树一帜的内容传播集团。胜加旗下拥有多个专业厂牌，致力于构成品牌资产长效管理、产品营销管理、整合传播运动、品牌IP管理、沉浸式体验的内容分发与创作体系。2018年9月，胜加广告正式加入中国商务广告协会综合代理专业委员会（4A）。

胜加旗下拥有胜加广告、胜趣、凡人互动、技能冷却、T&D works、生米组成等子品牌，也具备媒介采买等能力，但从规模和体制上与传统4A公司区别明显。其主要的业务重心在内容创意上，被誉为"广告界故事大王"。胜加擅长通过视频、事件等形式，为品牌和产品构建富有魅力的故事，为品牌向消费者传递超品类、拥抱时代文化的普世价值观，塑造具有影响力的品牌形象。其自誉为"中心化媒体内容专家"，利用碎片化媒体传播品牌核心价值主张，提供优质的内容解决方案。胜加吸纳了一众有着4A广告背景的优秀文案，让内容营销成为近年来重要的广告趋势，为哔哩哔哩制作的《后浪》创造了广告"演讲体"的风潮，引来众多模

图2-12 胜加内容网络架构

仿。方太"油烟情书"、知乎"所有雪琴的答案"等营销案例无不是情感营销的优秀案例。

胜加广告有六个事业部，与大型4A公司有所差异。

一部主做全案代理，和其他传统4A的工作流程相仿，注重策略、流程、执行，服务方太、海信、卡萨帝等大客户。二部主做车和快消类客户项目，业务流程与一部相仿，但行业领域有所专攻，服务客户有凯迪拉克、王老吉等。三部、六部主做社交媒体类广告项目，侧重利用视频与社交传播，内部较为重视创意氛围，深挖社交网络、传播和创意，成功案例有杜蕾斯"更进一步"等。四部主要做快消食品类项目，主要服务德克士等客户。五部主要负责其他新兴产业广告主。

（二）黑闻黑尔

Heaven & Hell（H&H，上海黑闻黑尔广告有限公司）于2020年3月26日在上海市市场监督管理局登记成立，其法定代表人是李丹，现有一位合伙人以及16位员工。自创立始，李丹就希望公司是小而精的模式，可以摒弃4A的复杂架构，更专注于创意，做想做的案例。他也曾任电通集团麦利博文执行创意总监、麦肯创意群总监、李奥贝纳和智威汤逊创意总监，但感到在这些国际广告公司中，难以做出很"中国"的创意，因此萌生了创业的想法。黑闻黑尔秉持着广告就是要"解决问题，表达观点"的初心，做出"天猫识遗计划"、"完美不必无缺"、联手菜鸟驿站和单向空间的"翻书越岭"、"一只足以"等优秀创意项目。黑闻黑尔凭借这些优秀的创意案例，被评为2020年数英网年度新锐代理商第二名，冲进2021年SocialBeta值得关注的新锐代理商TOP10，在Campaign Brief The Work 2021亚太榜单中凭借4件入选作品，位列中国区创意代理商第六名。

李丹认为，在广告创意热店创立之初，客户源是亟待解决的问题。在没有太多过往作品时，只能通过比稿来展示实力，珍惜每一次比稿的机会；而在做出成功案例后，品牌方会渐渐开始慕名而来。如今黑闻黑

图2-13 黑闻黑尔标志

尔需要推掉约70%找到他们的客户，以保证输出作品的水准。创始人李丹讲到，他们没有扩大公司规模的打算，因为最初创业，就想公司规模维持在20人左右，这样每位员工都直接向李丹或其合伙人汇报，保证团队反应的灵活、迅速。李丹作为一位资深创意人，其作品曾荣获310余项国际创意及设计奖项，包括中国大陆第一个戛纳创意节全场大奖、6个戛纳创意节金狮奖、德国红点设计大奖。他以多年的经验，亲自参与项目的执行与把关，保证了公司的高质量产出。

谈及经营中遇到的挑战，李丹表示：由于公司规模较小，在做3D、动画执行或视频拍摄时，有时需要外包一部分工作给相关的专业公司，这就需要公司有一定的风险承担能力。如果外包给第三方公司做出的作品甲方不满意，黑闻黑尔也要为第三方公司的作品买单。但不像很多4A公司在疫情下生意受到冲击，黑闻黑尔的资金链一直未出过任何问题。其可能原因有二：一是疫情防控期间品牌方减少了线下的营销投入，而这部分预算就会投入线上营销，这正是黑闻黑尔主攻的方向；二是品牌方逐渐意识到了创意热店的潜力，以及4A公司存在的问题。他们越来越愿意将重要的创意部分交给创意热店来做，给予创意热店更多的发展机遇与空间。

不过，同为创意热店的上海天与空广告股份有限公司在2020年5月被因赛集团收购了公司51.01%股权。这也让我们不由得思考，优秀的创意热店是否难逃被大型传媒集团收购的命运？

无论是综合型广告公司、专门型广告公司，还是专注内容传播和创意的广告创意热店，都各自有其优缺点。繁荣的经济环境往往会孕育多样的广告业业态，宽容的社会文化也会拥抱更多元的广告创意，广告经营的内容与佣金制度至今仍然在不断地随着社会风潮演变，或许广告经营的模式并没有最佳解，广告人永远需要运用奇思妙想，把握时代的脉搏，为当时当下的广告经营创造出新鲜的主意。

思考与练习

1. 《拉斯克尔的广告历程》展现了拉斯克尔对于广告本质与广告公司经营的哪些思考？这些观点在广告与广告公司经营理论发展史上占据什么样的地位？

2. 广告代理制的发展经历了哪些时期？结合社会政治、经济、文化背景谈谈不同代理制产生的原因。

3. 试比较分析4A广告公司和创意热店的管理特点和文化。

参考文献

1. 杰弗里·库鲁圣, 阿瑟·舒尔茨著. 不做总统就做广告人:"现代广告之父" 拉斯克尔和他创造的广告世纪 [M]. 王晓鸥译. 北京:中信出版社, 2012.

2. Morello, John A. Selling the President, 1920: Albert D. Lasker, advertising, and the election of Warren G. Harding. Vol. 1920. Greenwood Publishing Group, 2001.

3. American Business Hall of Fame, http://anbhf.org.

4. 阿尔伯特·拉斯克尔. 拉斯克尔的广告历程 [M]. 焦向军, 韩骏译. 北京:新华出版社, 1998.

5. 霍楷. 基于电通驱动下我国高校设计人才培养模式改革研究 [J]. 包装世界, 2017 (3):62—63+66.

6. 李世安主编. 世界文明史 [M]. 北京:中国发展出版社, 2000:127.

7. 程明, 张金海主编. 广告经营学 [M]. 北京:北京师范大学出版社, 2018:7.

8. 程明, 张金海主编. 广告经营学 [M]. 北京:北京师范大学出版社, 2018:25.

9. 张金海, 廖秉宜. 广告代理制的历史检视与重新解读 [J]. 广告大观 (理论版), 2007 (2):25—31.

10. 许正林主编. 西方广告学经典著作导读 [M]. 郑州:郑州大学出版社, 2009.

11. 程明, 张金海主编. 广告经营学 [M]. 北京:北京师范大学出版社, 2018:28..

12. 王菲, 侯家琪. 美国广告业代理形态的新变化 [J]. 国际广告, 2005 (7):43—45.

13. 何海明. 广告公司的经营与管理:对广告经营者的全面指引 [M]. 北京:中国物价出版社, 1997.

14. 廖秉宜. 日本媒介型广告公司的发展及其启示 [J]. 广告大观 (理论版), 2007 (1):10—15.

15. 李东进. 韩国本土广告公司的发展及其启示 [J]. 外国经济与管理, 1999 (9):31—35.

16. 陈刚, 单丽晶, 阮珂, 周冰, 王力. 对中国广告代理制目前存在问题及其原因的思考 [J]. 广告大观 (理论版), 2006 (1):5—12.

17. 何平华. 展望巨变时代的中国广告 [J]. 中国广告, 2021 (4):65—69.

18. 陈刚. 对中国广告代理制目前存在问题及其原因的思考 [J]. 新闻与传播, 2006 (7):4.

19. 肯尼思·罗曼. 麦迪逊大道之王 [M]. 张小琴译. 北京:中信出版社, 2019.

20. 肯·奥莱塔. 广告争夺战 [M]. 林小木译. 北京:中信出版社, 2019:41—42.

第三章

《我的广告生涯·科学的广告》
——霍普金斯与广告科学派的萌芽

第一节 《我的广告生涯·科学的广告》
主要内容及核心思想述评

一、霍普金斯小传

克劳德·霍普金斯（1866—1932），美国广告史上著名的广告大师。作为现代广告的奠基人之一，霍普金斯开创了美国广告的科学时代，提出"广告是一门精确的科学"，自此广告开始摆脱"巫术"的帽子，变得像其他学科一样有理可依。

图3-1 克劳德·霍普金斯

1866年，霍普金斯出生在美国密歇根州一个普通的家庭中，母亲节俭、聪明、充满活力的性格和贫困的家庭背景，使得霍普金斯早早就步入社会，接触到了送牛奶、卖报纸等推销行业的工作。虽然霍普金斯的家庭并非广告世家，但童年的生活环境和经历使他更加了解普通大众，奠定了其日后为早期广告主服务的基础[1]。在步入广告行业之前，霍普金斯曾尝试过做教师、传教士、记账员等工作。在格兰特·拉比兹毡靴公司跑腿工作的期间，霍普金斯结识了比素地毯清洁器公司的老板比素先生，随后在比素地毯清洁器公司担任助理记账员。但在记账期间，霍普金斯观察到销售员是远比记账员更具创造性、薪水也高得多的职位，他遂即萌生了转向广告销售的想法。当时为了推销公司的清洁器，比素请来了知名的广告大师约翰·鲍尔斯为公司撰写广告册子，但由于鲍尔斯对地毯清洁行业的不了解，创作出的广告也效果平平。霍普金斯便自告奋勇，凭借他对于产品的目标消费者——家庭主妇的了解，推出了新的宣传册、圣诞卡片，策划了免费试用等广告活动并大获成功，由此开始了他的广告生涯。

1894年末或1895年初，霍普金斯从格兰特·拉比兹辞职，搬到了芝加哥，在斯威夫特公司担任广告经理的职位。在斯威夫特公司工作期间，霍普金斯也曾用他"提供服务"的推销方法，创作出几则成功的广告，如"康托苏特大蛋糕活动"。但由于公司老板对于广告活动的不支持和自私自利的盈利模式，使得霍普金斯的许多广告创意无法发挥。而后他离开了斯威夫特公司，为芝加哥的另一家广告公司——斯塔克公司创作广告，著名的喜力滋啤酒广告就是他在斯塔克公司接手的任务之一。1907年，在美国另一位广告大师拉斯克尔的邀请下，霍普金斯进入洛德暨托马斯广告公司（FCB广告公司前身）工作。在此期间，霍普金斯又创作出许许多多经典的广告作品，直到1924年退休，结束了他的广告生涯。

克劳德·霍普金斯并未接受过大学的系统教育，他用自己的真实经历和感悟撰写了《科学的广告》和《我的广告生涯》两部著作。在书中，他用朴素生动的语言讲述了自己的广告工作经历，并总结出了21条重要的广告科学原则，大卫·奥格威更是将其列为奥美公司员工的7本必读书之首。

二、《我的广告生涯·科学的广告》主要内容

《我的广告生涯·科学的广告》包含了两部分（由两本书汇编而成），前半部分《我的广告生涯》是霍普金斯以自己真实的广告生涯为主线撰写的自传，后半部分《科学的广告》则是霍普金斯对"广告科学原则"的总结提炼。霍普金斯的这部著作读来十分亲切易懂，没有晦涩的专业词汇和理论，他用其一生的真实经历，在一个个广告创作故事中讲授了许多从业的经验和技巧，以及他自己的广告思想与感悟。同时，书中的许多内容也是对19世纪末20世纪初美国印刷广告兴盛时期的写照，虽然其中有些观点放在现代广告业可能略显滞后，但仍不可否认其在当时的影响和对"广告科学派"形成的促进。

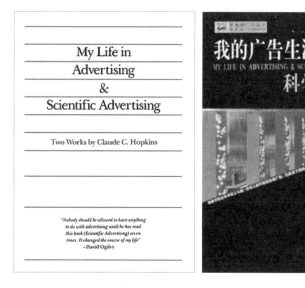

图3-2 《我的广告生涯·科学的广告》原书与中译本

霍普金斯从洛德暨托马斯广告公司退休之后，将自己为广告业奋斗一生的经历写成了《我的广告生涯》。全书共19个篇章，回忆了霍普金斯从儿时送报销售，到长大后进入广告行业撰写文案的经历和感悟。

第一至第五章：介绍了霍普金斯成长的经历与进入广告行业的契机，同时交代了他早年贫困的生活环境和母亲的影响，塑造了他善于洞察人性的特点和对于工作的热忱勤奋。

第六至第十五章：霍普金斯与读者分享了自己17年广告生涯中，为药品、汽车、轮胎等客户撰写的广告专案及经验，通过自己创作广告的心路历程阐述他的广告主张。例如第十章"汽车广告"中，霍普金斯主要利用了人员推销法，为查尔曼汽车公司塑造起了汽车工程师的

广告形象，也代表了早期的品牌形象意识；在为奥佛兰汽车撰写广告时则采用了"讲述一个完整的故事"手法，抓住大众的潮流。第十二章"棕榈橄榄的早期历史"中，面对一个全新的产品，霍普金斯和其团队尽管已经是资深的广告人，但仍采取了严谨的样品活动和广告试验，并且在进行试验的过程中总结出"有偿优惠更优"的法则。而第十三章"饱满谷物与桂格燕麦"则为综合性的一个案例，在这则成功广告的创作中，霍普金斯综合了多种广告方法，有基于人员推销法的安德森教授形象、基于生产工艺事实的广告语"枪里射出的食品"，以及有选择性地发放优惠券和样品策略。这一部分也是全书的核心，霍普金斯为每个广告主创作的成功案例，都融合了许多他所主张的广告科学方法，加上实际案例的讲述，更便于读者理解每种广告科学方法的使用过程和所发挥的作用。

第十七至第十九章：霍普金斯对自己广告生涯中的得失进行了总结，分享了自己成功的经验，也反思了曾经的失误，同时向读者介绍了一些除广告经历外的个人情况。其中第十七章"科学的广告"是霍普金斯对于《科学的广告》这本书章节性的总结，这一章以较短的篇幅浓缩了他提出的许多广告科学方法。

相比于《我的广告生涯》回忆录式的讲述，《科学的广告》则像一本广告创作指南。《科学的广告》创作于霍普金斯在洛德暨托马斯广告公司任职期间，他将自己的工作经验和对"广告科学"的追求总结成了21条法则，构成了该书的21个篇章。这些法则包括霍普金斯在理论层面对"科学的广告"的理解与定义，如推销本质、服务观念、受众心理等；以及在实践层面的创作技巧与注意事项，如标题、诉求方法、艺术技巧等。其中，第一至第三章是全书的统领，霍普金斯阐述了他主张的"广告科学"，包括"通过比较、调查、验证等方法建立的科学原则""以推销为首要任务的推销本质"和"基于顾客心理的服务思维"。笔者认为前三章是全书的重中之重，首先要理解霍普金斯对于广告科学法则的宏观主张，后面关于具体操作与方法层面的广告法则皆是源于核心思想，以及对其的补充。

综上所述，《科学的广告》是霍普金斯对自己广告职业生涯经验性的总结，书中总结的法则皆是源于《我的广告生涯》中真实的广告创作经历，由此两本著作构成了实例与理论相辅相成，相得益彰。

三、霍普金斯核心思想评析

克劳德·霍普金斯作为广告科学理论的创始人，提出了许多创新的广告思想和广告创作技巧，但"广告就是推销"始终是其理论核心。约翰·肯尼迪第一个提出了"广告是纸上的推销术"的观点，拉斯克尔将这一观点提升至了理论高度，霍普金斯则用自己的亲身经历使理论落地——他从广告内容创作、广告心理原理和广告执行方法三个维度，提出了一系列以"广告就是推销术"为核心的广告思想。

（一）广告内容创作：以销售为唯一目的，注重事实

霍普金斯强调广告的目的是销售，虽然广告需要借助各种媒介工具进行传播，但其根本目

的是挖掘消费者的需求、促进销售。"广告是推销术的一种，它的基本原则就是推销术的基本原则。"霍普金斯更是化用了许多推销中的方法，并将其引入广告创作。

首先，体现在霍普金斯对于广告内容真实和语言简朴明确的追求。19世纪的美国广告业受到维多利亚文化的影响，广告呈现出"狂欢式"的创作风格，内容多与宗教、巫术、神话等有关，而非着重宣传产品本身的特性与功能[2]。直至19世纪末，第二次工业革命的完成推进了美国工业和科学体系的发展，科学理性逐渐占据社会上风，广告风格也逐渐趋向现实主义。广告大师约翰·鲍尔斯即是"事实派"的代表人物之一，他提倡"广告应讲实话"。在鲍尔斯的影响下，霍普金斯也倡导广告内容应从产品事实出发，排斥夸张、虚无缥缈的语言与娱乐化的艺术手段，强调："广告必须像销售员那样，简洁、清楚、令人信服地表达自己的观点。"[3]他认为用具体、明确的实话宣传产品才会使消费者深信不疑，促进销售；而浮夸的辞藻、精美的修辞不仅会分散读者的注意力，还会暴露推销的企图。

其次，基于对产品事实的挖掘，霍普金斯又开创了独特的广告策略。霍普金斯每次创作广告之前，都会深入了解客户行业，甚至亲自参观、体验产品的生产，像一个推销员一样了解自己的产品，进而能够挖掘产品的特性，并创造性地提出了"先声夺人的优势"，即"（有关于产品的）那些事实是这一行业内所有生产商都司空见惯、认为不足挂齿的。但哪个产品最先介绍这些事实，它就可以从中获得独一无二的优势"[4]。霍普金斯抓住了生产商与消费者之间的认知差异，意识到行业内人尽皆知的事实对于外行的消费者而言却是最新奇、最具说服力的论据。同时，他意识到先声夺人的优势，也许这个事实是行业内所有产品的共性，但只要以广告的形式率先提出、告知消费者，即可将其变为自己的独特卖点，这也成为经典的USP理论的前身。

最后，霍普金斯还将许多推销术中的推销手法引进广告创作中，如"人员推销术"等。霍普金斯在广告中时常塑造出一个名人形象用以宣传，他认为"某个个人的名字通常比一个杜撰出来的产品名效果更好，甚至远远好过一个商标"[5]。为此，他为查尔曼斯汽车撰写广告时，突出宣传了总工程师霍德华·柯芬的个性与成就，从而塑造查尔曼斯公司高超的制造技术；在为雷奥汽车创作广告时，则借用了设计师奥兹的名人效应与告别情怀，取得了非同一般的成功。霍普金斯倡导，一个产品代言人的形象和故事，往往比冷冰冰的产品和企业更具有人情味、更能打动消费者，这也对后来品牌形象、品牌个性等理论的形成非常具有启发性。

（二）广告诉求心理：对生活的理解和人性的洞察

霍普金斯对广告和推销的许多认知都来自对生活的体验、对大众的观察与熟悉。在自传中他多次提到，儿时贫困的生活环境使他可以了解普通大众的消费心理、需求与倾向，而这些人构成了市场中95%的消费群体。他不仅站在广告主的角度撰写广告，更从消费者的心理出发，进而才能创作出一则则深入人心的广告文案。通过自己的实践经历，霍普金斯也肯定了心理学对广告创作的重要性："优秀的广告人应该懂得心理学，而且懂得越多越好。"[6]

霍普金斯对于心理学知识和人性的运用，主要体现在广告诉求的方式中，他主张每一个广告活动都取决于它的心理作用过程，成功与失败取决于诉求方式的对错。

首先，霍普金斯一针见血地指出了"人性的自私"，想要占取便宜是普遍存在的人性，所以如果广告只从广告主的利益出发，一味地敦促消费者购买自己的产品，那么注定是不受欢迎、毫无效果的诉求。与之相对的，霍普金斯提出了利他性的广告诉求方式："我的提议一直是利他的，我总是在为消费者提供服务。"[7] 霍普金斯提倡将广告建立在服务的基础上，提供消费者需要的信息、展示产品的优点和拥有的受益点，或是向消费者赠送小样品、采取"先用后付"的形式等。这样站在消费者的角度为其充分考虑的诉求方式，不仅可以化解推销带来的反感，也更容易打动消费者。霍普金斯从受众的消费心理出发的利他广告思维，在其所处的年代已经提前完成了由卖方市场向买方市场的转变；而发放样品、先用后付等推销方式的创新也十分前卫，为后来体验营销的出现提供了先例。

同时霍普金斯通过自己对于受众心理的观察，结合广告诉求的倾向，总结出肯定式广告的销售效果比否定式广告要好得多。他认为受众会被美好、阳光、健康、成功等正面的信息所吸引，而排斥负面的信息，由此广告的诉求应引导人们去做什么（正面的），而不是要避免做什么（负面的）。但后来经过众多学者的分析与实践，以恐惧诉求为代表的否定式广告，如果运用得当也可以影响受众的行为、获得良好的广告效果。

（三）广告执行方法：科学的广告模式

广告界曾经流传着这样一句名言："我知道我的广告费有一半被浪费掉了，可不知道浪费在哪里？"反映出了当时广告的不确定性，许多广告人和广告主在投放一则广告时更像是在碰运气，他们并不知道这条广告是否有效，能带来多少销量。而之所以将霍普金斯誉为"广告科学派"奠基人，正是因为霍普金斯率先将许多科学方法引入广告的创作和投放，提出了一系列的广告科学思想，使广告从创作到投放效果都有了科学的支撑。在广告执行方法的科学模式上，霍普金斯依然坚持"推销员"的概念，他强调："要采用科学的广告，你必须认识到广告就是推销员，你必须从推销员的角度，一个一个地比较广告，并使他们和成本和结果相对应。"由此，霍普金斯提出了三种科学的广告模式：广告调查模式、广告测试模式和广告效果跟踪模式。

1. 广告调查模式

霍普金斯在《科学的广告》中强调"信息"对于广告创作的重要性，这里的信息不仅包括广告主提供的以及自己观察所得的产品信息，还包括广告的创意对象——消费者。霍普金斯及其团队在创作广告时，通过问卷、信函等方式对大量消费者的需求、偏好等进行调查，如在为一款剃须刀做广告时，他们访问了一千余位男士，征求其利益偏好；而在做猪肉和大豆的广告时，他们对上千家庭做了试销测试，并发现实际结果与市场上其他品牌的诉求方向大相径庭。霍普金斯强调："创作广告时如果不了解市场的实际情况，肯定会失败。"[8] 而科学的统计与调查方法，无意是了解市场实际情况的最好武器。虽然20世纪初霍普金斯执行的广告调查，还远不及如今有大数据支撑的抽样调查等方法科学，但其已经意识到了消费者数据对于广告创作的重要性，将统计调查的方法引入了广告科学。

2. 广告试验模式

霍普金斯对于广告科学的另一项伟大贡献是开创了广告试验模式，通过小范围的试验，可以了解一项广告活动的投入和产出比例、观察成本和结果，同时还可以在试验的经验基础上总结出具有普遍性的评价指标,从而更好地评估广告方案的优劣。

霍普金斯用于广告试验最常用的方法便是"样品分发"或"免费试用"战略。这些策略在霍普金斯看来,不仅是向消费者展示产品最真实有效的方式,对于广告公司和广告主而言,也是前期小规模测试广告效果的有力工具,可以使消费者尽快开始使用产品,从而获知产品的使用成本、复购意愿、使用后对产品的评价等精确的信息和数据。小范围内几千个样本的测试结果,一定程度上就能体现整个消费市场几百万人的状态与倾向。同时,广告试验不仅可以用于检测新提出的广告方案是否可以达到"收支平衡",还可以在已经成功的广告基础上,尝试新的广告方案,不断迭代优化。如霍普金斯及其团队为一家食品广告主试验了50余个广告方案,不断迭代,最终将销售成本降低了75%。同时,在试验广告方案、发放免费样品时,霍普金斯强调不能漫无目的地发放,应当尽量将样品发放给对产品感兴趣、对广告宣传有一定了解的人,从而保证获取有价值的反馈信息。

3. 广告效果跟踪模式

最后,霍普金斯还提出对广告投放后的成本和收益做跟踪调查,最常用的方法便是邮购广告。邮购业务最早于1872年由一位美国推销员艾伦·蒙哥马利·沃德开创,而霍普金斯则将邮购业务的销售方式与广告效果跟踪模式相结合,对邮购广告进行了科学优化。霍普金斯通过对于邮购广告发出成本和回收的订单金额等数据进行计算、对比,更好地评估了广告销售效果,避免了无谓的浪费和高昂的试错代价。除了提出用邮购广告对试验投放进行数据回收与统计,霍普金斯还结合广告科学的创作原则,对邮购广告的内容和形式进行改良。他提出"邮购广告的版面设计应当简洁明了""比报纸略小一号的字体与版面大小相适配""配图应当完全为销售主题服务"等科学原则。

四、霍普金斯广告思想的地位和意义

作为20世纪初美国广告行业的领军人物和广告大师,霍普金斯不仅开创发扬了美国广告业科学本位论,他的广告思想也对广告行业和后继的广告人产生了伟大影响,并受到国内外学界与业界的肯定。

与霍普金斯同一时期的广告大师拉斯克尔在其著作《拉斯克尔的广告历程》中评价道:"在广告界,霍普金斯先生代表了一个更高的境界,广告界的每一个角落都留下了克劳德·霍普金斯不可磨灭的印迹,他是极大地影响了现代广告的人。"[9]继霍普金斯之后的广告大师大卫·奥格威和罗斯福·瑞夫斯也声称是其信徒,在广告创作与广告思想方面深受霍普金斯的影响。营销学和广告学著名学者阿尔弗雷德·普利策也表示在如何有效进行广告方面,当今的广告研究要获得霍普金斯那样的巨大成就,还有很长的路要走。

国内很多学者同样对霍普金斯的广告思想与其影响给予肯定与支持,北京大学现代广告研究所所长祝帅将霍普金斯称为"划时代的广告人",认为他提出的广告科学性"极大程度上扭转了此前相当长一个时期内人们关于广告是一种艺术的看法,加速了广告人和广告行业的独立进程"[10]。学者曾琼和刘振肯定了霍普金斯提出的广告科学理论进一步加快了广告科学化、专业化的进程，推进了广告产业经济范式从劳动密集型到智慧密集型的演进。[11]浙江大学教授卫军英和卢小雁肯定了霍普金斯在广告史中的地位，认为其最杰出的贡献在于把量化研究的科学方法引入了广告活动中，后世从USP理论到定位、整合营销传播等广告观念都体现出了这种手法。[12]

而克劳德·霍普金斯的《我的广告生涯·科学的广告》，集合了他职业生涯的宝贵经验与毕生的感悟，有学者评论这本书可谓是"世界广告史上第一本系统介绍广告策划的经验式理论总结"[13]。它更是科学广告理论的先驱之作，书中霍普金斯不仅阐述了自己关于广告科学的思想理论，通过总结出的21条广告原则也第一次使广告有了可操作性的执行规范。书中讲述的许多广告策略对后世经典的广告理论形成也颇具指导意义，如"先声夺人"的策略与USP理论，发放样品的策略与体验营销理论等。同时，该书在推进广告产业发展的道路上也功不可没，霍普金斯用亲身经历展示出了广告人的职场状态，在著作的后半部分也提出了许多广告公司经营策略，用于协调广告主、广告代理公司与广告人之间问题，构建一个更加规范和谐的广告行业。

第二节　"广告科学派"理论特征及其发展

霍普金斯作为"广告科学派"的创始人，首次以广告原则的形式明确了广告的科学性，使广告创作有法可依，其科学的广告思想也对后续广告理论的形成与发展具有指导意义，同时后世的广告理论也延续了"广告科学派"的理论特征，并随着时代的发展不断迭代、演进，诞生出了更多广告科学原则与方法。

"广告科学派"从诞生到逐渐完善、形成一整套科学的理论体系，其时间跨度覆盖了整个20世纪。在100年的发展历程中，随着社会市场环境的不断演进、人们对媒介技术发展与传播理论的认识不断进步，以及相关学科理论的融合发展，对应每一阶段诞生出了不同的广告传播理论，其对"广告科学派"的理论不断补充修正，最终形成了完整的"广告科学派"理论。

一、"广告科学派"形成的历史背景

（一）20世纪美国市场及营销发展状况

19世纪，随着资本主义经济的发展，自然科学研究取得重大进展，1870年以后，由此产生的各种新技术、新发明层出不穷，并被应用于各种工业生产领域，促进经济的进一步发展。[14]作为早期完成第二次工业革命的国家之一，美国借助科技与生产相结合的力量，大力发展社会化生产，社会经济日益繁荣。虽然工业革命早期由于技术的落后，生产能力依然有限，但到

20世纪初期，社会、经济、技术各方面逐渐成熟，美国市场空前繁荣。美国城市化的发展为工业制造提供了大量的劳动力和消费需求，资本主义世界相对稳定的局面和刺激经济复苏的政策，使美国民众消费欲望不断上涨。此时的美国市场尚属于典型的卖方市场，厂商的供给远不满足市场的需求，厂家的普遍认识都是只要向消费者提供买得起、买得到的产品，就会实现销售[15]。由此，此时的广告主要起到的是"告知"的作用，而非推销。

20世纪20年代，随着技术的革新和科学管理体系的引入，许多厂商的劳动生产效率在短时间内得到大幅提升，商家开始转而考虑如何向消费者卖出更多的商品。同时美国此前积压的潜在危机开始爆发：战后农业发展长期不景气，机器引入生产导致了大量工人被解雇。失去经济来源的底层人民却是构成市场消费的大部分群体，民众的消费需求和商品的销售额都连年下滑。这样的恶性循环，又导致消费品生产部门工人的失业；消费品销售额的减少又反过来使投资进一步缩减。民众失业和消费降低改变了厂商之前面临的繁荣局面，产品的推销问题变得日益严重，广告由此负担起了"推销"的重任。直到第二次世界大战来临，为了服务军工生产与战争物资方面的需求，失业现象得到缓解，但此时经济的中心主要在军事方面。

第二次世界大战结束后，作为战胜国的美国社会经济全面复苏，战时服务于军事的机械与人力都转而发展民用工业，社会生产力得到迅速恢复。同时美国作为第三次信息革命的领头羊，率先发展了电子计算机等技术，并将其运用在工业生产中，逐步实现自动化经济。与此相随，资产阶级及政府组织吸取先前经济大萧条的教训，推行高工资、高福利、高消费及缩短工作时间的政策，提高了民众的收入水平和生活水平，刺激消费欲望和购买能力[16]。社会的生产水平和民众的消费水平都得到提高，商品的种类和数量都日益丰富，消费者的议价能力和选择空间也越来越大，美国市场正式完成了从卖方市场到买方市场的转变。

同时，全球经济一体化趋势迅速发展，世界贸易和国际竞争越来越普遍。而对厂商来说，机会与挑战并存，市场需求扩大的同时，其要面对的消费者也越来越复杂多元。如何通过广告、营销等一系列手段吸引到更多消费者、满足更多消费者的需求成了他们的首要问题。由此，在广告理论的发展中，出现了"品牌理论""定位""整合营销传播"等更加系统化的策略。

（二）20世纪媒介技术发展及传播理论发展

广告作为传播行为中的一种，其理论的形成与发展很大限度上都依赖于其所处的传播环境和媒介技术。传播作为一种现象早在人类文明社会之前就出现了，但直到20世纪40年代，在众多学者的努力之下，才发展为一门独立的学科。受到当时美国大众媒介兴盛与民主选举浪潮的影响，早期关于传播学的研究主要集中在大众传播研究和传播效果研究。

20世纪初，报纸作为主流的大众媒介在美国社会中发挥传播的功能。虽然报纸面对的受众稳定性较高、传播覆盖面也广，但其版面有限、表现方式又略单一，导致此时的广告多以文案为主，对应的广告理论也强调文字的力量，而忽略了更多的推销形式。随后到20世纪20年代，广播作为一种新的大众传播媒介出现，其利用无线电技术，在传播的实效性上明显优于报纸。

但无论是报纸还是广播，其作为一种单向传播的大众媒介，由于缺少受众的反馈和选择机制，都展现出一种超强的传播力。由此，形成了当时广为流传的"魔弹论"（又称"皮下注射论"），这种理论认为"大众媒介有强大的威力，在形成一件信仰、改变生活习惯、行为等方面几乎无所不能"[17]。尤其在第一次世界大战期间，政府利用大众媒介对民众进行政治、军事宣传而引发了一系列的恐慌，更让"大众像靶子一样，被媒介不可抵抗的子弹击中后，靶子就会应声倒下"的效果论变得可靠。同时此时对于传播模式的认识，也充分展示出对受众主观能动性的忽视。如拉斯韦尔于1948年提出的"5W"模式、申农和韦弗于1949年提出的"信息论"模式，都认为传播过程是一种单向线性的模式，忽视了反馈和社会过程对传播过程的影响。从而导致在"强效果论"和单向线性传播模式的理论背景，以及大众媒介作为主流传播技术之下，广告理论主要都强调从产品出发进行创作，而忽略了消费者的需求和独特性。

但"强效果论"和单向线性传播模式在后续学者的研究中，逐渐暴露出局限性和不可验证性。20世纪30年代美国佩恩基金会对"电影对儿童的影响"进行了一系列研究，侧重研究利用媒介主动宣传、劝服的可能性，以及媒介在造成青少年犯罪、暴力和性刺激等方面的影响。但研究结果显示电影虽然在传递信息上是有效的，但受众的态度不会那么轻易改变，很难证明"魔弹论"。到20世纪40—60年代，随着拉扎斯菲尔德的二级传播理论、霍夫兰的劝服研究等面世，由此推翻了早期的"魔弹论"，对大众媒介传播效果的认识也逐渐转变为"有限效果论"。所谓"有限效果"，并没有否定大众媒介的影响力，而是强调"媒介总是在一个现存社会关系的结构和一个特定的文化情境中运行的"[18]。学者逐渐注意到了社会中的其他因素对传播效果的影响，随后在有关传播模式的研究中也修正了这一点，同时还开始注意到受众的主观能动性和反馈过程。而这些理论研究的转变，同样与当时主流的大众媒介技术相关。

1941年美国成立了世界上第一家商业电视台，报纸、广播、电视三足鼎立，大众媒介无论是从种类还是数量上都越来越丰富，传播的信息量也空前壮大。对于受众而言，其在接收信息时可选择的信源和形式也更加丰富，发挥主观能动性的同时，也会削弱单一媒介的传播效果，由此出现了"有限效果论"。

到20世纪60年代末，对大众传播效果的研究又进入了"多元效果论"阶段，出现了以卡茨和麦奎尔为代表的"使用与满足理论"、以麦考慕斯和肖为代表的"议程设置理论"等，研究的重点也转向为媒介长期、潜在、间接的传播效果，强调从受众的角度出发，研究媒介的影响力。与此同时，随着信息革命技术的到来，出现了越来越多的媒介形式，广告创作的形式也愈加丰富。而媒介技术百家争鸣的局面和传者要求更强、更综合的传播效果，一起促成了整合营销传播等广告理论的诞生。

（三）市场及营销理论的发展

广告理论的发展过程中，融合了众多相关学科的理论，如心理学、传播学等，其中关系最为密切的是市场及营销理论。市场及营销理论的形成与发展，很大限度上受市场环境和商家需求的影响，总体可以分为"萌芽与形成时期""发展与丰富时期""成熟与分化时期"三个阶段，在不同时代对应衍生出了不同的广告策略。

1．萌芽与形成时期

市场营销理论最早诞生于20世纪初的美国，上文分析社会背景时提到20世纪初完成了第二次工业革命的美国，生产力大幅提高导致商品过剩，如何促进产品的销售成了所有商家面临的问题。在现实销售需求的刺激下，市场营销学应运而生，此时的市场观念与营销理论多是以生产观念为主导，围绕商品分配和广告推销等实际功能开展研究，少有从宏观经济层面形成的理论体系。1912年，哈佛大学首先开创了市场营销（Marketing）课程，标志着市场营销学作为一门独立的学科成立。此外，1937年市场营销企业界及学术界中，一些具有远见卓识的人士发起成立了美国市场营销学会（American Marketing Association，简称AMA）。此学会在美国从事市场营销学的研究，同时为企业培训市场营销决策方面人才，一定程度上推动了市场营销理论的创新与发展。

2．发展与丰富时期

第二次世界大战结束后，由于市场环境的改变，20世纪50年代美国发起了"第一次市场营销革命"。变革的核心是，原本以生产、产品为中心的生产观念、产品观念和推销观念，开始向以消费者为中心的营销观念转变[19]。市场营销学进入了"黄金时期"，现代市场营销观念逐渐形成，大量理论和学说的提出也使市场营销学的框架逐渐完备、走向成熟。1956年，美国市场学家温德尔·史密斯在"美国众多产品市场由卖方市场转化为买方市场"这一新的市场形势下提出了"市场细分理论"。他主张按照某种标准，将市场上的消费者划分成若干个群体，每一个群体构成一个子市场，企业应对每个细分市场进行有针对性的营销。1966年，美国哈佛大学教授雷蒙德·弗农在其《产品周期中的国际投资与国际贸易》一文中提出了"产品周期理论"。弗农认为产品生命是指其在市场上的营销生命，从将产品投放到市场上开始，其要经历导入、成长、成熟、衰退四个周期。每个时期所对应的市场需求与消费环境都不同，进而在广告传播中也要针对不同阶段采取不同的策略。

这一阶段的另一重要发展是营销组合理论体系的初步建立。1960年，杰罗姆·麦卡锡在其撰写的《基础营销学》一书中提出了市场营销的四大要素：产品（Product）、价格（Price）、渠道（Place）和推广（Promotion），即著名的4P理论。这一理论站在单个企业管理的角度，剖析了一整套产品营销所涉及的影响因素，但其理论的出发点仍是站在企业和产品生产角度，不是以消费者的利益为导向。

在市场营销理论发展与成熟时期，虽然市场环境已经开始从卖方市场逐渐向买方市场转移，但与之相对的营销理论研究大部分仍集中在产品的生产、推销上，尚未转向消费者研究，但也有部分理论开始注意到消费者之间的差异，如"市场细分"理论。

3．成熟与分化时期

20世纪70年代前后，买方市场趋势逐渐增强，市场上商品的种类更加丰富，消费者越来越个性化、多元化的需求都可以得到满足。如何把握不同消费者的需求和消费心理，从而吸引更多的消费者购买自己的产品，成为许多企业面临的难题。由此，市场营销理论中关于消费者的研究越来越丰富。1968年恩格尔等人撰写的《消费者行为学》作为第一本消费者行为学教材问世，这本著作综合了心理学、社会学和人类学及动机相关研究，形成了70年代之后消费者行为相关研究的综合框架。1969年，霍华德和谢思提出了"霍华德-谢思模式"，提出影响消费者购买行为的四大因素——刺激或投入因素、外在因素、内在因素和反映或者产出因素，为从营销学角度的研究消费者行为开了先河。希夫曼、霍金斯、所罗门等学者，也分别从心理学、营销战略和文化三个方向，创作出版了关于消费者行为学的专著。

此外，还有许多关于消费者类型、市场细分的理论：1974年，约瑟夫·T. 普卢默提出了"AIO尺度"理论，主张企业用活动（Activities）、兴趣（Interest）和意见（Opinions）三个尺度来测量消费者的生活方式，从而细分消费者市场。1978年，美国斯坦福国际研究所基于马斯洛需求层次和内在驱动者理论，提出了VALS（Values and Lifestyle Survey，价值观及生活方式调查）系统，通过观察消费者的态度、欲望、需求、信仰和人口统计学特征，将其分为"需求驱动""外部控制""内部控制"三大类八小类，被业界广泛认同和使用。

市场营销理论逐渐成熟的另一标志，是对于营销组合理论体系的修正与完善。麦卡锡提出的4P理论是针对卖方市场时期的营销影响因素，逐渐过渡到买方市场后，许多学者对这一营销组合进行了补充和修正。20世纪80年代，现代营销学之父菲利普·科特勒在4P理论的基础上，又加入了政治权利（Political power）和公共关系（Public relation），形成6P组合的"大营销"。1986年，随着市场竞争越来越激烈，科特勒逐渐意识到营销战略战术和目标消费者的重要性，又补充了人（People）、优先（Priority）、定位（Positioning）、细分（Partition）、探索（Probing），构成了完整的11P组合。20世纪90年代，随着信息技术和媒介技术的快速发展，消费者获取产品信息的方式越来越便捷，市场上的产品信息也越来越冗杂，出现了"信息内爆"。在此背景之下，还依照以企业为中心的4P理论进行营销越来越难以适应时代需求，1990年美国营销专家劳特朋教授提出了与传统营销的4P相对应的4C理论。4C组合以消费者需求为导向，重新设定了市场营销组合的四个基本要素：消费者（Consumer）、成本（Cost）、便利（Convenience）和沟通（Communication）。它强调企业的一切营销都要从消费者的角度出发，从降低成本、打造便利等方面尽可能提高消费者满意度，同时辅以及时有效的营销沟通。4C营销组合理论的提出，标志着市场营销理论彻底适应了买方市场的环境与需求。随后，"整合营销之父"舒尔茨针对消费者个性化的行为与倾向，又提出了新的营销组合理论——4R理论。这一理论以竞争为导向，强调从与消费者的互动中不断适应新需求、创造新需求，其站在企业和消费者共同的利益上提出了四大策略：关联策略（Relevancy）、反应策略（Response）、关系策略（Relation）和回报策略（Return）。同时在这一时期，还出现了许多创新的市场营销理论分化，包括社会责任营销、服务营销、整合营销、绿色营销、网络营销等。

20世纪初期市场营销理论开始从"术"逐渐转变为"学"，经历了从卖方市场到买方市场的转变与迭代。但对比每个时期诞生的市场营销理论和广告理论，可以发现，市场及营销学中的许多研究方法和研究重点，都对广告传播的理论起到了指导作用。其引导着广告创作从"以产品为中心"到"以消费者为中心"，从"漫无目的的创意尝试"到"以市场调查情况为基准的科学创作"，从单一的传播到系统化、整合化的营销传播，20世纪的广告理论在市场营销理论的指导与推进之下，也逐步走上了科学的道路。

二、"广告科学派"理论的形成与发展

经过了对于20世纪美国的市场背景、媒介技术与传播理论以及市场及营销理论发展的分析之后，可以发现"广告科学派"及其相关的广告理论，在每一阶段都体现出与时代背景的强相关性。由此，也可以更好地理解"广告科学派"理论在整个20世纪的形成与发展逻辑。"广告科学派"的理论形成与发展主要体现在不同时期的理论流派，以及广告大师们对广告科学本质的探索与认识。

（一）科学派的形成与发展

1. 硬性推销派与软性推销派

20世纪初的美国广告业主要有两大理论流派：以肯尼迪、拉斯克尔、霍普金斯为代表的硬性推销派，以西奥多·麦克马纳斯、雷蒙·罗必凯为代表的软性推销。

硬性推销派的三位代表人物在广告理念上，都遵循肯尼迪所提出的"广告是印在纸上的推销术"这一主张。他们坚持倡导用"推销术"的方法和原则来创作广告，认为广告必须向消费者提供一个切实的购买理由，从而达到销售的目的。由于其在创作时偏理性的创作思路，以及强调明确的购买原因，而被后人称为"硬性推销派"或"原因追究派"。

在这样的指导理念下，三位广告大师都曾创作出过文风朴素但又极具销售力的广告文案。如肯尼迪1903年为舒普博士的康复剂产品创作的广告中，明确直白地写道："药用一个月，如果有效才花费您5.5美元，如果无效，药品商就把账算在我头上。"[20] 广告文案用简短的文字，向消费者展示了其唾手可得的利益。而另一位代表人物霍普金斯，更是为棕榄香皂、喜力滋啤酒等品牌撰写出了成功的广告作品。

同一时期与硬性推销派势均力敌的，是以麦克马纳斯、罗必凯为代表的另一广告理论流派"软性推销派"，也叫作"情感氛围派"。麦克马纳斯和罗必凯主张，广告应当建立在消费者购买后或产品赠与他人时，所获得的满足感的基础之上。以暗示和联想所造成的强烈的感染力和诱惑力，传递产品的质量和声誉的完美印象，赞美消费者拥有产品后的喜悦。

擅长使用暗示和联想的麦克马纳斯，在为V8凯迪拉克所作的广告"对领导者的惩罚"中写道："处于领先地位的人，必定永远生活在公众注目的焦点处。不论是归属于一个人的领导权，还是一种（已经生产出来的）商品的领先地位，模仿赶超和羡慕嫉妒总是在起作用。"文案间接暗示了凯迪拉克在汽车行业中的领导地位——生活在公众注目的焦点处，还其他品牌模仿赶超和羡慕嫉妒着，同时表达了品牌直面质疑者和挑战者，用实际行动去引领时代的勇气和精神。而罗必凯不仅以高雅和委婉的文字创作出众多成功的广告，更是第一个将广告阅读率的研究引入创意过程的人，为广告科学派的科学创作依据添砖加瓦。

硬性推销派和软性推销派在广告创作的诉求点上虽然各有千秋，但其理论本质实则同源，都试图通过向消费者提供一个诉求，来引起消费者的购买欲望。一个遵循营销规律，主张挖掘产品实实在在的好处；一个结合心理学知识，主张营造情感氛围，都为广告创作提供了可依据的科学方法，后续也发展成了理性诉求与感性诉求两大重要理论。

2. 霍普金斯：承前启后

霍普金斯在"广告科学派"的形成与发展中起到了承前启后的重要作用。他承袭了肯尼迪提出的"广告是印在纸上的推销术"这一主张，将推销中的许多理念与方法引进广告的创作中。霍普金斯还提出了"预先占有权"理论，主张"如果谁能发现某行业具有普遍意义的产品特征，并首先提出，谁就得到了'预先占有权'，将其变为自己的卖点"。这一理论从普通受众角度出发，创造性地提出寻找行业内"被视而不见的共性"，进而将其私有化。在霍普金斯所处的时代，商品种类较为单一，只能寻求行业壁垒制造特殊性。但后来到了瑞夫斯所处的时代，商品种类变得更为丰富，也继而提出寻找产品自身特殊性的USP理论。霍普金斯的"预先占有权"可谓是USP理论的前身，对其颇具启发意义。

同时霍普金斯作为"广告科学派"的创始人，首次明确提出了"将广告视为一门科学"的主张。他通过总结前人的经验和自己从事广告行业的经历，将统计调查等科学方法引入广告行业，提出了21条广告原则和科学的广告执行模式，使广告有了科学的创作依据和效果评估手段，真正使广告科学具有了实践的可能，也下启后人不断发展、完善"广告科学派"。

3. 科学销售派：瑞夫斯

20世纪40年代后，美国广告行业进入了罗瑟·瑞夫斯兴盛的时代，瑞夫斯作为广告科学派的集大成者，在继续贯彻肯尼迪的"广告是印在纸上的推销术"观点和霍普金斯的广告科学理论的同时，融入了许多社会科学中的实验方法和相关理论，并提出了著名的USP理论（也被称为"科学推销术"）。

瑞夫斯在霍普金斯的基础之上，将统计调查等科学方法在广告行业中的应用进一步细化、完善，如其所带领的达彼思广告公司常年于全国275个不同地点采访数以千计的消费者，并按照年龄、种族、收入等进行分类，已经具有了科学的抽样调查体系[21]。为了测算广告宣传的效果，瑞夫斯提出了"广告到达公众、说服公众的效果"和"广告吸引力指数"两个概念，使广告第一次有了审计方法。辅以图表等可视化方法，使得广告的投入产出比、记忆度等指标显而易见，从而帮助广告行业更加科学、精确的运作。

瑞夫斯提出的USP理论是 Unique Selling Proposition 三个英文单词的缩写，直译为独特的销售主张，这一理论更像是一则广告从业人员在创作时遵循的科学公式。瑞夫斯强调的三个要素对应了广告传播中的"内容-传播-改变态度"三部分，体现出了其对广告科学理论的推进：从产品自身出发，挖掘产品与竞争对手相区别的真实、独特卖点，体现了广告传播的客观性。瑞夫斯作为科学派的集大成者，也排斥艺术和夸张手法在广告创作中的应用，讲求广告创作的客观性、真实性，一切内容都建立在产品客观拥有的基础上；卖点与竞争对手相区隔，才能使广告推销的产品和信息给消费者留下印象，实现广告传播的有效性；同时要求这个卖点也要能给消费者带来切实的好处、促进销售，确保广告传播的影响力足以改变消费者的态度，从而完成最终销售的目的，体现广告传播的实用性。

在这样科学的调查方法和USP理论的指导之下，瑞夫斯及其广告团队也创作出了许多经典的广告案例，如"总督牌香烟有2万个滤泡""棕榄香皂使肌肤更美好""乳酪米提供更多的碳水化合物"等[22]。

4. 品牌学及定位论

20世纪中期,在USP理论的指导下,广告活动大多开始建立产品之间的差异,为了使自己的产品在同类中区别开来,一些商家开始为自己的产品添加一些文字、图案、名称等识别符号,由此产生了早期的品牌意识。品牌理论一直到20世纪60年代才被正式提出,广告大师奥格威在其著作《一个广告人的自白》中提出了"品牌形象"的概念及理论,包括品牌形象的地位意义、建立方法、维护方法、影响因素等。品牌概念的提出,是广告理论发展史上的一个重大转折点,标志着广告传播关注点从产品到品牌的转变。此前的广告创作大多从产品层面出发,但基于产品的广告极易受到其外观、材质、功效等客观属性的限制,而品牌则可以跳脱出产品本身,从广告主和消费者的心理期望出发,进行更富有创造力和想象力的营销。

此后,品牌理论在广告活动中也得到了丰富的实践,并不断发展出品牌个性、品牌资产、品牌认同等一系列的品牌学理论。品牌学理论既是对广告理论的拓展与延伸,同时也融合了心理学、市场学、管理学等相关学科的理论,共同构成了品牌科学。奥格威基于视觉心理和记忆心理,提出了运用产品的名称、包装、广告组合、影视赞助等打造一个整体的品牌性格特征,并且要保持品牌形象树立的长期性和一致性;其后戴维·阿克又从个性心理的角度进一步挖掘了"品牌个性",关于品牌个性的测量,更是衍生出"大五"模型、扎尔特曼隐喻推导法等多种模型;20世纪90年代,阿克又提出品牌资产论和品牌认同论,将品牌理论的价值进一步提升到了创造价值和利润层面,强调其无形资产与经济效益。

同样将心理学理论在广告科学发展中运用到极致的,还有20世纪80年代里斯和特劳特提出的经典定位论。定位论在20世纪70年代创意论逐渐没落的背景下,大胆地提出"否定创意,建立定位",主张定位不是创造出新的、不同的东西,而是改变人们头脑里早已存在的东西,实现了广告传播理论视点由产品出发向消费者心理出发的转移。定位论所强调的两点是制造差异和深入消费者心理,为此,里斯和特劳特主张营销本质诉求要迎合消费者心理,以"消费者本位"的逻辑去思考定位方向;而挖掘消费者需求、实现定位则还需调查与分析科学方法的运用:通过大量的市场调查,确定目标消费者需求、竞争对手差异,进而确定自身定位,同时通过沟通与消费者反馈,追踪市场效果,对定位成效进行评估改良。之后,定位的思维与方法也被延伸至产品开发、企业战略等多个方面。

5. 整合营销传播理论

20世纪90年代营销大师唐·E. 舒尔茨提出的"整合营销传播"理论,可谓是20世纪广告科学理论的集大成者,放眼至今的广告理论发展,更是起到了承上启下的作用。舒尔茨经过了多个阶段的发展与修正,最终将整合营销传播定义为"一个业务战略过程"——它是指制定、优化、执行并评价协调的、可测量的、有说服力的品牌计划,这些活动的受众包括消费者、顾客、潜在消费者、内部和外部受众及其他目标。作为一种"大营销"理论,整合营销传播强调对于广告信息的管理、多渠道信息传播的方式、与营销传播相关受众的沟通三个方面。其中有融合20世纪的传播效果理论、品牌学理论、市场调查与反馈等多种科学理论与方法,如强调"通过所有的传播工具,坚持提供连贯统一的形象、定位和信息或主题,将传播效果最大化""使用大量的统计方法和工具去评估消费者和潜在消费者"等；同时也为21世纪的数字广告传播提出许多具有启发性的科学方法，如强调信息技术的使用，建立数据库便于收集、管理、分析消费者数据，形成营销活动的内容驱动来源等。

（二）对广告科学本质的探索

"广告科学派"理论的形成与发展，贯穿了整个20世纪，正是每个时代与阶段的广告大师们用自己的实践经验与总结，辅以传播学、营销学等相关学科的理论发展，共同完成了对广告科学的探索，使广告成为一门真正的科学。以历史背景和时间脉络为线索进行分析，可以发现各个理论流派对"广告科学派"的补充和发展具有很强的时代特征和个人风格；若以宏观的角度分析这些理论的演进，我们很容易就会发现，各个流派和广告大师整体上是对广告的概念本质、科学理论和科学方法进行了一系列的探索，进而形成了关于广告科学本质的理论体系。

1. 对广告本质概念的探索

当我们将一个事物或一种现象作为科学进行研究时，首先要研究的便是其本质概念——究竟什么是广告？广告早在古代时期就伴随着商业交易活动出现，早期的形式有陈列、叫卖、招幌、壁画等多种多样的形式，但早期广告只作为一种商业宣传手段停留在"术"的阶段。

随后一直到19世纪，伴随着近代科学的出现，才慢慢有了关于广告本质概念的定义。19—20世纪，受到早期新闻业和卖方市场的主导作用，西方广告行业普遍认为广告的本质就是"将商品的相关信息告知消费者"，将广告视为新闻活动的一种进行创作，甚至连广告大师拉斯克尔都曾主张："广告就是有关产品的新闻。"直到20世纪初，肯尼迪率先打破了这一印象，提出"广告是印在纸上的推销术"，将广告与新闻的告知功能相区隔，强调其推销的作用。这一观点也得到了许多人的支持，如同属于硬性推销派的霍普金斯也表示广告是推销术的一种，它的基本原则就是推销术的基本原则。此后，随着市场上竞争的不断加剧，推销商品的需求也越来越大，同时市场营销学的理论不断丰富，并被应用到广告活动中，广告作为营销的概念倾向则越来越强烈，也有学者称其为"营销本质论"。

直到20世纪50年代，在施拉姆等人的努力下，传播学作为一门独立学科诞生。传播学自诞生起，就将广告视作传播活动的一种，将其纳入了传播学的研究领域。今天，在中国的学科划分中，仍将广告学划作新闻传播学下的二级学科进行教学。同时传播学中的许多理论研究也在广告活动中发挥作用，如受众研究、媒介研究、传播效果研究等。20世纪后期也有许多广告理论倾向于体现广告的传播属性，如CIS企业识别系统、整合营销传播等。

由此，广告的本质属性便在营销学与传播学之间变得模糊不清。但从不同维度进行分析，广告的本质功能属性属于营销学，自诞生起广告的主要功能便是为了促进商品销售、完成交易；而从广告的活动属性出发，其无疑属于传播活动的一种，具备了传播的主体（广告主）、客体（消费者）、信息（广告内容）、渠道和效果等要素。"广告是一种营销传播"[23]的观点代表目前营销学与传播学融合视角下的广告本质概念。

关于广告的本质从营销本位到传播本位，最终融合为营销传播。关于广告所指概念的定义，也呈现出"从单一到系统"的演进趋势。早期人们对于广告的所指概念大多比较狭隘，一般单指用于宣传推销商品的广告作品,其形式虽然会随着对应的媒介载体发生变化,如早期报纸为主要载体时,广告作品主要以文案的形式呈现,但所指概念的范围仍只局限于广告作品本身。由于20世纪前叶美国广告业的从业人员都抱着这种"狭义的广告概念",导致这一时期的广告理论着眼点也都只限于广告作品的创作诉求与创意手法。20世纪60年代之后,随着市场营销学理论的丰富和传播学中关于媒介和效果理论的加入,广告宣传的主体逐渐拓展,从原先聚焦于产品到后来衍生出丰富的品牌形象、企业标识等;广告宣传的内容逐渐多元综合,从原先单一的广告作品到后来形成集市场调查、消费者研究、媒介选择、效果评估等活动多位一体的整体广告运动。相对应的广告理论也不断融合创新,诞生出如定位论、CIS理论、整合营销传播等更具综合性、系统性的科学理论。

2. 对广告科学理论的探索

一门科学所涵盖的科学理论,是由几代学者孜孜不倦的探索发现,再经过成百上千次严谨的实验和论证,总结形成的一套可重复检验的客观规律。20世纪之前的广告正是因为缺少这样的客观规律,而充满了创作的不稳定性和效果的不确定性。一个好的广告创意往往只是一瞬间的灵光乍现,并且在投入了大量的资金发布之后,也很难判断究竟是广告中的哪一部分起了作用,所以此时的广告并不能算作一门科学。

又由于早期的广告活动具有强烈的商业性、应用性,往往更强调实践和经验,忽视实验与理论,所以早期一些著名的广告理论都充满了浓厚的经验色彩,包括"广告科学派"创始人霍普金斯所总结的21条科学原则也都是源于他自己的从业经验。但从霍普金斯开始,很多广告大师已经开始注意到可以用科学的统计方法,精确地调查市场情况、测算广告效果,由此数据分析与比较研究的方法逐渐开始被运用在广告理论的探索中。之后随着营销学理论和传播学理论的发展丰富,广告理论也吸纳融合了许多其他学科的经典理论。总体而言,20世纪的广告大师与学者对广告科学理论的探索,呈现出"从经验总结到学科交叉积淀"的趋势。

但尽管20世纪60年代之后,心理学、营销学、传播学、统计学等相关学科理论加入了广告科学理论的发展,由此也诞生出许多更丰富、更全面的广告理论,但其存在形式仍较散漫,大多只是对早期广告理论的延伸与创新,尚未形成"广告科学理论系统"。从学术界的研究方向划分,目前广告科学理论的研究体系可分为三大流派:理论广告学,主要从宏观角度和学理角度研究广告的基本范畴、性质、功能,以及广告运作的程序、规律、原则等问题;历史广告学,主要研究广告活动的历史演变和发展趋势;应用广告学,主要从实践的角度研究一些跨学科理论、方法、技术在广告实践活动中的应用。

也有学者根据20世纪广告科学理论的发展与融合,搭建出关于广告理论体系建构的设想:传播学和营销学是作为广告理论体系建构的发源基座,进而发展出的广告基础理论为整个体系的基础支撑。在此基础上形成的广告理论为整个体系的核心,再根据这些与广告本体的相关程度,分为三个层次——广告自系统理论、广告与营销要素整合系统理论、广告社会化系统理论,以此构成核心体系由内而外的理论框架。最核心的广告子系统理论主要由一些关于广告活动本身的理论构成,包括广告的主体理论、广告受众与消费者理论、广告信息处理理论(诉求、创意与表现)、广告效果理论等;位于紧密外围的整合系统理论是广告营销传播的工具性辐射，涉及与营销传播相关的一些衍生理论；最外层的广告社会化系统理论主要研究广告活动与社会经济、社会文化的相关性[24]。

目前广告自系统理论发展最为丰富完备，经过整个20世纪的发展，已经有了许多经典的广告理论作为支撑。而有关广告社会化系统的理论发展最为薄弱，一方面广告活动与生俱来的逐利性，导致许多人批评广告是"煽动无谓的消费"；另一方面广告内容创作中为了体现创意，往往会涉及艺术文化等领域，也有人认为广告有利于推动社会文化发展；同时随着法律法规意识的逐渐增强，有关广告监管的问题近年来也层出不穷，以上都是广告社会化理论需要加强完善的地方。对于完整的广告科学理论体系建构，20世纪的广告大师与学者只是搭建了一个基本框架，仍需要后人不断地探索与深入研究。

3. 对广告科学方法的探索

19世纪美国社会充斥着大量的"狂欢式广告"，广告曾一度被视为巫术，正是因为当时还未形成科学的广告大多与宗教、神话等相关。进入20世纪早期，广告创作由于缺少科学理论和科学方法的指导，也充满了广告效果的未知性和创作的无规律性情况。直到以霍普金斯为代表的"广告科学派"在意识到广告可以成为一门科学后，逐渐形成了一套科学的广告创作方法确立机制，并探索出了许多方法与规律运用到广告创作中。而20世纪80年代后一系列的广告策划活动，更是在营销学与传播学的调查分析等科学方法的指导下进行。由于广告活动具有很强的实践性，下文所提及与分析的许多广告法则都展现出"方法"与"理论"的高度重合，从理论发展的角度其可以归类于规律或理论，但从创作实践的角度也是广告人可以屡试不爽的科学创作方法。

广告科学方法主要有两种来源：一种是早期的广告大师们在自己从业的经历中总结出的客观规律，再通过实验比较等验证得出的；另一种是将相关学科中已经得到验证的理论或方法引进到广告中形成的。如霍普金斯的《科学的广告》将自己从业多年的经验总结成21条广告原则，这些广告原则不仅是经验式的总结，霍普金斯也通过大量的验证与对比使其具有可重复实践性。霍普金斯在第一章介绍广告原则是如何建立时就表示："我们靠反复实验掌握并证明原理，主要手段是试验性广告、广告效果跟踪……我们比较这种方法与那一种方法，正面的和负面的效果，并且记录分析结果，如果有一种方法始终证明自己是最好的，那么这种方法就成为一条固定原则。"[25]他提出的许多广告科学原则如"在广告中讲述完整的故事""利用数据等具体地展示产品好处"等都是经过了成千上万次的实验与比较的客观规律。

后来，随着市场上对于广告推销的需求逐渐增加，广告行业的规模也有所扩大，广告公司和广告从业人员进而有了更广泛多元的信息来源，以奥格威和瑞夫斯为代表的广告大师在霍普金斯的基础上，更重视通过数据分析总结广告的科学创作方法。如奥格威极其反对用"创作"（Creative）来形容广告活动，在《一个广告人的自白》中他表示奥美公司在广告工作中被誉为"神灯"的技巧和方法都是建立在调研的信息和数据的分析之上，由此他也提出了11条广告科学原则。瑞夫斯同样重视通过统计数据发现、确立广告行业中的科学规律，同时也在市场调查和实验中提出了"通过广告说服公众的效果和广告吸引力指数来测量广告效果"的方法，这是首次用广告学中的专有指标来判定广告效果。

20世纪60年代之后，越来越多的跨学科理论与方法被运用在广告科学中。如奥格威及其后发展出的品牌学中融入了大量的心理学理论，包括基于视觉心理的品牌形象论、基于个性心理的品牌个性论、基于符号学和设计学的品牌识别论。由于品牌学与心理学联系紧密，研究这一广告理论时，广告大师和学者引入了许多心理学中的科学方法，如实验和量表。如关于品牌个性的测量，学者参考心理学中对于人的个性测量量表，延伸出了许多用于测量品牌个性的量表，如詹妮弗·阿克教授的"大五"模型、黄胜兵和卢泰宏中国化的"仁智勇乐雅"模型。哈佛商学院扎尔特曼教授又于90年代提出的扎尔特曼隐喻推导法（ZMET），用探测消费者视觉和其他感官映像的实验方法测量品牌个性，实验的许多操作与编码方式都起源于心理学实验。

20世纪70年代计算机技术和第三次信息革命兴起后，消费者接收的信息无论是种类或数量都出现"大爆炸式"增长，同时市场早已进入了完全的买家市场，广告需要更深入地挖掘消费的需求与倾向，由此广告科学也从计算机科学中引入了许多方法用于广告策划与活动。如90年代整合营销传播之父舒尔茨在其著作《整合营销传播》中强调对数据库营销和信息处理与分析的重要性。借助计算机技术，数据库营销可以实现客观、精确、高效的消费者区隔分析、信息设计、传播管理等，广告科学正式开始进入自动化、智能化的时代。到21世纪，广告科学更是进一步在网络技术、大数据、新媒体技术等技术的帮助下，发展出了更多诸如程序化交易、用户画像等科学方法。

综上所述，广告大师和广告学者经过了长期的探索与研究，终于将广告活动从早期单一的、没有规范的"巫术式宣传"，逐渐规范成一门科学，并形成了丰富的科学理论体系、拓展出综合多元的广告策划形式、积累了许多严谨的广告科学方法。总体而言，广告学也具有了与其他科学共同的一些特征：在广告活动的创作和策划上，展现出事前有调查、事中有法则、事后有评估的客观真理性；在广告理论的演进上，展现出系统性；在广告方法的提出与引进上，展现出可重复验证性与实用性。

三、"广告科学派"的当代发展——数字广告与营销理论

（一）数字技术与产业变革

20世纪末，随着计算机科学、互联网通信等电子信息技术的快速发展与生产应用，社会生产力、生产关系都产生了一场大变革，也被视为人类文明史上的第四次工业革命。而互联网将计算机技术与信息即时传播结合在一起，通过计算机的二进制语言将所有信息数字化，实现了跨行业的信息互通与融合，从而产生了人工智能、大数据、区块链、云计算等新兴的数字化产业。同时，这些数字技术和数字化管理也被运用在全社会各行各业中，始终与社会生产与媒介技术高度关联的广告行业，也正是在这次信息变革的技术推动下，形成了数字广告产业。

虽然广告产业自其诞生之始，就随着社会生产技术和媒介技术的发展一直在演进、变迁，但由于21世纪之前的广告活动与广告理论大多聚焦于广告的信息处理与内容策划，技术对于广

告生产都只起到间接性、辅助性的影响，不为主流所关注。如生产技术的逐步提高，只是从市场竞争与导向层面影响了广告诉求的方式；广播、杂志、电视等媒介技术的发展都只是丰富了广告传播的媒介形式，并未改变其借助大众媒介单向传播的本质方式。但21世纪以来，互联网通信技术、新媒体技术、虚拟空间技术、大数据及人工智能技术等的大规模运用，深刻地改变了市场环境和人们的生活方式，广告产业相应的在媒介选择、传播逻辑、营销方式、效果评估等方面发生了全方位、颠覆性的产业变革。

首先，互联网技术的出现，营造出了一种新的传播媒介和传播环境。早期对于广告产业而言，互联网只是作为一种新的媒体传播渠道，广告从业人员将产品相关的文案、图片等信息以横幅广告（Banner）、文字链接、网页等形式刊登在互联网平台上，与前期在报刊上的形式相差无几。但随着互联网技术与越来越多的人、事、物及产业发生融合，尤其是移动互联网的出现，社会生产和消费者的生活方式彻底改变了。"万物互联"的生产环境使得许多产品的工业制造都进入了自动化时代，运营广告营销增强产品竞争力的需求变得更为强烈。加之不断创新的多媒体技术和媒介渠道，20世纪大众媒介"一手遮天"的传播环境逐渐瓦解，形成了网络媒体、手机媒体、移动电视等新型媒体多元组合的新媒体产业，广告产业的传播模式和媒介思维也要伴随着新媒体时代的新传播特征，变得更加多元化、互动化、个性化。

其次，大数据技术的出现，弥补了20世纪广告行业"经验主导，数据体量小、不精确"的缺陷，也成了数字广告的基础技术。早在20世纪前叶，霍普金斯、瑞夫斯、奥格威等广告大师，就对调查统计和实验比较数据在广告行业中的应用非常重视，但受限于当时的技术，只能依靠人力进行简单的抽样调查与测算，许多科学广告法则和方法还是源于从业者的经验性总结。如今，大数据技术与广告产业的有机组合，颠覆性地改变了广告行业获取信息和数据分析的渠道和质量。大数据技术的运用，贯穿于数字广告中的市场调查、用户画像、投放策略、效果评估等全流程，从而促进广告产业精确化、个性化、创新化的运作。

同时，在大数据技术的基础与催生下，智能技术也运用在数字广告产业中。智能技术通过编程、模拟、学习等方式，使得机器可以自主完成一些计算分析与操作任务，将其与数字广告的数据库结合，可以通过机器算法，对大量的数据进行分析，从而帮助广告主和广告代理商高效客观地做出智能决策，实现广告效果优化。

由此可以看出，现代电子信息技术与广告产业结合后，不仅改变了广告的传播环境与传播媒介，同时借助数据化、智能化技术，对广告调查、细分市场、媒介选择、效果监测等多个方面进行了优化，形成了"数字广告产业"，也进一步推进了广告科学化。

（二）信息革命与传播理论

在现代电子信息技术的推动下，新的网络传播体系形成了，相对应的传播理论也与20世纪所形成的理论体系大有不同。由于互联网技术自身去中心化、开发平等、实时交互等特性，导致网络传播融合了大众传播、人际传播、群体传播、组织传播多种形式为一体的传播特性，进而形成了网络传播中独特的媒介观、受众观、时空观等。

首先，进入Web2.0时代后，网络传播呈现出"节点化、分布式"的网状传播特点，信息的发布者、传播者、接受者都处在平等的位置，甚至集多重角色于一体。这样的传播模式彻底改变了以往大众传播集权式、单向度的传播逻辑，受众的主观能动性得到最大的释放，其可以高度自由地选择接收感兴趣的信息、通过互动传达反馈、分享形成多级传播等。互联网受众的高自由度和个性化，就要求数字广告在选择分发渠道和内容时要考虑与目标受众的适配性，但受众的高能动性也帮助数字广告充分获取数据，从而建立用户画像和用户反馈。

其次，网络传播中，人际传播、大众传播、组织传播等相互交融渗透，形成了复杂而立体的传播网络，对于数字广告传播而言，针对不同的网络媒介可以选择最合适的内容和形式，这是实现"整合营销传播"的天然温床；但也存在多级、反复传播过程中信息混杂、扭曲、失真的风险，对整合营销传播中信息的系统性与统一性提出更高要求。

网络同时还是一种新的场域，由于网络传播可以打破物理空间中时空和地域的限制，创造出许多虚拟的情景与形态，用户还可在这场域中进行互动，进而形成网络传播所特有的"场景理论"。关于媒介与场景的理论，戈夫曼与麦克卢汉都在传统媒介时期提出过理论假设，但大多停留在物理空间概念中，进入移动互联网时代，罗伯特·斯考伯提出了"场景五力"：移动设备、社交媒体、大数据、传感器和定位系统，较为全面地涵盖了现代数字广告所要面对的消费场景构成要素。对用户场景分析的最终目标也是回归到个性化的细分市场与需求分析，通过分析用户所处的特定场景，挖掘出用户此时此刻的信息需求或服务需求，进而向其推送适配的广告信息。

总体而言，在信息革命之下，以互联网为舞台诞生出了许多新的传播理论与传播观念，集中体现在受众角色转换所引起的新受众观、多种传播模式融合所引起的新媒介观、虚拟情景和交互技术引起的新时空观，以及与之伴生的整合传播模式、网络舆论与媒介素养等相关理论。数字广告作为网络传播中的一员，也在这些现象与理论的指导下，衍生出了相适应的数字广告营销理论与模式。

（三）数字广告与营销理论

在经济发展和市场环境的强烈呼唤、数字化技术和网络传播理论创新的推动之下，数字广告的形成是现代广告产业发展的必然结果。对比数字时代的广告产业与20世纪的传统广告产业，我们可以清晰地看到，一场全方位的广告产业变革已经悄然发生。回顾20世纪传统广告产业和广告理论的发展，"创意"（Big Idea）是所有广告活动的重点，无论是硬性推销派寻找产品独特的卖点，还是软性推销派创造美好的情感氛围，乃至品牌学中对于形象个性的塑造，都是广告人通过归纳总结得到的"创意方法"。而在现代信息技术助力下形成的数字广告（也称为计算广告），则总体强调"匹配"的概念，其根据用户的特点与特定场景，通过高效的算法确定与之最佳匹配的广告，并进行精准化创意、制作、投放、传播和互动，技术和数据是一系列数字广告活动的运行基础。[26]除了在核心概念上的差异，数字广告与传统广告相比，在广告投放、广告决策、广告效果和广告形式等具体操作层面也产生了诸多变化，下文试做简要归纳：

其一，广告投放定向化。传统广告的投放与传播借助于大众传播媒介，采取一对多的形式，虽然大众传播可以大范围、全方位地将信息传递给受众，但缺乏准确度。传统广告将相同的广告信息不加区别地分发给所有受众，但对广告内容真正感兴趣的也许只有很小一部分人，广告的效果进而大打折扣。数字广告则基于对数据的采集与分析，定向选择目标受众，达到需求、兴趣与广告的高度匹配。通过大数据、物联网、移动支付等技术，用户线上线下的各种行为与属性都能够被数字化，进而通过算法进行多维度分析，为每个用户绘制出了"基于虚拟数据，却无比贴近真实"的用户画像，实现用户信息与需求的可视化。

其二，广告决策智能化。广告决策包含了广告投放的时机、场景、位置以及广告交易的执行，在传统广告时代，上述决策都受限于广告人人为的判断与媒介的发行排版规定，有失客观与高效，更难实现千人千面的个性化营销。数字广告则基于数据驱动和算法匹配，可以实现自动智能决策，程序化购买的广告交易形式就是广告决策智能化的典型体现。程序化购买有多种交易形式与交易指标，但运行逻辑相同，通过第三方数据平台将广告主与媒体资源连接起来。广告主通过DSP（Demand Side Platform，需求方平台发）布广告投放需求、选择媒体资源；网站、App平台等则根据DMP（Data-Management Platform，数据管理平台）上每个用户的"用户画像"选择与广告主需求相匹配的用户，在其打开界面时，自动为其推送广告。如此便可以为每个用户选择"量身定制"的广告信息，并自动适时、适地、适平台地投放给用户，实现高效客观的精准营销。

其三，广告效果精准化。广告的效果评估是传统广告的一大难题，由于大众传播媒介的单向性，广告主很难获知有多少广告是发挥了效果的，从而难以把控广告的有效性。但数字广告基于网络传播的双向互动性和上述的广告智能决策平台，广告主可以获取到精确的广告投放结果报告，包括广告的曝光率、点击率、转换率等数据，进而实现精准的广告效果评估。

其四，广告形式去符号化。传统大众媒介时代，广告依附于报纸、电视等媒介总有其明确的广告形式，但数字广告的一大特征便是广告的形式逐渐消融模糊、越来越不像广告。广告信息的展现形式分化成两个方向：一方面，广告信息以个性化、抓人眼球的标题示人，标题链接的则是一个个虚拟商品展厅及电子商务全套事项，吸引用户自主点击浏览，如微博热搜中的"广告推荐位"；另一方面则多以隐性广告、植入式广告或游戏式广告的形式出现，如将广告信息不动声色地融入上下文或影视节目，或借助AR、H5动画等媒介技术以游戏的形式完成广告推销，进而减少用户的察觉和反感。[27]广告展示形式与编码方式的变化，是对于数字时代消费者信息接收心理的适应，面对消费者对硬广的抵触和越来越自主化、娱乐化的信息接收方式，广告形式也要求不断推陈出新。

数字广告借助算法与数据等技术，颠覆了传统广告创意主导的思维模式，也引领着广告产业与广告理论走向更加现代化、科学化的道路。但我们也要注意到科技是把双刃剑，在促进广告智能化、精准化、高效化的同时，也引发了许多数字广告监管问题。如数字广告通过Cookie捕获、GPS定位等技术获取了用户的行为与信息，在更加准确挖掘用户需求与兴趣点的同时，也形成了用户隐私泄露的隐患；互联网广告的制作、投放成本低，降低了广告传播的准入门槛，违法的广告信息经常被任意篡改，难以监管溯源；数字广告的核心基础便是数据，但在当前的互联网生态下，用户的浏览入口、数据源头被少数互联网巨头、移动运营商垄断，形成了体量庞大却相互孤立的数据孤岛，进而导致用户画像绘制出现偏差、竞争恶化等。因此，在期待人工智能、区块链、物联网等新兴技术对数字广告现有问题进行改善的同时，也需要从法律法规、行业自律等方面加强对数字广告的监管，推进广告行业更加科学规范的发展。

第三节　霍普金斯广告经典案例举要

霍普金斯在职业生涯中创作出过许多经典案例，本节中则选取了其中最知名、最具代表性的喜力滋啤酒广告进行分析。

啤酒制造在美国一直是一个备受欢迎的行业，第二次工业革命所带来的一系列技术也使得啤酒的大量生产和长途分销成为可能，一些啤酒公司开始向全国扩展自己的产品市场，由此美国的啤酒产量从1870年到20世纪初翻了三番[28]。喜力滋啤酒公司由奥古斯特·克鲁格于1849年创立，1858年由约瑟夫·施利茨接管。面对竞争激烈的啤酒市场，喜力滋啤酒作为初创没多久的新兴品牌缺乏口碑与影响力，产品本身也没有独特之处，很难在众多啤酒产品中脱颖而出，公司产品销量连年下滑。为了解决当时市场销售额下降的问题，施利茨聘请了当时在斯塔克广告公司工作的霍普金斯，来为喜力滋啤酒撰写广告文案。[29]

19世纪末，美国市场上所有的啤酒品牌都以"纯"作为卖点，宣传方式则是在广告中以醒目的大字展示出"纯"，喜力滋啤酒面临的问题是难以发掘自身产品的独特性与优越性，进而形成区隔，同时可采取的宣传方式和媒介也较为单一。为了解决卖点匮乏的问题，霍普金斯先是去到一个酿酒学校，学习了酿造啤酒的相关知识，但并没有什么特别的收获。之后他又特意深入喜力滋啤酒的酿酒厂进行参观，想从工厂的制造流程中寻找灵感。在酿酒厂中，霍普金斯注意到酒厂的工人是如何用清洗水泵和管道，如何用机器把所有的瓶子清洗数遍，以防止细菌污染的。同时霍普金斯还了解到，喜力滋啤酒的酿造用水都来自4 000英尺（约1 219米）深的地下水井中，以及实验室经过3 200次尝试才得到最好的用于酿造啤酒的酵母。这些都是作为啤酒酿造的行外人闻所未闻的"新鲜工艺"，霍普金斯遂提出将这些技术作为广告告知消费者。

但喜力滋啤酒的老板却对这些都不以为然，在他看来，这是所有酿酒厂都会使用的工艺，不足以作为喜力滋啤酒独特的卖点。但霍普金斯完全站在了消费者的角度，打破了经营者画地为牢的困境。广告面向的受众是消费者，而大部分消费者都不曾深入了解啤酒酿造厂的种种工艺，经营者习以为常的技术，对于外行的消费者而言往往是非常新奇有趣的内容。同时，霍普金斯一如既往地秉持自己"用具体而切实的事实创作广告"的原则，利用他所观察到的这些工艺作为宣传喜力滋啤酒"纯"的论据，创作出了这则知名的广告文案。

这家伟大啤酒厂如今拥有了新的酿造方法。半个世纪的沉淀，教会我们如何做到完美。但是，我们的理念却是50年始终如一的，我们的目标也从未改变。喜力滋啤酒始终根据我们所了解的最好方式进行酿造，从不计较花费。

我们专门派专家到波希米亚为我们挑选世界上最好的啤酒花，公司的每一个股份持有者负责挑选大麦，并且只购买生长得最好的大麦。

我们公司的一位合伙人全程监督酿造的每一个阶段。

我们这里进行的清洁标准比任何厨房的标准都要高。

提纯是非常必要的。所有的啤酒都要放在平板玻璃房里，在过滤的空气中进行冷却，然后，在装瓶和测量之后，再进行消费杀菌。

在啤酒从冷冻室取出之前，我们要把它放在里面数月，否则喜力滋啤酒有可能造成饮用者身体的不适感，就像普通啤酒那样。

图3-3 喜力滋啤酒广告英文原文与译文

广告文案中没有一句与产品无关的废话，也没有用于修饰或制造氛围的华丽辞藻。霍普金斯像一名推销员一般，用朴实简单的语言将喜力滋啤酒从酿酒原料的选择、酿造环境的清洁、酿造工艺的精细严格到酿造完成后保存的全过程讲述给消费者。全文甚至没有用到一个"纯"字，但文中所有的细节都在说明喜力滋为了打造纯净的啤酒所做的努力，霍普金斯使得"纯"这一卖点更切实、更有说服力。霍普金斯这则当时为喜力滋啤酒创作的广告不仅挽救了公司的销量，将其从市场排名第五直接提升至了第一，同时也使霍普金斯在美国广告业名声大噪。《广告经验报》称赞道："喜力滋啤酒的广告正在被变为合理的论据，本月的广告页面描述了所有啤酒饮用者都会感兴趣的啤酒制造过程。"[30]

对这则广告进行整体的分析，我们可以发现，首先受到时代背景的影响，20世纪初美国市场上同一产品不同品牌之间的同质性很高，受到科学和技术的限制，所有的啤酒生产商之间酿造技术相似，产出的啤酒产品质量口味等也都雷同，在这样的背景之下，难以挖掘出产品自身的独特卖点与竞争对手形成差异，所以霍普金斯在创作这则广告是选取的诉求点也是"纯"。但他注意到了市场上啤酒广告的缺口，其他经营者所打出的啤酒广告仍停留在信息告知的阶段，只是用一个"纯"字将空洞虚无的信息传递给消费者，而霍普金斯以推销员的思维，为广告的诉求点添枝加叶，用具体的事实丰富了广告内容，也为消费者提供了更多翔实的论据，从而达到了更好的说服效果。随后霍普金斯延续这一广告卖点与文案风格，还为喜力滋啤酒创作了一系列理性推销其产品纯净的广告作品。

同时，经由这一系列广告的创作与成功，霍普金斯也开创总结出一套"预先占有权"的广告创作模式。霍普金斯在其自传中谈到，他在创作喜力滋啤酒时，讲了一个所有优秀酿酒商都知道，但从未被告知消费者的故事。通过这些真实的啤酒酿造细节，他赋予了"纯"切实可见的论据；同时借助行业之间的知识壁垒，以及消费者的定位心理，首先将这些工艺作为自己的

图3-4　霍普金斯为喜力滋啤酒创作的其他广告

左：《哈珀周刊》，1899年9月16日第925页　右：《哈珀周刊》，1900年9月15日第875页

优势与独特之处讲述给消费者，从而形成"先声夺人"的印象。尽管其他商家后面也可以提出相同的优势和卖点，但由于消费者心中已经有了既定的印象，其他相似的广告也都只是在提醒消费者想起最初的品牌。这一理论不仅成了日后著名的USP理论的前身，也一直持续影响着后世的广告创作。20世纪90年代的一份市场营销手册中，就引用了霍普金斯对自己创作喜力滋啤酒广告时的评价，并总结道："霍普金斯在这里描述的原则是永恒的，只有媒体工具和技术已经改变了。"[31]

思考与练习

1. 如何看待"广告的本质是销售"这一观点？

2. 简述广告科学论的发展脉络和原因。

3. 在计算广告盛行的今天，艺术与科学在广告活动中应当如何平衡？

参考文献

1. Rob Schorman. Claude Hopkins, Earnest Calkins, Bissell Carpet Sweepers and the Birth of Modern Advertising [J]. The Journal of the Gilded Age and Progressive Era, 2008, 7(2):12–13.
2. 杰克逊·李尔斯. 丰裕的寓言——美国广告文化史 [M]. 任海龙译. 上海人民出版社, 2005：21—23.
3. 克劳德·霍普金斯. 我的广告生涯·科学的广告 [M]. 邱凯生译. 北京：新华出版社, 2002：181.
4. 克劳德·霍普金斯. 我的广告生涯·科学的广告 [M]. 邱凯生译. 北京：新华出版社, 2002：73.
5. 克劳德·霍普金斯. 我的广告生涯·科学的广告 [M]. 邱凯生译. 北京：新华出版社, 2002：97.
6. 克劳德·霍普金斯. 我的广告生涯·科学的广告 [M]. 邱凯生译. 北京：新华出版社, 2002：209.
7. 克劳德·霍普金斯. 我的广告生涯·科学的广告 [M]. 邱凯生译. 北京：新华出版社, 2002：195.
8. 克劳德·霍普金斯. 我的广告生涯·科学的广告 [M]. 邱凯生译. 北京：新华出版社, 2002：233.
9. 阿尔伯特·拉斯克尔. 拉斯克尔的广告历程 [M]. 焦向军, 韩骏译. 北京：新华出版社, 1998：49.
10. 祝帅. 麦迪逊大道和耶路撒冷有何相干：李尔斯关于美国广告文化起源的新教伦理阐释 [J]. 国际新闻界, 2015, 37（11）：145-165.
11. 曾琼, 刘振. 计算技术与广告产业经济范式的重构 [J]. 现代传播（中国传媒大学学报）, 2019, 41（02）：132—137.
12. 卫军英, 卢小雁. 论广告观念演变中的一致性追求 [J]. 浙江大学学报（人文社会科学版）, 2004（06）：116—124.
13. 许正林. 西方广告经典著作导读 [M]. 郑州：郑州大学出版社, 2009：265.
14. 人民教育出版社历史室. 世界近代现代史 [M]. 北京：人民教育出版社, 2002：106.
15. 张金海. 20世纪广告传播理论研究 [M]. 武汉：武汉大学出版社, 2002：18.
16. 张金海. 20世纪广告传播理论研究 [M]. 武汉：武汉大学出版社, 2002：19.
17. 张国良. 传播学原理 [M]. 上海：复旦大学出版社, 2004：231.
18. 张国良. 传播学原理 [M]. 上海：复旦大学出版社, 2004：231.
19. 张金海. 20世纪广告传播理论研究 [M]. 武汉：武汉大学出版社, 2002：20.
20. 朱丽安·西沃卡等. 肥皂剧、性和香烟：美国广告200年经典范例 [M]. 周向民译. 北京：光明日报出版社, 1999.
21. 瑞夫斯. 实效的广告 [M]. 张冰梅译. 呼和浩特：内蒙古人民出版社, 2000：16.
22. 张金海. 20世纪广告传播理论研究 [M]. 武汉：武汉大学出版社, 2002：32.
23. 张金海. 20世纪广告传播理论研究 [M]. 武汉：武汉大学出版社, 2002：115.
24. 张金海. 20世纪广告传播理论研究 [M]. 武汉：武汉大学出版社, 2002：168.
25. 克劳德·霍普金斯. 我的广告生涯·科学的广告 [M]. 邱凯生译. 北京：新华出版社, 2002：186.
26. 刘庆振. "互联网+"背景下计算广告技术体系的创新与应用 [J]. 新闻界, 2016（02）：63—67.
27. 舒咏平. 数字传播环境下广告观念的变革 [J]. 新闻大学, 2007（01）：98—101.
28. Thomas Cochran, The Pabst Brewing Company: The History of An American Company (New York, 1949), 102–128; Ronald Jan Playchen, A History of Anheuser-Busch, 1852–1933 (New York, 1976), 45–46, 54–62; Brewers Almanac (Washington, 1981), 12
29. Merba TAT. Creative Genius of Scientific Advertising: Claude Hopkins [J]. Erciyes İletişim Dergisi, 2018(4):10.
30. "September Magazine Advertising," Advertising Experience 9 (Sept. 1899): 21; "March Magazine Advertising," Advertising Experience 10 (Mar. 1900): 22.
31. Stan Rapp and Tom Collins, The Great Marketing Turnaround (Englewood, NJ, 1990), 189.

第四章

《实效的广告》
——罗瑟·瑞夫斯与"独特销售主张"理论

第一节 《实效的广告》主要内容及核心思想述评

一、罗瑟·瑞夫斯小传

罗瑟·瑞夫斯（1910—1984）是近代广告业公认的广告大师，是最早获得"纽约广告文案名人堂"荣誉的五位广告人之一[①]，被誉为"广告科学派的旗手"。瑞夫斯的人生堪称传奇，他不仅是一位优秀的广告人，他还是兼具了新闻记者、诗人、国际象棋运动员、短篇小说家、快艇驾驶员、收藏家等多重身份的"斜杠青年"。瑞夫斯于20世纪30年代开始广告生涯，于1940年加入达彼思广告公司，并最终成为其董事长、总裁，将达彼思从一家小型工作室经营为20世纪卓越的广告代理公司之一。

图4-1 罗瑟·瑞夫斯

瑞夫斯于1910年出生于美国弗吉尼亚州。他从儿时就展现出了卓越的读写与演讲天赋，10岁便开始写小说和诗歌，甚至有些作品还会被刊登在当地报纸上。19岁离开弗吉尼亚大学后，他曾短暂地做过现场新闻记者，但随后发现广告文案的工作更适合自己，并于1934年移居广告业圣地纽约，六年后加入达彼思。

20世纪40年代后，瑞夫斯于大量的广告创作中，总结出一套规律并将其体系化，逐步创立了独特的销售主张（USP）理论，并将其贯彻于实践中。瑞夫斯的著作《实效的广告》（*Reality in Advertising*）最初为达彼思广告公司的内部训练教材，该书于1961公开出版，畅销业界，甚至成为广告人的必读著名书目，USP理论便是在这本书中正式提出的。他认为广告应该反复强调一个简洁的主题、一个强有力的诉求，因为消费者往往只能记住一件事情。广告应该告知消费者，购买这个产品，会具体地得到怎样的好处，并且是竞争对手所无法提出的好处。紧密围绕"独特的销售主张"，瑞夫斯创作了总督香烟、高露洁牙膏、M&M巧克力等极富推销力的经典案例。

除了商业广告，在政治广告领域，瑞夫斯也颇有建树。1952年他策划的"艾森豪威尔回

[①] 其他四位为威廉·伯恩巴克、李奥·贝纳、乔治·葛里宾与大卫·奥威格。

答美国"（Eisenhower Answers America）是美国的第一则政治电视广告。通过USP策略聚焦观众视野，不断重复加深印象，他成功地塑造了一个直率、坚强又友好的领导人形象，开创了广告公司推动总统选举的先河，也因此名震业界。

虽坚定自己的广告理念，但瑞夫斯并不固执。他对20世纪60年代后盛行的品牌形象论表示赞扬，并认为如果能将USP理论的精髓与品牌形象论倡导的视觉符号相结合，一定会取得1+1＞2的效果。他本人也与奥威格私交甚好、互相尊重。瑞夫斯聪慧、勤劳、坚定，即便在成为总裁后仍笔耕不辍，为广告业留下诸多优秀作品。

二、《实效的广告》主要内容

《实效的广告》全书共36章，章内论述短小精悍，平均仅有4—6页的篇幅，通常每章仅会陈述一个论点，并辅以大量案例及数据进行佐证，观点间层层递进。第一至第五章，瑞夫斯用大量的实践数据构建了广告效果的衡量方法，破除了"我知道有一半的广告费被浪费了，但我不知道是哪一半"的迷思，用科学的方法定义了何为实效的广告。第七至第十一章介绍了瑞夫斯广告的基本原则，为达成广告的实效性，广告的创作、投放、管理应遵循焦点原则、长期有效，提出了受众注意力市场的"满箱理论"。第十二至第二十七章介绍了实效广告制作方法，正式提出了USP理论，介绍了广告投放及视觉符号实操方法论，并且将USP理论与当时流行的弗洛伊德动机论、奥威格的品牌形象论进行对比。第二十八至第三十六章，是瑞夫斯广告理念科学性的集中体现，对广告的功能、实效性的追求、广告与消费者欲望的关系及广告的科学性等问题展开论述。下面将对该书的内容展开具体的说明。

（一）实证研究方法

20世纪50年代麦迪逊大道的广告代理业及广告主们普遍认为：销量是评价广告成功与否的标志。

罗瑟·瑞夫斯开篇便驳斥了这一观点，他认为广告是有其局限的：正如车轮不是由一根辐条来支撑的，广告也并非支撑销量的唯一因素。销量受产品质量、市场波动、定价、策略等多因素共同作用而成。如果产品本身质量有问题、价格过于高昂或竞争对手的产品更优秀，但将销量不理想的结果全部归因于广告便太有失公允。反之，成功的销售亦有可能受多重因素影响，广告只是其中之一。

如果不用销量，那么应如何准确衡量广告效益呢？为回应"我知道至少有一半的广告费白花了，但是我不知道是哪一半？"的疑问，瑞夫斯独创了一套完整的广告审计方法体系，第一次以实证的方式研究广告，并贯彻于设计、投放等广告实践中。

不同于彼时广告业对艺术性和独创性的追求，瑞夫斯认为好的广告人应如同科学家，进行可重复的研究，为广告主负责。他使用"说服效果"及"广告吸引力指数"指标，从触达及转化两个维度衡量广告效果。"说服效果"指的是所抽取的样本（或总量）中记住广告的人群比例，如1 000名受访者中，有700名对广告有印象，则该广告的说服效果为700（或70%）。

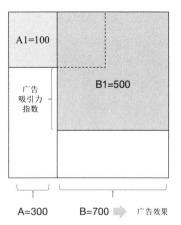

图4-2 说服效果及广告吸引力指数示例
注：A表示对广告无印象的受访者，B表示对广告有印象的受访者。A组受访者中，仅有100人产生过购买行为；而B组中，高达500人曾经购买产品。这则广告拉动了40%的转化率。

瑞夫斯进一步将受访者分为对广告有印象与没印象两组，并将两组中实际购买过产品的人数差额记为"广告吸引力指数"，如700名对广告有印象的受访者中，有500名实际购买过产品，而其余300人中，仅有100人产生购买行为，则这则广告的吸引力指数为400，因其成功地说服了400人购买该产品。

说服效果指标用以量化广告的触达，广告吸引力指数反映了实际的转化效果。

通过这种方式，瑞夫斯将广告从复杂的市场变量中剥离开，便于广告主及代理人更独立、客观地衡量广告效益。瑞夫斯的实证主义精神还表现在达彼思广告公司的历时性研究，自20世纪40年代，达彼思广告公司使用这一评价体系，不断地搜集并评估市面上的广告，基于大量实践数据的积累，总结出一般规律，最终形成瑞夫斯与达彼思的广告哲学。瑞夫斯同时将这一评价体系应用于达彼思的广告实践中，广告实验室的测试结果可以帮助广告代理人与广告主从诸多广告方案中遴选出最有力的一则，并最终向市场投放。这种广告前测方法时至今日仍广泛应用于业界实践中。

（二）实效广告的基本法则

经大量广告实战数据积累，瑞夫斯总结出广告市场的三条基本法则：广告焦点原则、广告的长期有效性及信息市场总量恒定。

瑞夫斯特别强调广告焦点原则。20世纪中，电视媒体崛起，消费者所处的媒介环境日益复杂，一则广告穿越重重噪声，成功触达到消费者并增强其品牌认知是很困难的。同时，喧嚣的媒介环境也给受众的解码过程增添了不确定性，消费者解读到的内容未必是广告主想传递的广告诉求。瑞夫斯认为，在这样的媒介环境下，消费者只会记住一则广告中的一件事情，如一个有力的主张、一个有力的概念等，因此成功的广告应该像凸透镜一样把所有的信息聚合为一个简洁明确且有力的广告焦点，这样才能撼动消费者的心智。基于此，瑞夫斯进一步给出了可执行的建议：讲述内容上，不应在同一则广告内集成多个利益点，与其介绍十个好处，不如准确传递一个优势；讲述方式上，副标题、视觉符号等信息也应服务于要传递的核心卖点，不宜喧宾夺主。

瑞夫斯追求长期有效的广告，主张广告策略的长期主义。具体而言，在一款产品的生命周期内，其广告战略总体需保持一致，过于频繁地变换广告内容会破坏广告说服公众的效果。除非产品过时，一则成功的广告不会自行报废，能够改变的仅仅是形式而已。如果自作聪明，为了追求多样性与新鲜感而不断地变化推销方式，消费者可能一个也记不住。

在广告投放方面，瑞夫斯通过达彼思广告实验室的实验证明了公众对广告的记忆度十分有限，广告效果是易挥发的，就像箱子总是会装满了东西，消费者的心智总量亦有限制，一则新的广告的进入会替代已在头脑里面的另一则广告。即便广告初次投放之时效果轰动，但考虑到消费者是健忘的，如果不向其持续提醒产品的好处，旧广告便会很快被新广告代替。正如尼尔森所言："我们用毕生的精力试图灌满一只漏桶。"因此，瑞夫斯建议，在广告策略有效的基础上，应保证广告费用的持续投放，重复提醒，消费者才能牢牢记住。

上述三条广告原则的内在一致性在于，广告战略是有机的整体。为应对复杂的市场环境与媒介环境，应聚合广告设计、投放等各环节中的诸多元素，最大化整体合力，提升广告效率，最终建成影响消费者心智的参天大树，而非散落一地的连片小草。

（三）独特的销售主张

基于以上论证，瑞夫斯正式提出了他的广告观念：USP理论，即独特的销售主张理论。该理论包含三个要件：其一，每则广告必须向消费者提出一个主张，即消费者购买此产品将会获得承诺的特定利益；其二，这一主张是具有独特性的，是品牌专有的特征或其他同类产品宣传时不曾提出或表现过的；其三，这个主张必须足够有利，能打动消费者并使其购买，或者可为企业带来新的消费者。这三个要件缺一不可。总而言之，USP理论的核心是发掘产品或品牌独特本质，并将其转变为广告传播的卖点，最终影响消费者的购买行为。

独特的销售主张很好地集成了上述实效广告的基本法则：首先，USP强调一则广告只能提出一个明确有力的主张，广告焦点足够聚焦；其次，成功的USP长期有效，若非产品变化，无须频繁变更，可持续使用；最后，USP要求广告展现同类产品没有表现过的，主张具有排他性，一旦率先得到USP，便可以将竞品品牌挤出消费者心智的"盒子"。

下面对USP理论的三个要点展开具体的介绍。

1. 明确的消费主张

20世纪初曾有诸多的告知性广告通过干瘪的文案或简单的画面向消费者传递新品上市、降价促销等信息，这意味着，广告仅仅起到了将信息广播出去的作用，将商品推到消费者面前，等待产品自销，瑞夫斯将其称为"橱窗性广告"。

而随着第二次世界大战结束，经济复苏、生产力提高，商品的市场竞争加剧，仅依靠橱窗性广告难以完成产品的销售，广告创意越来越受到重视。但是又出现了新的问题，商品同质化导致广告创意趋同，同品类的广告似乎都在用堆叠华丽辞藻或视觉符号的方式来营造氛围，侧面凸显产品品质。然而程式化的信息无法在消费者的心中留下深刻印象，大量广告支出化为美丽的泡沫。瑞夫斯认为70%的广告都是没有价值的。

基于广告促进销售的功能性原则，瑞夫斯认为广告应该"以理服人"，必须向消费者明确陈述一个消费主张，这也是对消费者的承诺——"购买此产品，你会具体得到这种好处"。所提出的主张要强调商品客观存在的利益特点，并将其作为广告的直接诉求。

虽瑞夫斯并未特别说明，但明确的消费主张从受者角度，也帮助消费者解决了同类商品不知如何遴选的潜在痛点。特别是于今日的市场语境中，消费者每日沉浸于海量的信息，有无数的商品选择，消费者希望快速地获悉，一个品牌相较另一品牌的优越性位于何处？若广告能有力、直接地传递出品牌定位，也提升了于消费者而言的信息价值。

如果说"明确的消费主张"规定了广告应该"说什么",那么独特性与吸引力则进一步解决了广告应该"怎么说"的问题,最终完成商品独一无二的卖点的打造。

2. 独特性

独特的销售主张,"独特"二字是精髓所在。

瑞夫斯坚持创意的来源是对产品或品牌本质的挖掘,USP理论的核心使命就是探寻品牌的内核,建立本产品的个性化与差异化,证明产品在某个方面具有不可抗拒的诱惑力,最终表现为差异化的广告诉求。就如何探寻独特性,瑞夫斯也做出了进一步说明。

首先,独特性要从产品本身的功能出发。基于产品自身特点,挖掘产品所独具的功能或者能带给消费者的独特的利益和好处,由此建立广告产品独一无二的卖点。USP理论要求广告向消费者提供的卖点必须是独特的,但在同质化竞争日趋激烈的趋势下,产品本身难以有明显区别于同类产品的独特性。针对这一情况,瑞夫斯指出,倒逼广告主改变或改进其产品是赢得竞争的最佳方式,因"同样的宣传,最后总是更好的产品胜出",过硬的产品远胜于妙笔生花。

独特的销售主张被达彼思广告公司奉为圭臬,为找到产品的USP,有时甚至愿意付出几十万美元的代价。在达彼思代理的产品中,食品药品占据绝大多数。公司有四位员工是医生,主管也由医学博士担任。为找到产品的USP,达彼思邀请了近200位执业专家于研讨会上共同商议,构想一个合适的USP。如果仍对产品特性知之甚少,达彼思便会推荐开放式临床研究来进一步优化产品。[1]

在这样的坚持与探索下,达彼思创作了总督牌香烟"给你两万个滤泡"M&M巧克力豆"只溶在口,不溶在手"等广告杰作。

其次,若实在无法于产品本身挖掘出独特性,瑞夫斯则主张去展现同类广告宣传中不曾提出和表现过的。即便这一特点并非该产品所独有,但因竞品从未就此进行宣传,消费者知之甚少,便有机会将这一特点发展表现为"独特性",并且需要"率先得到USP"。如前所述,正因信息市场具有排他性,一旦"率先得到USP",竞争者往往难以通过模仿来窃取这一独特卖点。人们记住的总是第一个吃螃蟹的人,每当竞品使用同样的策略模仿时,都只会进一步强化消费者脑海中对"原作者"的印象。如果想削弱这样的"先发者优势",只能豪赌比拼广告投入,从信息覆盖面上压制,但这样做风险性很大;或更新升级产品,谋求质量或价格层面的"降维打击"。

普遍认为,瑞夫斯"率先得到USP"的理念是受霍普金斯"预先占用权"理论的影响,二者均倡导在产品推广中优先抢占话语权。即便是业内普遍的产品特征,但广告产品先发制人地以此宣传,就在消费者心智中占用了这一特征。所有的啤酒厂商均用蒸汽给酒瓶消毒,只有霍普金斯强调了喜力滋啤酒"我们的瓶子是真用蒸汽清洗",并最终大获成功。在达彼思创作的广告中,斯特瑞恩"治愈口臭"漱口水、救生牌"去除体味"肥皂、"清洁牙齿、清新口气"的高露洁牙膏都采用了率先得到USP的策略。

最后,坚持独特性并不意味着剑走偏锋,既不能简单地告知,回到橱窗性广告的窠臼;也不能钻牛角尖或自吹自擂,挖掘细微的、消费者不会注意到的区别,或是带有欺骗性的差异,令品牌虚假,反而招致祸患。广告可以刺激优质产品的销售,也可以加速次级产品的毁灭。瑞夫斯一再强调，客观真实、可被明确区分的物理特征及利益是让独特销售主张获得消费者信任的基础。

3. 吸引力

USP理论最后强调，所提出的独特主张必须对消费者具有强大吸引力和打动力，足以影响百万的社会大众，吸引新顾客使用产品。瑞夫斯指出，不要将USP看作你放入广告的东西，而要看作消费者从广告中汲取的东西。对吸引力的强调表现出USP理论对消费者诉求的关照。USP虽然是从产品本质中挖掘出的独特卖点，但也必须兼顾产品的优势与消费者关心的价值，不能自说自话地只见产品不见消费者，提出一个消费者不在意的主张是无法达成行之有效的沟通的。

需特别说明的是，瑞夫斯强调这种根本性的吸引力和独特性都是源自产品，而非广告。瑞夫斯始终认为，广告只能放大产品的优势或者加速优质产品的传播，起决定性作用的仍然是产品本身——"如果一个产品值得买，它就值得注意，消费者不必非要受到震惊或通过娱乐才注意到它。作者必须让产品本身引发人们的兴趣。否则，他的大部分天才和创造力都将用于开发骗局，而这只会降低广告功效，不会提高。"[2]

理查森等学者在瑞夫斯概念框架的基础上，于20世纪末总结了USP理论有别于其他主张的四个标准，以此作为小结：其一，可辨别USP说辞的真实性与虚假性；其二，有且仅有这样一个简短的、由少数单词构成的说辞；其三，该说辞向消费者展现了产品的真实利益；其四，声称这些利益具有独特性[3]。

（四）对比品牌形象论及动机论

1. 品牌形象论

20世纪50年代品牌形象的概念被提出，60年代后品牌形象论系统建立。瑞夫斯虽奉行广告的实效主义，反对广告对艺术性的盲目追求，但事实上瑞夫斯并不否定美学意象与情绪意义的价值。书中，他对50年代后大行其道的品牌形象论表示了赞扬，并且认为USP与品牌形象论并行不悖，甚至二者有机整合，可以达到1+1 > 2的效果。

USP理论与品牌形象论的确各有侧重：USP是表述的哲学，语言也可以以朴实的方式带来感召力，是内容；品牌形象是消费者感受的哲学，是形式。其中瑞夫斯尤其认可视觉符号的价值，承认其交流更快速、更直接，理解门槛更低，最终可以塑造形象，营造氛围，视觉符号的加入让一个产品不再是冰冷空洞的"甜棕色液体""机械品"，广告沟通活泼、令人愉悦。

同时，瑞夫斯又冷静地指出了品牌形象论的缺憾之处，基于广告实验室的数据，达彼思发现以广告效果为最终的评判标准，USP广告成功的概率更高，品牌形象广告则有较大的失败风险。他始终认为，广告是存在基本规律的，科学的规律可以使广告十次之中有八九次获得成功。他以桥梁设计作类比，尽管艺术家可以设计出更精彩、更具美学价值的大桥，但首先要符合工程原理，要能承受龙卷风的袭击或重卡车的倾轧。总而言之，他并不反对广告结合商业与美学，但广告促进销售的功能价值是始终高于美学价值的。

瑞夫斯进一步提出，可以将USP理论与品牌形象论有机结合，仅靠语言不加任何修饰的

USP与不传递任何主张的品牌形象都是极端的——USP是内容，品牌形象是形式，完整的广告既要传递有力的主张，同时也可以追求形象、表达情感，二者相得益彰，收效翻倍。而瑞夫斯与奥威格两位广告巨擘，据称亦私交甚好，二人既坚持己见又互相尊重，惺惺相惜，在令人钦佩的君子之争中为广告业留下了不朽的杰作

2. 弗洛伊德动机论

弗洛伊德认为，人的行为的形成大多是无意识的。人类在成长过程中诸多欲望被压制，但这些欲望并没有消除，甚至也无法被完全控制，而是会活跃在梦里与潜意识中，最终通过心理影响行为。

1940年后，美国开始出现将弗洛伊德的动机理论与营销学结合的研究范式，并且对广告业实践也产生了一定影响，主要代表者是被称为"动机研究之父"欧内斯特·迪克特（Ernest Dichter）。他将弗洛伊德的精神分析概念与方法应用于市场调研，尝试通过潜意识动机解释消费者行为与购买决策，即探究消费者的"无意识需求"，并以此为据指导企业生产及销售，一方面努力发现消费者的"无意识需求"，生产出满足这一需求的产品；另一方面设法消除消费者对产品的无意识抵抗，让产品销路更加顺畅。迪克特通过深度访谈、投射测试（Projective test）等研究方法得到了一些有趣的结论，如敞篷车让男性唤起青春、自由的记忆。

瑞夫斯并不否认动机研究的价值，并且彼时麦迪逊大街诸多广告公司也都建立了动机性研究机制，但同时他又理性地指出"动机性研究这一短语披上了神秘外衣"，倡导对概念的祛魅。他认为，动机性研究所使用的深度访谈、横向范围研究等研究方法的确有助于探寻消费者的本质需求，一方面消费者往往不了解自己的真实需求是什么，另一方面人也常常欺瞒自己，如大多吸滤嘴香烟的人会声称自己喜欢这种味道，而事实上可能是出于对癌症的恐惧，所以瑞夫斯才设计了"总督牌香烟有2万个滤泡"的USP。

瑞夫斯认为动机研究的价值也就止步于此，其实早在动机研究备受吹捧前，业界就已广泛应用、反复实践此类研究方法、访谈技巧，并且动机研究对潜意识与性的探寻过于捉摸不定，与真正地理论指导业界实践仍有较大距离。而瑞夫斯本人又特别强调对广告主负责的商业精神，认为广告人应如同科学家做经得起反复实验的研究，而精神分析玄之又玄，是将客户的钱拿去冒险，USP才是更为稳妥的方式。

第二节　独特的销售主张理论特征及其发展

一、理论背景

广告理论的发展与社会经济的起落、市场格局的变化紧密相关。

19世纪末至20世纪初受生产力水平的限制，市场是总需求大于总供给的卖方市场，即只

要生产出质量过关、符合需求的商品，便一定会有消费者购买，不愁销路。因此，此期的广告仅需要承担"告知性"职能，只要消费者获悉新品上市，企业就可以实现理想的销售。这就是瑞夫斯所称"橱窗性广告"盛极一时的原因。

20世纪初至20年代，美国机器化生产浪潮席卷而来，市场上产品的种类及数量有所增加，消费者对商品的选择余地与日俱增；尔后的十年里，因社会经济的萧条与萎缩，社会购买能力下降，商品出现积压过剩，企业亟须将自己的商品推销出去，逐渐形成具有特定内涵的买方市场。[4]基于此背景，学界与业界就如何影响消费者心智，使得广告诉求有效的命题展开讨论，但在具体实施策略上出现理论分野。

如本书前篇所述，肯尼迪、霍普金斯和拉斯科尔更看重理性的价值，主张"广告是印在纸上的推销术"，认为广告必须给出消费者一个明确的购买商品的理由，被称为"原因追求法派"或"硬性推销派"。而罗必凯、麦克马纳斯等则认为广告应围绕联想与暗示展开，为消费者营造拥有商品的幸福氛围，被称为"情感氛围派"或"软性推销派"。

第二次世界大战后，世界经济得以复苏与调整，特别是美国因大发战争财，生产力迅速提高，开启了全面繁荣的新篇章。商品竞争愈加激烈，市场的主动权向消费者倾斜，20世纪50年代买方市场真正形成，此时仅依靠单一化、模式化的广告表现难以成功触达受众，广告必须一针见血地指出产品相较竞品优势在何处，以增强说服效果，USP理论应运而生。

从理论来源而言，不难看出，此前硬性推销派对瑞夫斯USP理论的直接影响。《实效的广告》一书中，不乏对肯尼迪的溢美之词"广告史上第一位重要的理论家"[2]，将肯尼迪提出的"广告是印在纸上的推销术"奉为"经典定义"。USP理论中"一个明确的主张"与硬性推销派的"一个销售和购买的理由"并无二致。此外，如上文所述，率先得到USP也是对霍普金斯预先占用权理论的直接继承。

实际上，USP理论又不止于此，它更完成了对"硬性推销派"在新市场环境下的深入与超越。20世纪50年代后，不仅市场竞争环境更为激烈，广播电视媒体的高度普及也让传播环境更加复杂，简单罗列购买理由对消费者心智的刺激收效甚微。瑞夫斯通过对独特性的巧妙把控，有效地建立了产品的独异性，而这也是现代营销学与广告学理论所探寻的根本问题之一。

二、理论特征

（一）广告的本质功能是达成销售

广告理论蕴涵着创作者基于自身所处时代对广告本质的思考，广告理论某种程度上也是出于对广告本质这一核心问题的观念分歧。瑞夫斯的USP理论在广告理念上与霍普金斯等硬性推销派广告大师一脉相承，他在肯尼迪"广告是印在纸上的推销术"的基础上提出了广告的新定义："广告是一门以尽可能低的成本让尽可能多的人记住一个独特的销售主张的艺术"[2]，但二者所蕴含的共同目标都是达成销售。

有学者认为，20世纪上半叶市场营销学的发展，特别是4P理论，也为USP理论的形成提供了学术启发与理论支撑。[5]20世纪初，机器化生产逐渐推广，人们开始关注如何进一步提高生产力，管理学与市场营销学相应兴起。50年代后，繁荣的美国市场进一步刺激了学科发展，1953年尼尔·博登（Neil Borden）提出了"市场营销组合"（Marketingmix）的感念，其意是指市场需求或多或少地受到"营销变量"或"营销要素"的影响，1960年麦卡锡在《基础营销学》一书中将这些要素概括为4P，指的是营销中心的四个关键点：产品、营销渠道、价格与宣传。普遍认为，广告、公关、地推是宣传策略的主要组成部分。4P理论与USP理论均看重产品开发，要求产品有独特的卖点，其中广告是促成销售的重要手段，但也受渠道、价格等营销要素的影响。

基于达成销售的功能定位，瑞夫斯一再强调"广告归根到底是一种传达产品信息和概念的工具""独创性是广告业最危险的一个词"。[2]20世纪中期，曾有广告人认为，广告的创作就是要与众不同，因为信息市场中，所有的广告（不是商品）一定要与其他的广告信息进行竞争，广告（不是商品）一定要得到注意。瑞夫斯一针见血地指出，这类推理回避了商品，忽略了广告功能，混淆了目的与方法。他反对广告作为工具在形式上喧宾夺主，反对广告对艺术与美的盲目追捧，广告于形式上极尽包装之能或许可以让更多的用户对广告本身留存印象，但若所陈述内容缺乏吸引力，产品也并不是值得购买的商品，用户就不会产生购买的欲望。就如一个特立独行的人站在露台拿着喇叭喊话，人们或许可以记住他的行为，却无法记住他说了什么。即便广告有着高触达率，但转化率低下（广告吸引力指数），对瑞夫斯而言也称不上是好广告。

（二）以产品自身的功能诉求为出发点

尽管20世纪50年代相较第二次世界大战前，商品市场繁荣度大大提升，但产品间仍存差异，只要努力寻找，还是可以发现产品独特的利益点，并以此作为核心竞争力进行推销。USP理论关注产品本身，表现出对生产环节的重视，强调广告诉求要基于产品功能。因此，瑞夫斯带领达彼思广告公司努力钻研，试图为每个产品找到最优的USP，并可以重复使用。前文中曾述，为找到药品的USP，不仅达彼思公司内部有专门的医学博士，还会请数百位外部行业从业者参与研讨会，共同挖掘产品特征，直到找到USP为止。可见，USP理论中，产品的本质特征是一切创意的出发点。

瑞夫斯强调产品才是赢得市场竞争的核心因素，而广告只是加速了好产品被市场认知的速度，无法反过来塑造好产品："如果产品不能满足消费者现有的某些欲望或需求，那么其广告终将失败"[2]，此类"产品本位论"也是早期广告学与市场学的基本观点。

相较20世纪初全文都在罗列产品信息的告知性广告，USP理论等"广告科学派"强调要对消费者有选择性地、有技巧地展现产品特性，同时也要考虑到消费者与产品间的联系，标志着广告理念转变为"推销观念"。20世纪中期产品竞争激烈，消费者不再只关心获得了什么产品，开始更关注产品相较竞品的优势以及购买带来的实际效益，广告设计由粗放向精细升级，信息的传播需有的放矢。但"推销观念"相较现代的"营销观念"，出发点仍是产品，目的仍然是推销广告主已经生产好的产品，而非深入挖掘市场需求，以"消费者想听什么"为创意基点。

（三）以生产者为中心的单向度传播

大众传播时代，传者与受者所拥有的信息并不对等。商品制造商与广告代理商拥有并能控制产品资讯的分发，而消费者往往只能从被筛选过的资讯中，简单选择对自己有价值的信息用以指导消费行为。在信息分发渠道上，广告制作者可以选择报纸、杂志、广播、电视等媒体，通过广覆盖来影响消费者，反之消费者并没有反馈意见的渠道。在这样的媒介环境下，单向沟通的效率最为高效。这也是"率先抢占USP""控制消费者心智的盒子"策略得以奏效的重要保证，即当缺乏多个信息来源渠道进行交叉验证时，消费者对广告信息的信任度更高，广告传播对消费者"想什么"的控制性更强。因此USP更多地考虑了产品本身的特性，认为USP是伴随整个产品生命周期的"半永久"概念，不涉及通过监控市场变化、消费者反馈以不断修正广告及商品策略。

这也与早期传播学理论环境相一致。早期传播现象的研究集中在受众研究，代表性理论为魔弹论或称皮下注射论，流行于一战期间。它认为只要受众接收到媒介发出的讯息，就会像子弹击中身体，药剂注入皮肤一样，做出如同媒介预料的反应，不仅能够左右人们的意见，甚至可以支配他们的行动，受众没有选择的余地。尽管20世纪40年代后魔弹论于大众传播的实践中被破除，传播学也逐渐系统化，建立成为一门独立的学科，但早期的传播过程研究仍旧是单向的线性模式，是"传者本位论"的。拉斯韦尔1948年提出的5W模式便是典型例证，他用谁（who）、说什么（say what）、对谁说（to whom）、通过什么渠道（in which）、产生什么效果（with what effect）囊括传播过程的内部要素，第一次比较全面地为传播学的研究提供了一个基本分析框架，但拉斯韦尔仍然或多或少地认为任何传播总是可以产生预期效果，也忽视了受众的能动作用与反馈环节。

三、理论发展

USP理论是广告史上最早的具有广泛影响的创意理论，是广告诉求的经典理论，它不仅盛行于20世纪50—60年代，更不断吸收新的营销观念，完成自我革新，不断调整自身以更好地应对市场变动，为一代又一代的广告人的创作提供理论指导，展现出其强大的生命力。伴随市场环境、广告实践、研究理论的不断深化，USP理论进一步分化延伸出情感的USP、品牌的USP以及观念的USP等主张。

（一）情感的USP

在消费主义浪潮的裹挟下，产品的实用性被弱化，消费者对产品愉悦性需求的日益增长，情感的USP出现，又称情感销售主张（Emotional Selling Proposition，ESP）。ESP理论的基本观点是，广告需要柔性，以更富亲和力的方式接近消费者、打动消费者，从而产生情感上的共鸣，使消费者在不经意间产生购买行为。

如果说瑞夫斯的USP是对硬性推销派的继承与超越，那么ESP则是对软性推销派的发展与创新。ESP不再以瑞夫斯所述的产品独特性为出发点，而强调情绪是影响消费者行为的重要因素，因此若想在激烈的同质化竞争中胜出，就要销售产品所提供的感觉而不是产品本身，诉诸产品能为消费者带来的独特的情感体验，广告的作用是强化消费者与产品体验之间的联结。

我们从可口可乐的标语史中，可略窥得营销观念的变迁。20世纪50年代前，可口可乐的标语主要诉诸产品功能，如"美味畅饮"（Delicious and Refreshing）、"渴不分季节"（Thirst Knows No Season）等，告知消费者可口可乐具有美妙舒爽口感，是很好的缓解口渴的饮料。而此后碳酸饮料层出不穷，可口可乐消灭口渴的定位已然不够独特，于是1979年可口可乐首次将品牌与"快乐"绑定，推出广告语"可口可乐添欢笑"（Have a coke and a smile），2009年推出广告语"畅爽开怀"（Open Happiness），直译为"打开快乐"，让开启可乐"呲"的汽水声与消费者快乐的感觉相连，此标语一直沿用了七年之久。饮料属于快消品中的低考虑品类，消费决策快速，消费者通常不会对产品选择多加思考，口味上，大多消费者难以辨别可口可乐与百事可乐的区别，因此触碰消费者内心深处的情感就成了赢得竞争的关键之举。

此外，20世纪80年代在ESP理论基础上，共鸣理论（Resonance）出现，主张在广告中极力展示目标消费者珍贵的、难以忘怀的生活经历、人生体验和感受，以此来唤醒并激发消费者内心深处的回忆，建立目标消费者的移情联想。最常使用的是亲情、友情、爱情等温馨情感，以及追忆人生的怀旧情结。

我国的广告实践中，孔府家酒"叫人想家"、南方黑芝麻糊"黑芝麻糊哎"的悠远吆喝都将产品与乡愁相勾连，让产品的消费成为思乡之情的排遣。百年润发"青丝秀发，情系百年"也是ESP的经典之作，使得百年润发能与飘柔、海飞丝、潘婷等成功品牌相抗衡，在激烈的市场竞争中取得一席之地。近些年，ESP佳作同样频现，招行银行卡广告《世界之大，不过一盘番茄炒饭》、苹果手机广告《三分钟》都戳中了人们的亲情软肋。

（二）品牌的USP

20世纪90年代，达彼思广告公司不再强调围绕产品的功能利益，而进一步将USP理论上升至品牌的高度，认为USP的创造力来自挖掘品牌的精髓，并能通过强有力的说服来展现其独特性，亦被称为独特的品牌主张（Unique Branding Proposition, UBP）。

达彼思大中华区董事长、总经理梁桂泉先生认为，消费者无时无刻不被海量的信息包围，若想将品牌信息有效地传递给消费者，广告更加需要传播简单真实的信息，这也是USP于新的市场环境中的价值。他关于新时代USP的主要看法是："首先，USP是关于内涵在一个品牌自身深处的独特性，或者被提出的独特承诺，它必须是其他品牌未能提供给消费者的最终利益，它必须能够抢占消费者的心智，从而使消费者坚信该品牌提出的最终利益是品牌独有的且最佳的。其次USP意味着销售，它必须是对消费者的需求有实际和重要的意义，它必须能够与消费者的需求直接相连；它必须能够导致消费者采取行动；它必须是有说服力和感染力的，从而可以为品牌吸引的用户群甚至从竞争品牌中赢得消费者。第三，每个USP必须为目标消费者提供一个强有力的品牌承诺，而且这个品牌承诺是独特的。"[6]

我国有学者在这一表述的基础上，进一步梳理了品牌营销时代的USP，即UBP的基本要义。[7]

首先，任何一个品牌都必须向消费者（等品牌关系利益人）提出一个明确的品牌主张，这一品牌主张需体现品牌的核心价值，符合品牌内在个性。

其次，这个主张体现了本品牌相较其他品牌的优势，并且具有独特性，可提升品牌与其他品牌的异质性。

最后，这一品牌主张要符合消费者（等品牌关系利益人）的利益，有实际的说服力和感染力。

具体而言，品牌精神的挖掘层次由内至外包括：品牌个性（Personality）、品牌价值（Values）、品牌利益（Benefits）、品牌属性（Attributes），具体的执行步骤可分七步[8]：

① 设置品牌轮盘（Brand Wheel），明确品牌的基本框架；

② 进行品牌营销策划（Brand Marketing Agenda）；

③ 进一步审查品牌个性（Brand Interrogation）；

④ 利用头脑风暴法，进行广告创意；

⑤ 初步形成创意；

⑥ 进行创意测试，找出样板创意与令人惊奇的事实，然后用词汇鲜明地、直接地表达出来；

⑦ 撰写USP创意演示简报。

可见，进入现代营销时代后，达彼思重新梳理了其诉求方式，从"产品本身就是最好的推销员"转变为相信品牌才是真正影响消费者的因素，同时又能结合早期USP理论中"独特性"的精髓，将其沿用至品牌传播中。这与20世纪90年代的品牌性格哲学、企业性格论及后期的品牌个性论不谋而合，从功能，到形象再到个性，反映了消费者对商品预期的升级：产品仅能满足物质层面的功能诉求，形象则会拉近认同，唯有品牌内在的个性才能带来崇拜。从市场竞争角度而言，生产力的提高使得商品，特别是大众消费品越来越难以形成技术上的壁垒，而品牌个性差异却有机会深入消费者的脑海深处，建立牢固不破的差异化优势。

此外，同一时期，美国西北大学教授舒尔茨博士提出了整合营销传播理论，主张在品牌传播中要通过不同渠道、以不同形式传播"同一声音 同一形象"。学界也有观点认为，此处的"同一声音"与USP理论内涵相同[9]。

相较20世纪50年代的USP理论，UBP理论在目标、出发点、方法层面都做了不同程度的调整。USP以达成销售为最终目标，UBP的视线则更长远，旨在通过建立良好的品牌关系，服务于品牌资产的累积；USP着眼于产品本质功能，从商品制造者角度出发，而UBP考量了更多客户、消费者等品牌关系利益人的需求。研究方法方面，瑞夫斯使用实证的、定量的研究挖掘USP，UBP采用宏观的视角定性地分析品牌价值，探寻品牌自身的内在性格。

随着市场竞争加剧、营销学的发展，品牌已不再是产品的附属品，而成了个性与形象的代名词，是企业的重要无形资产，并且可以作为杠杆为企业带来远超产品本身的价值，所以塑造与提升品牌价值便成为营销时代的首要任务，每个品牌都需要寻找与定位UBP。小天鹅洗衣机

"全心权益小天鹅"、强生"为爱而生"、小米"为发烧而生"等广告语都是简洁易记,同时又兼顾了品牌与消费者诉求的优秀UBP。

(三) 观念的USP

自20世纪60年代以来,公众期待企业在追求自身的经营目标的同时,也能承担一定的社会责任。80年代后,诸多国内外企业敏锐地意识到了社会问题将成为消费者的关注点,开始尝试创作倡导式广告,又称意识形态广告。USP广告走到观念阶段,进一步超越了情感的USP。企业以地球公民的身份,对重大社会问题、政治问题等公共议题发表意见,展现自己独特的企业思想,进一步建立自身的企业形象,也被称为观念的USP。它要求广告展现一种生活态度、价值取向,延伸至产品无法触及的角落,从而与目标消费者达成共识,使消费者认为消费就是其生活方式、意识形态的外显,最终实现品牌与消费者时代精神的共鸣。

意大利著名时装生产商贝纳通便是最早运用观念的USP来传播品牌形象的企业之一。高品质是贝纳通畅销全球的本质原因,但其标新立异的广告亦贡献非凡。1985年后,贝纳通策划了一系列以"全色彩的贝纳通"为主题的广告活动,话题涉及一系列敏感话题,直面社会丑陋现象,力求社会问题可视化,并且此后每年持续推出新的广告作品。贝纳通将争议题材引入广告创意,屡屡引起轰动,其强烈的时代感、突破性使它的每则广告都成为人们关注和讨论的焦点。这种旗帜鲜明的风格归功于集团内部广告创意总监托斯卡尼(Oliviero Toscani),他认为广告的目的不是卖出更多衣服,而是传达企业的价值观;广告不仅是一种传播方式,更是一种时代的表达。

华语广告中,台湾意识形态广告公司成为观念营销的先驱者,其作品概念沟通、美学风格上具强烈的先锋性和实验性,加入了后现代主义气息。而大陆的观念USP则通常表现为大力弘扬传统文化,将自己的企业精神与国家理想相结合,从而博得消费者的认同与好感。如20世纪90年代的家电品牌长虹,倡导"以民族昌盛为己任";海尔广告语"产业报国,追求卓越"。而现如今,越来越多的品牌将"国货"作为卖点,激发人民民族自强的理想。2021年鸿星尔克为河南洪灾捐款5 000万元,引发消费者冲入直播间"野性消费",虽非广告营销策划为之,但这亦反映了消费者对品牌理想、社会责任的关注,是观念的USP于新语境下奏效的良好例证。

(四) 总结:从卖点理论到买点理论

从"产品的USP"到"情感的USP",再到"品牌的USP"与"观念的USP",反映了营销观念从"卖点"向"买点"的转变。早期的USP本质是基于已有产品而进行的功能表述的挖掘,有利益说利益,没有利益变说法。而买点理论则将视角转移到消费者,寻找消费者未被满足的需求,情感的USP、品牌的USP与观念的USP均强调与消费者共鸣,在商品功能为提供额外的情感价值。此外,从市场竞争的角度而言,寻找买点的思路可以帮助品牌挖掘消费者潜在或未被满足的需求,而不限于现有激烈的市场竞争,从而前瞻性地发现品牌新"蓝海",创造品牌增长的第二曲线。

以上为USP理论于不同时代背景下的新发展，这反映了早期USP理论，尽管受限于时代，但其核心——对产品自身独特性的挖掘，是赢得市场竞争的永恒因素。瑞夫斯的科学诉求方法赋予了USP理论常更常新的能力，可针对不同的环境不断演化、丰富。特别是在吸纳了品牌理论的思想后，USP更是成为打造品效合一广告的重要创作利器，时至今日仍为许多广告所运用。

四、USP理论贡献与价值

USP理论是广告发展历史上最早提出的具有广泛深远影响的广告创意理论，具有鲜明的时代特征与时代意义。实践上，USP理论在一定程度上解决了20世纪40—60年代广告业对广告效益衡量的困惑，对减少资金浪费、吸引注意、强化记忆、增强竞争力、提升产品销量等问题提出了可行的实操建议。理论上，USP理论作为20世纪中前期美国资本主义经济特定发展阶段的产物，与当时的传播理论、社会心理理论互相印证。就其理论范畴而言，USP理论集中解决了广告诉求的问题，被视为广告诉求的经典理论。[9]

相较前期的硬性推销派、软性推销派，USP理论更具科学性与有效性，可谓是20世纪中广告理论的重大突破。这一时期，真正意义上的买方市场形成，市场学、传播学理论均发生了相应的变化，而USP理论也正代表了广告理论对市场变化的回应。

（一）科学的广告

《实效的广告》一书中开创性地提出广告效果与广告吸引力指数两个指标，首次排除定价、市场、产品等因素的影响，独立地考察广告效益。在此基础上结合瑞夫斯和达彼思广告公司大量的实践，其中既有对单一案例的控制变量，也有不同案例间的比较研究，最终总结归纳形成USP理论。相较此前经验性的、个体性的广告思想，USP理论的实证主义方法不仅具有工具性意义，推动业界更好地了解市场，它也将广告理论的科学性推上了一个台阶。站在学术界的理论研究视角，也有学者称赞道，相比构建复杂、晦涩难懂甚至让不知从何入手的理论体系，瑞夫斯的USP理论言简意赅、通俗易懂，具有较强的实践操作性，可很好地指导业界实践。[10]

瑞夫斯作为广告科学派的旗手，相信广告更多是科学和研究，广告应当迈向专业化，而非定位为艺术作品。他将霍普金斯，《科学的广告》的作者视为人生导师，将"广告需要原则，而不是个人意见"作为人生信条，并说："大卫·奥威格和我都是霍普金斯的信徒，霍普金斯制定了许多基本的原则，不论怎样变化，这些原则是不会变的。"[11]他甚至提出，广告需要像伽利略一样"创造世界"，反对随意的经验性状态。

瑞夫斯认为广告传播应当具有实用性，但实效不等同于有效。广告只要被消费者注意到、产生印象，便可称之为有效，但只有实现了销售，才是真正的"实效"。这种广告为实际效果负责的思想，一直延续至今日的数字营销时代。自消费互联网崛起，效果广告就成了门户网站、搜索引擎、视频平台的重要盈利方式，其倡导广告主只需要为可衡量的结果付费，这与瑞夫斯追求实效的理念如出一辙。

（二）建立广告诉求的独特性

USP理论的核心价值在于对独特性的深入洞察，将以产品功能出发的广告诉求理论推向巅峰。20世纪60年代后，市场环境急剧变化，广告与营销理论随之层出不穷，但大多具有影响力的理论本质上均在探求差异化问题的解决。哈佛商学院教授西奥多·莱维特（Theodore Levitt）表示："差异化是公司必须不断参与的、最重要的战略活动之一。"因此有学者认为，差异化问题的探寻，是现代营销学和现代广告学最具集约性和根本性的理论拷问之一，而瑞夫斯也被誉为追寻个性化和差异化的第一人。[9] USP理论对广告诉求独特性的要求，不仅高度融汇了前人的精彩观点，超越了硬性推销派，而此后的奥威格的品牌形象论、特劳特的定位论乃至舒尔茨的整合营销传播理论，均可窥见"独特性"的影子。至此，广告理论发展又掀开一个新篇章。

普遍认为，USP理论直接启迪了品牌定位等品牌管理理论的建立与发展，为品牌差异化奠定了基石。20世纪70年代商品已然高度同质化，产品之间难以形成有力的差异化优势，广告不再以产品功能为核心，转而打造差异化的企业品牌形象，让品牌在消费者心智中占据有利位置，成为品类中的代表品牌，以此打造核心竞争力。这种"领导者定位""强势定位"是定位论的基本方法，实质上也是诉诸传播的差异化。80年代的CI理论，则从视觉符号入手，强调企业需有独特的企业标志、标准字、标准色等，同时又能体现品牌的内在精神。

如今媒介环境高度复杂，消费者需求垂直化、碎片化，但USP仍可为广告营销提供简洁并有力的方法论。如"27层过滤"的乐百氏纯净水，与霍普金斯"我们的瓶子真用蒸汽清洗"有异曲同工之妙，或许纯净水行业头部企业均采用了与乐百氏相似的生产流程，但乐百氏优先占用了"27层过滤"的USP。再如，尽管此前可口可乐、百事都已推出多种代糖饮料，但创新饮品品牌元气森林率先使用"0糖 0脂 0卡"的广告语宣传其气泡水产品，迅速抢占消费者心智，在激烈的饮料快消品市场夺得一席之地。此外，USP的独特性内核也在不断吸收品牌形象等理论精髓，克服了其诞生时代的局限，不再以销售产品为最终使命，更帮助企业建立品牌资产。可见，USP理论历久弥新，对广告创作具有不朽的指导意义。

五、USP理论及应用局限

（一）缺乏对消费者的洞察

尽管USP是广告诉求的经典之作，但此后的半个世纪，市场环境、传播环境都以加速的态势不断发展，USP理论也逐渐显出所处时代的理论局限，及环境变化导致的应用局限。

如前所述，USP理论以产品功能为创意的出发点，就其理论目的而言，瑞夫斯作为广告代理人更着重解决广告设计过程中的困惑，将USP界定为"广告表述的哲学"，而非同品牌形象论一样是"消费者感知的哲学"。但自20世纪50年代以来，市场观念重心发生转移，从以生产者为中心的生产观念、产品观念，以及以硬性推销派、USP理论为代表的推销观念，逐渐向以消费者为中心的现代营销观念发展。尽管 USP 理论强调所提出的独特主张需要对消费者具有吸引力，是向消费者传递的特殊利益，即消费者认为产品或服务能给他们带来什么样的好处，这表现出 USP 理论对市场观念变迁的觉察，但整体倾向仍是强调从广告主想表达的利益出发。当理论出发点仍在产品自身，其对消费者需求的关照也是浅表无力的，仅停留在不能完全"自说自话"的层面，与完全的受众中心有较大距离。实践方面，这种对受众的忽视集中表现在 USP 理论将消费群体视作一个整体，缺乏市场细分、用户画像、需求差异的研究，广告策略缺乏针对性。

从传播的角度而言，20世纪50年代后，传播效果理论方面"有限效果论""说服性传播"相继面世，推翻了此前"魔弹论"的效果观，而传播过程上德福勒模式、奥斯古德-施拉姆模式也于拉斯韦尔5W理论基础上，增加了受众的反馈，"使用与满足"理论更是明确了受众的中心地位。而 USP 理论过于强调媒介对消费者的作用，认为受众是消极的，即如果广告主无法为消费者提供一个合适的购买理由，消费者就不会去购买。此外，广告传播过程受媒介发展限制，为单向度的告知，缺少了用户意见的反馈渠道。

（二）过于强调物质功能利益

USP 理论实则主要基于产品物理层面的特征与优势。该理论认为每一个产品或每一次营销活动需要区隔性地聚焦于单一又简单的价值点，以此将自己的产品与竞争者相区分。瑞夫斯同时指出，如若实在无法找到功能性的优势，可以建议厂家改进产品，从根本上解决问题，因为好的产品胜过千言万语。因此有学者认为，USP 理论最适用于成熟的、高技术含量的产品，因其拥有难以被竞争者快速复制的实体差异[12]，USP 的作用便是将这种优势放大后传达给消费者。

这种策略的局限是十分明显的。其一，伴随技术的革新，想生产出独特的、相较竞品优势明显的商品，难度指数级上升，仅追求功能的 USP 适用范围急剧缩小；其二，对于洗发水、食品等快速消费品而言，产品特性使然，很难在质量、功能、技术等物质利益层面完全超越竞争者；其三，新产品的研发流程复杂，所需环节众多，若无法找到产品的功能优势便寄希望于产品自身革新，不仅为广告主带来风险，也削弱广告的自身价值；其四，它默认消费者有能力准确识别且理解产品的功能利益，并对其做出区分，而现实中，随着市场细分、竞争加剧，产品功能愈加复杂甚至专业化，消费者受时间、精力、专业知识限制，往往无法做出理性的判断。

依据马斯洛需求层次理论，人类的基本需求为生理、安全、社交、尊重与自我实现五个层级，并且当低层级需要满足后，才会追求更高层级的需求，瑞夫斯提出的物质利益需求正是最基本、最无法回避的需求。但20世纪70年代后，以美国为代表的发达国家公共卫生水平提升、社会福利制度健全、社会经济繁荣，当消费者满足了基本的生理、安全需求后，便开始追求情感价值、渴望自我表达，对产品利益的追求多样化。因此，当同质且丰富的产品已经能满足消费者生理、安全等物质利益需求时，重功能性的 USP 广告难以和消费者达成有效沟通。品牌形象时代，对于品牌的情感倾向及强度会显著影响消费者对产品的评价，同时，消费者也会将品牌作为一种自我表现的工具，USP 仅基于功能利益的传递，无法满足塑造强势品牌的需求。

（三）优先话语权适用性有限

瑞夫斯通过"率先抢占USP"解决产品同质化的问题，但这一方法的可持续性存疑。其一，此前未被讲述的特性不一定是最能打动消费者的诉求点；其二，若同行站出来驳斥，反而会损害品牌于消费者心目中的形象；其三，移动互联网的发展使得信息碎片化、海量化，研究表明用户移动互联网使用时长增长已至瓶颈，消费者注意力更迭快速，导致即便是优先占领的USP，也难以扎根在消费者内心深处，易被竞争对手模仿。

此外，瑞夫斯的广告投放方法论也表现出了受媒介发展制约的局限性。他认为："理想的散播是到达100%的公众，之后以广告预算费允许尽可能多的次数重复，但只要没能达到最大数量的听众（80%—90%），他就必须坚持去到达更多不同的公众。"[2]但当消费者需求分化，产品也愈加倾向于服务特定细分市场，可服务80%—90%大众的产品除了少数无差别快消品外，几乎是少之又少。不针对目标消费者的撒网式广告投放，无疑是对广告预算的浪费。

（四）理论体系不完善

从理论研究的视角出发，尽管瑞夫斯的理论体系是建立在大量实证数据的基础上，但其本质仍是服务于广告代理实践，若作为科学的理论研究，USP的实证数据与结论间则缺乏严格的推导过程，无法论证广告主张与效果的因果或相关关系。有学者指出，瑞夫斯对广告本质功能的认识是实效的推销术，尽管他促使广告由艺术走向科学，但本质上仍是一种对于"术"的探求[9]，没有上升至"学"的层面。研究方法上，概念框架有赖于直觉感悟，忽视了从消费者感知视角建立严格量化的测量体系，感性判断色彩浓厚，客观性不足，缺乏严格的实证检验。[13]理论发展上，因后期品牌形象论、定位论、整合营销理论的快速发展淹没了USP本身的光辉色彩，致使后续的实证研究亦相对匮乏。

第三节 瑞夫斯经典广告案例举要

一、政治广告：艾森豪威尔回答美国

1952年10月，美国全国各地的电视台开始播放美国总统共和党候选人怀特·戴维·艾森豪威尔的系列插播广告。在这些短小精悍的广告短片中，艾森豪威尔将军坚定地直视镜头，回答了一系列美国公民提出的问题。一位中年男人抓住他的西装外套衣领，并问："将军，这件西装花了我60美元，但以前可以用30美元买到，为什么？"艾森豪威尔回答："你为那件衣服缴纳了101点税，明年可能要缴纳200点，若想要改变，就需要投票支持……"另一位公民问道："艾森豪威尔先生，我们还需要再打仗吗？"他回答道："不，不会的，我们会建立健全的和平计划，不会再花数千亿美元去向韩国提供坦克和飞机。"

在接下来的三周里，数百万的电视观众，还有更多的广播听众，看到或听到了大约40个这样的"短视频"广告，每则广告的标题均为"艾森豪威尔回答美国"。这则广告一经播出就引发热议，艾森豪威尔也于11月顺利当选。这则广告便是由瑞夫斯所作，是对USP理念的精彩演绎。

1952年总统大选时，民主党已经入主白宫近20年。罗斯福总统于1933年上任，开启他长达12

图4-3 艾森豪威尔回答美国

年的执政生涯，随后杜鲁门又担任了近8年的领导人。20年间，美国经历了经济萧条、热战、冷战，人民已经开始感到疲惫，期待1952的总统大选可以带来一些改变。1952年夏，民主党率先提出了"你从未发现原来如此美好！"（You never had it so good!）的选举口号，而瑞夫斯认为，共和党需要回应的不是口号，而是完整的广告宣传，并着手设计广告计划。在瑞夫斯的计划中，他一如既往地贯彻"简洁、明了、重复"的广告原则。

首先，在广告形式上，瑞夫斯通过测试及调研发现，传统的长演讲冗长且无聊，公众往往只能记住候选人的模糊印象，而对他的演讲内容、与竞争对手的主要区别毫无印象，转化效果十分有限。于是提出可以尝试使用一分钟或20秒的短电视插播广告作为宣传形式，并重复投放，打出"简洁+重复"组合拳。他认为，这种中插广告的优势有四：其一，每千户家庭触达成本更低；其二，可以触达到暂时没有倾向于奥森豪威尔的受众；其三，短广告更灵活，简洁明确的信息更容易被记住；其四，新的广告形式更令人难忘。[14]

从诉求传递有效性上，瑞夫斯通过测试表明，传统长演讲因传递了太多的观点、使用了诸多华丽的辞藻，使得演讲的有效渗透率不足10%，短中插广告则因其新颖、简洁，反而会取得更好的效果。在竞选预算上，瑞夫斯在向艾森豪威尔团队递交的一份长长的机密备忘录中建议：一个大的广告商赞助一个电视节目，一小时需要75 000美元；紧接着，另一个大的广告商推出了一场更加昂贵的节目，请了许多明星站台。与其以高价竞争大块时间，不如将目光放到两个节目之间的狭小地点（Spot），你只需花很少的钱，就可以获得其他人付出巨大代价而建立的观众群。尼尔森公司的研究也证明了，这种借力打力的中插广告，可以触达传统广告形式两倍的听众/观众。[15]瑞夫斯在采访中曾这样讲："我是终极实用主义者。所有的广告的目的，都是将一个想法从一个人的脑中转移到另一个人的头脑中。如果我能用同竞争对手一样的预算，将更多的想法植入更多人的脑海，我就已经成功了。如果我花更少的钱达到了同样的效果，那我就更棒了！"

1952年8月，瑞夫斯的策略获得了艾森豪威尔将军的首肯。

其次，在解决了"怎么说"的问题后，瑞夫斯开始苦下功夫去解决最为关键的问题"说什么"，即寻找USP。绝妙的USP绝非通过直觉得出，特别是需求尤为复杂的政治选举活动，更需要仔细地推理、演绎。瑞夫斯与达彼思研究部门的人，梳理了艾森豪威尔的演讲，从几千个论点中确定了十几个课题。同时，美国共和党全国委员会与艾森豪威尔公民组织建议瑞夫斯，因政治选举的特殊性，至少选择三个论点，不要像商业广告一样仅有一个主张。结合广泛的选民诉求调研，瑞夫斯最终将目光锁定在：高昂的生活成本、腐败以及朝鲜战争。广告战役的口号也相应确定为"艾森豪威尔，时代人物"（Eisenhower, Man of the Hour）以及"是时候改变了"（Time for a Change）。

此外，在表现方式上，瑞夫斯决定采用问答的形式。他派人在纽约音乐城市广播电台，邀请路人出镜提出设计好的问题，艾森豪威尔随后在电视上回答，这样的问答中插广告共有40余则，回应了主妇、老人、想结婚的年轻人等不同人群所关心的问题，并且所有的问题都围绕生活成本、腐败、战争三个主题展开，直指民主党政策的失败。同时，艾森豪威尔向公民承诺："我可以改变这一切，从根本上解决你的生活困惑，但需要你改变你的投票来选我。"这种诉求方式本质上等同于USP的独特承诺，即如果公民为他投票，那么将具体地得到这样的好处。

最后，创意执行上，达彼思广告公司科学的广告研究方法，在这场卓越的政治广告战役中，同样发挥了重要的作用。1948年至1952的美国电视媒体革命期间，如上文提及，达彼思广告公司设立了广告实验室，又称复制实验室（Copy Laboratory），以洞察消费者电视媒体内容消费习惯及商业广告渗透机制。广告商可以通过广告实验室向随机样本展示广告，测试不同版本广告的"渗透率"。广告实验室研究发现，在美国12个州共计62个指定投票点中，2%的摇摆票或成为决定总统选举结果的关键因素。瑞夫斯提议在康涅狄格州、马里兰州等关键区域，投入150万美元的电视及广播广告，加大力度宣传。另外，达彼思还为艾森豪威尔的视觉形象做了一番设计，不仅摘掉了他的眼镜，瑞夫斯还坚持使用补光灯、化妆师，并时刻监督将军在拍摄时所表现出的热情程度。

早在19世纪后期，民主党和共和党就已经使用新闻代理人或公关人员负责设计并管理报纸所发布的竞选人故事和照片。尽管如此，到了20世纪40年代，广告代理公司于政治竞选活动中的影响也是非常有限的。直到1952年，艾森豪威尔的电视广告标志着美国政治竞选活动的重大变化。这则开创性的广告背后凝结了广告人的智慧，代表了"广告推销术"于政治领域的适用性，是一次成功的尝试，展现了广告对政治选举前所未有的影响力。这是第一次考量了电视覆盖区域、投票站等多因素的总统选举，使得电视政治广告具有战略上的可行性，被誉为现代总统选举的开端。此后，总统选举愈加重视媒介策略与广告营销，如2008年的总统大选中，奥巴马将自己定位为可以带来变革的美国历史上首任非洲裔总统，并使用了社交游戏营销、谷歌搜索广告关键词、SNS网站营销等互联网广告，这是互联网第一次作为筹集资金及接触选民的工具参与进美国总统竞选活动。

二、商业药品广告：止疼药安诺星

安诺星（Anacin）诞生于1930年，是美国极受欢迎的止痛药品牌之一。在找到达彼思前，安诺星以报纸广告为主。20世纪40年代左右，电视媒体兴起，安诺星转而通过赞助连续剧、情景喜剧的形式提升知名度。在广告诉求上，安诺星更倾向于硬性推销派的路线，一方面由医生背书，宣传自己被医院广泛采纳，医生会开处方用安诺星治疗头痛、神经炎等疾病，但并没有指明具体有效成分；另一方面，不断提醒观众安诺星购买便捷，"装在便携的盒子里""可在任何药店购买到"。但这种策略难以在消费者心中留下痕迹，广告语苍白无力。

瑞夫斯在接到安诺星的需求后，洞察到"痛"是任何人都恐惧的身体感觉，而此前的赞助式广告无法激起人们对"痛"的厌恶。作为电视广告的大师，瑞夫斯决定用"脑中之锤"（hammer-in-the-brain）将"痛"可视化。接着，进一步挖掘消费者需求，发现人在疼痛时最刚性、最强烈、最紧迫的需求是疼痛感的快速消退，而无副作用、口感等诉求在巨大的疼痛下都显得无关紧要，所以瑞夫斯将USP设定为"快速解脱"。

最先推出的是电视广告，它用视觉化的语言表现了头疼的痛苦，脑袋深处仿佛被锤子一下一下地敲击，放射性疼痛宛如周期性的电波，剧烈的疼痛好似被闪电劈过。紧接着，安诺星阿司匹林出现，脑袋中的疼痛源依次熄灭，USP随之出现，并且重复强调了三次。

图4-4　安诺星电视广告

此外，安诺星也推出了诸多平面广告，虽表现形式各异，细分人群不同，但本质均是通过不同渠道来重复强调快速消痛的USP。

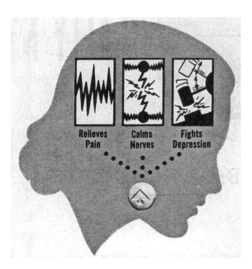
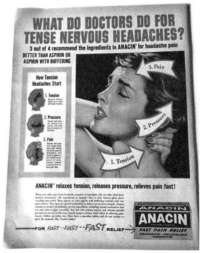

图4-5　1950—1960年安诺星的平面广告

"脑中之锤"的简单粗暴、重复投放、对于痛苦的细致描摹，也遭受到诸多批评。但事实上，人们"口嫌体直"，这则仅有8 200美元成本的广告，却使安诺星销量猛增两倍，实可谓实效的广告。其成功之处在于，通过强烈的视觉符号、简洁有力的信息，以最短路径、最强连接的方式，直接触达消费者痛点，达成产品卖点与消费者痛点的强关联。

三、商业消费品广告：M&M巧克力豆

M&M巧克力豆隶属于著名的快消品牌玛氏。玛氏起源于欧洲，于20世纪30年代进入美国市场。玛氏公司创始人的儿子弗兰克·C. 玛氏（Frank C.Mars）注意到西班牙内战期间，士兵们会吃一种叫聪明豆（Smarties）的糖果，这种糖果外层包裹了硬化糖浆，所以不易融化。他成功地于1941年复刻并提升了这种技术，获得了自己的工艺专利，生产出新产品进入消费市场。M&M巧克力豆外壳有多种颜色，棕色、红色、绿色、紫色一应俱全。但起初，因这种巧克力豆并不符合西方人吃好时巧克力的传统口味，所以销量并不乐观。

直到美军正式参与第二次世界大战，M&M巧克力豆的销量才开始好转。军队对提供热量、舒缓压力的巧克力需求极大，而且糖衣可以防止巧克力在太平洋战场的温暖气候中融化。M&M随即被军方看中，玛氏也因此大发战争财。这一阶段M&M使用"美军喜爱的巧克力"作为广告诉求，提升自身知名度，包装也是便于携带的桶装铁盒。

图4-6　早期M&M巧克力豆广告

但当1945年战争结束时，M&M又面临了新问题，如何把军方用品转变为大众消费品呢？M&M曾做了多次尝试，例如将产品品质作为广告诉求，但效果均不佳。1949年，M&M找到达彼思，希望瑞夫斯可以给出答案。瑞夫斯仅用10分钟，就设计出了"只溶在口，不溶在手"（Melts in your mouth, not in your hands）的经典广告语。与其寻找外部背书，不如回归产品本质特征，M&M巧克力豆的糖衣正是它区别与其他产品的独特性，并且对消费者也具有吸引力，既抓住了产品本身的特性，又能与消费者的需求挂钩。

广告片中，演员伸出双手，猜猜哪个是M&M巧克力豆呢？随后，翻开手掌，发现左手的巧克力溶化在了手掌上，而右手的彩色巧克力并没有融化，演员吃掉巧克力，向观众展示了干干净净的手掌。除了电视广告，达彼思亦创作了系列平面广告，用以巩固USP。这种通过不同媒介、不同渠道、不同形式、不同时间展示同一主题的广告理念，与半个世纪后的整合营销传播理论不谋而合，足见瑞夫斯的前瞻性。

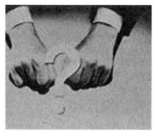

图4-7 瑞夫斯为M&M巧克力豆策划的电视广告

瑞夫斯曾言，除非产品过时，一则成功的广告不会自行报废。M&M巧克力豆"只溶在口，不溶在手"的经典USP一直沿用至21世纪初，玛氏直到近些年才将广告策略更改为IP营销，这也证明了瑞夫斯长期主义广告策略的有效性。

瑞夫斯是一位高产的广告人，且创作质量有口皆碑。除上述三个经典案例外，瑞夫斯创作的著名广告还有很多。如总督牌香烟有两万颗滤芯，不仅味道好，也无烟丝残留。再如，当所有牙膏产品都在以防蛀、固齿为卖点时，他为高露洁创作了"清洁牙齿，清新口气"（Colgate cleans your breath while it cleans your teeth）的USP。棕榄香皂使肌肤更美好、神奇洗衣粉是没有臭味的清洁剂也都来自这位天才广告人的笔下。在瑞夫斯离开广告业后，他的理论依旧使快消巨头宝洁、玛氏等品牌受益，对广告界的影响经久不衰。

思考与练习

1. USP理论产生的理论背景与现实基础。
2. USP理论的主要内容是什么，有哪些新发展？
3. 试以USP理论分析一个典型广告传播案例。

参考文献

1. 马丁·迈耶. 麦迪逊大道 [M]. 刘会梁译. 海口：海南出版社，1999：54.
2. 罗瑟·瑞夫斯. 实效的广告：达彼思广告公司经营哲学 USP [M]. 张冰梅，译：内蒙古人民出版社，1998：194，202，192—193，232，209—210
3. Richardson J, Cohen J, Uysal M, Fesenrnaier D R. State Slogans: The Case of the Missing USP [J]. Journal of Travel & Tourism Marketing, 1994, 2(3): 91–110.
4. 张金海. 20世纪广告传播理论研究 [M] 武汉：武汉大学出版社，2002：21.
5. 何平华. 中外广告案例选讲 [M]. 武汉：华中科技大学出版社，2010：27.
6. 章汝. USP，强劲的竞争哲学 [J]. 现代广告，1997.
7. 佘世红. UBP：品牌整合时代USP的演变 [J]. 中国广告，2003(5)：55—58.
8. 覃彦玲. 广告学 [M]. 成都：西南财经大学出版社，2009：28.
9. 张金海，程明，李如意. 从过去走向未来：USP理论解析与透视 [J]. 新闻与传播评论，2002（00）：249—255，282—283，297—298.
10. Miller M. M, Henthorne T. L. In Search of Competitive Advantage in Caribbean Tourism Websites: Revisiting the Unique Selling Proposition [J]. Journal of Travel & Tourism Marketing, 2007, 21 (2/3): 49–62.
11. 魏炬. 世界广告巨擘 [M]. 北京：中国人民大学出版社，2006：1—477.
12. FRAZER C F. Creative Strategy: A Management Perspective [J]. Journal of Advertising, 1983, 12(4): 36–41.
13. 牛永革，赵平，王良锦. 独特的销售主张感知维度研究 [J]. 管理科学，2010, 23（3）：41—52.
14. John E Hollitz. Eisenhower and the Admen: The Television "Spot" Campaign of 1952 [J]. The Wisconsin Magazine of History, 1982, 25–39.
15. Wood S. Television's First Political Spot Ad Campaign: Eisenhower Answers America [J]. Presidential Studies Quarterly, 1990, 265–283.

第五章

《一个广告人的自白》
——大卫·奥格威与品牌形象论

第一节 《一个广告人的自白》
主要内容及核心思想述评

一、大卫·麦肯锡·奥格威小传

　　大卫·麦肯锡·奥格威（1911—1999），英国西霍斯利人，出生于一个苏格兰名门望族。在奥格威三岁那年，他的父亲宣布破产。奥格威先后就读于两所寄宿学校，从费提兹学校毕业后，他申请进入了牛津大学就读并拿到了奖学金，尽管聪明的奥格威在学校表现出很高的天赋，最后他却因为屡次无法通过考试而无可奈何地退学了。

　　奥格威在学业上的遭遇令其痛苦非常，他也不愿再靠近学校。这之后，他离开英国，成了巴黎皇家饭店的一名厨师。尽管厨房的工作压力繁重，但奥格威认为自己在此受到了他所需要的训练与磨砺，厨师长皮塔先生管理厨房的言行也影响了他终生，并衍生成为后来的奥格威管理原则。在《一个广告人的自白》的第一章中，奥格威就将这套管理原则传递给了广大的读者，例如"今天，我也像皮塔先生那样，很少夸奖我的部属，希望他们会比受到没完没了的夸奖更懂得受到赞扬的可贵"[1]、"今天我们每一个广告方案，在送给客户前，我都要亲自察看，其中好些被我退回加工。我赞同皮塔先生对盈利所持的热情"[2]。

图5-1　大卫·麦肯锡·奥格威

　　后来奥格威离开了巴黎皇家饭店，返回英国，成了一名成功的推销员，他也从退学的阴影中走了出来，并且对广告产生了兴趣。1936年，奥格威进入了他哥哥所在的广告公司做广告编辑，迎来了其事业上的成功。1938年，奥格威前往美国谋求发展，受聘于乔治·盖洛普的普林斯顿公司盖洛普研究所，这一段工作经历让缜密的调查研究方法和对事实的执着追求成为奥格威的处事准则。奥格威多次提及"调查研究"的重要性，"我从在普林斯顿随伟大的盖洛普博士做调查工作开始我的职业生涯。之后我当上了广告文案撰稿人，据我所知我是唯一一个干调查起家的'创意'高手。这个事实使我总是以一个调查人员的眼光来审视创意工作。"[3]

　　第二次世界大战期间，大卫·奥格威出任英国驻美使馆二秘。战后，他在美国宾夕法尼亚州做了几年农夫，以种烟草为生。后举家迁至纽约，并决定开创自己的广告公司。1948年，38岁的奥格威与马瑟-克劳瑟公司联合，奥美广告公司在纽约的麦迪逊大道正式成立。诸如哈撒威衬衣、壳牌石油、劳斯莱斯汽车、德国大众汽车、美国运通、美国国际商业机器（后简称IBM）、荷兰皇家航空、多芬、健力士等公司都在奥格威的帮助下，在市场上获得巨大成功。许多国家包括美国、英国、法国等都成了奥美的客户，奥美为他们所做的形象策划推动了本国的旅游业发展。这些广告业务同样使得奥美的名声如日中天。一个创办之初仅有两名员工的小公司，在奥格威的带领下发展成为20世纪60年代美国第一流的广告公司。如今，奥美在全球83个市场设有132个办公室，为全世界众多品牌提供全方位传播服务。

事业蒸蒸日上的奥格威，在常年的广告实践中总结了许多经验和原则，深深影响了整个广告业的发展。他提出的品牌形象论至今仍是跨国广告公司奥美的"镇山之宝"，并在后来的广告实践中发展成为360度品牌管理理论。而他在奥美公司发展过程中总结的广告公司管理、员工培训、业务拓展等方面的经验，更为许多广告公司所学习，进而将广告业务的经营专业化推向顶峰。他的广告哲学则在由他撰写的《一个广告人的自白》《大卫·奥格威自传》《奥格威谈广告》等著作中影响了一代又一代的广告从业者，产生了难以衡量的价值。法国最早的经济类杂志《拓展》冠以奥格威"现代广告教皇"的称号，美国《纽约时报》称其为"现代广告最具创造力的推动者"，美国三大时事性周刊之一的《时代》认为他是"当今广告业最抢手的广告奇才"，美国重要的广告行业刊物《广告周刊》说："奥格威以他敏锐的洞察力和对传统观念的抨击照亮了整个广告行业，令任何广告人都无法企及。"

1999年7月21日，大卫·奥格威在自己的家中与世长辞，但他留下的精神财富使得他盛名永存。

二、《一个广告人的自白》主要内容

作为现代广告行业的传奇人物，大卫·奥格威通过演讲、备忘录、著书等方式将自己的经验、方法和思想传承下来。写于1962年的《一个广告人的自白》是奥格威最重要的著作，是世界各国广告从业人员必读的经典书目，影响了无数的广告精英人才。奥格威本人讲述此书写成的背景时并不避讳其商业目的，"我为什么要写它？首先，给我的广告公司揽新客户。其次，检验我们的股份公开上市时候的市场条件。最后，提高我在生意圈子里的知名度。它做到了一箭三雕"[4]。但奥格威在书中传递的内容同样具有巨大的思想价值和社会意义，值得后辈广告人仔细地学习和体会。

图5-2 《一个广告人的自白》

（一）该书内容框架

《一个广告人的自白》并不只是广告从业人员的圣经，事实上，在该书的11个章节中大卫·奥格威为广告行业相关的四个主体——广告公司经营者、广告主、广告从业人员、即将从业的年轻人都提出了自己的忠告，同时还为广告所造成的后果作出了自己的见解。总体而言，本书的内容可以划分为管理论、创作论、价值论三个部分。

1. 奥格威的管理论

第一章到第四章叙述了大卫·奥格威的管理论内容，即讲述了如何成为一个好的公司管理者，包括广告公司和广告商公司。

在第一章中，奥格威将自己在巴黎皇家饭店工作的经历中所体悟到的管理法则进行了总结，包括公司领导应该对下属适当的夸赞、增强员工使命感、制定并遵守严格的服务标准、拒绝混乱的办公环境、对广告方案的最终审核、比员工更加勤劳、必须身体力行等原则。另外，奥格威在经营广告公司的过程中认识到让有才华的人有用武之地的重要性，因此领导人应尽量做到公正、坚定、保持公司的蓬勃朝气、争取新用户、赢得客户最大信任、获得盈利、深谋远虑、充分发挥员工才能、有道德等。

在第二章中，奥格威讲述了自己为奥美公司争取广告业务的故事。在奥美创立后，奥格威通过刊物、演讲、人际交往、直邮信件等渠道弘扬奥美的名声，利用初步调研结果争取广告客户，凭借高效和勤奋的品质为争取到的客户制作优质广告，公司发展后他开始全面细致地挑选客户，保持敏锐的洞察力和工作的热情，制定公司稳定发展的规划而不急于求成，这些经验为广告公司争取业务提供了可借鉴的道路。

第三章承接第二章，告诫广告公司经营者合理利用人才、和客户保持良好联系、准备备用方案、站在客户立场思考问题、认真准备广告提案等以减少损失客户，另外要坚定立场，避免讨好迁就客户，当对产品失去信心的时候辞掉客户也是必要的。

在第四章中，奥格威则针对"如何成为一个好的广告客户"为广告主提出了15条与广告公司打交道的规则，包括"消除你的广告公司的惶恐心理""选准广告公司""向你的广告公司全面彻底地介绍你的情况""不要在创作领域对你的广告公司指手画脚""像投资新产品开发一样投资新产品的广告宣传和促销活动""不要让一层又一层的机构干预广告宣传""确保广告公司有利可图""不和广告公司斤斤计较""推诚相见、坦率鼓励""定出高标准""一切经过测试""急取效率""不要为有问题的产品浪费时间""珍惜良才""勿使广告预算捉襟见肘"。当广告主成为一个好的客户，广告公司更有可能为其创作出有效的广告来。

2. 奥格威的创作论

第五章到第九章是该书的重点内容与核心内容，是对"如何制作好的广告"这一问题的回答，奥格威在这部分内容中为广告人提出了近百条从其广告实践中总结出的原则，包括广告创作原则、广告创作的方法、广告创意原则、广告文案创作方法、广告文本撰写原则、广告标题准则、品牌形象原则等内容，这些组成了奥格威创作论的主要内容。

（1）广告创作原则——广告的目的是销售

奥格威在第五章的开头对广告佳作进行了定义，他认为"广告佳作是不引公众注意它自己就把产品推销掉的作品"[5]。广告制作最重要的原则，也是广告制作的唯一目的，那就是要达成销售目的，否则就不是在做广告。因此奥格威对"创造力"（Creativity）一词表示质疑，他批判了以获奖为目的、采用前卫艺术、华而不实的广告潮流，当广告为了取悦广告比赛评委、取悦消费者审美而不顾及其销售产品的目的时，广告一定是会失败的。相对的，广告本身就是一种商业行为，广告之间的差异是依靠销售力的尺度进行衡量的，并且成功的广告可以持续使用多年而不会丧失其销售能力。

（2）广告创作方法——市场测试与调查研究

奥格威作为广告科学派的代表，认为创意必须来自科学的调查研究，其言行中折射出一种执着的实证精神，成为其创意哲学最鲜明的特征之一。在广告创作上，他喜欢使用市场测试和调查研究这两种手段。在写作《一个广告人的自白》时，他对当时缺乏研究经验的广告泛滥在市场的问题表示担忧，认为这是广告业面临的危机性问题。

在第四章中，奥格威提出要对一切进行测试，广告从业人员需要面向消费者测试广告、测试产品承诺、测试标题和插图、测试广告尺寸、测试媒体投放渠道以及投放频率等等。测试可以明确消费者需要的是什么，降低广告失败的风险，提高广告的竞争力，甚至也为备用的广告方案提供基础。永不停止测试，广告创作能收获良好的回报。

在第五章中，奥格威赋予了奥美公司一盏建立在调查研究的基础上的"神灯"，他对调研的信息和数据来源毫无保留，其信息来源总结起来即利用经过实证的已有的经验以及利用经过实证新发现的经验，对消费者行为和消费者心理进行洞察。在媒介技术迅速发展的今天，实证调查研究的方法更加丰富，数据更加全面，消费者行为与心理的影响因素更加复杂，想要创作一个成功的广告，其具体方法或许随着时代的变化而不断完善改进，但实证的精神内核历久弥新。

（3）如何创作成功广告

首先，奥格威认为广告的内容比表现内容的方法更重要。广告需要经过不断的市场测试以及深入的调查研究，才可以确定哪一种承诺更具有分量和销售潜力，这是决定广告成功与否的关键。另外，广告要讲事实，奥格威认为："消费者不是低能儿，他们如你的妻女。若是你以为一句简单的口号和几个枯燥的形容词就能够诱使他们买你的东西，那你就太低估他们的智能了。他们需要你给他们提供全部信息。"[6]这一创作法则表明广告成功的关键在于允诺给消费者实质的好处。

其次，广告必须使用上乘的创意。奥格威用自己的职业经历，告诉读者用高标准不断完善广告的创意，广告更容易成功。创意并不等同于艺术创意，而是可以引起消费者共鸣的，可以给消费者带来良好的体验感，可以被反复使用直至号召力减退。成功的广告创意可以使用多年而不会丧失销售力，奥格威本人制作的诸多广告都因持续使用多年而成为经典。事实上，大多数消费者并非天天看见你的广告，并且你的消费者是会不断变化和增加的，撤换取得好效果的广告时必须慎之又慎。另外，成功的广告需要把握时代潮流特别是年轻人的消费心理，即广告必须具有现代意识。

最后，成功的广告会对品牌形象做出贡献，成功的广告必须为品牌树立明确突出的品牌个性。奥格威提出的品牌形象论为"如何创作成功的广告"提出了新的视点，指明了新的方向。

（4）广告的具体创作原则

在奥格威所处的时代，电视广告刚刚兴起，平面广告依然是主流。因而奥格威为广告标题、广告正文、广告插图在平面广告中的编排设计都提出了自己的经验。

广告标题是一则广告最重要的部分。一则成功的广告标题中必须指出目标对象、品牌名称、产品类别，将广告需要传递的重要信息清晰准确并且简洁明了地展现在标题中，有的放矢地进行诉求；每个标题都应带出产品给潜在买主自身利益的真实承诺；注意在标题中加进新的讯息可以赢得消费者的注意力；标题的修辞收法能帮助使标题引起读者的好奇心，但对好奇心的表达需要恰到好处；广告标题不要故弄玄虚，避免乱造新词和乱用谐音以及使用否定词。在实际的广告实践中，广告标题的写作并不是死板的教条，特别是在不同的语言环境中广告标题的创作取决于广告定位以及广告创意的需求，因此无需故步自封。

当标题成功吸引读者之后，他们就进入广告正文阅读的阶段。正文是广告产生多少效果的重要影响因素。一则成功的广告文案首先要直截了当、层次清晰、循序渐进，用肯定的语言坦诚地告诉消费者有用的讯息；文案中应避免最高级形容词、一般化字眼、陈词滥调、自说自话和夸大的谎言，用充足的证据来为消费者的购买行为提供一个理性的理由，赢得消费者对品牌的信任；善于引用消费者或者名流的经验之谈，这可以提高其他消费者对产品的信任度，这与1937年美国著名的传播学家拉斯韦尔发表的《宣传的艺术》中的七种宣传手法中的"平民百姓法"以及"证词法"有异曲同工之意；广告文案使用消费者在日常交谈中使用的通俗语言能帮助完成良好的沟通。

在平面广告中，除了广告文案，另一个重要的视觉表现因素就是插图。广告从业人员必须掌握插图的配置和编排知识，并拥有较高的审美能力和视觉化能力。奥格威也为插图的技巧总结了一套原则，包括广告插图应该进行分版测试、广告插图要凸显品牌名称和品牌标志、广告插图必须充分考虑广告投放的刊物环境、广告插图不能忽略文字说明等原则。

除了平面广告的创作，奥格威在书中也对路牌广告、电视广告这两种不同的媒介广告提出了自己的建议，另外他还对食品广告、药品广告和旅游地广告的具体创作提供了许多经验。但读者需要注意的是，媒介环境是跟随技术发展不断变化的，不同品类的广告在不同的市场环境所涉及的法律法规也在与时俱进，因此奥格威针对具体广告的相关经验是有局限的和需要勘误的，广告从业人员应该对市场进行调查后辩证看待。

3. 奥格威的价值论

第十章和第十一章是奥格威价值论的体现。

在第十章中，奥格威为年轻人，特别是那些要步入广告行业的年轻人分享了一套可以令人迅速功成名就的行为模式。年轻人要胸怀大志而不咄咄逼人，要勤劳苦干，要深入了解业务，要判断并抓住重要机会，还要珍惜时间，拥有健康的爱好。另外，在广告行业的年轻人最好是成为一名不可替代的专才，因为选择成为经营管理人员更为艰难，需要有积极的心态、长远的眼光、持之以恒的耐心、细心的观察、端正的态度、能够让步的气度、保密的能力、富于理智的诚实、高标准的读写能力。

在第十一章中，奥格威旁征博引，论述了其对广告的看法。他在本章中回答了"广告会引起价格上升吗？""广告是否鼓励垄断？""广告腐蚀了编辑吗？""广告会不会把劣货强加给消费者？""广告是不是一堆谎言？""广告能使人买他不需要的东西吗？""广告是不是该用于政治？""广告是不是应该用于非政治性的公益事业？""广告庸俗、令人生厌吗？"九个问题。一方面，广告提供了新产品的信息、节省了消费者的花费成本、改进了产品质量、保障了服务水平、促进了公益事业发展等。另一方面，广告推动了大公司的市场垄断、腐蚀了出版编辑、不良广告泛滥、商品拜物教的趋势等。从本章看来，奥格威对广告主要秉持着积极态度，列举了广告对社会产生的积极作用，但同时他也不回避广告所产生的部分负面作用，体现了一个广告人的社会责任感。

（二）理论贡献：品牌形象论

1955年10月，大卫·奥格威在美国广告行业公会上发表了演讲，题目为"形象和品牌——创意运作的新方法"。这是奥格威第一次全面的关于建立品牌形象的论述，"每一则广告都应该对塑造品牌整体形象有所贡献——同时它也是为建立品牌声誉所作的长期投资"。1957年，奥格威在英国广告协会上的演讲中也提道："厂商若能致力于运用广告为品牌建立最有利的形象，并塑造最清晰的个性，场次下去必能获取市场最大的占有率，进而产生最高的利润。"1962年，奥格威在《一个广告人的自白》中第一次正式提出了品牌形象论（Brand Image，BI理论），这也是奥格威最突出的理论贡献。

1. 品牌形象的战略地位与意义

（1）广告与品牌的关系

大卫·奥格威认为："每一则广告都应该看成是对品牌形象这种复杂现象在做贡献。"[7]品牌形象论产生于商品竞争激烈以及产品同质化的市场背景，是一种与传统广告理论完全不同的理论视点。传统广告理论从产品功能出发，着力于寻找产品功能的独特卖点满足消费者的功能利益需求；而品牌形象论是从品牌的形象出发，用提供品牌个性的形式满足消费者的心理感受。奥格威并没有为"品牌形象"做出科学的明确的界定，他没有明确区分品牌形象与品牌印象，也没有明确区分品牌与产品，他所提出的品牌与产品既相互联系又相互区别，品牌不是实际产品，但有时又成为实际产品的代名词。但重要的问题并不在于概念的确定，而是品牌形象论的提出实质上是一种观念的变迁和理论视点的转移，是一种长期的战略，这使得品牌形象论具有崭新的理论意义。

（2）品牌形象的市场利销性和竞争力

在奥格威看来，"品牌和品牌的相似点越多，选择品牌的理智考虑就越少"[8]，"致力在广告上树立明确突出性格品牌形象的厂商会在市场上获得较大的占有率和利润"[9]。因此，在产品同质化趋势的市场环境下，品牌的同质化也在逐渐增强，利用消费者的理性思考来实现产品售卖已经越来越难，在这样的背景下，哪一个品牌的知名度和信任度高，哪一个品牌能被消费者牢牢记住，哪一个品牌就可以提高其市场利销性和竞争力，而这需要品牌形象的帮助。

2. 品牌形象的建设

（1）品牌形象的个性特征

品牌形象是有局限性的。试图塑造人人都喜爱的品牌形象是不现实的，大卫·奥格威在《一个广告人的自白》中提出："他们希望他们的品牌既适合男性也适合女性，既能适合上流社会也适合广大群众。结果他们的产品就什么个性都没有了，成了一种不伦不类、不男不女的东西。阉鸡绝不能称雄于鸡的王国。"[10]广告从业人员要依据自己的判断力、对市场的观察、对消费者的洞察以及对产品和品牌的深入研究，确立一个具体的、最适合的品牌形象，拼凑起来的品牌形象是无法被消费者所记忆的，这不是真正的品牌形象。

品牌形象具有个性（Personality）特征或者性格特征。品牌个性是品牌形象的核心，鲜明的品牌形象依靠独特的品牌个性树立。"最终决定品牌的市场地位的是品牌总体上的个性，而不是产品间微不足道的差异。"[11]

正确的品牌形象个性特征由品牌定位决定，需要争夺哪一个市场，需要赢得哪一种消费者的支持，需要迎合消费者哪一种心理需求等问题的答案决定了品牌形象必须呈现的个性特征，而广告创意必须为塑造品牌个性服务，帮助其更好地传达。当品牌个性被成功塑造和传播时，品牌个性会反过来决定品牌的市场地位，使其在市场上屹立不倒。

（2）品牌形象树立的长期性与一致性

品牌形象的塑造并非一朝一夕可以完成的，品牌形象的树立是一个长期的过程，是每一则广告效果积累的结果。如果缺乏长远打算，仓促凑合，是不利于品牌形象树立的。奥格威主张："乱更改广告是极其容易的事情，但是，金光灿灿的奖杯却只颁给对塑造协调一致的形象有远见而且能持之以恒的广告主。"[12]即品牌的每一则广告都必须服务于品牌形象，并且每一则广告都要保持一贯的风格与形象，维护品牌形象树立的长期性和推广的一致性。

做到品牌形象的长期性与一致性，需要广告从业人员与广告主等各方的共同合作，坚持需要勇气和信心，但是只要做到这一点，树立品牌形象的战略就会获得成功。

（3）塑造品牌形象的方法

作为广告科学派的代表，奥格威在《一个广告人的自白》中多次、反复地提及调查研究的重要作用。但是在面对"树立什么样的品牌形象"这一问题时，他却在该书中唯一一次否认了调查的作用，"调查研究对此也帮不了多大的忙。实际上你非使用判断力不可"[13]。如果广告从业人员过分依赖调查研究而不敢使用自己的判断力，那么广告容易变为一篇毫无情感的说明文，调查研究结果中的精华无法被发掘出来，更遑论塑造品牌形象了。

另外，"促使品牌形象不好的因素又是各式各样的——广告、定价、产品名称、包装、赞助过的电视节目、投入市场的时间长短等等"[14]。在这里，格威已经隐约表露出20世纪90年代末提出的"整合营销"思想，表明树立品牌形象需要广告从业人员建立大局观，结合多种传播手段来塑造品牌形象。

3. 品牌形象的维护

品牌形象有一个不断成长丰满的过程。奥格威指出，"不论做什么广告都不是一劳永逸的事，而是对他们的品牌个性的长期投资。他们向世界推出的是前后一致的品牌形象，而且这个形象还在不断地成长丰满"[15]。

奥格威告诫客户，目光短浅地打折促销以及其他类似的短期行为在经济活力匮乏时期会有一些好处，但是到了经济繁荣时期，这样的行为会给消费者一种廉价推销品的印象，降低品牌在消费者心中的信誉，无助于维护一个好的品牌形象，进而影响产品销售。毕竟"经常不断地使用削价促销会降低产品在消费者心目中的声誉。总是打折扣出售的东西会是好东西吗"？[16]改变"廉价货"之类不足的品牌形象是很不容易的，奥格威认为"换一个新牌子推倒重来更容易一些"。对于广告主提出的"改变"或者"提升"品牌形象的要求，广告从业人员首先要判断是否需要改变其形象，其次要分析影响品牌形象的真正原因，慎重地考量和策划。

从上述归纳整理中来看，大卫·奥格威在《一个广告人的自白》中所提出的品牌形象论还处于草创阶段，与后世不断发展完善的品牌理论相比，未免显得简单和粗略，但它已经涉及了品牌形象论的几个最基本的问题，为广告理论的发展做出了重要贡献。

第二节　品牌形象论的理论意义及其发展

一、品牌形象论的理论意义

20世纪50年代，品牌在美国获得了极度繁荣的发展。20世纪60年代，大卫·奥格威在《一个广告人的自白》中正式提出品牌形象论。尽管受限于彼时的市场环境和历史发展，这一理论在提出初期还未被完整深入地探讨，但这一理论的提出顺应了时代发展，并从理论和实践上为广告业的发展开辟了新的路径，引发了广告业划时代的历史变革，具有重大意义。其理论意义主要可以分为以下五个方面[17]。

（一）从产品到品牌的转变

20世纪初至50年代，被称作广告传播理论发展的产品推销期。在这个时期，广告作为一种推销手段被纳入市场学的研究范围，产品推销与销售促进是广告传播的研究重点。从硬性推销派和软性推销派到USP理论成为科学推销派的代表理论，其间的广告传播理论都是围绕产品本身展开的。

第二次世界大战以后至20世纪60年代，技术的提高和生产设备的改进使得商品空前丰富以及产品同质化的趋势日益严重，买方市场形成，产品和企业之间的竞争日趋激烈。除了市场环境的变化，媒介环境也日益复杂，广播电视之类的新兴媒介迅速普及，报纸杂志之类的传统媒介依旧发展。这些主要的社会背景使得这一时期的市场广告讯息猛增，争夺消费者的注意力成为广告的重要目标。品牌作为一种识别所有权的标识，被用于与竞争对手的产品或服务相区别，也是影响消费者对商品进行记忆和选择的重要手段。大卫·奥格威对品牌的作用进行了发现和揭示，使广告从重产品走向重品牌，这是一种理论视点的转移，使得广告从业人员在进行广告策划时更具全局观念。

（二）从产品功能到品牌形象的转变

硬性推销派代表克劳德·霍普金斯认为，"唯一的推销方式是通过某种途径让别人看到你在提供超值的服务"，也就是说广告必须讲述事实，这一事实是有关于产品超常满足用户功能利益的，而软性推销派的广告理论也提及了满足人情感的功能的广告可以收获成功，至于USP

理论，其主张了广告中必须包含特定的商品效用，给予消费者一个明确的利益承诺。可见，品牌形象论前的传统广告传播理论大多关注了产品的功能，产品功能是主要的广告诉求之一。

然而在20世纪60年代，在产品高度同质化而又竞争异常激烈的时代背景下，产品的功能差异不再明显，无论是物质性的还是情感性的，将产品功能作为主要诉求的广告理论都受到了很大的限制。在这种情况下，广告对品牌建设的重视应运而生。但是并非创建品牌就等于获得成功，奥格威指出，"只有无法摧毁的形象才能使你的品牌成为人们生活的一部分"，如果无法树立具体的合适的品牌形象，其广告效果也不显著。因而品牌形象论不仅将目光投向品牌，更是将重心从注重产品功能转移到注重品牌形象，为广告传播增加了形象传达这一维度。

（三）从产品独特的功能到品牌形象独特个性的转变

罗瑟·瑞夫斯的USP理论认为每个广告中都必须向消费者陈述一个独特的主张，这个主张必须是竞争者所不能或不会提出的，这个主张应该是某种具体的好处，这个主张一定要强有力地打动人。从其内涵不难把握，USP理论着眼于产品功能的诉求，实事求是的陈述，独特功能的主张，重视的是消费者的实际利益。

而大卫·奥格威用自己成功的广告实践，例如哈撒威衬衫广告证明了其至理名言："致力以广告为自己的品牌树立明确突出的个性的厂商会在市场上获得较大的占有率和利润。"品牌形象论认为广告从业人员替客户策划广告方案要以高瞻远瞩的眼光来为广告客户的品牌树起明确突出的个性。这种个性是品牌形象的独特之处，是具体的、不断成长的并且会最终决定品牌的市场地位。这一理论内涵意味着广告传播理论从独特的产品功能到独特的品牌个性的转变。

（四）从满足消费者的实际利益需求到满足消费者的心理感受的转变

品牌形象论，在当时就得到罗瑟·瑞夫斯的高度评价，他还将其与自己提出的USP理论进行了对比，认为"品牌形象论中真正有价值的部分是它强调了视觉符号。在这一问题上，品牌形象主义者很正确，因为没有人否认视觉符号能激起人们深藏的心潮"，进而总结"USP是表述的哲学，品牌形象是感受的哲学"。USP理论注重语言表达产品满足的实际功能利益，而品牌形象论注重用视觉符号代替语言同读者交流，从而超越语言层面与消费者建立联系，作用于其心理感觉。因而运用品牌形象论的广告具有强大的力量，能够在消费者心中留下一席之地。一个产品、一个品牌、一个企业，在消费者心中变得可爱、活泼、令人愉快、专业、有趣，产生了大量的美学意象，创造了情绪意义。

20世纪早期的软性推销派，虽然也主张广告要使消费者获得满足感，但这种情感建立在消费者购买后或产品赠与他人的行为基础之上，是通过赞美产品来给消费者提供拥有后的喜悦，广告通过暗示和联想传递的是产品的质量和声誉的完美印象。但这样的声誉只是一种品牌印象，其重点依然是产品本身，而非真正的品牌形象。

从心理学的角度来看，马斯洛需求层次理论认为人有五种层次的需要，从层次结构的底部向上，分别为生理需要、安全需要、社交需要、尊重需要以及自我实现需要。大卫·奥格威的品牌形象论虽未明言，但正与马斯洛的需求层次理论不谋而合，当消费者实现最基本的生理需要和安全需要后，他们便会追求更高层次的心理需要，因此广告需要重视满足消费者的心理利益需求，从目标消费者得到爱和归属的需要、获得尊重的需要、实现自我价值的需要等方面入手，塑造一个真正有人文关怀的品牌形象，引起共鸣。

（五）广告传播及其理论历史发展方向的重大转变

任何理论都不是凭空出现，而是有一个发展积累的过程，品牌形象论也不例外。李奥·贝纳的万宝路香烟广告，塑造了具有男子气概的全新品牌形象，受到了青年消费者的欢迎，成功打开了男性消费市场。这一广告实践用富有典型特征的视觉符号——西部牛仔与万宝路品牌进行了结合，是一次成功的品牌形象传达实践，在广告领域中预示着品牌形象时代即将到来。除了实践基础，20世纪上半叶的广告理论发展，包括在广告心理学、硬性推销派、软性推销派、科学推销派等流派中有所贡献的广告学大家，也为品牌形象论的提出创造了理论基础。但是作为理论的创造者，大卫·奥格威的功绩值得被历史和后人铭记，他用理论总结和创作实践为广告传播理论发展观念的变迁、理论视点的转移以及创意手段的丰富做出了杰出贡献，指示了一个全新的广告发展方向。

在奥格威之后，广告领域的后辈英才又用了半个世纪，不断补充、丰富、发展和完善品牌理论。可以说，品牌形象论预示着一个新的广告传播时代的到来。

二、品牌理论的发展

（一）"品牌"概念的发展

"品牌"（Brand）一词来源于古挪威文字"brandr"，意为"烙印"，这一词最初被用在畜牧业、手工业中，作为一种顾客识别产品的标记。18世纪末，随着资本主义在西方的发展，商标的作用逐渐被推广开来，品牌成为倾销商品和打击竞争对手的重要工具。科技革命的兴起导致生产技术和生产力快速发展，消费者对商品质量的高要求使得其对品牌的选择成为一种精神与信任的需求，在这一时期，一批世界闻名的品牌出现。第二次世界大战结束后，大型企业集团走向成熟，买方市场形成，品牌成为企业最为重要的无形资产，品牌经营逐渐成为企业发展战略的重心，现代意义的品牌由此出现。

现代意义的品牌概念最早由大卫·奥格威于1955年提出："品牌是一种错综复杂的象征——它是产品属性、名称、包装、价格、历史声誉、广告形式的无形总和，品牌同时也因消费者对其使用的印象以及自身的经验而有所界定。"美国市场营销协会在1960年对品牌的定义为"品牌是一种名称、术语、标记、符号或设计，或是它们的组合运营，其目的是借以辨认某个销售者或某群销售者的产品或服务，并使之同竞争对手的产品和服务区别开来"。美国"现代营销学之父"菲利普·科特勒认为，"品牌是一个名字、名词、符号或设计，或是上述的总和。其目的是要使自己的产品或服务有别于其他竞争者"。品牌专家戴维·阿克将品牌从"作为产品的品牌""作为组织的品牌""作为个人的品牌"以及"作为符号的品牌"四个层面进行了概念阐述。

在中国，有关品牌的概念定义也较为丰富。品牌专家梁中国认为："品牌使凝聚着企业所有要素的载体，使受众在各种相关信息综合性的影响作用下，对某种事或物形成的概念与印象。它饱含着产品质量、附加值、历史以及消费者的判断。在品牌消费时代，赢得消费者的心远比生产本身重要，品牌形象远比产品和服务本身重要。"

总而言之，目前有关于品牌的概念定义基本上都可以表述为公众对组织及其产品各项元素的认识的总和。名称、商标、包装、商标、设计、代言人、运营手段等与品牌密切相关的元素，影响着包括消费者、媒介人士、专家和有关机构对包括企业、产品的认识，这些认识决定了一个品牌是怎样的。

（二）品牌观的发展

经过20世纪的长程发展，品牌理论已经发展成为一套完整的品牌哲学体系。20世纪前半期大批品牌涌现，成功或失败的品牌实践为20世纪后半期的品牌理论建设提供了强大的基础。品牌理论的不断发展和创新伴随着品牌营销传播实践的不断突破，在这一过程中，品牌理论逐渐富有理论综合性，成为营销传播领域里的一座高峰。如今，品牌的涵盖已经超出了纯商业的领域，大到国家，小到个人，在社会、经济、文化、政治等各个领域都演化出无比生动的品牌图景。

在营销传播领域里，基于对品牌内涵认识的不断深化，品牌观基本呈现出品牌标识、品牌形象、品牌个性、品牌定位、品牌资产、品牌领导这六种主要的品牌理论。

表5-1　20世纪品牌观的主要理论

品 牌 观	时 间	理 论 要 点
品牌标识	20世纪上半叶	不同标识用于识别不同的产品和服务
品牌形象	20世纪60年代	广告要为品牌形象服务
品牌个性	20世纪50—80年代	品牌必须拥有独特的个性
品牌定位	20世纪70年代	品牌要找到目标市场和目标消费者
品牌资产	20世纪90年代初	品牌资产创造价值利润
品牌领导	20世纪90年代末	建立品牌领导模式

（三）从品牌标识意识到品牌形象论

在上一节中已经有所提及，奥格威提出的品牌形象论是一个具有深刻理论意义的发现，其使大众对品牌的认识从一个用于识别的商标变为消费者感知的形象。

20世纪初，生产商处于对批发商压力的对抗，同时也为方便消费者对商品的选择和记忆，尝试采取通过给产品附上商号或标记的办法，以使自己的产品与别的生产商的产品区别开来。[18]此时的品牌还只是一种简单的产品标识意识，并没有形成系统理论。在品牌的实际应用中，产品标识逐渐发展成为包括品牌名称、文字标记、图案标记、包装设计在内的品牌标识，提供品牌的外在识别。20世纪60年代，品牌形象概念的提出，进一步加强了品牌的识别作用，因为品牌标识极易被模仿，而品牌形象更难被抄袭，除了品牌标识，品牌形象还是一个包括定价、广告、营销等在内的复杂组合，特别是奥格威强调的品牌形象的个性特征，更是赋予了品牌形象丰富的内涵。

从品牌标识意识到品牌形象论，品牌观从外在识别逐渐走向内在性格塑造，并且已经涉及品牌理论的最基本命题，是广告传播理论史上的一次重要变革。品牌形象论被广泛地运用于品牌塑造实践中，并在世界范围内使得许多品牌得以腾飞。但是品牌形象论本身还是较为简陋粗糙的，并且在实践中呈现出了局限性，主要体现在，它是站在生产者的视角上来决定塑造何种品牌形象的，正如奥格威认为品牌形象的塑造需要依靠广告从业人员的判断力，这一理论指导下的品牌形象具有极大的主观性，忽视了消费者对品牌形象的感知和期待。

（四）从品牌形象论到品牌个性论

品牌个性论的起源可以追溯到20世纪50年代，但在理论上的发展较为缓慢，在20世纪80年代才兴起。美国精信广告公司突出提倡品牌个性，主张品牌的人格化，强调品牌独特的个性差异。知名学者詹妮弗·阿克为品牌个性下了一个明确的定义，即"品牌个性是指与品牌相连的一整套人性化特征"。著名品牌专家戴维·阿克提出的品牌个性是与给定品牌相联系的人格特质的组合，其提出的品牌个性维度量表用真诚、刺激、能力、高雅、粗犷五大要素对品牌个性进行衡量，并且认为产品种类、产品组件、产品价格、产品属性以及用户形象、赞助活动、品牌标记、品牌年龄、广告方式、产地、公司形象、公司总裁、名人代言等特征都是品牌个性的推动力。

奥格威的品牌形象论中已经涉及品牌的个性特征，但从两者的用词来看，奥格威用的是Personality，也可译作性格，而品牌个性论更多采用的是Character，亦被译作人格，可见两个理论既有延续，又有差别。在奥格威的品牌形象论中，强调的是更加宽泛的"性格"，性格没有特别的内在指向，依靠的是静止的视觉符号，目的是引起受众的认知和记忆；品牌个性论中的"人格"具有明确的内在指向，并且通过将品牌拟人化的方式动态地传递精神气质，进而展现品牌的价值观，目的是赢得受众的忠诚和崇拜。

总而言之，品牌形象包含品牌个性，但是品牌个性是品牌形象中最具价值最具活力的部分，是决定品牌之间区别的核心所在。品牌观从突出性格走向关注人格化，是品牌理论完善的表现。

（五）品牌定位论

20世纪70年代，艾·里斯和杰克·特劳特提出了定位论，被奉为新时代广告传播理论的经典，直到今天依旧盛行不衰。定位论认为真正值得考虑的是消费者头脑中已有的东西，定位就是对目标消费者心智所下的功夫，其目的是能在目标消费者心中得到有利的位置，成功的定位需要有选择性地缩小目标，抢占领导地位。而后菲利普·科特勒结合温德尔·史密斯的市场细分概念进一步发展和完善了定位论，并最终形成了成熟的市场定位论（Segmenting、

Targeting、Positioning，简称为STP理论），它是策略营销的核心内容，指企业在一定的市场细分的基础上，选择自己的目标市场，然后将定位落在目标消费者所偏好的位置上，通过战略性地策划一系列营销活动向目标消费者传达品牌的定位信息。

定位论最初用于产品定位，现在发展到涵盖更广的品牌定位论。品牌定位论弥补了品牌形象论的局限性，即不再依靠广告人员的主观判断而是根据目标消费者的心理、竞争对手的分析来塑造品牌，这为品牌观的发展提供了重要思路。

（六）品牌资产理论与品牌领导模式

在前面已经提到了戴维·阿克对品牌个性论所作出的阐释与丰富，事实上他对品牌理论的贡献远不止于此。作为20世纪后期最著名的品牌专家，在前人的理论基础之上，他还提出了品牌资产理论和品牌领导模式，这都是他对品牌理论发展的重大贡献。

品牌资产理论是他在1991年发表的《管理品牌资产》和1995年发表的《创建强势品牌》中提出的："品牌资产是一系列与品牌名称和标志相关的资产（或负债），它能够增加（或减少）产品或服务带给企业或企业顾客的价值。品牌资产的主要项目有：（1）品牌意识；（2）品牌忠诚；（3）感知质量；（4）品牌联想。"[19] 品牌意识是一个品牌在消费者心中的强度；品牌忠诚度可以创造价值，对忠诚度细分有助于创建强势品牌的战略和战术洞察；感知质量是一种品牌联想，可以推动财务绩效，也是品牌进行定位的关键维度；品牌联想由组织希望品牌在消费者心中的品牌形象所驱动，因此其关键就是拓展品牌形象，品牌形象由产品范围、产品属性、质量/价值、用途、使用者、来源国、组织属性、销售范围、品牌个性、品牌-顾客关系、视觉形象/符号以及品

图5-3 "品牌三部曲"中译本

牌传统构成，其结构由核心形象和延伸形象组成。品牌资产理论是资本经济发展愈加成熟的背景下的产物，是由企业的资本运作衍生而来。这一理论将品牌理论从制造差异化升级为创造价值和利润，提出建立强势的品牌资产是在市场竞争中赢得胜利的必经之途。

1998年，戴维·阿克发表了与前面两本书并称为"品牌三部曲"的《品牌领导》。在这本书中，他将品牌资产理论进一步深化，品牌观从战术管理到战略管理转变，提出品牌领导模式，相较于品牌资产理论更具有全球视野，对跨市场及跨国家的品牌战略管理提出建议，设计了一套全球品牌规划系统。品牌领导的任务主要有四点，首先要建立创建品牌的资质，其次要发展一个全面的能够指明战略方向的品牌架构，然后要通过品牌战略实现品牌识别和品牌定位，最后要建立能够追踪和测量效果的系统。品牌领导需要创建强势品牌，这需要做好品牌识别、品牌构架、品牌构建计划以及合理的组织结构与程序，还需要进行战略性的消费者分析、竞争者分析以及自我分析。品牌领导模式进一步对品牌关系谱进行完善，包括主品牌、品牌化组合、子品牌、背书品牌以及品牌组合体，为多品牌的公司提供了相应的品牌架构、品牌延伸和品牌全球化的策略。

总之，到了20世纪末，品牌已经远远超出了广告传播和市场营销的范围，成为一个具有复杂内涵的系统，是一个需要战略管理和经营运作的层级组织，需要相应的组织制度和管理制度与之相适应。

（七）奥美观点：360度品牌管家

奥美公司，作为大卫·奥格威创立的广告公司，延续了对品牌的重视。如今，进入奥美官网，便可以看到"我们是一个以创意驱动变革的网络，在复杂且高度互联的世界里让品牌更有意义"这一充分体现奥美价值观的标语。

20世纪90年代初，为了实现关于品牌的未来愿景，奥美发展了一套品牌管家之道，用于协助奥美人为客户善尽品牌管家的专业之责。所谓的品牌管家之道，是一个确保所有活动都能反映、建立并忠于品牌，以期积极主动地去管理产品与消费者的关系的完整的作业过程，基本上包括四大程序：（1）检视品牌有无资产；（2）确认或定义品牌精髓；（3）将品牌精髓反映于所有传播工具；（4）定期追踪品牌状况。

奥美的品牌管家之道，在世界各地的品牌实践过程中得以不断完善，并随着品牌疆域的拓展而发生改变，发展成为360度品牌传播与管理的思维，它要求把品牌作为一个整体看待。只有采取整体的观念和真正的、可以实现品牌体验的大创意才能在每一个消费者接触点被发展和实现。360度品牌传播从解决问题入手，用量身定制的方案解决问题，无论何时何地都使消费者与品牌的互动最大化，因而其没有媒体偏好，其操作系统包括审问、检验、界定和传播四步：（1）品牌扫描，即对品牌优势与弱势的评估；（2）品牌检验，即记录下消费者对品牌的认知，包括无形的感觉、印象、联系、意见、回忆闪现、希望和满足、批评和失望；（3）品牌写真，即用一组简洁的言辞投射出消费者与品牌的独特关系；（4）接触点，即评估品牌与消费者所有的接触点，寻找最佳时间、地点、行为和态度，以将品牌融入消费者的生活。

360度品牌传播与管理思维逐渐完善演化为360度品牌管家理论，其可以分为六个步骤：（1）信息收集，即品牌扫描；（2）品牌检验；（3）品牌探测，即探测包含品牌的忠诚消费者、客户代表、客户的品牌小组、代理商的品牌小组代表，以及品牌的公共关系、促销、包装公司代表等群体在内的完整样本的思想和态度，用以明确表达出种独特的品牌消费者关系；（4）品牌写真；（5）如何运用品牌写真，理解并重视品牌写真为创意工作展开提供思考点；（6）品牌检核，即检查有关品牌的要素是否仍然有效。

随着体验经济的提出，奥美的360度品牌管家演变为创造真正的、多面的360度品牌体验，致力于通过品牌与消费者的每一个接触点创造体验，而不是简单地传递理性的信息。可见，奥美的360度品牌管家理论并不是固定不变的教条，对品牌的理解和相应的操作程序会随着实践的不断深入而不断完善。

三、品牌意义的误读

品牌观的发展是广告传播乃至市场营销、企业管理等各个领域理论的重要发展，为世界范围内大大小小的企业提供了发展的战术和战略指导，产生了深远的意义。然而，如果企业只是秉承不顾实际的拿来主义，以及浅层地、片面地理解品牌理论，会使得品牌运作的实践走入误区，产生对品牌的误读。

首先，神化品牌的作用。在品牌理论中，品牌是一个企业、一个产品甚至一个广告获得成功的法宝，因而在市场上收到顶礼膜拜。许多企业一说到广告，说到营销，说到企业管理，就只能想到品牌，将品牌视作唯一的策略和营销手段，对其进行了神化，认为品牌无所不能。这是对品牌意义的夸张化，实际上不论什么理论都并非放之四海而皆准，品牌有自己的作用范围，品牌可以是企业营销战略的落脚点，但绝非企业经营管理的全部。

其次，品牌的虚化，即对品牌认知的片面化和简单化。许多企业将发展品牌当作企业的口号和空洞的目标，却没有对品牌有深刻的认知。许多人对品牌的理解还停留在品牌标识的阶段，忽视了品牌形象、品牌个性、品牌定位、品牌资产、品牌管理等更深层次的内涵，一个成功的品牌除了营销手段的使用，还需要产品质量、企业经营、内部建设、消费者服务等各方面的配合，否则品牌只是一个假大空的虚化概念，并没有落实到实际的企业经营中，更没有在消费者心中留下独特的位置。

最后，急功近利的心态。从大卫·奥格威的品牌形象论到戴维·阿克的品牌领导模式，无一不强调品牌建设的长期性，品牌建设不能一蹴而就，而是需要不断地投入和深厚的积累，数年如一日孜孜不倦地将核心不变的品牌内涵传递给消费者，才能在消费者心中留下稳固的印象，从而建立起富有竞争力的品牌。但是许多品牌却抱着急功近利的心态来经营品牌，并没有做好打好品牌建设持久战的准备，甚至满足于一时的成功没有持之以恒，导致品牌发展后劲不足。

第三节　奥格威品牌形象经典广告举要

大卫·奥格威最为人津津乐道的品牌形象广告就是他在1951年为哈撒威衬衣做的广告。哈撒威原是美国缅因州沃特维尔的一个小型衬衣公司，奥格威在广告预算只有3万元的情况下用一则"穿哈撒威衬衫的男人"的广告使该公司的衬衣在默默无闻百余年后，销量在一年中提高了三倍，变成闻名全国的衬衣品牌。

一、哈撒威衬衫广告的市场背景

20世纪50年代，战后的美国商品空前丰富，生产技术普及使得产品同质化严重。而衬衫这种商品很难创出品牌。因为20世纪50年代社交礼节上所需要的衬衫在式样、颜色、设计、长度等方面都很程式化，所以衬衫之间的差异性不显，能在领口、袖口和口袋上做的文章，却又为快速变化的时尚流行所影响，这些都给衬衫广告的创意表达设置了巨大的难度。

（一）箭牌衬衫

20世纪30年代的箭牌衬衫就是从衣领入手。作为最早且最容易辨认的流行形象，箭牌衬衫（Arrow Shirts）精心设计的"盖茨比"风格的浮华高领，成了美国讲究衣着的男士的标志。乔治·葛里宾（George Cribbin）受聘于扬罗比凯广告公司，于1938年为箭牌衬衫写了一则经典广告——《我的朋友乔·霍姆斯，他现在是一匹马了》。其文案内容如下：

乔常常说，他死后想要变成一匹马。有一天，乔死了。

5月初，我看到一匹拉牛奶车的马，看起来像乔。我悄悄地凑上去对他耳语："你是乔吗？"

他说："是的，可是现在我很快乐！"

我问："为什么？"

他说："我现在穿着一件舒服的衣领，这是我有生以来的第一次。我的衬衫的领子经常收缩，这简直能谋杀我。事实上，有一件衬衫真的使我窒息了。这就是我死亡的原因！"

"天哪，乔！"我惊讶失声："你为什么不把衬衫的事早点告诉我？我就会告诉你关于箭牌衬衫的事，它们永远合身而且不收缩，甚至织得最紧的深灰色棉布做得也不收缩。"

乔无力地说："唉！深灰色棉布是最会收缩的了！"

图5-4　箭牌衬衫广告，1938年

我回答说："可能是，但我知道'戈登标'的箭牌衬衫是不会收缩的。我现在正穿着一件。它经过机械防缩处理，收缩率连1%都不到！另外，还有箭牌独有的'迷淘嘎'特适领！"

"'戈登标'每件只卖两美元！"我说到高潮处。

乔说："真棒，我的老板正需要那种样子的衬衫。我来告诉他'戈登标'的事。也许他会多给我一夸脱燕麦。天哪，我真爱吃燕麦！"

口号：箭牌，机械防缩处理——如果没有箭牌的标签，那它就不是箭牌衬衫。

机械处理防缩——如有收缩不合，免费奉送一件作赔。

身为纽约文案俱乐部的杰出撰文家，乔治·葛里宾创作的这则广告文案是一部将故事体与谐趣体结合的佳作，极具趣味性，令人回味无穷，既使用了富有个性且新颖的创意，又对文字的表达进行了精雕细刻。从这则优秀的广告来看，可见箭牌衬衫的诉求重点——衬衫领子的优点及独特之处，将诉求集中于这一点上，结合新颖易懂的创意来表现，通过单纯的文稿使消费者更容易理解，且明确感知到商品的质量和特性，因而取得了成功。从广告创作来看，主要还是从产品的功能和特性出发来提出其广告主张。

（二）其他衬衫

除了从衬衫本身细微的设计差别来找寻广告主张之外，用穿衬衫的人来开创品牌的广告思维，其实也有其他品牌进行了尝试。如范·亨森世纪衬衫（Van Hensen Century Shirts）就曾选用了好莱坞演员，吹嘘这种衬衫更为耐穿，用了一系列广告体现其"不会起皱"的优点。然而这次广告运动没有取得良好的销售成绩，毕竟女性可能会倾倒于电影明星的魅力，但在这则广告中，好莱坞影星和衬衣之间并没有密切的关系，显得平淡无奇。

图5-5　范·亨森世纪衬衫广告，1938年

（三）哈撒威衬衫

1951年，哈撒威衬衫厂的老板埃勒顿·杰蒂找到刚开业三年的奥美广告公司创意总监大卫·奥格威，对他说："我们准备做广告了。我们的广告预算每年还不到3万美元。但我可以向你保证，如果你肯接受，我决不改动你的广告文案一个字。"奥格威接受了这个动人的建议，并决心为如此配合和理解广告公司的客户制作一则比箭牌衬衫经典之作更好的广告。尽管箭牌衬衫的广告预算是200万美元，但他手头只有3万美元。

受益于奥格威在盖洛普研究所的工作经历，他曾见过的一个调查报告表明：能吸引读者的是那些能引起读者好奇心并促使他们探究的东西，即"故事诉求"，广告中故事诉求越多，读者也越多。因此奥格威决心用"故事诉求"做好这个只有6 000美元利润的广告。他想了18种"故事模板"，其中有一个设想就是让模特戴上一只眼罩，这源自奥格威幼年时崇敬的一位小学校长和一位大使的真实形象。然而奥格威否决了这个方案而赞成另外一个看起来会更好些的方案。

在某个阴湿的周二早晨，在去摄影棚的路上，奥格威顺道去药店花1.5美元买了一只眼罩，最后制作了以"穿哈撒威衬衫的男人"为标题的广告并将其刊登在《纽约客》杂志上，这则成功的广告使哈撒威衬衫一炮走红。

二、哈撒威衬衫广告内容

（一）广告标题

穿哈撒威衬衫的男人。

（二）图片内容

一个戴着眼罩、发型一丝不苟、蓄着漂亮胡子、穿着哈撒威衬衣的中年男子（模特是俄国贵族乔治·朗格尔男爵）仪表不凡地站在布匹边上，一手撑腰，身姿挺拔，目光没有直视镜头而是稍稍向右斜视，他左边裤子口袋上的手显示正有人为他悉心服务着。

图5-6 哈撒威衬衫广告，1951年

（三）广告正文

美国人开始认识到，买一套高档西服，却配上一件批量生产的廉价衬衫，既毁坏了整体效果，又愚蠢滑稽。因此，哈撒威衬衫的流行，正符合它所处阶层的需要。

哈撒威衬衫更耐穿，穿几年都没问题。哈撒威衬衣精心裁剪的衣领则会使您显得更年轻、更潇洒。整件衬衫更为熨帖的裁剪，使您穿着也更舒适。下摆更长，紧贴西裤。纽扣用珍珠母制成，针脚甚至保留了一种南北战争前的优雅气质。

最重要的是，哈撒威衬衫用全世界各地进口的最有名的布料来缝制衬衫——从英国来的棉毛混纺的斜纹布，从苏格兰奥斯特拉德来的毛织波纹绸，从西印度群岛来的手织绸，从英格兰曼彻斯特来的宽幅细毛布，从巴黎来的亚麻细布。穿着品位如此出色的衬衫，定会使您从容自若。

哈撒威衬衫由缅因州渥特维尔小城中一家小工厂里敬业的员工们精心缝制的。先生们，他们的手艺已经流传了120年。

各地正规商店有售，或致信缅因州渥特维尔哈撒威公司索要离您最近的商店店址。在纽约，请致电OX7-5566。衬衫售价为5.95美元—20美元。

（四）创意发展

大卫·奥格威为哈撒威衬衫品牌名声大噪所做的努力并不止步于这一张印刷广告，而是通过后续广告活动的开展加深了哈撒威衬衫的品牌形象。这个戴眼罩的男人在卡内基大厅指挥纽约爱乐乐团、演奏双簧管、临摹戈雅的画、开拖拉机、击剑、驾驶游艇、购买雷诺阿的画等等，为了克服模特在摄影机前的摆动习惯，奥格威甚至使用铁管帮他固定住动作以保证一致性。这位高雅男士总是在思考下一个鸡尾酒会上该做些什么，连奥格威自己都说："其实我真希望自己是这个模特。"

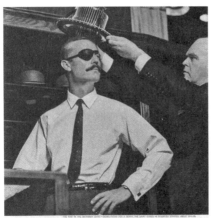

Hathaway adds a dignified white collar to the *joie de vivre* of stripes

Hathaway's Aertex Club—a damnably smart leisure shirt

(with 987,693 tiny windows to keep you cool)

The Gun is a $2,000 Purdy from England

(The shirt: A Sea Island Cotton from Hathaway)

Hathaway improves the drip-dry shirt—$6.95 in India Ivory

e9

Hathaway imports Sea Island cotton shirting

Hathaway introduces the first Sea Island Oxford

Hathaway reveals the truth about men who wear drip-dry shirts

Hathaway and the Duke's stud groom

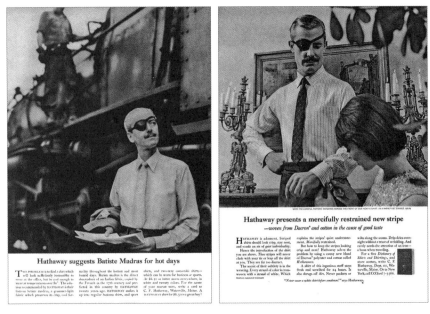

图5-7　哈撒威衬衫系列广告

三、哈撒威衬衫广告评析

（一）广告创意

　　作为美国20世纪60年代广告创意三大旗手之一的大卫·奥格威，十分重视在广告中使用上乘的创意。他提出的品牌形象论为广告创意提供了一个新的思考视点，创意不等同于用出人意料的幽默笑料使消费者忍俊不禁，而应该用令人印象深刻的视觉符号为树立明确突出性格的品牌形象做贡献。除了与众不同的表现方式，品牌形象论所追求的创意不能游离于产品或者服务之外，割裂感会为品牌形象的塑造造成困扰，创意必须突出产品的优点以及它与消费者生活的关系。

　　在哈撒威衬衫的广告中，图片占据了版面的绝大部分篇幅，且广告插图采用的是促销力更好的照片，包含的信息可以传递更多的欲望诉求，吸引更多的读者。图片中心的人物牢牢抓住了读者的视线，引起他们的好奇心进而阅读广告文案。正如奥格威自己所认为的那样，一个眼罩不会比衬衫更有吸引力，但是眼罩成了吸引消费者并使消费者记住的品牌标记。在哈撒威衬衫的第一个广告中，眼罩、衬衣、斜视、撑腰等视觉符号和谐地将故事诉求包含在广告中，加上外貌酷似作家福克纳的模特，营造出一种微妙的气氛感觉，塑造出一个傲慢但又有性格的高雅男士形象，他优雅有风格但并不具有攻击性，过着一种悠然惬意、超然世外的自在生活。这样的广告形象也为哈撒威衬衫这一品牌赋予了高级、与众不同的品牌形象，使其从当时同质化严重的衬衫市场中脱颖而出。

　　哈撒威衬衫的广告在市场上获得成功，这一创意持续了超过五年，同一个戴眼罩的模特出现在各种场景中，保证了品牌形象的一致性和连贯性，加深了消费者对哈撒威衬衫高级感的印象，因而产生了极佳的传播效果，许多报纸文章将其作为报道题材，其他品牌的模仿者在全世界层出不穷，都证明了这一创意策略的效果之好，进一步验证了品牌形象论中所指出的品牌形象需要长期一致地传达的原则。

（二）广告文案

并没有证据表明这则广告的成功单纯依靠广告中的插图，大卫·奥格威作为知名撰稿人在这篇广告中也展示了其高超的文案写作水平。

这则广告的标题"穿哈撒威衬衫的男人"遵循了奥格威自己总结的文案写作原则。首先，标题中要强调品牌名称，读者只需一眼就知道了男人穿的是哈撒威衬衫。其次，标题简洁明了，并能够引起联想，这个男人有什么故事？为什么要选择哈撒威衬衫？

在这则广告的正文中，奥格威给消费者传达了许多关于哈撒威衬衫的事实。虚张声势的广告难以促进销售，而告诉消费者越多事实，广告的推销效果越好。广告正文中的第二段和第三段直截了当地讲述了哈撒威衬衫的耐穿、剪裁精致、版型佳、气质优雅、面料上乘等事实，并且辅以相关的证据说明，例如可以穿好几年、珍珠母的纽扣、更长的下摆、面料来自世界各个优质产地等等，文案中没有旁敲侧击和矫揉造作，而是站在使用者的角度，使用平实的语言全面而又详细地介绍衬衫。因而，读者也在这一则广告长文案中感受到了品牌的真诚和用心，促使消费者采取购买行动。

这则广告的整体风格乍一看似乎过于平淡，但这朴实无华的风格正是对其产品定位的准确把握，迎合了目标消费者的需求特性和使用特性，因而可以引起消费者的共鸣，促使其进行购买。毕竟广告的最终目的永远是实现其销售目标。

思考与练习

1. 奥格威品牌形象论的主要内容是什么？
2. 试找寻近几年使用品牌形象论并取得了较好传播效果的广告，分析其塑造了什么样的品牌形象，为何会取得成功？
3. 请思考品牌形象论在中国市场的广告实践中会遇到哪些问题，应该如何克服？

参考文献

1. 大卫·奥格威. 一个广告人的自白［M］. 林桦译. 北京：中国物价出版社，2003：20—21.
2. 大卫·奥格威. 一个广告人的自白［M］. 林桦译. 北京：中国物价出版社，2003：23.
3. 大卫·奥格威. 一个广告人的自白［M］. 林桦译. 北京：中国物价出版社，2003：12—13.
4. 大卫·奥格威. 一个广告人的自白［M］. 林桦译. 北京：中国物价出版社，2003：4.
5. 大卫·奥格威. 一个广告人的自白［M］. 林桦译. 北京：中国物价出版社，2003：104.
6. 大卫·奥格威. 一个广告人的自白［M］. 林桦译. 北京：中国物价出版社，2003：110.
7. 大卫·奥格威. 一个广告人的自白［M］. 林桦译. 北京：中国物价出版社，2003：114.
8. 大卫·奥格威. 一个广告人的自白［M］. 林桦译. 北京：中国物价出版社，2003：115.
9. 大卫·奥格威. 一个广告人的自白［M］. 林桦译. 北京：中国物价出版社，2003：116.
10. 大卫·奥格威. 一个广告人的自白［M］. 林桦译. 北京：中国物价出版社，2003：114.
11. 大卫·奥格威. 一个广告人的自白［M］. 林桦译. 北京：中国物价出版社，2003：117.
12. 大卫·奥格威. 一个广告人的自白［M］. 林桦译. 北京：中国物价出版社，2003：115.
13. 大卫·奥格威. 一个广告人的自白［M］. 林桦译. 北京：中国物价出版社，2003：114.
14. 大卫·奥格威. 一个广告人的自白［M］. 林桦译. 北京：中国物价出版社，2003：115.
15. 大卫·奥格威. 一个广告人的自白［M］. 林桦译. 北京：中国物价出版社，2003：115.
16. 大卫·奥格威. 一个广告人的自白［M］. 林桦译. 北京：中国物价出版社，2003：117.
17. 何平华主编. 中外广告案例选讲［M］. 武汉：华中科技大学出版社，2010：59—60.
18. 张金海. 20世纪广告传播理论研究［M］. 武汉：武汉大学出版社，2002：114—115.
19. 戴维·阿克. 品牌三部曲创建强势品牌［M］. 李兆丰译. 北京：机械工业出版社，2012：5.
20. 魏炬. 世界广告巨擘［M］. 北京：中国人民大学出版社，2006：1—477.
21. 吴予敏主编. 广告学研究专题导引［M］. 北京：高等教育出版社，2015：1—520.
22. 詹姆斯·B. 特威切尔. 震撼世界的20例广告［M］. 傅新营，蔚然译. 上海：上海人民美术出版社，2003：1—176.
23. 戴维·阿克. 管理品牌资产［M］. 北京：机械工业出版社，2012：1—267.
24. 戴维·阿克，埃里克·乔基姆塞勒. 品牌领导［M］. 耿帅译. 北京：机械工业出版社，2012：1—283.
25. 宋秩铭，庄淑芬等. 奥美的观点1［M］. 北京：企业管理出版社，2000：1—463.
26. 马克·布莱尔，理查德·阿姆斯特朗，迈克·墨菲. 360度品牌传播与管理［M］. 胡波译. 北京：机械工业出版社，2004：1—178.
27. 奥美公司. 奥美观点精选品牌卷［M］. 北京：中国市场出版社，2009：1—179.
28. 余明阳，朱纪达，肖俊崧. 品牌传播学［M］. 上海：上海交通大学出版社，2005：1—296.
29. 余明阳主编. 品牌学［M］. 合肥：安徽人民出版社，2002：1—688.

第六章

《创建强势品牌》
——戴维·阿克与"品牌个性"理论

第一节 《创建强势品牌》主要内容及
核心思想述评

一、戴维·阿克小传

戴维·阿克，1938年出生于美国北达科他州法戈，目前是全球品牌和营销咨询公司先知品牌战略咨询公司（Prophet Brand Strategy）的副总裁、日本电通广告公司顾问以及美国加州大学柏克利分校哈斯商学院的营销学名誉教授。戴维·阿克是市场营销方面的专家，当前美国品牌界的领军人物，也是品牌和品牌资产领域极具影响力的权威学者之一，被《品牌周刊》誉为"品牌资产的鼻祖"。

图6-1 戴维·阿克

阿克先生先在马萨诸塞理工学院取得学士学位，后在斯坦福大学取得硕士及博士学位。他在《哈佛商业评论》《营销学》《加州管理评论》等著名专业类媒体上发表过100余篇专业论文，其中有三篇曾赢得最佳论文奖。他先后出版了14种品牌、营销相关专业的著作，其中的《管理品牌资产》（1991，*Managing Brand Equity*）、《创建强势品牌》（1995，*Building Strong Brands*）和《品牌领导》（1998，*Brand Leadership*）被喻为"品牌三部曲"。《管理品牌资产》定义了品牌资产的概念，并阐述了它对公司及其客户的价值；《创建强势品牌》描述了许多公司用来管理品牌的品牌识别模型，并介绍了品牌资产的测量结构；《品牌领导》扩展了品牌识别模型并为品牌建设计划增加了具体的说明。因其对当今品牌营销变局的深刻洞见，以及对品牌资产、品牌识别和品牌领导等概念和法则的创造性阐述而畅销全球，对全球企业界产生了广泛、深远的影响。《管理品牌资产》《创建强势品牌》和《制定商业战略》（*Developing Business Strategies*）被翻译成八种以上语言的版本。他出版的《品牌相关性：让竞争对手变得无关紧要》被《广告时代》评为2011年"你应该阅读的十本营销著作"，并被《战略与商业》评为年度前三名营销书籍之一。此外，阿克先生在美国营销协会的营销新闻中也有一个名为"阿克谈推广"（Aaker on Branding）的定期专栏。

表6-1　戴维·阿克出版书目汇总

年　份	出　版　物
1991	《管理品牌资产》
1996	《创建强势品牌》
1998	《品牌领导》(与埃里克·乔基姆塞勒合著)
2000	《品牌领导力：品牌革命的下一个层次》(与埃里克·乔基姆塞勒合著)
2001	《制定商业战略》
2004	《品牌组合战略：创造相关性、差异化、能量、杠杆和清晰度》
2005	《从 Fargo 到品牌世界：迄今为止我的故事》
2007	《战略市场管理》
2008	《跨越简仓：新的 CMO 势在必行》
2010	《品牌相关性：让竞争对手变得无关紧要》
2011	《品牌建设与社交媒体》 《偏好与相关性》 《赢得品牌相关性战争》 《成功零售概念的八个特征》 《个人品牌访谈：戴维·阿克》
2014	《阿克谈品牌推广》

戴维·阿克是公认的品牌领域研究的权威，开发出了一些公认的概念，包括品牌愿景模型、品牌五大个性要素等，为在激烈的市场竞争中迷失方向的企业家们提供了指南，也奠定了自己在品牌营销领域的"教父"地位。因对营销科学的发展做出的杰出贡献，戴维·阿克1996年被授予保罗·康弗斯奖（Paul D. Converse Awards），2004年获得了麻省理工学院Sloan Buck Weaver营销奖，2015年还入选了美国纽约营销协会名人堂。2020年，他获得了谢思基金会营销奖学金和实践杰出贡献奖章。

现任可口可乐首席营销和商务官的约瑟夫·V. 特里波迪（Joseph V. Tripodi）表示："戴维·阿克确实给了商业世界一份礼物：关于品牌管理和领导原则的高度简洁、非常有说服力和洞察力的教程。"

表6-2　戴维·阿克年表

年　份	重　要　事　件
1938	出生于美国北达科他州法戈
1961	在马萨诸塞理工学院取得学士学位
1966	在斯坦福大学取得硕士及博士学位

（续表）

年　份	重　要　事　件
20世纪80年代中期	将研究重点转向了品牌和品牌战略。阿克认为，简单地增加广告预算并不一定会实现目标，人们需要一个改变航线的理由，并提出品牌资产概念
1991	出版《管理品牌资产》，定义了品牌资产的概念并阐述了它对公司及其客户的价值；提炼出品牌资产的五大个性要素；此后，品牌管理成为一种战略而不是策略，得到了企业高层管理者的关注
1995	出版《创建强势品牌》，描述了许多公司用来管理品牌的品牌识别模型，并介绍了品牌资产的测量结构
1996	被授予保罗·康弗斯奖
1998	出版《品牌领导》，扩展了品牌识别模型并为品牌建设计划增加了具体的说明。至此，"品牌三部曲"完成
2000	获得了维查·玛哈简奖
2004	获得了麻省理工学院Sloan Buck Weaver营销奖
2005	获得了营销管理协会所颁发的"营销创新贡献奖"
2011	《品牌相关性：让竞争对手变得无关紧要》被《广告时代》评为2011年"你应该阅读的十本营销著作"，并被《战略与商业》评为年度前三名营销书籍之一
2015	入选了美国纽约营销协会名人堂，被称为"品牌界的柏拉图和牛顿"
2020	获得了Sheth基金会营销奖学金和实践杰出贡献奖章
2021	全球品牌和营销咨询公司先知品牌战略咨询公司的副总裁、日本电通广告公司顾问以及美国加州大学伯克利分校哈斯商学院的营销学名誉教授

（本书整理）

二、《创建强势品牌》的框架内容及品牌个性主要思想

《创建强势品牌》写于1995年，是戴维·阿克"品牌三部曲"的第二部，全书围绕着品牌识别的概念，探讨了以下五个主题：

第一个主题深入探讨了什么是品牌识别，以及怎样建设和发展品牌形象。品牌形象是品牌被消费者感知的方式，品牌识别则是品牌希望如何被消费者感知。戴维·阿克鼓励企业在建立品牌识别时，不要将目光局限在相关产品的产品属性上，而要综合考虑情感利益和自我表达利益、组织属性、品牌个性以及品牌标识。戴维·阿克看待品牌识别的视野更加宽广，致力于为品牌创造真正的差异化价值。

第二个主题是如何管理品牌识别，包括建立品牌定位和执行计划，需要利用一系列的信息和符号标志去适应各种环境变化的需要。

第三个主题是以品牌系统概念的探索为核心，为品牌管理理论增添了新的维度和视角。品牌系统可以强化清晰度，形成协同效应，品牌系统的混乱容易造成矛盾。该书还从品牌系统的观点

对品牌扮演的角色进行分析，认为可以通过垂直或者水平延伸发展发挥品牌的优势，为品牌系统管理提供了方法论支持。

　　第四个主题是探讨了衡量跨产品和跨细分市场的品牌资产的方法，这些方法能指导建立和管理多市场和多品牌的实践。

　　第五个主题是探讨了品牌培养的组织方法与模式。品牌需要处理品牌系统的问题，还需要在不同市场、产品、角色和环境下进行协调。

　　总体而言，《创建强势品牌》主要关注品牌识别系统的建立，对一些基本的品牌识别概念进行了阐述，对如何建立品牌识别系统打造了相关的方法论和体系。其中的很多观点如今都已经成为品牌识别系统领域中耳熟能详的基本概念，这本书对我们深入了解和学习品牌识别系统具有极大的价

图6-2　创建强势品牌

值。同时作者通过大量的案例研究和实例加以支持，为读者理清思路。尽管著作以品牌识别为论述目标，但品牌个性却构成其核心理论支撑。

　　品牌个性很早就有学者提出（加德纳和李伟，1955），但一直以来，品牌个性论的研究进展比较缓慢。戴维·阿克的《创建强势品牌》一书不仅为"品牌个性"下了一个明确的定义，更是提出了品牌个性应该关注的问题，包括如何测量品牌个性，如何创建品牌个性，以及如何利用品牌个性等，为品牌个性论创建了基本研究维度和逻辑构想。

（一）什么是品牌个性

　　戴维·阿克作为品牌个性研究的知名学者，给品牌个性下了一个明确的定义，即品牌个性是指与品牌相连的一整套人性化特征，包括了性别、年龄、社会经济地位这些特点以及传统意义上的人性特征如温暖、关怀和感伤等。品牌个性具有相当多的表面效度，就如同人的个性一样，既是独特的又是持久的，并且在消费者的表面识别率很高，是品牌识别的一个重要组成部分。

　　品牌个性来源于"消费者对品牌的联想、公司努力塑造的形象以及与产品属性有关的方面"。和产品相连的属性倾向于向消费者提供实用功能；而品牌个性倾向于向消费者提供象征性或自我表达功能——对一些人来说，品牌个性是表达自己个性的一种方式，提供情感利益；对一些人来说，与一个具有强烈个性的组织和产品建立联系是把自己与一个具有同样价值观和生活理念的团体关联了起来。受众会倾向于使用与其个性相仿的品牌，以"品牌个性来展现自我的感觉"。

　　根据戴维·阿克对品牌个性的定义，可以延伸出以下几层含义：

　　第一，品牌个性是以品牌定位为基础的，是对品牌定位的战略延伸，也是对品牌内涵的进一步挖掘。该策略理论在回答广告"说什么"的问题时，认为广告不只是说利益、说形象，而更要说个性，由品牌个性来促进品牌形象的塑造，通过品牌个性吸引特定人群。首先，品牌定位是品牌个性的基础。因为品牌定位确定了品牌长期的基本目标群。品牌个性应该以品牌的基本目标群的共同特质、"社会性格"和共同的生活态度、价值观为基础，作为品牌个性的"塑

造平台"，再加以创造性发挥，而不能违背这种基础。其次，品牌个性又具有相对的独立性。现实中，相似的品牌定位，却可能有两种差异较大的品牌个性。这是因为，品牌个性的"塑造平台"内涵丰富，而不同的品牌对它的理解会有所不同，侧重点会不同，对它们随时代的变化而变化的敏感度不同，加之在塑造品牌个性上整合传播的水平不同，以上种种，导致同一个平台会延伸出差异较大的品牌个性。最后，和品牌定位一样，品牌个性也属于品牌创建的战略层面。品牌定位如果不变，以之为平台塑造的品牌个性一般不宜轻易改变；而一旦品牌定位改变了，则品牌个性往往要随之改变。

第二，品牌个性往往用人性化特征来表达。企业品牌个性是以心理学的个性概念为基础的，指和品牌相连的一套人性化特征，而不是以哲学的个性概念为基础和共性相对而言的个性。此外，品牌个性，不仅包括品牌的人格、性格，还包括品牌的人口统计特征，如年龄、性别、职业、阶层、地域等。因而，对品牌加以人性化改造，符合时代发展的趋势。一个品牌被人性化了，就有了灵气，有了人情味，就能和感性的消费者进行深层次的情感沟通，这十分有利于形成较高的品牌忠诚度。对品牌进行人性化表达，并不是否定从产品的实用功能出发来塑造品牌个性的广阔舞台，相反，从产品的实用功能来塑造的品牌个性，对之添加进人性化的内涵也是有益的。例如，以安全、耐用为独特卖点和个性的沃尔沃品牌，也可以添加进令人信赖、放心、稳重、成熟等人性化的个性特质。

第三，品牌个性是品牌形象的核心部分和最活跃的部分。品牌形象是消费者对品牌的所有联系进行综合加工后在其头脑中的反映，这种联系可以分为表面的、浅层的联系，也可以分为内在的、深层次的联系。两者都可以制造品牌形象，但前者只能形成表层的、无生命的品牌形象；而作为内在的、深层次的联系，品牌个性能制造鲜明的、有生命的品牌形象。由此也可看出，从有无个性来看，品牌形象可分为两大类，一类是无个性的、浅层的品牌形象，另一类是有个性的、有生命的品牌形象。

第四，品牌个性与品牌个性目标的关系。分清这两个概念很重要。所谓品牌个性目标，简而言之，就是品牌管理者策划、期望的品牌个性。它是品牌个性塑造工作努力的目标和方向，常常用一些描述人的个性的形容词来界定。品牌个性目标还是一个主观的美好的设想，须通过洞察消费者心中所想，通过正确的品牌传播活动，才有可能达到设想的目标；而品牌个性是存在于消费者脑海中的，向品牌形象一样，它是客观和主观的统一体，既有客观事实为内容，又有因人而异的主观性。通过发起含有新事实的广告、公关、赞助等品牌传播活动，提供新的品牌联系。

（二）如何测量品牌个性

一个品牌可能具有复杂的个性。戴维·阿克认为，品牌可以人格化，人格特征可以用在品牌上。用于描绘一个人的词同样可以用来描绘品牌个性，一个品牌可以用人口指标（年龄、性别、社会等级以及种族）、生活方式（活动、兴趣以及观念）或者人类个性特征（如外向、宜人和可靠性）来描述。

1. 品牌的五大个性要素

1997年，阿克第一次根据西方人格理论的"大五"模型，以个性心理学维度的研究方法为基础，以西方著名品牌为研究对象，发展了一个系统的品牌个性维度量表作为测量品牌个性的基本框架。詹妮弗·阿克（1997）将114个个性特征应用于37个不同品类的品牌，由600多个美国人进行评分，最终测量出品牌个性的"真诚""刺激""能力""精致""粗犷"五大因子。这五个品牌个性维度能解释93%的品牌个性差异，是迄今为止对品牌个性所做的最系统、最有影响的测量量表，为学者提供了一个新的研究思路，因而在西方品牌个性论研究和实践中得到了广泛应用。

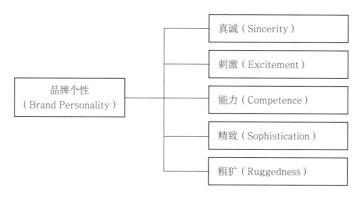

图6-3 品牌个性维度量表

五大个性要素被进一步分解为细致的侧面，用来解释五大维度的性质和组成要素。下图中就给出了15个侧面的描述性陈述。比如真诚纬度被分解成为纯朴、诚实、有益、愉悦四个侧面，而刺激的个性维度包括大胆、有朝气、富有想象力最新四个侧面。一个品牌可以横跨几个个性侧面，可以是真诚的、刺激的、有能力的。

表6-3 品牌五大个性要素

五大个性要素	不同层面	词 语 描 述
真诚（如康柏、贺曼、柯达）	纯 朴	家庭为重的、小镇的、循规蹈矩的、蓝领的、美国的
	诚 实	诚心的、真实的、道德的、有思想的、沉稳的
	有 益	新颖的、诚恳的、永不衰老的、传统的、旧时尚的
	愉 悦	重感情的、友善的、温暖的、快乐的
刺激（如保时捷、绝对牌伏特加、班尼顿）	大 胆	极时髦的、刺激的、不规律的、俗丽的、煽动性的
	有朝气	冷酷的、年轻的、活力充沛的、外向的、冒险的
	富有想象	独特的、风趣的、令人惊讶的、有鉴赏力的、好玩的
	最 新	独立的、现代的、创新的、积极的
能力（如美国运通、美国有线电视新闻网、IBM）	可信赖	勤奋的、安全的、有效率的、可靠的、小心的
	聪 明	技术的、合作的、认真的
	成 功	具有领导能力的、有信心的、有影响力的

（续表）

五大个性要素	不同层面	词 语 描 述
教养（如凌志、奔驰、露华浓）	上层阶级	有魅力的、好看的、自负的、世故的
	迷 人	女性的、流畅的、性感的、高尚的
强壮（如李维氏、万宝路、耐克）	户 外	男子气概的、西部的、活跃的、运动的
	强 韧	粗野的、强壮的、不愚蠢的

阿克认为，这15个侧面指标很好地描述了许多强势品牌的个性，并且对品牌战略选择具有指导意义。一个品牌，在真诚纬度方面得分较高的，有可能是因为在愉悦的（重感情的、友善的和温暖的）侧面而非诚实的（诚心的、真实的和道德的）侧面方面得分较高。或者具有较高能力维度的品牌可以将重点放在聪明的（技术的、合作的和认真的）侧面而非成功的（具有领导能力的、有信心的、有影响力的）特征上。在不同情况下，个性目标和战略运用都是非常不同的，利用五大个性要素的不同层面，能够很好地为实际营销战略服务。

2. 品牌个性与态度变量之关系

戴维·阿克的品牌资产模型将品牌资产的来源分为品牌知名度、感知质量、品牌关联度和品牌忠诚度四个方面。品牌知名度是消费者对品牌名称的认知；品牌感知质量是消费者对品牌产品属性的认知；品牌关联度是消费者与品牌的关系维度的认知，代表了消费者与品牌之间的情感联系；品牌忠诚度是消费者对某一品牌的积极态度从而体现在不断购买产品的行为上。消费者品牌态度的形成，与品牌资产息息相关，而品牌个性又是品牌资产的一部分，因此品牌个性对消费者的品牌态度会产生显著的影响。

不同品牌的个性与人们的态度呈现出不同的关系。对某个品牌来说，独特、张扬个性、与众不同的品牌个性或者刺激和能力会提供正向的态度价值；而对其他平台来说，可能会产生负面的态度影响。比如王老吉常以"凉茶始祖"作为广告策略，通常会使用"真诚"的个性特征向消费者介绍品牌的悠久历史，而因此"新奇""时尚"等品牌个性或许就不适合王老吉。

然而，从总体来说，与积极态度联系最为紧密的个性特征是真诚因素（如真实的、诚恳的、新颖的）以及能力因素（如可信赖的、具有领导能力的）。

（三）如何塑造品牌个性

品牌个性的塑造与运用也是品牌个性论的一个重要研究领域。戴维·阿克认为，品牌个性会受到与它相关的所有的事物影响，主要有直接和间接两大表现形式。无论是否与产品直接相关，都会影响品牌个性的感知，因此可以通过两种途径来塑造品牌个性。

一种是和产品相关的特性，如品牌产品的产品种类、组件、价格、包装、基本属性等，主要通过产品的一些细节要素来间接地让消费者感知品牌个性；另一种是与产品不相关的特性，如品牌本身的用户形象、赞助活动、品牌历史、品牌原产地、广告风格、公司形象和品牌代言人以及品牌标识等，可以直接让消费者感知品牌个性。想要塑造成功的品牌个性，必须从这两种途径入手。

表6-4　品牌个性的推动力

与产品相联系的特征	与产品没有联系的特征
产品种类（银行） 组件（捷威电脑） 价格（蒂芙尼） 属性［银子弹啤酒（Coors Light）］	使用者形象（李维斯501牛仔裤） 赞助（斯沃琪） 标记（万宝路乡村） 年龄（柯达） 广告方式（诱惑） 产地（奥迪） 公司形象（美体小铺） CEO（微软的比尔·盖茨） 名人代言（吉露）

1. 与产品相关的

与产品相关的特征是品牌个性的基础推动力，产品属性与品牌个性是相互影响的关系，产品属性会影响品牌的个性，品牌个性也可能展示或者增强产品的某些属性。

（1）产品及服务差异化

在激烈的市场竞争中，产品之间的同质化现象越来越严重，产品、服务、销售渠道、促销手段、新技术等等都在同行业中越来越快地普及，如何让自己的品牌在众多品牌中脱颖而出，产品与服务的差异化是最有效的手段。如中国老字号中药品牌"云南白药"，相比其他的日化类牙膏，结合自身云南白药的优势，将自己定位为"药物牙膏"，只针对那些口腔溃疡、牙龈肿痛的人群。云南白药开发出了白药膏、气雾剂等众多止血类衍生产品，塑造出老品牌、新技术的产品形象，而品牌个性也由此演化为"经典的、创新的"。

（2）包装及视觉风格

包装被称为"无声的推销员"。对品牌包装的造型、标志、图形、字体、色彩等各种手段的综合运用，都有助于品牌个性的塑造与强化。如无印良品发家于一个日用品杂货店，具有浓厚的日式风格，强调简约、自然、质朴，最为突出的品牌个性就是它名字的含义"没有商标"和"优质"，在极力淡化品牌的意识中反而突出了这一个性。产品的包装及总体的视觉风格简单舒适，天然质朴，却意外地符合很多现代人的生活理念，这促使无印良品的门店总是受到众多消费者的光临。

（3）价格

价格是顾客最能直观感受到和最敏感的商品的特性之一，所以不同价格能够给顾客带来不同的品牌感受。有些品牌习惯以折扣或价格促销手段来吸引顾客，而有些品牌却奉行"永不打折"的原则，这必然会留给顾客以不同的品牌感应。

比如，金丝猴利用生产成本优势，以一贯的低价但并不低廉的产品质量赢得了大众市场，在消费者心中留下"价廉、质优、自然"的形象，折射出的是"亲切、平民"的个性特点。再比如价值昂贵的名表如劳力士等成了众人的追求，因为劳力士是体验自我价值、实现自我优越感的一种工具，通过价格能够炫耀自己的地位，让消费者感受到的是"质优、奢侈、享受"的个性特点。

2. 与产品不相关的

与产品没有联系的特征也可以影响品牌个性，包括用户形象、赞助商、标记、年龄、广告方式、产地、公司形象、CEO形象以及所选择的代言人等。

（1）用户形象（用户形象）

用户形象可能由现实中的用户（那些能看见的使用本品牌的用户）或者理想化的用户（广告或者其他地方的用户）组成。用户形象能成为品牌个性的一个强大推力，因为用户就是活生生的个体，可以减少概念化品牌个性的困难。比如经典名表劳力士，其市场定位为上流社会成功人士，这个圈层中的人拥有一定的财富、学识和社会地位，追求极致、沉稳与奢华，而劳力士的人格化形象就是典雅、精确、高贵的，与目标人群的理想化状态相契合。比如强生公司的产品专为儿童设计，以"温和、不刺激宝宝的皮肤和眼睛"为品牌定位，一直通过在广告中展示宝宝的形象、安抚宝宝的方式来强调品牌"温暖、亲民"的个性。

（2）赞助商

品牌赞助支持的一系列活动比如体育赛事和栏目综艺等也会影响品牌的个性。一些国际品牌的公关赞助，会非常有针对性和连续性地建立某种一致的个性。如奥运会历年都是被世界几大巨头垄断赞助，如麦当劳、索尼、三星等，容易给消费者留下"已经跻身于世界品牌之列"的印象，其品牌个性也容易被感知为"成功的、大胆勇敢的"。

除了一般的商业赞助外，品牌积极介入慈善活动也有利于塑造其鲜明的个性。比如贝因美品牌赞助聋哑儿童，将贝因美与孩子的健康联系在一起，其"亲切、友好、负责、值得信赖"的个性成功地传递给了广大消费者。

（3）标记（品牌标志、logo）

品牌标记由品牌表达的内容、价值观、品牌使命和人们在与它互动时的感受组成。品牌标记会对品牌个性产生强大的影响，因为品牌标记是由品牌主导的，是可以被改变和控制的，以能和顾客产生良好的互动关系为基础和生命力的，同时品牌标记能给消费者带来强烈的联想。

图6-4　不同的品牌标记

可口可乐的品牌标识以脚本文本中的红色标志开始。红色让人充满了信心，而脚本字体则给人活跃感和享受感。它的品牌个性主要是由青春与活力构成。所以，我们可以认为品牌标识是直接影响品牌个性最有力的手段，也是品牌中最具特质的DNA。

图6-5　可口可乐的品牌标记

再比如，卡通的品牌标记可以带来惊奇感，不会让人产生不快的感觉；卡通人物没有年龄的限制，永远不会变老；卡通人物可以根据需要而不断的调整，比如当品牌的策略调整时，也可以跟着改变；卡通人物不会产生代言危机，也没有代言费用；卡通人物在申明自己主张的同时，不会刺激他人的抗辩，对于想要争论的人来说，与一个虚拟的、不能作出任何回应的人物辩论没有任何的意义。诸多品牌在塑造虚拟形象时都利用了卡通人物作为品牌标记并获得成功，如美的空调就曾经用一个可爱的白熊三口之家来凸显空调的舒适性，联想打印机用大象、啄木鸟和长颈鹿的广告来表现打印机流畅、经久耐用和服务体贴的特色。

（4）年龄

品牌的历史长久也会影响个性，时间长的品牌会认为是古板、老套的，但同时靠谱；时间新的品牌会被认为是新潮、个性的，但不稳定。对于某些酒类生产商而言，就会经常把品牌历史悠久当成与消费者主要沟通的话术。如法国顶级酒庄波尔多的拉图酒庄，以250年的制酒历史，赋予其品牌以"经典的、奢华的、优雅的、迷人的"等拟人化的个性，并使其进入全球奢侈品牌。而中国茅台常常强调其产品的历史久远、经典珍藏等卖点。

（5）广告方式

品牌的推广离不开广告宣传，不管是平面广告、立体广告，不管是通过杂志、电视还是电台、报纸等渠道，成功的品牌都会选择统一的与自身品牌形象相符的广告风格，并一直坚持遵循这个风格，使品牌形象清晰而不被混淆。如宝洁坚持其广告以"客观、理性、科学、诚实"为基础，其旗下的品牌高露洁、潘婷、海飞丝等均以对产品效能质量的客观描述为主，留下"权威的、创新的、诚实的、健康的"等品牌个性。而飞利浦广告则一向以精简著称，其最新的平面广告语"精于形，简于心"，简短并朗朗上口，容易记住并留下印象。短短几个字折射出与众不同的品牌个性：简单、清新、富于内涵的、充满幻想的。

（6）CEO形象

一个品牌的个性，会浓缩此品牌创始人的个性，打上其独特的性格烙印。例如苹果的精致、简约，就离不开乔布斯强迫症般的完美主义的性格；维珍的优雅、独特，与其总裁理查德布兰森的与众不同、离经叛道密不可分。

（7）名人代言

品牌的个性常常通过广告进行沟通和传播，比如常常在广告中运用一些名人作为品牌的代言人就是常见的广告营销策略。名人代言能将名人的个性特点转移到品牌身上，将品牌个性特征展示在消费者面前；拉近品牌与消费者之间的关系，让消费者感觉亲切又熟悉。

产品代言人的选择必须慎重，要考虑代言人的本身个性、形象、经历是否与品牌要传达的个性相符，是否有内在的一致性和联想性，否则，效果只会适得其反，混淆品牌个性。代言名人的个性必须与代言品牌的个性相似并且搭配，这样可以让广告受众迅速从名人的性格精准地定位到品牌个性。以郎朗为例，2018年他担任了茅台王子酒广告产品形象代言人，郎朗的钢琴王子形象能与"王子酒"的个性巧妙地结合在一起，品牌形象提升效果明显，茅台王子酒在品牌建设和市场销量上再登新台阶。

（四）利用品牌个性的意义

品牌个性的成功塑造可以给品牌战略制定者予以多种帮助，比如帮助他们更深刻地理解消费者对品牌的感受和态度，有助于创造差异化的品牌识别形象、指导品牌的沟通活动，以及创造品牌资产等。

1. 增进理解

品牌个性可以帮助管理者更加深入地理解消费者对品牌的感知和态度。让消费者对品牌个性进行定义和描述，能够确认消费者的感受及其与品牌的关系。品牌要具有"人性"，就需要拥有"感情"，通过感性元素引发消费者心灵的情感共鸣，可以与消费者在精神层面建立联系，从而培养其依赖感和归属感，建立长久的互动关系。让消费者能下意识地将自己与品牌个性联系起来，增强他们的购买欲望，同时促进与消费者的情感交流。通过品牌故事文化、线上线下互动交流、品牌内容输出等方式，都可以让品牌更具有"人性"和"温度"。

有个性的品牌能够解决该品牌对消费者来说意味着什么，带来了什么好处，具有什么样的品牌价值等问题，能让消费者很好地认识自己，增加消费者对品牌的理解。同时，品牌个性还是品牌与消费者相互联系互动的桥梁，品牌个性能够通过强烈的情绪感染力，牢牢地抓住消费者，保持品牌忠诚度。

研究者认为，星巴克就是通过不同的社交媒介来传达个性和温度的。在Facebook上，星巴克为粉丝们营造了轻松热闹的社交氛围，粉丝既可以在平台上相互交流，还可以看活动讯息、看电影、讨论各种问题，充满温情惬意；在Twitter上，星巴克则成了一个专业迅速、尽职尽责的客服，消费者的任何问题都能够在这里被及时反馈和解决；而在Pinterest上，星巴克主要展示自身的品牌，让人一目了然。这种分区的形式，就好像来到了星巴克的实体咖啡店，不同的平台就像是不同的活动场所，能够满足消费者多种需求，让人放松与愉悦，并传达出了"We Proudly Serve"的品牌个性，让消费者感到温暖和依赖。[1]

2. 有助于创造差异化的品牌形象

品牌竞争的过程中，当产品和服务都无法产生较大的差异时，独特的品牌个性能够创造差异化的品牌形象。品牌个性作为产品或组织核心或者延伸形象的一部分，是有价值的差异化的基础，在品牌与产品属性相似的背景下尤其如此。

比如《水浒传》中一百零八将在人们心中留下了深刻的印象，正是因为他们每个人都极具差异化的个性特点。品牌个性最能代表一个品牌与其他品牌的区别，让品牌能够创造差异化的品牌形象。

3. 指导沟通活动

品牌个性概念还能帮助那些实施品牌形象建设活动的人员深入和广泛地传递品牌个性。现实中，我们不仅需要制定广告策略，还需制定有关包装、促销的策略，而这些都取决于消费者与品牌之间个人联系的风格。如果对品牌只从属性联想方面加以说明，对沟通的促进作用就会很少。品牌个性陈述能够深入和广泛地表明品牌个性，使沟通活动与目标更易保持一致。

4. 创造品牌资产

在品牌个性的运用方面，戴维·阿克还研究了如何通过品牌个性创建品牌资产，并构建了自我表达模型、关系基础模型和功能性利益表现模型。[2]

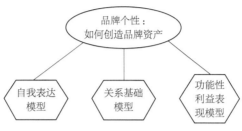

图6-6　品牌个性创造品牌资产

（1）自我表达模型

自我表达模型有一个前提假设，针对某些特定的客户群体，品牌已经成为他们表现自我身份和自我识别的工具。这种自我识别可能是他们的实际身份，也有可能是他们所向往的理想身份。人们用不同的方式来表现他们实际的或者理想的身份，比如：工作选择、朋友、态度、观念、活动以及生活方式；而在品牌上，人们则利用品牌个性来实现自我表达——通过喜欢、尊敬、讨论、购买品牌，将品牌当作一种感觉、符号或者自我识别、自我表达的工具。消费者会努力寻找与自我身份和自我期望相一致的产品和品牌。当一些人从事的活动或者使用的品牌与真实自我或理想自我不相符合时，可能会感觉到不适；当与自我相符合时，消费者会获得舒适感和满足感，并找到共鸣的文化意义。总而言之，品牌个性是文化内涵的一部分，人们会运用品牌的个性来塑造和维持自我的身份形象和社会自我。

戴维·阿克还提出，即使一个品牌不具备很强的个性，也可以用于消费者的自我表达。一个人可以通过购买很便宜的产品表现出自己的节俭性格，即使这个品牌本身并不具有什么品牌个性。如果营销者为品牌赋予了个性，即使个性很模糊，也能够让人们主动了解如何利用该品牌个性表达自我；如果品牌的个性很强烈，那么将更有助于消费者在购买的过程中构建自我的意义。

（2）关系基础模型

戴维·阿克指出，品牌和消费者之间存在的关系，类似于两人间的关系，这种品牌关系可以通过品牌关系质量（BRQ）加以测量。这种模型包括七个尺度：行为依存、个人承诺、爱与激情、怀旧关联、自我概念的实现、亲密以及成员质量。他认为两个元素影响了品牌和个人的关系：第一，作为人的品牌和消费者之间存在的关系，这类似于两人间的关系；第二，品牌个性决定了关系的深度以及消费者对这种关系的感觉和喜爱程度。

戴维·阿克认为，品牌和消费者之间关系的一种重要表现是信任、可靠、理解和关爱，也就是朋友关系。[3]他列举了一些品牌行为对消费者感知品牌个性的例子。

表6-5 品牌行为与品牌个性

品 牌 行 为	品 牌 个 性
频繁改变定位、产品形态、标志、广告等	反复无常、精神分裂
频繁优待和赠券	廉价、没有教养
密集的广告	开朗、流行
强大的顾客服务、易于使用的包装	平易近人
保持不变的人物和包装	熟悉、舒适
高价、排他性分销、高端杂志上做广告	势利、老练
友好的广告、代言人	友好
与文化活动的联系	关注文化

品牌和个人之间的关系概念，为理解品牌个性如何发挥作用提供了不同的维度。营销制定者不但要考虑品牌是谁，也要重视品牌如何看待消费者，更要与消费者建立良好的品牌关系。

（3）功能性利益表现模型

品牌个性在表现和暗示功能性利益和产品属性方面，可以发挥更直观的作用。当品牌个性的作用得到最佳发挥时，产品属性的说服力得到增强，品牌战略的价值得到驱动。

戴维·阿克认为，标志和国家、地区联想都可以作为其手段。当存在能够建立和暗示品牌个性的视觉标志和视觉形象时，品牌个性强化品牌属性的能力就会增大；如果没有在消费者头脑中建立视觉形象，体现功能性利益或属性的品牌个性的作用就会削弱；标出原产国或原产地等国家、地理联想手段也可以增加可信度，不仅能形成质量提示，还能形成有效营销的重要差异点。此外，他还认为，建立一种能暗示功能性利益的个性，通常比直接向消费者传递这种利益要简单一些。

（五）品牌个性与用户形象

用户形象被定义为与典型的品牌用户相联系的一系列人的特征。在学术领域和实践领域的研究中有一种倾向，就是将品牌个性与用户形象等同，研究者通常通过提问有关品牌用户形象的问题来衡量品牌个性。

对于一些品牌来讲，用户形象和品牌个性之间的差异确实微不足道。这些品牌中绝大多数的目标市场是特定的用户，并且良好培育的用户形象是品牌个性的基本推动力。然而，对于许多品牌来讲，品牌个性和用户形象之间的显著差异对品牌战略的实施可能会产生重要的影响。

1. 利用用户形象，紧跟时代

当品牌的个性跟不上年轻、时髦的市场步伐时，通过改变历史所塑造的品牌个性来应对这一问题比较困难，并且这样做通常也是有害的。在最佳的情况下，这样做会淡化或者破坏现在的、仍然有价值的品牌个性；在最坏的情况下，这样做会使品牌失去一个重要的市场。

而运用用户形象这一工具可以在保留品牌个性的同时，又对目标市场做出回应。通过暗示或者强化品牌属性的方式，品牌个性仍然可以发挥一定的作用。当用户形象与品牌个性不一致时，这种不一致所导致的张力非常有趣、让人着迷。

当制定与品牌个性有巨大差异的用户形象战略时，需要处理几个问题。例如，用户形象逐渐主导品牌关系，会不会最终淡化历史悠久的品牌个性及与之相关的属性联想？在塑造用户形象的同时有没有可能增强品牌个性？

2. 用户形象与参照组

品牌可以通过用户形象聚焦于特定的社会或者参照群体，并以此创造一种价值主张，为品牌关系奠定基础。品牌属于一个用户群体或者获得一个群体的认可和接纳，可能会增加与消费者的情感联系。当品牌个性与其用户形象不一致时，参照群体可以建立在其中一个或者两个之上。

3. 塑造用户形象

用户形象可以由实际用户塑造，即由那些看得见的某一品牌的使用者塑造，当然，实际使用者的形象可能是不合意的或者不易控制的。要淡化不合意的实际用户形象可采用一种方法，就是在品牌广告或其他促销活动中大力宣传理想的、典型的用户形象。

（六）品牌个性的持续优势

品牌个性可以在许多方面促进品牌的发展，已经成为品牌塑造差异化、品牌营销的重要工具之一。

首先，品牌个性为消费者表达自己的身份提供了工具。如果消费者喜爱一个品牌，则会产生与品牌个性相一致的目标，并表现出与品牌个性相一致的行为；如果消费者不喜爱一个品牌，则会表现出与品牌个性相反的行为，并试图远离这个品牌。当消费者使用的品牌具有强势个性时，自我表现也通常更为生动，因为这种个性会通过品牌的使用而不断地显露出来。

其次，品牌个性比喻有助于揭示消费者和品牌之间的关系，就像人与人之间的关系那样。从拟人化的层面来看，研究表明，有些品牌会将自己打造为消费者的亲人、朋友，或者下属、仆人等形象。如State Farm（一家美国保险公司）就将自己描述为"你的好邻居"形象；汉堡王通过"以你的方式，迅速提供服务"的宣传口号来打造自己是消费者的仆人的形象。

研究发现，如果消费者视品牌为自己的伙伴，当消费者被暴露在某些具有人类个性的品牌面前，消费者的行为会随之发生改变。例如，菲茨西蒙斯（Fitzsimons）和他的同事（2008）发现，某些具有强烈人类个性特征的品牌会激发消费者的一些自动的行为反应，即消费者会不由自主地表现出与该品牌个性特征一致的行为。[4]当人们使用耐克这个品牌的时候，他们会表现得更活跃、更激进；当人们使用苹果时，他们会表现得更有创造力。

再次，品牌个性能有效体现和暗示功能利益和产品属性。通常消费者会认为非营利性的品牌更具有"温暖"的个性特征，而且消费者不愿意从非营利性的企业品牌处购买营利性产品。但如果一个品牌能够即被消费者认知为"温暖的"，又被认知为是具有竞争力的，那么就更容易得到用户的青睐。[5]比如中国平安保险的一个广告，内容是天突然下起了大雨，一对没有带伞的母女正在非常着急地等待，这时一个陌生的男士将自己的伞给了她们，自己淋雨跑了回家，小女孩回过头感激地望着叔叔，最后画面出现了几个字"中国平安保险"。能够通过温馨的广告反映出品牌的个性是"温暖、可靠、能给予帮助的",通过品牌个性比喻揭示消费者和品牌之间的关系就像广告中的关系一样,消费者可以依赖中国平安保险,中国平安保险是具有竞争力的。

最后,品牌个性持续的时间会很长,且难以被复制(即使被复制,通常也是无效的),能够成为产品差异化的一个重要来源。具有某种个性的品牌应当考虑强化其个性,并使其个性在品牌形象中成为一个着力点。没有个性的品牌通常是脆弱的,像静止的堡垒一样易受攻击。因为品牌个性能为品牌形象的开发、沟通以及整个营销方案提供了一种有力的工具。

三、品牌个性论的意义

《创建强势品牌》一书论述了四种品牌视角——作为产品的品牌、作为组织的品牌、作为个人的品牌和作为符号的品牌,能够从多维视角厘清品牌的系统化概念和定义,又能将单一的视角延展到更多的维度。戴维·阿克的"品牌三部曲"互为补充和支持,完成了品牌资产王国的架构。第一部书提出"品牌资产",第二部书提出"品牌识别",第三部书提出"品牌领导"。品牌资产是管理思想,品牌领导是管理模式,品牌识别是管理工具。它们处于从宏观到微观,从抽象到具象的互动关系中,一起指导着广告理论的发展,在广告理论发展史上有着举足轻重的影响。

作为品牌识别理论的核心论述,品牌个性论的理论意义至少体现于以下方面:

其一,将奥格威品牌形象论中的"个性"概念阐述升华并进一步理论化、体系化,构成其品牌识别理论的核心论述,形成具有相对独立的方法论,对广告产业实践具有较强的指导意义。

其二,其首创品牌个性维度量表(BPS),第一次将个性心理学概念系统应用于品牌及广告研究,基于实践案例基础上,形成具有一定普遍性、共性、规律性的方法论,品牌个性维度量表具有鲜明的理论价值、理论意义,加强了品牌学和广告学研究的学理基础,进一步夯实了广告心理学的科学基础。

其三,品牌个性论的提出也为当下营销和广告领域方兴未艾的企业价值传播热潮提供了理论解释基础。人类个性心理从某种角度上而言,可以视为人类社会价值追求的心理基础,在西方精神分析学视野里,甚至是人类及社会价值取向的原动力。

第二节　品牌个性论的意义及发展

一、品牌个性论的形成

(一)现实背景

1. 消费者的消费观念从"理性消费"向"感性消费"过渡

科特勒(Kolter,1984)把人们的消费行为大致分为三个阶段:第一是量的消费阶段,第二是质的消费阶段，第三是感性消费阶段。在前两个阶段，消费者的购买行为主要是为了追求产品的功能效用，以"基本消费"和"理性消费"为主。到了第三阶段后，消费者关注的是产品与自己关系的密切程度，追求一种情感上的渴求，或者产品象征意义与消费者自我形象的吻合。

随着社会经济的发展和多元价值观的产生，消费需求和心理趋于复杂化。消费者在购买商品时，感性消费的趋势上升，重视产品的个性化，逐渐从"从众"转向"求异"。即人们更重视产品对自身心理需求的满足，如从众、独特和声望以及自我提升、角色定位和社会群体归属等，消费者越来越多地把消费注意力转移到商品的符号意义方面，希望买到与众不同且富有个性和文化内涵的产品。

2. 企业开始利用品牌个性塑造差异化的附加值

20世纪70年代以后，后工业社会的来临，社会逐渐进入了多元化的时代。但是80年代，美苏在经济政治和军事上对峙时愈演愈烈，长期在这两种势力压抑下的人们愈来愈不满美国与苏联竞争的社会现状，希望打破垄断和专制，渴望自由与个性。此时，社会上对个性的推崇和追求也越来越强烈。

经济上，随着欧美社会经济发展迅速，商品极大丰富，传统的广告服务于塑造产品或服务的品牌形象。随着市场竞争日益激烈，商品同质化现象越来越严重，导致了商品物理属性上的功能差别逐渐消失，企业的产品和服务如果想在同类产品的海洋里突出重围，光靠质量、包装等因素已经没用了，不得不从超越于产品以外的东西上去寻找和创造不可替代的附加值，争取占领市场份额。

品牌个性在这一背景下应运而生。品牌能够通过个性吸引消费者，使人过目不忘、印象深刻（初识）；同时，赋予品牌更加鲜明、生动的个性特征，能让品牌与消费者产生更加深入、持续和密切的互动，在消费者心中占据一个与众不同的位置，帮助消费者更好地了解到自己（长期互动合作）；最后，品牌个性可以以个性化拉长产品的生命周期。可以说，品牌个性是一个品牌是否具有长久生命与活力的关键（延长生命周期）。因为竞争对手能够轻易地模仿产品的质量、包装等物理属性，却很难模仿品牌的心理价值，而且品牌和消费者的情感利益一旦建立，就很难被模仿。

（二）理论背景

品牌个性的形成共分为三个阶段。

第一阶段是品牌个性的形成阶段，经过品牌的前期创建，有些品牌已经"熟悉了自身"，树立了未来目标，例如，确定了品牌定位，也对自己的传播经验、包括传播风格有一定的总结。因而，到了这个阶段，在较清晰的自我意识的指导下，品牌能够策划、制定个性目标，并以品牌定位和个性目标为指导，进行品牌整合营销传播活动，从而产生对其品牌个性的形成影响较大的一两次品牌传播活动。这些品牌传播活动使品牌个性得以初步形成。

第二阶段是品牌个性的鲜明化阶段，这是一个品牌能否成为强势品牌的一个极其重要的阶段。当一个品牌有了初步的个性后，在品牌的广告、赞助等传播上对它加以巩固和鲜明化很有必要。否则，很容易被竞争对手及自己的泛滥的信息淹没，丧失来之不易的初步个性。一般可以考虑采用品牌代言人和品牌象征物来深化、发展品牌的个性。

第三阶段是品牌个性的维护和提升阶段，进入这个阶段的品牌，一般是强势品牌或名牌。在品牌个性形成后，品牌虽然有了较好的发展基础，但此时面临一个同样艰巨，甚至更艰巨的任务，就是品牌个性的日常维护阶段。要做到坚持品牌个性"圣旨"、进行日常维护并不容易。这一阶段，品牌的主要任务就是围绕这些已经形成的鲜明个性特质来寻找高质量的创意，多角度地传达品牌的定位及其稳定的人性化特征。

二、品牌个性论的发展

品牌个性的起源可以追溯到20世纪50年代大卫·奥格威的品牌形象论。随后，美国精信广告公司提出了"品牌性格哲学"，日本小林太三郎教授提出了"企业性格论"，从而形成了广告创意策略中的另一种后起的、充满生命力新策略流派——品牌个性论。

可以说，品牌个性论是基于"品牌性格哲学"和"企业性格论"的启示，在对品牌形象论的进一步挖掘和与消费者的直接或者间接的接触基础上形成的。品牌个性是在品牌定位的基础上创造人格化、个性化的品牌形象，它能代表特定的生活方式、价值观念，旨在与目标消费者建立有利的、长久的情感联系。可以说，品牌个性论是对品牌形象论的进一步挖掘。

（一）大卫·奥格威的品牌形象论

1963年，大卫·奥格威提出了著名的品牌形象论。奥格威认为消费者会因为一种良好的感觉和印象实施购买行为，因此触发他们购买的动机是产品的文化内涵，这种内涵可以给消费者一种良好的感觉，包括消费者所认同的物质利益和心理利益，强调广告的个性特色和风格。他认为品牌形象不是产品固有的，而是消费者联系产品的质量、价格、历史等的一个完整形象。

品牌形象论包括了三个原则：第一，随着同类产品同质化的加强，消费者对品牌的理性选择减弱，因此描绘品牌的形象要比强调产品的具体功能特性重要得多；第二，人们同时追求功能及情感利益，广告应着重运用形象来赋予品牌更多感性利益；第三，任何一则广告，都是对品牌形象的长期投资。大卫·奥格威根据这一理论，为一个在市场上沉寂116年的衬衫品牌塑造了"戴眼罩穿哈撒威衬衫的男人"形象，成为BI理论的典范。

（二）美国精信广告公司的"品牌性格哲学"

随后，一些广告公司和企业开始对品牌内涵进行深入研究。美国精信广告公司提出了"品牌性格哲学"。"品牌性格哲学"提出规范的品牌个性塑造包括六个方面，认为品牌个性是表达品牌对消费者的个人意义的一种重要工具。

（三）小林太三郎的"企业性格论"

日本广告学会会长、早稻田大学广告理论和广告管理学名誉教授小林太三郎提出了"企业性格论"。该理论认为，在与消费者的沟通中，形象只能认同，而个性可以造成偏爱，个性是品牌传播的最高层面。为了实现更好的传播沟通效果，应该将品牌人格化，寻找代表品牌个性的象征物，并使用核心图案和文字表现品牌的特殊个性。塑造品牌个性的目的在于将独特的品牌个性传递给目标消费者，使其产生认同感。

同时，他还认为广告具有赋予意义的功能，产品的意义某种程度上是文化意义，要研究受众的文化心理，利用广告建立品牌形象和企业形象，利用积极的文化因素实现广告的经济效益，寻求两个效益双赢的途径。

从品牌形象论，到"品牌性格哲学"，再到"企业性格论"，逐渐形成了广告创意策略中的另一种后起的、充满生命力新策略流派——品牌个性论。

品牌个性论的基本观点包括：（1）在与消费者的沟通中，"个性"是最高的层面，品牌个性比品牌形象更深入一层，形象只是造成认同，个性可以造成崇拜；（2）为了实现更好地传播沟通效果，应该将品牌人格化；（3）品牌所具有的个性是在与消费者直接或间接接触的基础上形成的，品牌个性是特定品牌使用者个性的类化；（4）品牌个性是其关系利益人心中的情感附加值；（5）品牌个性是特定生活价值观的体现。

品牌个性论在回答广告"说什么"的问题时，认为广告不只是"说利益""说形象"，而更要"说个性"。要用品牌个性来促进品牌形象的塑造，通过品牌个性吸引特定人群。这一理论强调品牌个性，品牌应该人格化，以期给人留下深刻的印象；企业应该寻找和选择能代表品牌个性的象征物，使用核心图案和特殊文字造型表现品牌的特殊个性。

三、品牌个性定义

（一）品牌形象论

品牌形象论和品牌个性论是最先受到学界以及业界研究的理论课题。品牌形象论认为，品牌的形象中有两种属性是与消费者相联系的。一种是硬性的，即对品牌的有形或功能性的认知；另一种是软性的，即反映品牌的情感利益，他们把这种反映情感利益的属性归于品牌个性和品牌价值。品牌形象是企业对品牌的一项包装工程，品牌个性则是品牌自身的内涵。品牌形象论的代表学者主要有以下几位：

大卫·奥格威很早就有品牌个性思想的萌芽，他的名言"每一个广告都应是对品牌长期个性的贡献"（1955），至今仍给人启迪。1955年，他在对美国4A会员的一次演说中，第一次提出了品牌个性，在他看来，品牌竞争是企业竞争中的最高层次，企业竞争最初是价格质量等方面的竞争，继而是规模层次，最后则必然落到品牌层次上来。品牌个性能够帮助品牌形象的建立，帮助企业竞争。

李奥·贝纳在20世纪50—60年代就开始进行品牌个性的塑造工作了。李奥贝纳当时及后来塑造的几个著名品牌形象，如万宝路硬汉、绿色巨人蔬菜的绿色巨人乔列、食品类的老虎托尼等，都是富有人性化特征的鲜明个性形象，个个荣登美国《广告时代》评选的20世纪十大品牌形象排行榜。

普卢默（Plummer，1985）指出在品牌形象中一个重要的部分是品牌本身的个性，品牌个性的特质则可以反映出经由品牌所引发的情感、情绪。他指出，品牌形象的三大要素是产品属性、消费者利益与品牌个性。

戴维·阿克（1996）将将品牌形象分成以下三个因素：一是价值，即产品的功能利益，以及品牌所创造出的价值定位；二是品牌个性，特定品牌所具有的一系列与人相类似的特征；三是组织连接性，当品牌具有相同的功能属性时，若该品牌是较有形象的，则会吸引消费者前来购买。

科勒（2001）指出品牌形象是消费者对品牌的知觉，涉及从产品相关属性而来的功能性品牌联想，以及从非产品功能属性而来的象征化品牌联想，而品牌个性只是象征化品牌联想的来源之一。

综上可见，很多学者认为品牌形象比品牌个性的概念范围广。品牌个性仅仅是品牌形象中的一部分，是品牌形象的软性属性。

（二）品牌个性定义回顾

目前学界对于品牌个性的定义还存在着较大的争议，以下是代表性的观点：

普卢默（1985）指出，品牌个性是由消费者对品牌的直接和间接接触而得，这些品牌特质来自消费者对品牌的联想，如用户形象、产品代言人等，其他则是来自与品牌相关的属性，如产品名称、产品类别的联想、广告、价格等。

品牌策略专家林恩·阿普绍（Lynn B. Upshaw，1995）认为："品牌个性是指每个品牌的向外展示的个性。……是品牌带给生活的东西，也是品牌与现在和将来的消费者相联系的纽带。品牌有魅力，能与消费者和潜在消费者进行感情方面的交流。"[6]

戴维·阿克（1996）认为，品牌个性能借助人口统计项目、生活形态或是人类个性特点来描述，品牌个性分为三部分：品牌气质、品牌性格和辅助部分。

巴茨（Rajeev Batra，1996）认为："品牌个性即整体品牌形象内的联系，它包括（但不限于）与品牌特色、标识、生活方式及使用者类型的联系，这些品牌个性联系创造了品牌的综合形象……"[7]这个定义倾向于把品牌个性看成是一种独特的整体联系方式。该定义启发我们，在塑造品牌个性时，应该将影响品牌个性的各种因素有机整合起来，一起朝一个总的风格、总的形象努力。

詹妮弗·阿克（1997）提出"品牌个性是与品牌特定使用者相联的人类特性集合"。她认为品牌个性可以直接由消费者个性表现，是人类个性特征投射到品牌上的结果，品牌个性既包括品牌性格，又包括年龄、性别、阶层等排除在人格、性格之外的人口统计学的特征。

卢泰宏（1998）从品牌个性与品牌定位的关系角度出发，认为品牌个性来自品牌定位。他认为，塑造品牌个性要把握住三个问题：第一，你的产品或服务有什么突出特征或特质？第二，你的产品或服务如何定位，以谁为目标顾客，这些目标消费群偏好何种生活形态和心理个性？第三，你的产品或者服务怎样人格化？

　　美国营销学家科特勒（1999）解释：品牌是一种营销沟通的科学或工具，塑造品牌将使营销更加有效，品牌所传达的信息是主体的、全方位的，它包括三层结构：第一层是品牌识别，它是将一种产品与另一种产品区分开来；第二层是品牌形象，它是指品牌形象所暗示的象征意义；第三层是品牌个性，是更深层次的沟通方式。品牌应可以传送六种层次的意义：属性（Attribute）、利益（Benefit）、价值（Value）、文化（Culture）、个性（Personality）和使用者（User）。他认为在这六种意义中，最持久不变的是品牌的价值、文化及个性，它们确立了品牌的基础。从本质上来说，品牌是营销者许诺向消费者持续传递的特性、利益和服务，其主要功能是展示自己的个性、与竞争对手进行区分。

　　这些学者分别从品牌个性的功能、表现、形成等方面进行了定义，对品牌个性的涵义延展起到了重要的作用。但目前品牌个性的研究领域，普遍采用的是詹妮弗·阿克所提出的定义，即"品牌个性是由某一品牌联想出来的一组人类特征"。

四、品牌个性测量

　　品牌个性的测量一直是营销理论研究和营销实践中的热点，而在"维度"概念尚未在品牌个性中出现之前，品牌个性的测量一直处于一种比较混乱、无系统的状态中。营销人员以实际操作和使用为导向，或根据产品具体特点、具体品牌设计"项目导向"的专用词表，或直接把心理学研究的个性词表使用于品牌个性测量中，在理论性、系统性及科学性方面都存在着不足。后来品牌学者开始以更科学的眼光来研究品牌个性问题，开始从品牌个性概念及品牌个性与人的个性之间的关系进行研究，发展出了真正意义上的品牌个性维度。

　　有关品牌个性的测量方法大体上分为定性和定量两种。定性分析法主要包括照片筛选法、场景联想法、自由联系法、心理投影技术、扎尔特曼隐喻推导法等，还有演绎法和归纳法，如品牌个性二维模型（Heylen的品牌个性模型）。

　　以下几位学者在品牌个性测量上的研究较具有代表性：

（一）詹妮弗·阿克的"大五"模型

　　詹妮弗·阿克（1997）有关品牌个性维度的开拓性研究，揭开了学术界对品牌个性论研究的序幕。詹妮弗·阿克教授认为，品牌可以人格化，人格特征可以用在品牌上，同时一个品牌可能具有复杂的个性。她直接借用了心理学中的"大五"模型理论，将114个个性特征应用于37个不同品类的品牌，由600多个美国人进行评分，最终测量出品牌个性的真诚、刺激、能力、精致、粗犷五大因子，并将其细分为15个侧面的描述性陈述。

　　2001年，为了识别品牌个性与文化之间的真正关系，探索品牌个性维度的文化差异性，詹妮弗·阿克与日本、西班牙当地的学者合作，继续沿用了1997年美国品牌个性维度开发过程中使用的方法，对这两个来自东方文化区以及拉丁文化区的代表国家的品牌个性维度和结构进行了探索和检验，并结合1997年对美国品牌个性的研究结果，对三个国家的品牌个性维度变化以及原因进行了分析。[8]结果表明，品牌个性维度量表具有较高的信度和效度。研究还发现，集体主义文化的国家和个人主义文化的国家的品牌个性维度是有差别的，如美国品牌个性维度的独特性维度是粗犷（Ruggedness），日本是平和（Peacefulness），西班牙是热情/激情（Passion）。

詹妮弗·阿克的品牌个性维度量表同时兼顾了理论性和实用性，其中的三个维度与人类个性"五大"模型中的三个相关："Sincerity"和"Agreeableness"都有温暖和接纳的意味；"Excitement"和"Extroversion"都有善于交际、充满精力和活力的意思；"Competence"和"Conscientiousness"同时有责任、可靠和安全的意思。另外两个维度"Sophistication"（精致）和"Ruggedness"（粗犷）与人类个性"五大"模型中的维度不同，这说明品牌个性的维度与人的个性维度以不同的方式来影响消费者。人类个性是由个人行为、外在特征、态度、信念和人口统计特征组成，而品牌个性的组成是由品牌与消费者直接或间接接触而得。[9]

詹妮弗·阿克的研究使人们对品牌个性有了一个系统而全面的了解，后续有关品牌个性维度的研究基本上是将这一量表扩大到不同国家和不同文化背景下检验其有效性，并根据国家和文化的不同进行改进。

（二）扎尔特曼隐喻推导法

哈佛商学院扎尔特曼教授于20世纪90年代提出了扎尔特曼隐喻推导法（ZMET）。这是一种探测消费者视觉和其他感官映像的消费者研究方法，并由此推导出驱动消费者思想和行为的隐喻、观念和心理模型。

其具体方法是：邀请大约20人参加，要求他们通过拍照或收集图片等方式，指出某个品牌对他们意味着什么。参与研究者在最初的1周或10天后，与研究人员进行一对一的交谈，即引导性对话。此对话包括讲故事、遗漏的图像、对图片分类、反面图片、感官图片、心理图、概要图像和解说词等内容。访谈之后，研究人员开始识别关键主题和概念，对数据进行编码，将最重要的概念组成一幅综合图，这可以帮助了解消费者对品牌、产品、公司印象的测试工具。

（三）黄胜兵和卢泰宏的"仁、智、勇、乐、雅"

关于品牌个性测量的本土化研究，我国学者黄胜兵、卢泰宏（2003）首先采用了西方的词汇法、因子分析和特质论作为方法论基础，以来自中文语言、中国的品牌为内容，借鉴詹妮弗·阿克的"大五"模型，经中国消费者的实证研究，发展出中国的品牌个性维度量表。[10]该量表基于中国传统文化将中国的品牌个性维度分为"仁、智、勇、乐、雅"五个纬度，包含66个中国化的品牌个性词语，创造了中国品牌个性维度的独特性特征。不仅为我国品牌个性的定量研究提供了基础，同时也为企业品牌个性的塑造提供了一定的理论依据。

两位学者认为品牌个性分为静态指标和动态指标，"仁、智、雅"三类属于静态指标，偏理性化；"勇""乐"属于动态指标，偏感性化。一般公司刚开始运营时，创立的品牌个性都属于理性化指标，当公司发展到一定阶段，才会逐步采取感性化指标，如：可口可乐的宣传语侧重在"乐",侧重精神感受,把"仁、智、雅"看成公司品牌在成立初期给予品牌的文化扩充,在公司步入正轨时,"勇、乐"是品牌个性的张扬点。

　　之后,黄胜兵和卢泰宏还将本土化品牌个性维度与美国、日本两个国家的品牌个性维度进行了跨文化的比较研究。结果表明:"仁、智、雅"这三个维度具有比较强的跨文化普遍性和一致性。"仁"是最具中国文化特色的一个维度,其次是"乐",其含义包含平和的、环保的、和谐的、仁慈的、家庭的、温馨的、经济的等;对内,品牌表现为仁慈的、和谐的、平和的;对外,品牌表现为忠诚的、有义气的、温馨的。中国与美国相比,品牌个性最具有差异性的是,中国更加强调群体性效益,而美国更加重视个人利益和个人表现,这是两种不同文化的差异在品牌个性中的表现。而中国与日本相比,中国品牌个性中存在着"勇",而日本则不存在这样一个单独的维度。[11]

表6-6　中国品牌个性维度量表

个性维度名称	层面	品牌个性特质词语
仁	诚/家	温馨的、诚实的、家庭的
	和	和谐的、平和的、环保的
	仁义	正直的、有义气的、仁慈的
	朴	质朴的、传统的、怀旧的
	俭	平易近人、友善的、经济的
智	稳/谨	沉稳的、严谨的、有文化的
	专业	专业的、可信赖的、领导者
	创新	进取的、有魄力的、创新的
勇	勇德	勇敢的、威严的、果断的
	勇行	奔放的、强壮的、动感的
乐	群乐	吉祥的、欢乐的、健康的
	独乐	乐观的、自信的、时尚的
雅	现代之雅	体面的、有品位的、气派的
	传统之雅	高雅的、美丽的、浪漫的

(四)公司品牌个性

　　科勒和里奇(2006)还研究了公司品牌个性的维度,认为公司品牌个性包括"心脏"(富有激情和同情)、"大脑"(富有创造性并遵守纪律)和"躯干"(敏捷而又相互合作)三个核心维度。

公司品牌个性的三个核心维度具有乘法效应，而不仅仅是加法，几个维度之间能够相互作用、相辅相成。例如激情能够驱动组织的创造性，而创造性又能激发敏捷性，因此更具创造力的公司能快速解决问题，并识别新的机会。纪律性能营造更好的合作氛围，因此员工更乐意建立并遵守方针政策及合作纪律。

科勒和里奇调了员工对公司品牌个性的重要性，认为首先要在公司内部实现内部品牌化，形成对外传递价值观的情感基础；然后要富有创造性并且自律，坚持并优化品牌价值观的输出；最后是基于整体支撑层面，需要保持灵活且相互合作。

这些公司的个性特质维度对品牌创建非常重要，因为21世纪公司所面临的不仅有产品和服务上的竞争，还有品牌个性特质上的竞争。在消费者看来，许多情况下公司员工就是公司的外表，消费者会将员工与公司画上等号。因此员工是公司个性特质的具体表现。如果所有员工的行为都具有"心脏""大脑"和"躯干"，那么公司就能在21世纪的商业环境中占据有利的位置。

第三节　品牌个性论经典广告案例举要

一、哈雷戴维森的百年辉煌

优秀的品牌经常被赋予个性化的特征，比如可口可乐的青春、活力与自信，苹果手机的时尚、反抗意识和挑战权威，哈雷摩托车的激情、叛逆与热爱冒险。与众不同的品牌往往能够给消费者留下深刻的印象，成为其购买商品时第一选择。

众所周知，哈雷摩托车并不是一款实用的代步工具，但等同于中档轿车价格的哈雷竟能让众多年轻一族趋之若鹜。要是去问"哈雷一族"为什么，你会得到统一的答案：他们买的不是一辆摩托车，而是一个宝贝、一个高级玩具。吸引他们的不是物质的产品，而是品牌故事里传达的精神母题："满足所有的个性。"哈雷戴维森品牌创造了一个将机器和人性融合为一体的精神象征，并深刻地影响了其目标消费群的生活方式、价值观，甚至衣着打扮。

哈雷戴维森除了是一个被物化了的品牌外，更多的还是一种文化的词语和象征。当人们谈论起哈雷时，总会强烈地感觉到个性。从产品设计到消费故事，哈雷戴维森的骨子里流淌着"个性"的血液。

第一辆哈雷摩托车是1903年由21岁的威廉·哈雷和20岁的阿瑟·戴维森在威斯康星州密尔瓦基的一间小木屋里"攒"出来的，自此，哈雷摩托车的造型始终延续着它原始的粗犷，每一辆都像一个不羁的壮士，奔放着内在的野性。哈雷摩托车在零件的设计上也严格遵循着个性的理念：能裸露的零件尽量裸露出来，给车手的改装留下广阔、自由的个性空间。

图6-7 第一辆哈雷摩托车

从1903年第一辆哈雷摩托诞生到今天，哈雷戴维森经历了战争、经济衰退、萧条、罢工、买断和回购、国外竞争等种种洗礼，但它直面这些考验并善于把握这些考验所带来的市场机会，使其能绝处逢生又一春。100多年来，哈雷戴维森以其超凡的生命力和脱俗的竞争力，创造出了让人目不暇接的世界摩托车制造行业一连串"唯一"——百年来唯一始终不离摩托车制造老本行的企业，唯一规模最大、生产时间最长的V2缸摩托车生产者，唯一把品牌升华为图腾的超长寿企业等。

如今，哈雷戴维森成了美国百年经典品牌，是享有高品牌溢价的成功案例，同时也是全球本地化操作成功的案例，已经行销到200多个国家。哈雷戴维森百年辉煌的一个主要因素是它从制造哈雷摩托开始，就不仅仅致力于独特的摩托设计与生产，同时也在精心利用品牌个性营造一种独具特色的"哈雷文化"。

二、品牌个性影响品牌形象

1905年7月4日，是美国最特别的节日——独立日，也是哈雷戴维森最特别的节日。这一天它向世界发表了一篇"个性解放宣言"。在芝加哥举行的摩托车锦标赛上，哈雷戴维森将发动机在原有技术上进行创新改装以惊人的速度一举夺冠。这个极具创新潜力的品牌由此广为人知。

哈雷戴维森开始更加旗帜鲜明地致力于个性化的品牌形象塑造。他将传统的购车行为变成个性定制的模式，让消费者来制造产品。正如哈雷戴维森的创造者所言："世界上没有一台哈雷是一模一样的。"哈雷戴维森在提供原厂车销售的同时，还提供零部件的销售。车手们在购买到原厂车后，会马上把它送到改装店进行彻底改装，有时候改装费用甚至比摩托车本身还要昂贵。消费者可以根据自己的喜好和创意购置自己喜欢的零部件，包括异型车架、非常规引擎、传动装置、变速装备、纯皮坐垫、皮鞍袋、车轮、油漆图案等，哪怕是一颗颗电镀带装饰的螺丝、螺母等，都可以由车手自由选择。因此，每辆推出店面的哈雷摩托车都是专属的、独特的，它们的主人则以其独特的设计和涂装而自豪。

一则哈雷戴维森的老广告，在当年曾获得戛纳广告节金狮奖。设计师布罗克·戴维斯（Brock Davis）在平面上将哈雷摩托车拆解成逐个的零件后拼组成人像，寓意每辆车的灵魂就是拥有者自己，从而衬托出哈雷力求个性的张扬、在寻求品牌价值观认同的前提下，根据哈雷迷的个人喜好量身定制专属于哈雷车的最大特点。一个世纪以来，哈雷戴维森一直是自由大道、原始动力和美好时光的代名词。喜欢哈雷戴维森的人，性情中往往会有奔放、狂野的一面，而哈雷摩托车威猛的外形以及大排量大油门所带来的轰响，也正是激情、狂热的一种精神象征。当一辆座驾能融入你的灵魂，谁能不爱？

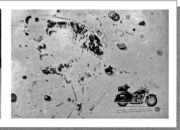

图6-8　哈雷戴维森广告

粗犷的造型、轰鸣的马达、足以挣脱一切的速度，加上在梦工厂一系列影片中的出镜，哈雷戴维森的产品使用者被逐渐塑造成一个个张扬者的形象。在哈雷戴维森的广告中，经常描绘着骷髅的图案，有戴着深色墨镜、身穿皮夹克的不羁骑手，他们不走寻常路，高喊着诸如"生在美国，选择叛逆"（American by Birth. Rebel by Choice）以及"路，自由我"（All for Freedom, Freedom for All）等充满反叛个性的口号。因为摆脱一切、追求个性的性格塑造，自由、冒险、勇敢的品牌个性，让哈雷戴维森迅速收获了一批忠实的拥趸，有渴望反抗工作压力的白领，也有标新立异的时尚青年。他们甚至会将哈雷戴维森的标志文在身上，以示品牌忠诚。

当消费者心甘情愿用血肉之躯证明对一个品牌标志的忠诚时，品牌已经超出了普通识别的象征意义，在它的崇拜者心中具有了某种宗教的色彩。品牌被转化为一种精神象征，被消费者赋予了任何竞争对手不可超越的力量。迄今为止，还没有任何一个品牌在品牌忠诚方面可以和哈雷戴维森相媲美。这在很大程度上取决于该品牌另外一个很显著的个性，就是哈雷宣扬了至高无上的爱国主义。无论是从它的诞生到今天的强大，还是从它的设计到每一颗螺丝的制造，哈雷戴维森身上彻头彻尾流淌着的是美利坚的血，因为它不仅从一个侧面记录了美国整整一个世纪从工业到科技的发展史，更重要的是，还用摩托车自身创造的驾驶经验生动地阐释了美国文化中的自由主义精神。

所以，当20世纪80年代日本摩托车大举进攻美国市场时，即使它在价格和技术性能方面更具有优势，但是，它却无法取代哈雷摩托车对美国文化的诠释。尽管当时哈雷戴维森没有刻意利用民族情绪来煽动消费者以此捍卫自己的市场地位，但消费者对哈雷戴维森品牌的认同已经被视为美国文化不可分割的一部分，抵制日本品牌成为一种自觉的行为。无怪乎，每逢哈雷俱乐部成员举行盛大聚会，美国国旗和爱国主义激昂的情绪都是聚会的一道风景线。《创建强势品牌》一书中曾评价哈雷戴维森品牌："某些人似乎觉得，骑哈雷摩托车比起遵守法律更能表达强烈的爱国情怀。"

恐怕哈雷戴维森的两位创始人无论如何都不敢想象，他们给一辆摩托车命名的品牌标志会异化为一种精神的象征，哈雷戴维森品牌被广泛延伸到了服饰以及和摩托车相关的行业里。寓意自由和个性自我的哈雷戴维森品牌给这类产品增加了附加值和品牌联想，即使这类消费者根本没有驾驶哈雷摩托车的经历，但他们希望从这个被延伸的品牌中体验到独立、自由和野性的美感。[12]

金和马库斯（1999）分析了美国和韩国300多家报刊广告中出现"独特"与"一致"两个概念的频率。他们发现，几乎所有的韩国广告都在倡导传统、一致和跟随趋势的价值，而几乎所有的美国广告都在强调选择、自由和独特性。[13]一则韩国广告称："10个人里有7个都在使用这款产品。"而一则美国广告会说："互联网并不适合所有人。话说回来，你并不是所有人。"由此可以看出，哈雷戴维森的品牌个性是美国经典文化的（更洒脱的、自由的，没有边界的）骑士精神，勇敢地做自己，追求梦想、听见自己内心深处的声音，尽管有时候是孤单的，但确实更加真实。哈雷戴维森品牌个性的塑造与消费者所处的社会环境和时代背景高度相符。

哈雷戴维森是一个将产品品质与感性特点相结合的品牌。在通俗的摩托车文化中，哈雷一直是个性、自由、美国精神、男子气概的代表，大家一提起哈雷戴维森就想到硬朗的机械线条、金属的质感、令人迷惑的颜色搭配和粗犷的外形，甚至还会想到烫人的排气管、震耳欲聋却"如音乐般"的轰鸣声。哈雷摩托车的外观无一不符合一个男人在梦中对力量和自由的物化的想象，而这也正是哈雷戴维森百年来一直在营造的品牌形象。

哈雷文化中的每一个小群体都有共同的核心价值，但不同的群体对这一核心价值的诠释不尽相同。哈雷精神建立在一系列核心价值之上，其中个人自由尤为重要，它包括两个方面，即解放和特许，相应的有两个标志，即展翅的哈雷雄鹰和奔驰的哈雷骏马。

展翅的哈雷雄鹰象征着美国的民主、政治的自由，体现着从各种限制中解放出来，包括汽车、办公室、时刻表、权威和各种关系，从工作和家庭中解放出来。奔驰的骏马是一个暗喻，常常用在诗歌和小说之中，它来自西部牛仔和西部的民间英雄，这突显了表现美国人文和价值取向的"牛仔精神"。因为哈雷戴维森是美国摩托业唯一幸存的品牌，因此它也代表着美国。在哈雷文化中，美国主义也是一个重要的价值观。这种爱国主义色彩体现在诸多方面，如哈雷集会时的美国国旗、文身和车体艺术等。此外，哈雷文化也很重视男子气概，这可以在诸多方面得到体现，如"真男人穿黑色"等口号。

三、品牌个性成就文化魅力

为了实现和消费者更好的沟通，哈雷戴维森品牌被人格化；通过这种方式，哈雷戴维森创造了自己的人格化形象。这种形象是稳固的、无形的、长期的，能够通过一次次的营销传播活动不断地在人们心中形成进而扎根。潜在于哈雷文化中的这些可以识别的精神或一系列的核心价值，获得了其所有成员不同程度的接受。这些精神和价值在产品、品牌以及消费者对其的使用中得到了深刻体现。哈雷文化塑造的另一个关键要素就是哈雷杂志的诞生。

早在1916年，哈雷戴维森就创办了《狂热者》杂志，以此作为和目标客户沟通的媒介，该杂志作为持续发行时间最长的摩托车杂志开始风靡全球，目前在全世界的发行量约有90万份。哈雷戴维森不断倾听客户的意见，并就关键产品部位和质量改进与消费者保持互动。公司每年向会员提供一本杂志（介绍摩托车知识、报道国际国内骑乘赛事）、一本旅游手册，并且提供紧急修理服务、保险项目等，俱乐部还经常举办骑乘培训班和周末骑车大赛，以及向度假会员低价出租哈雷摩托车，这些措施都大大提升了会员对公司的忠诚度。

精心培育的这种哈雷文化，将消费者、摩托车和哈雷戴维森紧紧地联系在一起。奔放洒脱、彰显个性、张扬自我、崇尚自由，创造了一个将人性与产品融为一体的精神象征，树立了品牌文化的魅力。学者冯国江分析说，哈雷文化从一个侧面记录了美国整整一个世纪从工业到科技、文化雄踞世界的历史。因此，骑哈雷摩托就是对美国精神和美国文化的接纳与认同。对美国人来说，骑哈雷摩托比遵守法律更能表达爱国精神，正是这样，哈雷摩托让无数的车迷陶醉、倾倒。你可以经常听到哈雷机车嘈杂的引擎在痛快地叫嚣着，哈雷摩托车的排气管能够发出强有力的隆隆声，十分独特。让车身圆滑、性感又迷人；你也可以经常看到哈雷广告中的使用者的装扮：皮衣皮裤、黑色T恤、墨镜、骷髅、金属、三拍子马蹄声、美国国旗、阳光暴晒的健康肤色、辣妹眼中的西部英雄等形象；还有典型的哈雷飞鹰标志，被刻在了哈雷迷的手臂上。即使天再冷，他们也会不失时机地露出手臂，以表达对品牌的忠诚，对哈雷机车的喜爱。

由于哈雷戴维森浓缩了激情、自由、狂热的独特品牌个性，最终登峰造极地幻化为一种信仰、一种精神象征、一种品牌文化、一种生活方式，因此也创造出一个世界品牌的神话。2018年12月18日，哈雷戴维森入选2018年度（第十五届）《世界品牌500强》排行榜，排名第216。[14]

思考与练习

1. 试分析品牌个性论产生的背景与原因。

2. 试比较分析中西品牌个性论的文化适用性。

3. 试着用"大五"模型分析你最喜欢的品牌的个性。

参考文献

1. 知乎. 品牌个性：用"性格"博得消费者的好感 [EB/OL]. https://zhuanlan. zhihu. com/p/67433410.
2. Aaker, D. Building Strong Brands. New York：The Free Press, 1996.
3. Aaker, D. Building Strong Brands. New York：The Free Press, 1996.
4. Fitzsimons G M, Chartrand T L, Fitzsimons G J. Automatic Effects of Brand Exposure on Motivated Behavior：How Apple Makes You "Think Different" [J]. Journal of Consumer Research, 2008, 35（1）：21-35..
5. 周欣悦. 消费者行为学 [M]. 北京：机械工业出版社, 2019：1—367.
6. 林恩·阿普绍. 塑造品牌特征 [M]. 戴贤远译. 北京：清华大学出版社, 1999：14.
7. 巴茨等. 广告管理 [M]. 赵平等译. 北京：清华大学出版社, 1999：218.
8. Aaker, J., V. Benet-martinez, Jordi Garolera. Consumption Symbols as Carriers of Culture：A Study of Japanese and Spanish Brand Personality Constructs. Journal of Personality, Social Psychology, 2001.
9. Jennifer I. Aaker, "Dimensions of Brand Personality", Journalof Marketing Research, 1997, Aug, Vol. 34, p. 354. 何佳讯. 品牌形象策划——透视品牌经营. 上海：复旦大学出版社, 2000：308—309.
10. 黄胜兵, 卢泰宏. 品牌个性维度的本土化研究 [J]. 南开管理评论, 2003（01）：4—9.
11. 黄胜兵, 卢泰宏. 品牌个性维度的本土化研究 [J]. 南开管理评论, 2003（01）：4—9.
12. 乔远生. 哈雷-戴维逊：纹在消费者身上的品牌,《经济观察报》, 2002.5.13, C8.
13. Kim H, Markus H R. Deviance or uniqueness, harmony or conformity? A cultural analysis [J]. Journal of Personality and Social Psychology, 1999, 77(4)：785-800.
14. 薛海波, 王新新. 创建品牌社群的四要素——以哈雷车主俱乐部为例. 经济管理, 2008（3）：59—63.

第七章

《品牌领导》
——戴维·阿克与"品牌识别"理论

第一节 《品牌领导》主要内容及核心思想述评

一、《品牌领导》及其作者

　　《品牌领导》是"品牌三部曲"的第三部著作，由戴维·阿克和埃里克·乔基姆塞勒合作完成，戴维·阿克第六章已做介绍，不再赘述。2000年，该书通过自由出版社（The Free Press）首次出版，2009年由伦敦的口袋出版社重新出版，先后被翻译成14种语言，供世界各地的读者阅读。该书通过对品牌识别、品牌构架、如何超越广告进而打造成功的高效品牌和组织在全球化背景下所面临的品牌管理挑战四大主题的探讨，将品牌管理提升到品牌领导力的高度，由此提出了建立强大品牌的新领导力范式。

图7-1 《品牌领导》原版书

　　《品牌领导》的另一位作者埃里克·乔基姆塞勒是独立战略、品牌和创新营销咨询公司Vivaldi的创始人兼首席执行官。他拥有德国和美国大学的经济学、统计学和工商管理学位，在堪萨斯大学取得定量方法和市场营销的理科硕士学位和工商管理学博士学位，并以博士后的身份加入哈佛商学院。乔基姆塞勒博士曾在多家世界知名商学院讲学并担任教职，还曾在《今日美国》《纽约时报》《华尔街日报》等媒体上发表文章，并定期为《哈佛商业评论》撰稿。2008年，乔基姆塞勒博士以《看出需求，贩卖渴望》（*Hidden in Plain Sight*）获得了美国营销协会最佳营销图书奖。2017年，因在B2B营销、战略和数字创新领域的学术、思想领导力和实践方面做出重大贡献，他被吸纳为商业市场研究所（The Institute for the Study of Business Markets）的研究员，而全世界只有27位学者和专家被授予这一殊荣。最近，乔基姆塞勒博士还在数字转型和采用数据驱动文化领域的全球超级明星排名中，被评为"50大首席数字官影响者"。

图7-2 埃里克·乔基姆塞勒

　　《品牌领导》是在"品牌三部曲"前两部对品牌资产和品牌识别展开详细论述的基础上，进一步探讨品牌识别核心概念、品牌架构、品牌和广告的关系以及经济全球化背景下的品牌管理策略。如果把《品牌领导》这本书看作一个品牌，它的广告语就是"协同、清晰和杠杆"。

戴维·阿克和埃里克·乔基姆塞勒关注到日趋复杂的市场环境、愈演愈烈的产品竞争、不断增强的全球化趋势，以及商业环境中出现的多元品牌等问题，发现宝洁公司开创的经典品牌战术管理体系正在被一种新兴的品牌领导模式取代，指出品牌领导模式是未来创建强势品牌的必要工具。

二、《品牌领导》的主要内容及编排

《品牌领导》是在对品牌战略的大量实地调查研究基础上撰写的，而这些研究都是在强调品牌所应对的跨国和信息时代背景下进行的，大多侧重于品牌识别、品牌战略执行及其评估。来自拉夫劳伦、维珍航空、阿迪达斯、通用电气、万豪、IBM、麦当劳、耐克和斯沃琪等公司的数百个案例研究为解决全球品牌管理所面临的挑战提供了战略性指导意见：

第一，确定品牌识别的核心概念。企业应该仔细思考"品牌应该代表什么"这一问题，再创建和精心设计与之相对应的品牌识别系统，并向包括企业合作伙伴及其员工在内的品牌实施人员清晰传达该品牌识别。

第二，关注品牌关系谱。根据细分市场决定品牌如何关联、品牌如何延伸，合理利用子品牌和背书品牌以形成品牌架构，创造清晰的协同效应，平衡品牌资产。

第三，使创建品牌超越广告的范畴。找到消费者的"甜蜜点"，整合各种媒体工具以传递品牌理念，尤其是发挥商业赞助和互联网的作用，为消费者提供超越产品和服务的信息，使其拥有独特的品牌体验。

第四，树立全球品牌领导地位。深入了解不同市场中的实际情况，建立跨国协同的品牌规划程序和品牌创建组织，经济高效地配置企业资源，进而打造出全球性强势品牌。

该书第一章介绍了尼尔·麦克尔罗伊（Neil McElroy）[1]所提出的传统品牌管理体系和品牌领导模式。第二、第三章中维珍航空的品牌历程介绍很好地概括了品牌识别和定位的内容，以此阐述进行品牌识别和定位的各种方法，从而更有效地指导品牌传播活动和其他品牌强化方案。第四、第五章集中探讨品牌架构问题。第四章详细介绍了品牌关系谱，并对子品牌、背书品牌等进行延伸说明；第五章以保罗·拉尔夫·劳伦的品牌组合为案例，生动阐释了品牌架构的五个维度和六大目标。第六至第八章侧重于对超越广告的品牌创建活动的描述。第六章运用阿迪达斯和耐克两大运动品牌的独特品牌故事，为品牌创建活动提供经验借鉴；第七章则介绍如何利用赞助创建品牌，并以实际案例简单介绍了伏击营销（Ambush Marketing）[2]；第八章强调品牌借助互联网进行品牌创建的重要性。第九章通过一系列典型案例，总结出品牌创建的

---

① 尼尔·麦克尔罗伊是宝洁公司著名的项目管理人员，之后担任过美国国防部部长。1931年5月，他在长达三页的《品牌管理备忘录》提出了著名的品牌经理制和以品牌为核心的品牌管理体系。

② 伏击营销，源于1984年洛杉矶奥运会中富士与柯达的官方赞助权益之争。为了与获胜的富士进行竞争，失败的柯达转而成为美国ABC广播电台奥运会节目的赞助商，同时还取得了美国田径队官方胶卷供应商的权利，最终实现了对富士的有效狙击。

一般性指导原则。第十章聚焦于35家全球性企业如何为创建强势品牌进行组织建设，并介绍了全球性企业所采用的四种组织结构。

三、《品牌领导》的核心思想及其影响

《品牌领导》全书的关键就是品牌领导模式，而这一新型模式正在逐步取代传统的品牌管理模式。如表7-1所示，传统模式聚焦单个品牌和单一市场，因此它在面对全球化的加速发展、激烈的品牌竞争以及互联网时代的新市场环境时显得力不从心。品牌领导模式与旧模式十分不同：它强调对品牌进行战略性管理，使其在消费者心目中具有清晰良好的品牌形象并持续有效地加以传播，以此创建具有立体化品牌资产和较强抗风险能力，而且可以为企业带来超额利润的强势品牌。[1]

表7-1 品牌领导——进化的范式[2]

	传统品牌管理模式	品牌领导模式
运用观点	具有战术性、迅速反应	具有战略性和远见
品牌经理地位	经验不足，较短的时间眼界	在组织中具有较高的地位，具有长远的时间眼界
概念模式	品牌形象	品牌价值
焦点	短期的财务收入	品牌价值的措施
商品与市场结构	单一的商品市场	防范的商品和市场
品牌结构	简单的结构	复杂的建筑式品牌结构
品牌数目	侧重单一品牌	侧重多种类品牌
国家范围	单一国家	全球性
品牌经理的沟通角色	有限选择的协调者	多层面沟通的领导者
沟通侧重点	外部/客户	内部和外部
战略驱动	销售额和市场份额	品牌识别

相较于传统品牌管理模式，品牌领导模式的革新具体表现在三个方面：

第一，从战术管理到战略管理。战术相较于战略时间更短，所以品牌领导模式坚持长远的管理方式和理念。阿克认为，品牌领导模式的目标不仅是管理品牌形象，更是建立品牌资产。品牌形象属于战术性问题，能产生短期效应，可以交给广告和促销专家处理。相反，品牌资产属于战略性问题，是竞争优势和长期利润的基础，因此必须由企业的高级管理层亲自决策。战略管理的观念要求品牌经理更有策略头脑的远见卓识，他们必须介入经营策略的制定与实施。因此，品牌领导模式下的经理人往往在企业中占有较高的地位，而且通常就是首席执行官。

第二，从有限聚焦到广阔视野。传统品牌管理模式局限于单一品牌、单一产品和单一市场，品牌营销活动形式相对单一。品牌领导模式加强对企业整体的品牌构架和内部品牌关系的协调，并积极从管理范围、组织、空间、传播团队和活动等方面进行全局性的考察。

第三，从销售额到品牌识别。品牌不但为销售，更应该为品牌识别所驱动，所以领导模式鼓励开展品牌资产评估[3]，作为短期销售额和利润额等数据的补充。戴维·阿克指出，只有通过深入了解消费者的真实情况，才能辨别品牌识别要素中哪些推动消费者与品牌之间的关系，哪些使之发生差异。

（一）品牌识别规划模型

《品牌领导》一书强调，品牌识别是品牌领导模式的核心。因此，戴维·阿克在第二章就提出了一个全面的、可操作的品牌识别规划模型，包含以下三个步骤：战略性品牌分析、品牌识别系统和品牌识别执行系统。

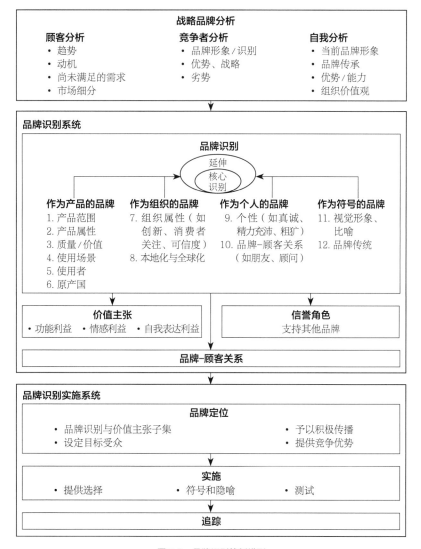

图7-3　品牌识别策划模型

第一步是品牌战略性分析，包括顾客分析、竞争者分析和自我分析三个方面。尽管三大战略性分析并没有特殊的原创性，但它的价值在于将微观营销环境的调研分析反馈到拟议的为品牌识别阐述和执行系统，为其提供科学决策依据。

第二步是设计品牌识别系统。在阿克的品牌识别理论中，品牌识别由品牌精髓（Soul of brand）、品牌核心识别（Core identity of brand）和品牌延伸识别（Extended identity of brand）三个部分组成。品牌精髓，即品牌核心价值，它能够提供差异化竞争优势并驱动价值主张，从而使品牌与消费者产生联系和共鸣，它还具有足够的说服力来激发内部员工和合作伙伴的热情。可见，品牌精髓就是所有核心识别要素的原点。而核心识别是品牌识别中最重要的元素，它必须直接反映出企业的价值取向，有一定的独特性并且能够与消费者建立联系。核心识别是对品牌的精炼描述，因此当品牌进入新的市场和产品领域时，它最有可能被延续和保持。扩展识别则是对核心识别的进一步补充，它会最大限度地还原品牌意义的各类细节。

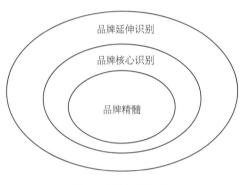

图7-4 品牌识别的结构

品牌识别具体体现在四个方面：品牌作为产品（产品范围、产品特性、质量/价值、使用体验、用户和原产地）、品牌作为组织（组织特性、区域性/全球性）、品牌作为个人（品牌个性、品牌/消费者关系）、品牌作为符号（视觉形象和隐喻、品牌历史）。通过上述对品牌识别的界定，品牌管理人员再进一步确定品牌给消费者创造的价值目标导向：功能性利益、情感性利益还是自我表达利益，明确本品牌是否可以为其他品牌提供支持，以此建立"品牌-消费者关系"。

第三步是品牌识别的执行系统。首先，品牌识别需要进行详细阐释，可以通过战略性职责、角色模式、视觉象征的开发和应用等手段进行阐明和诠释。然后，转向品牌定位工作，积极向受众传播品牌识别及其价值主张，提升市场的认可度和接受度。接着，制定品牌创建计划，通过各种传播媒介，包括广告、促销、旗舰店、互联网和赞助活动等创建品牌。最后，对品牌创建工作进行效果追踪和评价。

在品牌识别策划模型中，战略性分析、品牌识别开发和品牌识别执行是循序渐进的。但事实上，它们之间存在重叠和回溯，因为战略是无法脱离执行的，品牌识别会随着实施过程的推进而不断得到明晰和修改。

为辨析品牌与广告口号、品牌与产品、品牌与客户的关系，并帮助读者避免在开发品牌识别系统中的常见错误，该书还单独列出了一个相关的模型"创建有效的品牌识别系统"[4]。

（二）品牌关系谱和品牌架构：获得清晰的协同和延伸

《品牌领导》一书中还有很多经典实用的模型，即使是最有头脑的品牌经理也会发现自己很难在短时间内吸收这一切。然而，阿克提出的"品牌关系谱"和"品牌架构"（Brand Architecture）模型至关重要，它们浓缩了品牌组合战略思想。"品牌关系谱"反映了企业所有品牌的关系策略。在品牌关系谱中，阿克将品牌关系定位划分成四个基本策略和九个子策略。

品牌化组合、子品牌、背书品牌和品牌组合体四种基本策略，体现了最终在顾客心目中品牌被分离的程度，下图从左到右看，品牌之间的关系越来越疏离，而九个子策略则反映出品牌关系的次级定位。

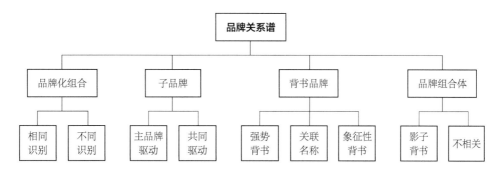

图7-5 品牌关系谱[5]

最典型的品牌化组合是维珍集团和美国通用公司，维珍唱片、维珍航空、维珍酒店等都采用了相同识别，但通用金融和通用家电采取了不同识别的策略。而在品牌分离程度最大的多品牌组合体中，品牌之间保持最大的独立性。宝洁公司在洗发产品领域的品牌策略则很好地体现了这一点，专注于去屑的海飞丝、主打修复的潘婷以及洗护合一的飘柔为宝洁公司提供了最大化占据市场的可能，但很少人知道它们都来自宝洁公司。但是，印在产品外包装上的"P&G"一定程度上又是影子背书人，它为这些产品提供了一致的信誉保证。

品牌背书是指某一品牌要素以某种方式出现在包装、标号或者产品外观上，但不直接作为品牌名称的一部分。而象征性背书人的作用就是在保持背书品牌具有创建自身联想自由的同时，为其提供信誉和保证。与之相反，强势背书人策略是突出显示背书品牌的强势地位。另一种背书方式就是关联性名称，如iPad、iPhone、iPod等产品都带有"i"的前缀，都暗示着苹果公司的背书。与背书品牌不同，子品牌与主品牌之间的联系更为紧密：主品牌既可以作为驱动者，也可以与子品牌共同驱动，而这也导致主品牌承担着更大的风险。因此，企业在整理品牌架构时，需要格外注意子品牌的资产价值以确定其发展的潜力。

品牌架构是指品牌组合之间的组织结构。品牌架构模型作为创建强大品牌的工具，可以帮助各个品牌协同一致，从而在复杂的市场环境中及时进行战略调整，优化品牌资源配置，并为未来的品牌组合选择提供参考建议。

品牌架构由品牌组合、产品–市场背景角色、品牌组合角色（被细分为战略品牌、关键品牌、银弹品牌、现金牛品牌）、组合图标和品牌组合结构（被细分为品牌集群、品牌等级树、品牌范围）五大维度决定。书中介绍了关于拉夫劳伦这一优秀案例，拉夫劳伦紧紧围绕"高品位、经典、优雅"的核心识别创造出一套相互关联的品牌组合。

拉夫劳伦这一复杂却又紧密的品牌架构已经跨越了渠道、细分市场和产品类别，它分别利用Lauren Ralph Lauren和Polo Ralph Lauren的名称建立女装和男装的核心品牌，再利用子品牌（Polo Sport和Ralph Lauren Collection）和背书品牌（Polo by Ralph Lauren和Chaps）向新的细分市场领域延伸。这种策略最大限度地利用拉夫劳伦的现有品牌资产，同时又以不同的个性定位表现不同品牌，从而不断为品牌架构注入新鲜感和活力。

多品牌是多数大中型企业扩张升级的战略决策，但繁杂多样的产品和品牌是逐步形成、不断叠加的。很多时候，企业仅仅考虑业务的扩张延伸、并购整合，而忽略品牌定位的交叉重叠，造成品牌资产的损失和品牌传播的混乱。企业发展面临着难度极大的品牌架构规划问题，如何协调品牌之间的关系？在消费者心中形成清晰良好的整体印象？《品牌领导》一书中有关品牌规划和品牌架构的内容，清楚全面地介绍了调整组织架构、品牌关系定位的系列策略。品牌创建是一个系统工程，而合理的品牌架构才能向消费者精准地诠释各产品和服务的内涵，有效累积品牌资产，实现战略品牌管理的最终目标。

（三）超越广告

《品牌领导》还通过阿迪达斯和耐克的品牌创建故事，强调了"品牌建设不仅仅只是做广告"的观点，并从对阿迪达斯和耐克的案例研究中得出结论：品牌必须在情感层面上与消费者建立联系，而不是只诉诸功能性利益，并且应该利用品牌来讲述动人故事，以进一步管理消费者认知。

书中还介绍了20世纪90年代大受欢迎的品牌营销形式，如赞助、体验营销等。赞助的功能是有效延伸品牌，开发良性关联，从而加深品牌的深度、广度以及与客户之间的信任关系，同时也要警惕竞争对手出其不意的伏击营销。通过对哈根达斯的案例研究，戴维·阿克还考察了体验营销活动。哈根达斯在创建之初并没有通过大规模的广告来引导，而是开设专门的冰激凌店来邀请公众进店试吃新产品，从而为消费者提供了有形的品牌体验。由于其高曝光率和客流量，咖啡馆式的商店创造了一种独特、优质、干净和自然的氛围，为路人们创造了积极鼓励、难忘的体验。除此之外，阿克还指出互联网具有为消费者提供虚拟个性化体验、参与感和发展社交的独特作用。以上再次印证了戴维·阿克的观点，品牌建设是一个非常重要的战略问题，而广告并不是唯一的制胜法宝。

但更重要的是，这与整合营销传播有相似的地方。整合营销传播要求企业把广告、促销、直销、公关、CI、新闻媒体等一切传播活动都纳入营销活动的范围，从而达到"在不同的地方，用同一个声音说话"，将统一的资讯信息传达给消费者。然而长期以来，企业依赖于单一的广告来创建品牌，但品牌识别系统的执行要求企业积极主动地找寻契合的传播活动，并通过多种传播工具与消费者积极沟通品牌的核心价值。[6]

（四）建立全球性品牌领导地位

在经济全球化背景下，跨地区、跨国品牌不断增加，但是如何在品牌管理过程中保持一致性、使其成长为全球性领导者品牌成为困扰企业的一大难题，因而通过确立品牌识别来整合、驱动所有品牌传播工作是最佳选择。《品牌领导》一书中指出，有效的全球品牌管理应该包括全球品牌策划程序、创造品牌创建才智的系统、分享心得和最佳实践、明确创造跨国协同的责任。

总的来说，戴维·阿克和乔基姆塞勒要求从长远的角度来看待品牌建设的任务，仅仅依靠短期销售额指标是对品牌的消耗，而不是对品牌的建设。品牌领导作为一种新兴起的品牌管理模式，将品牌管理提高到"领导者"的战略性高度，强调以整体而非单一视角出发，有效测量的关键是挖掘品牌资产的所有维度：品牌知晓、感知质量、顾客忠诚度，以及包括品牌个性、组织和属性关联在内的关联。[7]

《品牌领导》在面对当代品牌识别和品牌架构问题的潜在复杂性时，提供了令人印象深刻的权威性指导。书中多个生动的案例研究为读者答疑解惑，由此提出的众多模型则为品牌建设任务引入了连贯性和清晰性。

第二节 "品牌识别"的理论意义及其发展

品牌创建被视为市场营销策略的基础，并且已经发展成为促进品牌与客户关系的全球性、战略性和跨学科现象。品牌和品牌创建一直受到学术界和从业者的广泛关注，前者反映了消费者心中的观点，而后者被视为一种实践和过程。一方面，品牌使消费者能够识别和评估产品性能；另一方面，品牌创建为企业提供了差异化工具，而这在目前竞争激烈的市场中变得越来越必要。总的来说，品牌创建是企业的一种战略差异化资源，而品牌为消费者提供产品决策指导。

品牌识别是品牌创建理论中的一大焦点。品牌识别是一种有效的战略工具，也是可持续竞争进步的重要来源。概括而言，品牌识别以品牌精髓为中心，实现对品牌各关联要素的整合、规划与管理。

一、品牌识别理论的产生背景

20世纪六七十年代，品牌创建领域已经出现了品牌形象论、定位论和企业形象识别系统等重要理论，但在日益复杂的市场环境下，企业需要用更好的方法来推进品牌传播，"品牌识别"这一新概念随之提出。

首先，传播不只是一种技术，其本身需要技巧。我们正处于一个传播过度的时代，无论是企业、组织、个人还是政府机关都希望通过广告发出自己的声音，无论是商业广告、公益广告还是政治广告都蓬勃发展。这不仅体现在持续增长的广告预算上和媒体数量上，还体现在不断增加的专业杂志上。因此，如何在多种渠道、多种形式保持一致性成为品牌传播面临的困难。

其次，相似营销（Similarity Marketing）的现象导致品牌不能充分表达其个性。市场中的创新者品牌无形中创造了新的标准，进而导致其他品牌进行调整以适应新趋势，所以品牌间的重叠相似之处不断增加。

与此同时，品牌延伸也是品牌建设的一大威胁。这一时期，很多企业为了提升市场份额，实施多品牌战略以满足不同细分市场的差异化需求。然而，新品牌的推出，不仅造成分散企业的资源配置，也常常使得品牌形象混乱。例如，派克（Parker）钢笔以高质量的书写和不断创新的技术，深受高端人士的喜爱。但是派克为了进入大众市场，推出售价仅三美元的低档派克钢笔，严重破坏了其在消费者心目中的高贵形象。东芝（Toshiba）在音响市场采取充满活力的形象策略，却在个人电脑的电视广告中表现得过于严肃认真，形象的反复导致东芝失去了它的独特性，最终遭遇经营危机。

二、品牌识别的三大模型

在过去的几十年间，品牌识别受到了极大的关注，导致品牌识别的各种定义和概念框架相继出现，同时也反映出品牌识别构建的复杂性和多维度特点。总的来说，品牌识别是品牌创建与管理中的关键概念，它集合了一系列品牌要素，不仅定义着品牌的核心价值，而且还决定了品牌的发展方向。[8]

"品牌识别"这一概念最早由法国学者让·诺埃尔·卡普费雷（Jean Noël Kapferer）于1986年提出。卡普费雷认为，品牌识别具有创造差异化优势的功能。1995年，戴维·阿克在其所著的《创建强势品牌》一书中创建了品牌识别理论，并在《品牌领导》进一步完善了品牌识别策划模型。2004年，卡普费雷提出了品牌识别棱镜模型（Brand Identity Prism）。2010年，英国著名品牌专家莱斯利·德·彻纳东尼（Leslie de Chernatony）提出品牌识别包括五大要素。下表对以上三位学者的核心思想进行了总结归纳：

表7-2 品牌识别的定义和主要概念框架[9]

作 者	定 义	概 念 框 架
戴维·阿克（1996）	品牌开发者渴望创造和维持的一套独特的品牌联想	**四个方面十二个维度** 品牌作为产品：产品范围、产品属性、质量、用途、使用者、原产国 品牌作为个人：个性、顾客—品牌关系 品牌作为组织：组织特性、地方/全球 品牌作为象征：视觉形象/隐喻、品牌传承
卡普费雷（2004）	企业提出的品牌意义	**品牌识别棱镜** 物质棱面：品牌在人们心目中的一系列物理特征 关系棱面：消费者与品牌之间的关系 消费者映像棱面：品牌的典型用户 自我形象棱面：消费者在购买或使用一个品牌时对自己的看法 文化棱面：价值体系，灵感和品牌能量的来源 个性棱面：反映与品牌相关的一系列人类特征
德·彻纳东尼（2010）	品牌独特的或核心思想，以及该品牌如何与不同的利益相关者沟通	**五 大 要 素** 品牌愿景：提供清晰的方向感 品牌文化：实现愿景的决定性因素 定位：品牌功能性价值的体现 个性：品牌情感性价值的体现 关系：与员工、客户和其他利益相关者的关系

戴维·阿克将"品牌识别"定义为品牌开发者试图创造或维持的一套独特品牌联想，它们代表了品牌的核心价值和对消费者的承诺；法国学者卡普费雷则强调品牌识别"规定了品牌的独特性和价值的各个层面"[10]；而德·彻纳东尼教授认为品牌识别是"代表一个品牌独特差异化的特征、目标和价值"[11]。

戴维·阿克的品牌识别理论比较全面整合了品牌形象论、定位论和企业形象识别系统的核心观点，形成了更完整的品牌创建理论。同时，品牌识别理论也是对美国学者科勒"基于消费者的品牌价值模型"（Customer-Based Brand Equity，CBBE）的继承与发展。

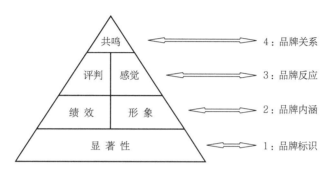

图7-6 科勒的基于消费者的品牌价值模型

CBBE模型旨在回答两个问题：一是构成强势品牌的要素有哪些，二是企业如何创建一个强势品牌。科勒研究发现，构建强势品牌依赖于品牌的显著性、绩效、形象、评判、感觉和共鸣，而建立深刻的品牌标识，创造合适的品牌内涵，引导正确的品牌反应，建立稳定的消费者-品牌关系是四个必要步骤[12]。该模型中的各个要素简洁有力、相互关联，但是CBBE模型过分聚焦于消费者对品牌的认知、感觉和体验，而忽略了企业自身的立场。

因此，戴维·阿克在"深入理解消费者"的基础上，更加强调企业需要梳理和清晰向利益相关者传递的品牌核心价值，从而使消费者对品牌产生好感，更好地创建领导者品牌。根据阿克的品牌识别的概念框架，它大致分为四个视角：品牌作为产品、品牌作为个人、品牌作为组织、品牌作为象征。而从深层意义上看，这一结构是由品牌精髓、核心识别和延伸识别三个部分组成，再通过分析品牌的功能性利益诉求、情感性利益诉求和自我表达利益诉求，明确顾客和品牌之间的关系。

卡普费雷则进一步发展出了品牌识别棱镜模型，他将品牌识别看作一个六面棱镜，而每条棱面代表着品牌创建的要素：物质（Physique，也译作品性）、关系（Relationship）和反映（Reflection，也译作消费者映像）是品牌识别的外部因素，而个性（Personality）、文化（Culture）

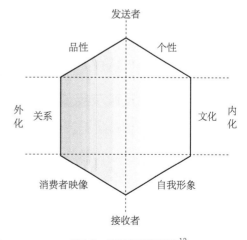

图7-7 品牌识别棱镜模型[13]

和自我形象（Self-image）是内部因素。

　　物质棱面指的是消费者通过视觉、听觉、触觉和味觉感受到的产品或服务的物质特征；个性棱面是对品牌个性特质的描述，反映了品牌对消费者需求的承诺，而这种承诺会在消费中得到确认；文化棱面代表了品牌的核心价值，它反映出企业或产品的历史、故事和核心价值观等；关系棱面体现了消费者和品牌之间的互动关系，并决定了品牌表现的方式、如何提供服务以及这种关系的本质属性；自我形象棱面与消费者使用产品时自我所表现的形象相当；反映棱面则代表着消费者希望别人如何看待他们，以及他们在使用品牌时希望留下什么印象。在这种情况下，品牌消费成为建立关系、融入群体或实现集体目标的有效手段。

　　品牌识别棱镜作为研究品牌识别的分析工具，它从品牌核心价值、品牌定位、品牌个性和品牌形象的角度对品牌创建进行系统阐释，但是，它存在着一些局限性：一是自我形象与消费者映像棱面在本质上是强调消费者对品牌的感知，并不是识别本身；二是关系、个性与文化棱面有一定的重复，缺乏对品牌识别执行层面的深入论述。

　　但是在英国著名品牌专家莱斯利·德·彻纳东尼看来，品牌识别由五大要素组成：品牌愿景（Brand vision）、品牌文化（Brand culture）、定位（Positioning）、个性（Personality）、关系（Relationship）。

　　品牌愿景体现了品牌核心价值，与品牌文化一起为品牌建设提供方向和指导。定位旨在挖掘独一无二的特征，从而向消费者传达品牌所提供的差异化功能。个性则代表了品牌的情感特质，它很大限度上受到品牌定位、核心价值观和文化的影响。品牌愿景和文化还决定了员工、消费者和其他利益攸关者之间的关系。德·彻纳东尼认为，通过建立品牌识别，品牌管理人员可以最大限度地保证品牌创建工作的一致性。在这一理论中，德·彻纳东尼发现如果员工的个人价值观和品牌愿景越一致，那么员工就会感觉有责任去实现品牌的承诺，因此他特别强调协调品牌与员工行为之间的关系。这一理论最大的贡献就是明确了品牌创建关联人员应该与品牌核心价值保持一致，从行为上支持品牌的发展。

　　从以上学者的核心观点可以看出，品牌识别具有以下特征：

（一）品牌识别是企业寻求识别自己的战略性概念

　　品牌识别是企业的主动行为。创造品牌识别，不仅需要了解消费者和竞争者的情况，更需要积极主张品牌的内涵和灵魂，这才是决定品牌生死存亡的关键所在。

（二）品牌识别反映了品牌吸引消费者的独特优势

　　品牌识别要素的构建就是与消费者的良性互动过程，其目的是培养消费者对品牌的忠诚度。企业通过管理品牌关联要素，巧妙地将视野拓展至品牌个性、象征符号、消费者的情感诉求和自我表达利益，有利于创造和强化优于竞争对手的产品属性和功能性利益。

（三）品牌识别在提升品牌认知度和塑造差异化形象发挥着重要作用

　　品牌识别体系力求传递明晰一致的声音，向消费者和其他利益相关者传达其身份和价值。

如耐克"Just do It"的口号、其象征胜利和速度的标志性Logo以及其别具一格的营销传播活动，无一不在向消费者传递耐克"挑战自我的体育精神"的核心价值，不断提升耐克的吸引力，并迅速占领市场。

三、品牌识别的陷阱

品牌识别是重要的，然而在实施过程中往往有许多误区，会陷入多种错误的"陷阱"，而这也与品牌创建理论的发展历史有着密切联系。

（一）品牌形象论

自20世纪50年代以来，对品牌和品牌创建的系统研究逐渐发展，而品牌形象论则是品牌创建的一大里程碑。[14]

第二次世界大战结束后，世界经济迎来了快速发展的恢复期，而人们长期被压抑的消费热情也得到释放，"购买热潮"随之出现，而这一现象也导致了市场竞争的加剧和品牌数量的激增。在这种情况下，小品牌和新品牌如雨后春笋般涌现，不断向大品牌发起挑战。例如，汉堡王和麦当劳争夺汉堡包市场，百事可乐与可口可乐的竞争更加激烈，佳洁士对高露洁的统治地位发起冲击……

伯利·B.加德纳（Burleigh B. Gardner）和西德尼·J.利维（Sidney J. Levy）在1955年发表的论文《产品与品牌》（*The Product and the Brand*）中指出，消费者在进行抉择时，往往无法辨别产品之间的差异，品牌的发展是基于一组能满足消费者理性和情感需要的价值：人们购买一件产品不仅仅是为了它们能做什么，也是为了它们的意义。[15]基于对这一问题的观察和思考，两位学者洞察到品牌的创建要超越差异性和功能主义性价值，需要让消费者更好地了解产品的社会和心理特质，由此提出品牌个性的概念。因为从心理学的角度来看，产品是消费者自我认同的工具。之后，利维进一步归纳出品牌个性包括其目标消费者的人口统计特征，如性别、年龄以及社会阶层，而这些特征可以直接从顾客、员工、代言人或者间接品牌联想推断而来。

除此之外，加德纳和利维还发现，品牌个性是品牌形象的重要组成部分，而消费者本质上是受到品牌形象的指导而作出购买决策。由此，他们在关注品牌建设的同时，还将注意力集中在消费者的感知上。由此，品牌形象的概念才成为全球广告业的一个常见主题和品牌理论研究的新方向，而这也推动了品牌形象论的形成。

20世纪60年代，奥格威正式提出了品牌形象论。奥格威认为，品牌形象并不是产品所固有的，而是消费者对产品质量、价格、历史等的联想。而这一观念在奥美的创意信条中也有所体现，每一则广告都是对品牌形象进行的长期投资。[16]

奥格威的代表作之一是哈撒威衬衫广告（参考第六章），而戴眼罩的男人也成了哈撒威衬衫的品牌标志。戴眼罩的男人形象占据着四分之三的画面，而这位衣着考究的男人还穿梭在不同场景中：在卡耐基大厅指挥乐团、演奏大提琴、驾驶游艇……奥格威通过这组平面广告，持续向消费者暗示哈撒威与众不同、高雅和舒适的特质。

除此之外，品牌个性的相关研究也在不断发展，美国精信广告公司在20世纪50年代提出了品牌性格哲学，日本的小林太三郎教授提出了企业性格论，逐渐形成了品牌个性论。[17]该理论强调通过塑造品牌个性使消费者产生认同感。在与消费者的沟通中，个性是品牌传播的最高层面：形象只能认同，而个性可以造成崇拜。因此，为了实现更好的传播沟通效果，应该将品牌人格化，利用品牌个性的象征物，如特殊图案、文字甚至是品牌代言人来表现品牌的特殊个性。

然而，由消费者决定"品牌是什么"是疯狂的消费者导向，也是品牌识别的一大陷阱。创造品牌识别，不单是找出消费者想要什么，它还须反映品牌的灵魂，这才是品牌识别期望达到的效果。品牌识别和品牌形象是相关但不同的概念。两者都是强大品牌的基本要素。一个公司可以通过确保品牌识别和品牌形象之间的一致性来提升品牌的忠诚度。品牌识别源于企业，而品牌形象是指消费者对品牌的感知。

表7-3 品牌识别和品牌形象的差异[18]

品 牌 识 别	品 牌 形 象
以企业为中心 由品牌管理活动创造 由"品牌发起人"进行编码 品牌识别被发送 面向未来的	以目标消费者为中心 由消费者的感知所创造 由"品牌接受者"解码 品牌形象被接收 倾向于过去和现在

品牌识别以企业为中心，品牌的一切信息以品牌识别形式被打包发送给消费者，而品牌形象是在消费者的头脑中生成的。品牌识别代表的是企业现实，而品牌形象反映了消费者的感知。品牌识别具有前瞻性，与接受既有结果的品牌形象有着天壤之别。因此，我们也就可以从相互关联的品牌导向的和市场导向这两种路径来看待品牌建设，而这两个不同的角度与品牌识别和品牌形象学派的观点是一致的。

品牌导向是一种组织精神，所有的工作都是为创建和发展品牌而量身定做的。品牌识别强调区别于其竞争对手的组织特征，而市场导向源于以消费者为中心的商业实践，消费者的需求和愿望为营销战略提供依据。[19]从本质上讲，品牌识别是一种由内而外的品牌创建方法，客户和其他利益相关者的需求和愿望都被考虑在企业识别的范围之内。与此相反，市场形象是由外向内，所以企业必须对消费者的需求作出反应[20]。

品牌形象倾向于战术性的，而品牌识别应该是战略性的。品牌识别为企业的所有营销活动指明方向，品牌的意义源自公司内部的信念和愿景，而且识别驱动的品牌建设创造了消费者看待组织的外部视角。[21]

（二）定位论

品牌创建理论的另一个重要里程碑是定位论。"定位"是由艾·里斯和杰克·特劳特于

1972年发表在商业杂志《广告时代》上的系列文章中创造的理论。里斯和特劳特认为，定位不是针对产品本身，而是针对目标消费者，营销人员需要把产品植入客户的心智。定位很快成为一种企业营销策略，企业不再使用"第一""最好"等字眼的口号来吸引消费者，而是试图直接触达他们的心理，以唤起更强烈的反应。

　　定位论在百事可乐的强势崛起中得到了充分的体现。面对具有百年历史的领导者品牌可口可乐，百事可乐利用"新一代的选择"（The choice of a new generation）的全新定位，在与可口可乐的竞争中找到了突破口。百事可乐通过长期的市场调查，将目光聚焦于尚未形成固定口味偏好的年轻一代，捕捉到他们追求"新鲜、刺激、独树一帜"的独特心理，并提出"新一代"的消费选择以及生活方式。同时，百事可乐还邀请新生代喜欢的超级巨星迈克尔·杰克逊作为品牌代言人，发布的一系列广告也突出了百事可乐青春、活力、时尚的品牌个性，百事可乐的品牌价值不断得到强化和提升。自此，百事可乐开始风靡全球，真正对可口可乐的统治地位发起冲击。这就是百事可乐成功的奥秘，它通过定位的方法，找到了消费者心智中的空缺。

图7-8　迈克尔·杰克逊为百事可乐拍摄的电视广告

　　在戴维·阿克的品牌识别实施系统中，"定位"是执行品牌识别的必要步骤，它能有效地推动品牌在消费者心智中占据独特而有价值的位置。品牌定位的焦点在于寻找和保持差异化优势，而这一优势通常来自消费者重视但未被竞争者利用的诉求。因此，品牌识别中的某些内容如果无法体现出与竞争者的差异，就会被排除在定位之外。如"干净"和"提供快速服务"绝对是汉堡王品牌识别的重要部分，但麦当劳同样具备以上特征，于是汉堡王采取"定制"的定位，主张满足消费者的个性化需求。

　　另一方面，品牌定位作为竞争导向的工具，必须根据不断变化的竞争形势和消费者洞察进行调整，但是品牌识别会在相当长的一段时间内保持较高的稳定性。土星汽车在推出之际的定位是"世界级的好车"，但为了更好地打动消费者，几年后土星将自己定位为：不一样的友善和信任——舒适的产品陈列室，无压迫感的销售人员，没有讨价还价。

定位是对与目标消费者的沟通和胜过竞争品牌的优势的说明，并且往往体现在具体的营销策略上。然而，品牌定位集中于产品属性，而不考虑品牌个性、公司组织联想或品牌象征，抑制了一个成熟品牌特征的演化，定位并不能为品牌创建活动提供全面的指导作用；相反，品牌识别则为品牌提供完整、深度的描述和规划。简而言之，如果说品牌识别是冰山，那品牌定位就是我们能看到的冰山一角。

（三）企业形象识别系统

企业形象识别系统是指在市场环境中，企业有意识、有计划并且主动地将自己的各种特征向外界进行展示与传播，使公众对特定企业形成固定的、差异化的印象和认识，以便快速识别企业。该系统包括三大部分：理念识别系统（Mind Identity System）、行为识别系统（Behavior Identity System）和视觉识别系统（Visual Identity System）。

1. 理念识别

在品牌管理之下，所有的营销传播活动都应该被整合、调整和提升。而以企业价值观为核心的理念识别，对视觉识别和行为识别发挥着统筹作用。企业只有找到明确的信念，才有可能为消费者创造连贯的企业体验。企业需要在建立识别前，想清楚自己是谁？自己代表着什么？自己想成为什么？这些就是对品牌价值作出回答，而企业一切的传播活动都是源于这些答案，它能有效激发企业活力、推动企业生产经营的团体精神和行为规范，将其落实到企业的每一个方面。

2. 视觉识别

视觉识别是指通过静态的、具体化的视觉传播形式，将企业理念与价值观向社会公众传达统一的识别形象。视觉识别的早期实践可以追溯到1907年，德国的设计师彼得·贝伦斯（Peter Behrens）为德国通用电气公司设计的一整套品牌识别，包括标识、平面广告和企业出版物等。

图7-9 德国通用电气公司最早的视觉识别

自1950年，欧美各大企业纷纷导入视觉识别（VI）。对企业来说，创建标识不仅变得非常重要，而且在向内部员工和外部公众展示时需要建立一套品牌标准，以塑造独特、一致的视觉形象。在20世纪60、70年代，很多品牌修改了其视觉形象。1972年，IBM为了适应市场变化，进一步表现尖端创新的核心价值，将标识修改为蓝色的八条纹"IBM"。而这一富有品质感、时代感的标识在之后四十几年中成为"蓝色巨人"的形象代表，也成为"前卫、科技、智慧"的代名词。此时，"优秀的设计等同于成功的商业"慢慢成为企业的共识，并要求平面设计师创建商标和标准手册。VI手册明确规定企业视觉识别系统的形式标准和必须遵循的准则，并涵盖基本元素和应用元素的所有内容。

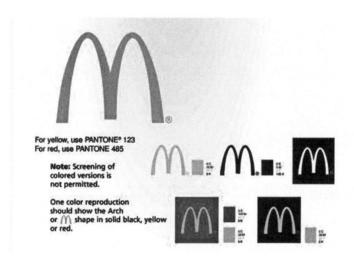

图7-10　麦当劳的品牌色彩规范

国际品牌大师沃利·奥林斯（Wally Olins）在著作《企业身份：通过设计让商业战略可见》（*Corporate Identity: Making Business Strategy Visible Through Design*）中主张企业利用视觉识别系统来建立品牌身份。企业要坚持一致的视觉表达，同时还应该确保品牌紧跟时尚，不断适应新出现的变化。不过，奥林斯也承认，企业识别不仅是关于视觉，也是关于行为。

3. 行为识别

在20世纪60年代，大公司更加重视对企业识别的开发。但随着平面设计的不断发展和成熟，几乎每一个企业都具有视觉识别。与此同时，企业管理人员又意识到，企业识别远不止视觉传达，企业的理念和形象还会通过内部组织机构的管理风格、员工的行为和广告公关活动传达给公众。因此，企业的行为识别系统基本上由两大部分构成：一是内部行为识别系统，包括企业内部环境、员工教育及行为规范，组织管理与文化风格等；二是外部行为识别系统，包括市场营销、广告与和整合传播活动、公共关系、促销活动等。

1977年，美国学者谢里尔·H. 肯尼迪（Sherril H. Kennedy）通过实证研究为行为认同的概念化奠定了基础。[22]她假设，消费者的购买行为基于对品牌个性的感知，其程度远远高于对产品功能属性的理性评估。肯尼迪认为，消费者对品牌或企业的感知是基于消费者通过长时期接触而获得的总体体验。因此，企业需要重视将员工的形象和行为作为建立企业形象识别的关键因素。[23]

在品牌形象识别系统的三大构成中，理念识别是核心，所有的传播活动与视觉设计都是围绕着这一中心展开，它是整个品牌形象识别系统的最高决策层，而行为识别和视觉识别的任务则是将其表现出来。[24]

品牌形象识别系统的价值在于突破了传统的消费者导向，它充分发挥了在企业组织内部明确核心理念的作用，反映了企业管理者的经营哲学、价值观、精神、目标等，潜移默化地影响员工的行为，并综合体现在产品、服务和广告上。[25]与此同时，企业形象识别系统的操作流程也包括市场调查、形象定位、制定传播策略、建立识别、执行以及评估反馈等步骤，以上内容都为品牌识别理论的进一步发展打下了坚实的基础。但相对而言，企业形象识别系统是以形象设计及视觉传达为重心的形象整合理论，实际上通过强烈的视觉冲击和感染力，获得打动消费者的"形象力"。[26]

四、品牌识别的独特意义

（一）品牌识别强化了企业创建品牌的内部视角

长期以来，品牌创建理论将重点放在外部，其基本模式是：试图理解顾客行为，从而设计独特的价值集合，满足消费者的需求，使其对品牌产生认同、记忆和形成态度。品牌学者们都强调品牌识别来自组织内部，是一种由内而外的品牌创建方法，但消费者和其他利益相关者的需求和愿望也被考虑在内。

在这个意义上，尽管品牌识别是由品牌经理主导，但其他利益相关者比如员工和消费者也对品牌识别的建设产生影响。这不仅是企业解决内部整合问题的方法，而且是兼顾管理企业利益相关者期望的战略方法。

（二）品牌识别集合了多个品牌关联要素，是全方位、多层次的品牌创建方法

品牌创建理论和实践都在不断发展，是当今企业的战略关注要点。品牌建设激励不同的学科和组织机构参与其中，这样才能促使组织在所有传播活动中实现品牌承诺，而品牌识别就见证了这一转变。品牌识别并不是凭空创造的概念，而是吸收了很多品牌关联要素，如品牌形象、品牌个性和视觉识别而形成的理论架构。通过聚集这些力量，品牌识别得以保持战略愿景、组织文化和利益相关者形象之间的一致性，并且形成完整的品牌管理模型。

（三）品牌识别强调了对品牌身份的动态管理

尽管品牌识别的定义暗示品牌应该保持其身份，但品牌识别对在数字信息时代具有前瞻性，它不再是静态的规范。因此，品牌识别特别强调区分核心和其他扩展维度，以保证外部因素能适应市场环境的动态变化，从而对核心价值进行再解释。

第三节 品牌识别理论经典广告案例举要

维珍航空是英国维珍大西洋航空公司（Virgin Atlantic Airways）的简称。维珍航空于1984年正式成立，是维珍集团的附属公司之一。维珍集团是英国最大的私营企业，旗下有200多家公司，商业版图涉及旅游业、电信业、娱乐业、航空业、金融业等。目前，全球超过35个国家和地区设有维珍公司。

一、维珍帝国

理查德·布兰森（Richard Branson）是维珍集团的创始人。他被评为"英国最聪明的人"，并拥有英国女王授予的爵士头衔，是当今世界上极富传奇色彩和个性魅力的亿万富翁之一。布兰森由于阅读障碍症，学习成绩并不突出，于是他在15岁的时候就辍学在家，但布兰森通过创办《学生》（Student）杂志证明了自己的独特智慧。《学生》致力于向青少年们介绍流行文化和音乐，在披头士乐队核心人物约翰·温斯顿·列侬（John Winston Lennon）的帮助下，布兰森成功对披头士、滚石等当红乐队进行采访，也正由于这些独家访谈专栏，杂志的销量达到了10万份，不过它在20世纪60年代末期进入亏损状态，但布兰森没有止步于此。

图7-11 维珍集团创始人理查德·布兰森

一个偶然的机会，布兰森发现当时唱片店的零售价过高，打折的邮购唱片业务有很大的市场潜力。于是，1970年，布兰森和几个朋友在英国伦敦创建了一家名叫维珍唱片（Virgin Records）的小型邮购公司。以"维珍"命名是因为他们认为自己正值青春年少，没有丰富的商业经验（Virgin在英语中有新手的意思）。不久后，英国爆发邮局工人大罢工，这严重阻碍了邮购业务的顺利开展。因此，布兰森不得不筹集资金，在1971年开设了第一家英国折扣唱片实体店。唱片店为人们提供了"第三空间"，店员与顾客们随躺随坐，自由谈论音乐和生

图7-12 理查德·布兰森和他创办的《学生》杂志

图7-13　第一家维珍唱片店

活。这一做法吸引了大批音乐迷，更重要的是奠定了维珍集团企业文化的核心理念：维珍代表了一种新的生活方式，它会给人带来快乐。

通过唱片店的巨大成功，布兰森看到了音乐行业的巨大潜力。1973年，他组建了维珍唱片公司，决定自行负责发行唱片的市场营销工作，这代表着维珍承担着所有的风险——要么失败，要么利润最大化。然而，第一位"维珍"艺术家迈克·奥德菲尔德（Mike Oldfield）发行的个人专辑《管钟》（*Tubular Bells*）就取得了极大的成功，位居排行榜长达两个月之久，并且最终售出了1 300万张，成为欧美唱片史上的经典。接着，维珍唱片公司继续签下性手枪乐队（Sex Pistols）、滚石乐队、乔治男孩以及菲尔·柯林斯等有潜力的乐队和歌手，并逐渐发展出一家家连锁店，成为当时英国国内最大的独立品牌。

然而，维珍真正引得万人瞩目是在1984年成立"维珍大西洋航空公司"的时候。维珍航空的前身是美国律师伦道夫·费尔兹（Randolph Fields）和前莱克航空的首席机长阿兰·希拉里（Alan Hellary）于1982年创立的英国大西洋航空。经历两次航线的失败之后，他们决定筹集更多的资金开设新航线。1984年2月，这位年轻的律师向理查德·布兰森提议合伙创建一家飞越大西洋的航空公司。布兰森对这个提议深感兴趣，他希望将娱乐业的经验有效地运用到航空业中并创造价值。他提出"以最低的消费让所有旅客向享受到最高质量的服务"的口号，梦想让飞行旅途充满乐趣。不久，英国大西洋航空更名为维珍大西洋航空，成为维珍集团的附属公司。1984年6月22日，维珍航空完成了伦敦到纽约的首航。

为了迅速打开维珍大西洋航空的知名度，理查德·布兰森曾驾驶一艘名为"维珍大西洋挑战号"的摩托艇横渡大西洋；后来，更是乘坐热气球实现首次跨大西洋飞行的壮举，"维珍大西洋"随之闻名于世。

当时，英国航空公司（British Airways）是英国历史最悠久的航空公司，同时也是全球最大的国际航空客运公司。维珍航空一开始就遭到了英国航空公司的打压，为了保住在大西洋

图7-14　维珍大西洋航空首航

两岸的运营权，布兰森还不惜与英航打了一场轰动一时的官司。最终，他赢得了胜利，而维珍航空也凭借高质量和创新服务赢来了蓬勃发展。

从那时起，维珍大西洋航空公司成为英国第二大航空公司，帮助客户飞向世界各地，并开通直达大西洋的多条航线，包括纽约、洛杉矶、香港、德里和约翰内斯堡等国际性城市。2000年，布兰森以6.025亿英镑的价格将维珍大西洋航空49%的股份出售给新加坡航空公司，以形成独特的全球伙伴关系。5月，维珍又把握良机，积极挖掘澳大利亚的市场需求，在布里斯班创立了维珍蓝航空公司（Virgin Australia）。

维珍"出人意料"地在准入门槛高、垄断竞争激烈的航空业站稳了脚跟，其大批忠实乘客就是在向所有人证明维珍大西洋航空是一个值得信赖的品牌。1994年，布兰森又成立了维珍可乐公司，维珍可乐在欧洲的销量一度超过巨头百事可乐。1996年，维珍铁路公司成立；1999年，维珍正式进军电信业，要致力于打造全球性的移动电话公司。从唱片、出版到航空、铁路运输再到电信、金融，维珍不断开拓新的领域，创造出多元化经营的奇迹。

二、维珍的品牌识别分析

定位论的开创者之一艾·里斯曾预言，维珍会因没有聚焦的品牌延伸而分崩离析。然而，维珍却仍然活跃在各行各业，这是因为维珍在最初就确定了"反传统"的品牌精髓，决心打造一个充满乐趣、富有创新的挑战者品牌。[27] 维珍在战略上注重品牌与用户的终身关系，致力于为顾客提供内容丰富且具有连续性的"维珍体验"。航空和唱片似乎毫无关联，但是布兰森善于在顾客关心的问题中找到有效的共性，即利用消费者对个性生活的渴望，打造出年轻、充满活力、自由的"维珍式"生活方式，通过不受拘束、幽默和敢于挑战权威和追求卓越的品牌个性建立起与消费者紧密相连的情感关系。

　　根据《品牌领导》一书，维珍的核心识别可以概括为四个关键词——服务品质、创新精神、富有乐趣和物超所值，扩展识别强化了其"黑马"地位、品牌个性和品牌象征，而维珍大西洋航空就是维珍品牌识别的最好例证。

表7-4　维珍品牌识别[28]

品牌精髓 · 打破传统 **核心识别** · 服务品质 　始终如一地提供高质量服务，保持幽默感和欣赏目光 · 创新精神 　始终将富于创新的、价值增值型产品特性和服务置于首位 · 富有乐趣 　一个充满乐趣的公司 · 物超所值 　提供的所有产品或服务都充分体现出价值，而非仅是定价最高 **扩展识别** · "黑马"地位 　通过创新模式来击败业内现有的传统领导者 · 品牌个性 　宣扬规则 　具有幽默感，甚至常常出人意料 　黑马，向既有市场秩序发出挑战 　有能力，总能以高水平完成任务 · 品牌象征 　布兰森及其为人所知的生活方式 　维珍热气球 　维珍手写的标志
价值主张 · 功能利益诉求 　以幽默的方式向消费者传递具有高品质和创新性的产品和服务 · 情感利益诉求 　与黑马姿态相关联的荣誉感 　有趣，欢乐时光 · 自我表达利益诉求 　乐于采用出人意料的方式挑战既有权威
品牌-顾客关系 · 顾客是很好的伙伴

（一）核心识别

1. 服务品质

　　维珍航空给人们的第一印象是其卓越的顾客服务。早在20世纪90年代，维珍大西洋航空就对机场休息室进行了革命性的改造，在伦敦希思罗机场设立了一个占地900平方米的休息室——俱乐部会所（Clubhouse），内部设有图书馆、理发店、美容室、14米长的酒吧和隔音音乐室，这是一种人们可以真正为之兴奋的机场体验。据当时的设计主管乔·费里（Joe Ferry）说："我们希望这个空间能让你感觉到已经登上了飞机，随之冲破雨中的云层，拥抱蓝天和阳光。"除此之外，航班会根据起飞和降落时间为乘客提供丰富的餐饮服务，如在乘客需要更多休息时间的夜航班供应快速早餐，甚至提供简单的小瓶装果汁和三明治，以供通勤。[29]维珍航空也凭借高质量的服务获得了最佳商务舱候机厅、最佳商务航空、最有趣航班、最佳机舱乘务员等荣誉。

2．创新精神

维珍相信创造力，它推出了许多业务第一。维珍航空是世界上第一家为飞机上所有舱位提供个人娱乐系统的公司，也是第一家为头等舱乘客提供吧台服务的航空公司。1991年，维珍取消了头等舱，并把这部分投资用于商务舱平躺式睡椅的安装，再推出"中间舱"[①]概念。维珍航空公司在空客A340和波音747的机型上设置了超级经济舱，座椅间距为38英寸（96.52厘米），座椅宽为18英寸（45.72厘米），并且都带有电源插头，大大地提高了上座率。2003年，维珍又推出一种具有革命性意义的豪华商务舱座椅，它可以轻松翻转成航空业界最长的平躺睡床。

3．富有乐趣

布兰森认为，飞行应是一件有趣的事，而提供娱乐性的体验是维珍的一贯目标。因此，维珍航空把"为乘客提供无穷乐趣"这一品牌承诺贯彻到每一个服务细节。例如，维珍为豪华舱的客人提供包括豪华轿车免费接送、酒吧、英式茶点以及按摩等在内的特色服务。维珍还增加了"航班社交"活动，允许同一班机的乘客联网打游戏，或者互发短信。维珍还利用卡通人物录制安全示意录像，用幽默、风趣的方式传达安全信息，竭力为乘客创造令人难忘、富有情趣的飞行体验。

4．物超所值

维珍航空坚持"拥抱并放飞人文精神"，全心全意为乘客提供具有人情味的服务。虽然，维珍大西洋航空的经济舱通常是打折的，但是经济舱提供的服务仍然是高品质的。经济舱的乘客也能在飞机上自由选择电影，玩"任天堂"专门为维珍设计的电子游戏，享用应季、多样的餐食。

（二）扩展识别

1．"黑马"地位

布兰森坦言道："维珍是只厚着脸皮的小狗，体型比不上领头狗，但它跑得快，紧跟巨头脚后抢东西吃。"维珍热爱并擅长向市场领导者发起挑战，特意选择消费者并没有获得满意服务的行业作为目标，深入调查分析，寻找其独特的维护消费者利益的承诺，采取"小狗抢吃法"的营销策略，从大企业口中抢得馅饼，扮演着"市场查漏补缺者"的角色。布兰森相信，人们有权利选择便宜的航空公司，只要具有足够的勇气和创新精神，一定能从服务不周、失去人心的对手手里抢下一块蛋糕。[30]

2．品牌个性

如果把维珍看作一个人，他应该是一位真诚、幽默风趣、勇于挑战权威、能干、充满活力

---

① "中间舱"的定位介于航空公司传统的"两舱"（头等舱、公务舱）与经济舱之间，旨在为受到行政等级和公司差旅政策限制的公商务旅客，尽可能地提供舒适的出行选择。

的"年轻人"。有趣的是,维珍的品牌个性跨越了几种特质——有趣、创新、卓越,这综合表达了维珍代表着叛逆、开放、崇尚自由以及浪漫的一种生活态度。这种强烈的品牌个性不仅体现在服务创新上,还与品牌创始人的个人气质高度吻合。

3. 品牌象征

理查德·布兰森是实践"品牌人格化"的营销先驱,他将英国式的幽默、喜欢嘲弄传统的想法以及冒险精神的性格特质注入了维珍品牌的精髓。对维珍来说,这位有着一头风流不羁的披肩金发、终日玩世不恭的创始人就是天然的品牌代言人,他体现了维珍代表的大部分特征,达成了布兰森即维珍的效果。

作为维珍品牌的代言人,布兰森那一头长发、永远浮现在脸上的笑容和勇于冒险、特立独行的性格,就是对维珍品牌的最好诠释。布兰森每次破纪录的冒险其实都是他推广维珍品牌的行为,无论是汽艇和热气球上的广告,还是每次活动的命名,都使人们的目光最终聚焦于维珍。一次次的冒险也符合维珍的品牌内涵:一种自由自在、开放、叛逆的生活态度。

为了保持维珍航空的高曝光度,布兰森多次挑战人类极限:他曾经乘坐热气球飞越大西洋和太平洋,驾驶水陆两栖车横跨英吉利海峡并创造了新的世界纪录。这些壮举成为当时全英乃至欧洲最大的新闻,也帮助维珍树立了挑战传统、张扬的品牌形象。

图7-15 布兰森乘坐热气球穿越大西洋

另一方面,经典的手写体标识和维珍红也脱颖而出,这与那些采用传统字体、四平八稳的品牌标识形成了鲜明的对比。维珍最初的品牌标识是由英国艺术家罗杰·迪恩(Roger Dean)设计,并被直接运用于维珍唱片。该标识的特色是,一对暹罗连体姊妹同坐在一棵树旁,而她们的脚下是一条长尾龙。罗杰·迪恩的双胞胎标志极富视觉冲击力,是20世纪70年代初嬉皮士精神的化身,真正概括了维珍和艺术家们想传递的自由感。

图7-16 维珍最初的标识

　　然而，维珍唱片在与朋克乐队性手枪乐队签约之后，乐队成员之一约翰尼·罗顿（Johnny Rotten）表示自己的专辑里不应该出现嬉皮士风格的标识；与此同时，维珍也在计划扩展到其他行业。[31]布兰森开始认识到这一标识有点过时，维珍需要一个更前卫且简单的品牌标识。1979年，布兰森选择和一位年轻书法家雷·凯特（Ray Kyte）合作，这个看起来像是布兰森签名的手写体标识直观地表现出维珍追求自由、随性不羁的独特个性。多年以来，这一标识不断出现在从唱片到宇宙飞船的所有产品上，它很好地保持了维珍集团的一致性。

图7-17 维珍的手写体标识

　　同时，机组人员在与乘客的交往中自然而然地成为维珍的公共品牌形象，维珍航空则利用空姐制服的那一抹红色，进一步加深公众对维珍的认知。1984年，维珍与曾为黛安娜王妃制作服装的英国设计师阿拉贝拉·波伦（Arabella Pollen）合作，设计出专属维珍大西洋航空的"维珍红"，挑战了当时航空业黑白、蓝白的配色惯例，再一次展示了维珍反传统、叛逆的形象。

图7-18　维珍航空特有的"维珍红"

（三）独特价值主张和维珍伙伴关系

　　品牌识别的目的之一就是与消费者建立良好的人际关系，而这也与品牌识别的功能性、情感性和自我表达利益主张密切相关。对于维珍航空而言，"为乘客提供无穷的乐趣"是维珍航空的信念，而提供娱乐性的体验是它的一贯目标。正如维珍航空公司创始人理查德·布兰森所言："我做生意的主旨就是为了乐趣，这一原则贯穿始终，维珍之所以成功，秘诀就在于此，而非其他原因。"时至今日，"乐趣"已经成为维珍航空的核心价值，深植于每位维珍航空公司员工心中。因此一提到英国维珍航空公司，映入人们脑海中的一定是轻松活泼、妙趣横生的优质体验，这也解释了维珍与乘客建立起的亲密伙伴关系。

（四）品牌延伸

　　品牌延伸是品牌持续发展的重要策略，但同时会带来很大的风险，因此很多品牌只会向业务相关的行业进行延伸，就像宝洁公司一百多年来只专注于日用消费品市场。但布兰森认为只要存在市场和利润空间，维珍都可以进行延伸，从维珍唱片、维珍大西洋航空、维珍可乐、维珍手机、维珍化妆品、维珍婚纱等，维珍的身影活跃在人们日常生活的每个角落。这些产品和服务的关联性几乎为零，但维珍却做到了，为什么？

维珍鲜明而独特的品牌个性和理念为品牌延伸提供了基础，维珍不只是一个品牌的名字，更意味着一种别具一格、不羁、充满乐趣的生活方式。因此，大多数消费者潜移默化地把维珍抽象成为品质、创新、快乐、卓越精神的象征，与其建立信任关系。而一些著名的品牌则会为特定产品或服务所限制，如IBM意味着电脑，柯达表示胶卷，而福特是汽车。维珍打破了将品牌固化在某种产品或服务的定势，主品牌可以延伸至多行业、多品类，而不仅仅局限于单一视角。

（五）不止于广告——有效沟通的力量

维珍品牌得以发展的重要力量是视觉的可见性，而这种可见性得益于布兰森一次又一次极具颠覆性的品牌营销活动[32]，这极大地收获了公众对维珍的关注。

在广告方面，布兰森"天马行空"的创意作为维珍品牌形象的一部分，将维珍品牌个性发挥得淋漓尽致。在英国首播的维珍广告中，理查德·布兰森全裸出镜，他在英吉利海峡某处浅滩裸跑，然后双手遮着下体跑回岸上，看起来悠然自得。在公关活动方面，布兰森充分利用名人效应，身体力行地为维珍增加曝光度：他亲自参加了维珍可乐在美国的发布会，并驾驶一辆坦克碾过放在时代广场上的可口可乐，宣告维珍可乐正式向可口可乐发起挑战；他曾为宣传维珍的婚礼服务，男扮女装出现在维珍婚纱的开业典礼上；他还曾带领20个全裸模特走在伦敦街头，打着"所见即所得"的标语推广维珍的新品手机。这些抓人眼球的招数，为维珍带来了意想不到的宣传效果，布兰森的行为看似夸张，却并未越轨，给观众带来的更多是震惊、刺激和兴奋感，因而获得了广大消费者的喜爱和信任。2021年7月，71岁的布兰森乘坐商业航空飞船"太空船二号"飞向太空，亲自为未来的客户测试乘客体验，给维珍银河（Virgin Galactic）造势。

另一方面，维珍还十分重视互联网的传播作用。消费者可以在维珍集团的门户网站上搜索获取维珍的所有信息，并且深入了解他们感兴趣的产品和服务细节或者体验维珍特有的娱乐方式。

图7-19　布兰森为"维珍"卖力宣传

　　一个强势品牌必须拥有丰富、清晰的品牌识别，而维珍航空公司现在已经成为21世纪全球最具影响力、创造性的品牌之一。维珍大西洋早已超越品牌，成为个性、开放、自在生活方式的代名词。理查德·布兰森早就把维珍航空独特的价值定位与"反叛"个性结合起来，并通过视觉设计和整合营销传播活动向社会公众传递"品质、创新、有趣和物超所值"的核心理念，建立了品牌领导地位。

思考与练习

1. 根据品牌识别策划模型，战略分析、品牌识别系统和品牌识别执行系统之间的关系是什么？
2. 品牌识别理论有什么局限性？
3. 试根据品牌识别系统理论分析麦当劳品牌。

参考文献

1. 王海忠，刘红艳. 品牌杠杆：整合资源赢得品牌领导地位的新模式［J］. 外国经济与管理，2009（5）：23—29.
2. 戴维·阿克. 品牌领导［M］. 耿帅译. 北京：机械工业出版社，2012：13.
3. 戴维·阿克曾在1991年提出品牌资产的"五星"模型，包括品牌知名度（Brand Awareness）、品牌认知度（Perceived Brand Quality）、品牌联想（Brand Association）、品牌忠诚度（Brand Loyalty）和其他品牌专有资产。
4. 戴维·阿克. 品牌领导［M］. 耿帅译. 北京：机械工业出版社，2012：38—50.
5. 戴维·阿克. 品牌领导［M］. 耿帅译. 北京：机械工业出版社，2012：84.
6. Jankovic M M J M. Integrated Marketing Communications and Brand Identity Development.［J］. Management, 2012(No. 63): 91–100.
7. Dinnie K. Book reviews［J］. Journal of Brand Management, 2007(NO. 6): 472–473.
8. Petek N, Ruzzier M K. Brand Identity Development and the Role of Marketing Communications: Brand Experts' View［J］. Managing Global Transitions, 2013(No. 1): 61–78.
9. A I B, B S C, B E M. The importance of corporate brand identity in business management: An application to the UK banking sector［J］. BRQ–BUSINESS RESEARCH QUARTERLY, 2016(No. 1): 3–12.
10. Marina I, Mikhail S, Liubov M. Brand identity development［J］. E3S Web of Conferences, 2020: 9015.
11. de Chernatony L. Brand Management Through Narrowing the Gap Between Brand Identity and Brand Reputation［J］. Journal of Marketing and Management, 1999(No. 1–3): 157–179.
12. Keller K L. Conceptualizing, Measuring, and Managing Customer-Based Brand Equity［J］. Journal of Marketing, 1993(No. 1): 1–22.
13. Marito P S, Lucky Radi R R, Deden M, et al. Building the Brand Identity through Brand Differentiation Based Value of Culture and Locally-global Product Principles (Case on the City of Art).［J］. International Journal of Business & Administrative Studies, 2019(No. 2):64–74.
14. Bastos W, Levy S J. A history of the concept of branding: Practice and theory(Review)［J］. Journal of Historical Research in Marketing, 2012(No. 3): 347–368.
15. Gardner B B, Levy S J. The Product and the Brand.［J］. Harvard Business Review, 1955(No. 2): 33–39.
16. 何平华. 中外广告案例选讲［M］. 武汉：华中科技大学出版社，2010：55—59.
17. 何平华. 中外广告案例选讲［M］. 武汉：华中科技大学出版社，2010：85—91.
18. Nandan S. An exploration of the brand identity-brand image linkage: A communications perspective［J］. Journal of Brand Management, 2005(NO. 4): 264–278.
19. Muhonen T, Hirvonen S, Laukkanen T. SME brand identity: its components, and performance effects［J］. Journal of Product & Brand Management, 2017(No. 1): 52–67.
20. Bjerke R, Ind N, De Paoli D. The impact of aesthetics on employee satisfaction and motivation［J］. EuroMed Journal of Business, 2007(No. 1): 57–73.
21. Heine K H K, Atwal G A G, Crener-Ricard S C S, et al. Personality-driven luxury brand management(Article)［J］. Journal of Brand Management, 2018(No. 5): 474–487.
22. Kennedy, Sherril H. Nurturing Corporate Images: Total Communication or Ego Trip［J］. European Journal of Marketing, 1993, 11(3): 119–164.
23. 黄维，聂晓梅. 营销视野下的品牌形象识别理论发展轨迹［J］. 装饰，2012（7）：72—73.
24. Melewar T C, Jenkins E. Defining the Corporate Identity Construct［J］. Corporate Reputation Review, 2002(No. 1): 76–90.
25. van Riel C B M G, Balmer J M T D. Corporate identity: The concept, its measurement and management.［J］. European Journal of Marketing, 1997(5–6): 340.
26. Tilde H, Knudtzen C F, Bjerre M. Brand management［M］. Routledge, Taylor & Francis Group, 2008: 47–82.
27. 婷婷. 乐趣·创新·叛逆——访英国维珍航空［J］. 中国广告，2006（11）：34.
28. 戴维·阿克. 品牌领导［M］. 耿帅译. 北京：机械工业出版社，2012：34.
29. 苏婕. 维珍航空空中航线服务质量提升策略研究［D］. 上海交通大学，2018.
30. 许志. 维珍狂人——理查德·布兰森［M］. 青岛：青岛出版社，2009：81—90.
31. https://www.virgin.com/about-virgin/latest/the-evolution-of-the-virgin-logo.
32. 戴维·阿克. 品牌领导［M］. 耿帅译. 北京：机械工业出版社，2012：28.

第八章

《蔚蓝诡计》
——乔治·路易斯与广告"艺术本质论"

第一节 《蔚蓝诡计》主要内容及
核心思想述评

一、乔治·路易斯小传

《蔚蓝诡计》是乔治·路易斯的经典著作，该书也曾被译作《乔治·路易斯大创意》。路易斯用自己几十年的传奇职业生涯作为证据，说明了什么是真正的大创意。他从一个广告人的视角，记述了大量鲜活生动的广创意故事，这些故事不仅反映了许多美国政客、大企业家和广告人的奇闻逸事，以及美国社会中许多重大的社会事件，同时还阐发了广告的精髓、揭示了广告的本质。该书内容异常丰富（商业、社会、文化、政治、经济、娱乐等无所不包），许多广告创意故事读起来饶有趣味，并给人以深刻的启迪。该书简直可以说得上是描述了美国20世纪后期商业社会中的众生相。

图8-1 《蔚蓝诡计》

作者乔治·路易斯是一位颇富传奇色彩的广告人，是一位希腊裔美国艺术总监、设计师和作家。路易斯最著名的作品可能是他在1962年至1972年间为《时尚先生》杂志设计的超过92个封面。2008年，纽约现代艺术博物馆展出了32个路易斯的《时尚先生》杂封面。

路易斯1931年6月26日出生于纽约市，曾经就读于音乐与艺术高中，并获得雪城大学的篮球奖学金，但他选择就读于普拉特学院。路伊斯在普拉特只上了一年学，然后离开为雷巴·申瓯（Reba Sochis）工作，直到六个月后他被陆军征召入伍。

战争结束后，乔治·路易斯前往美国哥伦比亚广播公司的广告和促销部门工作，在那里他设计了印刷和媒体项目。1959年，他被恒美广告公司聘用。在那里工作一年后，路易斯于1960年被弗雷德·派珀特（Fred Papert）和朱利安·科宁（Julian Koenig）招募成立Papert Koenig Lois（PKL）。众所周知，PKL也是第一家上市的广告公司。

1968年，路易斯获得了梦寐以求的布兰尼夫（Braniff）国际航空公司的机会，并为航空公司制定了革命性的"当你得到它时，炫耀它"策划，使业务增长了80%。路易斯纳入了一系列令人难忘且独特的电视广告，将艺术家安迪·沃霍尔和拳击手桑尼·利斯顿等名人进行不可思议的配对，让他们坐在布兰尼夫的飞机座位上讨论独特且不太可能的主题。路易斯还认为，飞机不必看起来都一样，因此他委托布兰尼夫飞机以大胆的设计进行涂漆。

在不断工作和实践的过程中，路易斯发展了他所谓的"大创意"。他发起了最初的广告活动，以提高设计师汤米·希尔费格（Tommy Hilfiger）的知名度。据称其他客户包括：施乐、杰迈玛阿姨、今日美国、ESPN和四位美国参议员：雅各布·贾维茨、沃伦·马格努森、休斯科特和罗伯特·F. 肯尼迪。路易斯和拉里·斯洛曼还为鲍勃·迪伦的歌曲《小丑》导演了音乐录影带。

图8-2 乔治·路易斯

在评论《广告狂人》这部旨在描绘他所从事的广告行业的电视剧时，路易斯总结了他的时代经历："《广告狂人》通过忽略永远改变传播世界的创意革命的动态来歪曲我那个时代的广告业……20世纪60年代反文化的动态时期通过新一代创意一代在麦迪逊大道得到了表达——一个反叛的小圈子理解视觉和语言表达是不可分割的艺术总监和文案撰稿人，他们在旧规则下被束缚，在由非创意黑客和技术官僚主导的广告制作过程中，他们只能扮演次要角色……像我这样的平面设计师，热衷于交流，创造图标而不是骗局。而且，与电视《广告狂人》不同的是，我们每天工作充实、筋疲力尽、充满欢乐：推销新业务、创造想法、'组合'它们、制作故事板、销售它们、拍摄它们并指导广告。"

路易斯是唯一获得以下所有殊荣的人：艺术指导名人堂、The One Club创意名人堂、美国平面艺术学院和出版设计师协会的终身成就奖。他也是美国广告联盟名人堂成员。他和他那个时代的其他著名广告校友是电影艺术与复制的主题。

二、《蔚蓝诡计》论述框架及主要内容

正如书名《蔚蓝诡计》所指出的那样，该书主要围绕"创意"展开，讨论了关于其从思考、洞察到产生、执行等环节中存在的问题与解决方法。同时，作者将自己对创意、广告的认识贯穿始终。全书分为三章，写作逻辑脉络清晰，分别为"寻找大创意""酝酿大创意""执行大创意"三部分，每章又细分几个小章节展开论述。

（一）寻找大创意

在第一章"寻找大创意"中，路易斯讨论了一些常常为大众忽视的、基础但重要的问题。从广告的定义，到为无数广告人所狂热的"大创意"，再到广告界流行的理论如"定位"等，通过对以上基础问题的分析，路易斯表达了自己关于广告艺术本质论的核心观点。

路易斯首先抛出了一个广告的定义，"广告是一种有毒气体"[1]，这可看作是从广告作用于受众的形式及影响效果角度来谈论其定义。在这里，路易斯用了一种形象比喻式说辞——他把广告视为艺术社会学，如同经典艺术作品，要去寻找埋藏在大多数人心中的审美和情感。正如其所说的，"许多经验源自我在童年时就曾感受到的一种热情的'召唤'，它激励着我通过大胆运用符号想象和创意去拓展生命的意义"。在他看来，广告人首先应当听从热情的声音。在这里，路易斯使用了一个颇具神秘主义色彩的词——"召唤"，一种遥远的、不知来处却吸引人的呼唤。同时，他也指出了他对广告制作的见解和意义，即广告是一种符号生产和运用的艺术，它伴随着想象力的自由迸发，这种智力的生产可以延伸出更广泛的意义，不管是对广告从业者还是对广告的受众，甚至对世界本身而言，都具有一种意义生产和发现的功能。

给出了基础的定义后，路易斯继续讨论了所谓的"少数派观点"，即认为广告是一种艺术。这可看作是从广告创作角度，从广告文案到图案发展史论述绘画艺术的重要性。简而言之，他认为，视觉艺术表达更倚重直觉和天赋而非理性。他指出了流行的将广告作为科学的观点所带来的广告从业者的挫败，"许多广告方面的科学技术——比如媒体计划、市场研究、营销策略、制定预算以及所有这些计划的具体要素，的确是必要的，但是，对于这些逻辑性条例的过度强调，将加强一种可导致自我挫败的思想认识，即将广告仅仅视为一种科学而不是艺术"。

不过，路易斯并非彻底推翻了广告作为一门科学的观点，他承认"科学和技术显然影响并塑造着广告"。但如若要在二者之间抉择其一，他的观点更偏向于将广告作为一门艺术看待，即其所言的"说到底，广告是一门艺术，它来源于直觉，来源于本能，更为重要的是，来源于天赋"。同时，他强调绘画艺术对创造广告的重要性，指出广告作为一种充满奥义的事物，如果一定要给其从业者进行某种"必要"的培训，那么只能是从绘画领域着手。广告行业如今常见的、现代意义上的艺术指导，也是自此领域兴起。路易斯对这种贡献给予了高度评价，认为"现代性艺术指导的出现，为现代广告赋予了生命"。

尽管将广告作为一门艺术，路易斯没有将其过分抬高到孤芳自赏的程度，反而犀利地指出了广告的重要方面——客户。"别对大创意想当然"，他指出，广告不是创意人孤芳自赏的活动，再优秀的创意也要得到客户的认可和支持才能获得真正面世的机会。路易斯认为，一方面，广告是打破规则的艺术，需要一些叛逆的、反其道而行之的思考，但同时其也需倚重甲方的合作和慧眼。不过，对于和客户的关系，他认为需要一种平衡的智慧来维护。对于市面上大多数广告公司的做法，他给予了尖锐了批评，"对于大多广告代理公司来说，获取客户的过程就意味着拍客户的马屁和娱乐客户。但是，一旦所争取的目标成了客户，客户便变成了敌人——过多的要求，过分的批评，过于关注成本，变得太笨以至于连二流的广告作品也不懂得欣赏。这种关系是具有腐蚀性和破坏性的，但那却是大多数广告代理公司的业务写照，这样的工作完全和创作杰出的广告不沾边。"[2]过于谄媚地迎合客户的意见，对创意工作无疑具有毁灭性的打击，但不幸的是，这是广告界的实然状态。在这里，作为艺术的广告的可能性完全被湮没了，广告只是一种逢迎的技术、一门机械的交易。

（二）酝酿大创意

在第二章"酝酿大创意"中，路易斯从自身经验出发，讨论了"大创意"的生产过程中可能存在的障碍，以及如何解决它们的部分策略。这些问题在大部分广告创意酝酿的过程中都会出现，例如怎样对待法律的规制、如何说服不情愿的客户接受自己的提案并将其兜售出去、如何处理市场调查与广告创意之间的关系等等。因此，本章在应用层面具有重要的参考价值。另外，本章中对市场调查和作为艺术的广告之间关系的讨论，再一次体现了路易斯对广告艺术本质论的根本观点，这是需要注意的。

对大多数广告人来说，可能在其从业过程中都有被人提醒"要小心"的经历，不管出于何种考虑，绝大多数时候这种提议都是发自善意。但路易斯却认为，在酝酿创意的过程中，需要无所畏惧的心情。在他看来，"保持小心"并不是一种偏向保守的或者中立的态度，相反，在广告艺术中，只有天才和平庸两种角色。"在广告这门艺术中，保持小心无异于平庸无奇。而这就意味着你的工作永远不为人所知。"而对于广告从业者而言，如果其工作不为人所知，一切都将是徒劳的幻影。路易斯给出了充满激情的建议，或者说更像是一种号召，"你最好大胆一些，而不是小心翼翼。你最好勇敢一些，而不要想着安全。你最好让你的工作被人看见并记住，否则你就'出局'了。广告的世界里没有中间地带"。虽然充满天才的创意总是罕见而时常伴随着争议的，但在路易斯看来，这是唯一值得走的路。只要它足够精彩，哪怕它的大胆会刺痛人的神经，甚至将人"推到悬崖边上"都没关系，这是其富有生命力的表现。所谓的"小心点"并不是站在中间地带的选择，而是彻底的因循守旧，这与"买了张进入被人遗忘世界的门票"别无二致。

正如第一章中就强调过的，如果一个天才的创意不能得到客户的认可，它就会因失去了释放光芒、宣示价值的机会而成为蒙尘的明珠。简而言之，对于大创意而言，"如果你不卖掉它，它就没有用"。尤其是在自由市场经济中，客户的决定是最终拍板的声音。因此，与客户的磨合甚至博弈是很重要的。同时，一个具有明智判断力的客户也是难能可贵的。但这不意味着要对客户一味逢迎，而是对广告人提出了"了解客户"的要求。路易斯敏锐地指出，"从来不要忘记客户也是人，是一些碰巧想要购买'奇迹'的人"。广告人作为广告戏剧的导演，需要导出一场令客户满意的戏剧，提案必须是有着充足准备的，创意应当是成熟的、令人震撼的。要将艺术深刻地建立在销售的智慧之上，第一步就从激起客户心底的期望开始。

关于这一步，路易斯给出了诸多实用的建议。如用充满创意的案例装点会议室以使其惹人注目、在没有窗户的会议室进行提案以集中客户的注意力、摆放充足的零食和饮料以创造亲切的氛围等，这些细节的做法都可以调节客户对提案的态度。这些做法使客户产生了第一步的期待，"客户知道有某些吸引人的东西马上就要揭晓了"，同时也创造了一种轻松的氛围。在这里，路易斯着重强调了人与人的交流对广告提案过程的重要性，即尽量避免使用令人昏昏欲睡的幻灯片展示，而更加重视目光的接触，面对面的人际交流。他认为，"只有这样，信念、信任和热情才能得以传递"。同时，把控提案的节奏也是重要的，适当地创造悬念可以提高客户的兴奋程度，也使得最终出场的创意蒙上一层神秘面纱，令人更加期待它的揭晓。总结而言，路易斯给出"三步走"的提案策略，即"告诉客户他们将要看到什么——将准备好的东西亮给客户看——告诉客户他们所看的是什么"。

（三）执行大创意

了解了何谓广告、何谓真正的大创意、如何酝酿一个大创意之后，在第三章，路易斯讨论了如何执行大创意。没有计划，就没有实现，大创意的实现不是想当然的，而是需要经过前两部分的精心准备才能提上日程的。在这一章里，路易斯用自己丰富而具有传奇色彩的广告从业经历，向读者毫无保留地传授了自己积累的执行大创意的方法。

首先，他认为执行大创意是一件并不容易的事情。他说："我喜欢筋疲力尽的感觉，这种感觉是一种将自己的天赋发挥到极限后产生的狂喜。我总是认为，在一天结束的时候，你应该使自己筋疲力尽才叫活得精彩。"执行大创意不仅是脑力劳动，也需要很多细节的身体行动。但无论如何，执行大创意应当是让人感到有激情的、毫不虚度的事情。

其次，他给出了一些使用的建议，如为产品的附加价值做广告、如何制造看起来令人震惊的效果、如何面对挑剔的客户、如何利用名人效应等。这些都是在广告从业过程中会遇到的实在问题，路易斯的诚意也显露无遗。在此，作者选取其中一个建议进行分析讲解。

如何利用名人效应？对大多数广告从业者或广告研究者来说，通过雇佣名人来为产品背书，从而提高产品的知名度，进而打开市场、增加销售，似乎已经是一种广告界司空见惯、习以为常的手段。然而，恰恰因为熟悉这一手段，人们在某种程度上忽视了对它的认真思考。是否任何一个名人都能适用于任何一个产品呢？如果是，为何广告前期需要做大量的调研，而即使如此，广告也无法按照预期的那样达到令人满意的效果？如果不是，那么，在何种时机、以何种形式选择什么样的名人，产品和名人的关联度应当如何匹配，这些问题的答案是什么呢？

路易斯在书中回顾了这个容易被人忽视的问题，并对此进行了充分的讨论。他认为，像之前谈到的所有广告创意方法论一样，选择名人不是一种万金油，而是一种艺术。没有人能够抵挡名人的诱惑，这是人的天性使然。但这种诱惑只能在适当的情境下被激发出来，名人效应不是在任何时候都能显示出神奇的效果的。他说："一个名人几乎可以立即将某种风格、气氛、情感和含义注入任何地点、产品或情境中。"这是一种名人自带的光晕，如果使用得当，将为广告赢来不错的效果。他给了名人在广告中以很高的地位，认为"名人有别于其他任何一种广告符号"。名人尽管是一个活生生的人，但其之所以能发挥效果、带动销售，却是以符号化的、工具化的形式出现的。名人一般都是在某一领域有所成就的人，因此具有一定的号召力和影响力。当然，这种影响力需要是正面的。另外，有的名人不仅具有这些能力，还能引发人们特定的联想，如体育明星更容易让人觉得有活力、健康的，脱口秀明星会给人轻松、幽默的感觉，电影明星则容易给人以高贵的、有品质的感觉。因此，不同的产品需要选择不同的名人，尤其是那些符合自己产品形象的名人。

路易斯指出，名人之所以能总是给人新鲜的吸引力和号召力，原因在于"我使用名人是为了创造一种令人愉悦的冲击。这种冲击来源于他们看起来似乎与产品没有关系。我使用名人也是为了创造一种超出预期的比较，创造某种言外之意或暗示，或者促成神话和市场之间的一种联姻，并创造出微妙但是深刻的信任"。名人在其他领域的成就被引入广告情境，创造了一种新的信任感。正如他的论断，这是一种神话和市场间的联姻。名人代表了或者其本身就是神话的一种，而这种带着光晕的神话意义经由广告创造的情境，被引入了产品形象，使得消费者将产品和新的信任感自然而然地联结起来。

他认为："如果一条广告中的代言人推销式地自吹自擂，广告的可信度就会很低。"广告中的名人应当以恰当的方式出现，说恰当的话、做恰当的事。"名人们不该看起来像是雇佣兵。要让他们能被人信任，就要降低他们名人的身份进行演绎，以人性化的方式表现他们。"同时，也不应该过度追求名人的名气，这并不是越大越好的。名人的名气和产品的销售并不是总呈现出正相关的关系。选择恰当的名人是很重要的，如果没有足够的预算，可以选择雇佣名气不足够大但与产品关联度较大的名人进行背书。不过，有时候出其不意的选择也能带来完全不同的效果。但这种选择显然是有风险的，需要广告人在选择时对受众的心理有充分的了解和把握，同时也对自己的选择有充足的判断力和信心。但总体而言，路易斯还是更偏爱那些剑走偏锋的作品，艺术总是危险而迷人的。

三、《蔚蓝诡计》核心思想评析

（一）乔治·路易斯的思想养分

1. 现代艺术的发展

20世纪后期现代艺术的发展，对乔治·路易斯的思想产生了很大的影响。路易斯本身对艺术的看法等，都受到了毕加索等艺术家的影响。显然，这对他的广告创作理念产生了巨大的影响。

首先，观念艺术派对路易斯产生了很大影响。其代表人物是杜尚。尽管杜尚的艺术实践止于20世纪30年代，而且在1968年去世，但他早期的短暂艺术活动却在后来产生了持续的影响力。1913年他完成了第一件现成品艺术《自行车轮》，表达了对传统作品中注重结构的轻视，并暗示艺术创作中最重要的因素是观念而非制作技巧。杜尚最重要的贡献是现成品艺术。虽然从世俗的角度看，把现成的工业产品或是其他物品摆到美术展览会上是荒诞不经的，但事实上这却改变了人类对艺术乃至对世界的整个看法，人们开始质疑传统价值观念和艺术创作模式的必要性。

在这种思想观念下，形式与美都不重要。自古以来，艺术家以创造美的形式为天职，并赋予此类工作以崇高的地位和价值。但杜尚认为美并不存在，艺术和创造艺术的人也没什么特别崇高的地方，他告诉人们，普通物品与艺术品没什么区别，如果艺术是美的，那普通物品也是美的；如果普通物品不美，那艺术也好不到哪儿去，所谓艺术的审美价值只不过是人们的成见而已。他把那个"小便池"（《泉》）送进展览会，对打破这个成见起了很大作用。

同时，杜尚强调了取消技术的限制，人们久已习惯将艺术创作看成是一种专门的技术操作过程，所以才有美术学院和专业画家，现成品艺术却与创作者的个人技术无关，它只需要一种选择的眼光，而选择是一种思考过程，与物质产品的制作技术毫无关系。杜尚告诉人们，艺术的价值在于思想。有思想，任何物质产品都可以成为艺术品。这种将艺术等同于思想的做法，客观上取消了传统意义上的艺术学科，暗含了艺术与艺术史即将终结的理论判断。

这种对观念本身的推崇和对形式感、技术限制的反感和叛逆，让路易斯的广告创作理念也更强调回到自发和天然的状态，摆脱了陈规；他对大卫·奥格威等人推崇的广告创作模式更是大为批判，认为真正的广告应当是一种艺术品，所有人都可以从这里获得灵感。而这与杜尚的思想观念无疑是接近的。

其次，波普艺术也影响了路易斯的创作。在波普艺术中，最有影响和最具代表性的画家是安迪·沃霍尔，他是美国波普艺术运动的发起人和主要倡导者。他把那些取自大众传媒的图像，如金宝汤罐头、可口可乐瓶子、美元钞票、蒙娜丽莎像以及玛丽莲·梦露头像等，作为基本元素在画上重复排列。他试图完全取消艺术创作中的手工操作因素。其大部分作品都用丝网印刷技术制作，图案可以无数次地重复，带来一种特有的画面效果。而安迪·沃霍尔的这种观念也在路易斯的广告创作中反复出现。任何观念的表达都要依靠某种载体，而在他们看来，最好的载体无疑是视觉艺术。

2. 作为媒介艺术的电视艺术

乔治·路易斯的创作与电视艺术的普遍发展也有密切的联系。电视是综合传播文字、声音、图像、色彩、动态的视听兼备媒介。它既具备报纸、杂志的视觉效果，又具备广播的听觉功能，还具有报纸、杂志、广播不曾具备的直观形象性和动态感。电视的覆盖面极广，收看率也很高。在四大媒介中，电视最具有娱乐性。而电视广告是一种经由电视传播的广告形式，它将视觉形象和听觉综合在一起，充分运用各种艺术手法，能最直观、最形象地传递产品信息。

作为一种丰富多彩的、集合了多种表现形式和感官体验的传播渠道，电视艺术使得路易斯推崇的创作观念得到了很好的发挥平台。由于电视广告形象逼真，就像一名上门推销员一样，把商品展示在每个家庭成员面前，使人们耳闻目睹，对广告的商品容易产生好感，引发购买兴趣和欲望。同时，观众在欣赏电视广告中，有意或无意对广告商品进行比较和评论，通过引起注意，激发兴趣，统一购买思想，这就有利于增强购买信心，做出购买决定。特别是选择性强的日用消费品、流行的生活用品和新投入市场的商品，运用电视广告，容易使受众注目并激发对商品的购买兴趣与欲望。这种广告的直观性强、有较强的冲击力和感染力、可以瞬间传达而观众需要被动接受，同时也有利于广告商不断加深观众心中的产品印象。因此，观念与载体相结合，可以获得不错的传播效果。

（二）乔治·路易斯的思想评析

1. 广告的定义

乔治·路易斯在《蔚蓝诡计》一书中给出了其对广告的诸多看法。作为一本讨论广告的书，对其核心思想的分析必然需要以广告本身为起点和核心展开。因此，本节对乔治·路易斯思想的评价将从其对广告的定义展开。

最基础也是最重要的观点应当是其在第一章中探讨的少数派观点，即将广告看作一种艺术的观点。之所以少数派，是因为当时流行的观点主要是将广告看作一种科学或某种有一定框架的技艺，认为对于广告而言，最重要的是广泛、深刻的市场调查，要求在大量数据调研的基础上总结出市场的基本情况，然后再进行创意等后续工作。显然，将广告看作一种艺术是对当时热门理论的叛逆，某种意义上甚至是以一种对立的姿态出现的。路易斯并不反对在广告创作的前期进行市场调研，在书中，他甚至特意点出了市场调研的重要性。

路易斯抛出了一个犀利的问题："如果所有广告都经过测试，怎么会有这么多的广告战役都失败了呢？"如果市场研究真的如其被推崇的那样，具有极高的预测性和准确性，那么经过相关调研而后产出的广告为何都并没有如其被承诺的那样具有神奇的市场效果呢。路易斯认为，并不能将这种调研过度神话，但也不能全盘否定。市场调研更像是广告创意的一道前菜，有其重要性，但最重要的美味佳肴还是后面的广告创意等环节。因此，需要用一种创造性的观点看待调查研究。他指出："我将调查研究看作是广告人的一种基本修养。但是我也相信如果过度地运用调查研究，它将限制灵感。我们需要的是一种明智的平衡，只有这样，调查研究这门学问才能加强甚至激发创意的进程，而不是束缚它。我相信，广告这门艺术不能在任何科学方法的基础上被预测和加以描述。"

路易斯也给出了其所指的市场调研的内容，即"市场数据包括竞争品牌、市场份额、长期或短期趋势、消费者态度、价格因素、商业界传言、竞争性广告等等，如果我们能够聪明地获得并加以整理，就能提供关于市场的一份有价值的概况。所有这些都是广告创意之前要做的准备工作"。但总而言之，这只是一种准备工作。

当然，在今天的技术环境下，路易斯的观点是否仍如其所说的，是一种强有力的论证，还有待商榷。互联网、大数据等的流行，以前所未有的强大力量将人们的个人信息、性格偏好、消费习惯等总结起来，并能进行智能的运算和推测；不断改善的算法越来越深谙人们的心理，这些都是不可忽视的新变化。许多购物网站通过算法和调研的力量发展壮大了自身，今天的调研已经不是当年路易斯所处时代的调研了。与此同时，这些技术的发展也使得路易斯的广告艺术论受到了一定程度的冲击。广告更加注重投放渠道等其他方面，使得广告创意在一定程度上被忽视而变得边缘化。

但无论如何，回到路易斯的理论本身，还是有其意义和价值的。能在当时的年代提出这种颇为叛逆的观点，是一种了不起的尝试。同时，将广告看作一种艺术的观点本身也具有合理性。

"在做必要的准备工作时，我对于广告工作的激情促使我为寻找一个创造性答案而奋斗。这种创造性的答案能够用一种令人难忘的方式传达一个主题或者信息，并且能促使人们采取行动。只要有可能，我就以创造神话或流行文化之间的神奇联系为目标，从而赋予产品一种不可抗拒的灵气。这就是为什么以沟通为目标的调查研究是如此重要。"这里，路易斯强调了对广告工作的激情。事实上，这种颇具浪漫色彩的激情在任何工作岗位上都是需要的，对具有艺术创作性质的工作尤其重要。这也是广告行业一直以来吸引千千万万年轻人加入的原因之一。

2. 广告的目标

广告的目标并不是大创意本身，正如之前讨论过的，路易斯清楚地看到了广告的决定权首先在于客户的需求，其次取决于消费者的认可度。而这两点即意味着，广告的目标仍然是促使人们采取行动，即发生购买行为，转化为商业利润。因此，在此过程中的一切工作都应当以此为目标展开。而如果一定要对此给出一个具体的方法，路易斯认为，就是要创造广告和神话或流行文化之间的神奇联系。调研可以让从业者对部分消费者的所思所想有一定的了解，但并不能对广告本身的质量和效果作出承诺。"拘泥于数字的调查研究会导致被人们视而不见的糟糕广告。"

事实上，路易斯认为，广告的作用在于为产品增加附加价值。或者说，广告本身也就是产品的一种附加价值。"通过将附加价值赋予一个产品，伟大的广告可以使食物吃起来味道更可口，可以让衣服穿起来感觉更美妙，可以让车开起来感觉更平稳舒适，可以让啤酒喝起来味道更加香醇。"这就是路易斯所说的，在广告被和流行文化等联系起来之后，能产生一种神奇的效果。

如果广告效果出彩，其本身甚至能成为一种新的流行文化，例如"可口可乐"现在已经成了快乐的代表，以此为核心衍生了巨大的商业价值和文化价值。它不仅是一种广告宣传，还成为人们心中"快乐"的代言词，网友们甚至开心地为其自发创作新的作品，如"肥宅快乐水"等名词的生产即是强有力的例子。这里的商业价值和文化价值显然不是一则小小的广告片或是某个季度的广告宣传可以实现的。正如路易斯所说的，"伟大的广告，在广告世界中是罕见之物，它可以使100万美元的预算看上去像是1 000万美元。但是大部分广告是使1 000万美元看起来像是100万美元"。当然了，一切的可能性只发生于一支好的广告片身上。粗制滥造的广告并不会被人记住，也不会产生作用，很快就会被人们遗忘，甚至还会产生意想不到的负面作用，让品牌陷入麻烦。

四、广告"大创意"的理论实质

"如果广告是一门科学，我就是个女人"，"广告是一种有毒气体，它能使人流泪，使人神经错乱，使人神魂颠倒"[3]，这便是路易斯的风格：他似乎天生就是为了"颠覆"而来的。从20世纪50年代起，他一步步颠覆传统广告、广告乃至整个广告界，在很长一段时间内主导着广告界的风云变幻。路易斯是那种对创意狂热到偏执的人。他自信他的广告构思能被客户接受，如果不是，他可能会从客户办公室的窗口跳下去。他敢将尼克松、安迪·沃霍尔、杰奎琳·肯尼迪和希腊船王、斯大林流亡美国的女儿以一种极其玩世不恭又一针见血的手法用到他的创意中去。

在《世界广告巨擘》中，作者魏炬这样评价乔治·路易斯：路易斯是一个让人迷惑的人，处处打破人们的预想。他是一个广告人，却像码头工人一样说话大大咧咧；他是一个艺术指导，却比许多文案更善于使用文字。尽管他的母语是希腊语，但他的传播作品不断地出现在各种媒体上，并且获得了"里程碑"和"启发性"这样的评价。他的广告在信息传达上直截了当，在设计上则表现出难以置信的简洁。他将图片作为文字使用，也将文字作为图片使用，这样做扩展了他的职业疆界，并向传统的广告操作方式提出了挑战。路易斯这位多产的艺术指导把艺术指导的角色从设计的幕后推到了创意的前沿。他的作品清楚地反映了20世纪50—70年代美国的状况。[4]

事实上，不仅路易斯本人是一个极具传奇色彩的广告人，他的作品和思想也在广告史上具有重要的地位。一方面，在广告理论中，他的思想以极富叛逆性的姿态，反对了日趋格式化的、所谓的广告制作方法；另一方面，他的作品总是充满着大胆的创意、极具革命性的洞察和表达。这些都是值得后来的广告人钻研和学习的。

传统的解说式风格广告在20世纪三四十年代的美国占统治地位。当时许多欧洲现代派人士移民到美国，同时也带来了新鲜观点。路易斯深受影响，特别是著名招贴画设计师卡桑德拉（Cassandre）和平面设计大师兰德（Rand）。路易斯使广告更加人性化、新鲜、贴近消费者。他总能凭借天才敏感地抓住时代精神，无论是1964年为肯尼迪做的参议员案例，还是1969年为《时尚先生》杂志设计的那个令人目瞪口呆的封面（拳击手桑尼·利斯顿被打扮成第一个黑皮肤圣诞老人，安迪·沃霍尔溺死在巨大金宝番茄汤罐头里），还是1982年设计的那句家喻户晓的口号："我要我的MTV。"[5]

从历史的发展逻辑看，路易斯的成功是一种必然。路易斯认为广告归根到底是一门艺术，它来源于直觉、本能，更为重要的是，来源于天赋；广告没有法则，它所需要的是灵活的思考。无中生有、天马行空才是创意广告的生命之基。谁说广告布局一定是最上面的是大幅插图，插图下的是大标题，标题下的是一块广告正文，广告正文的右下角是企业的标识——路易斯极为反对广告业早期的这些传统"智慧"。路易斯已创造出一种大胆的艺术，一种广告语言：融合形象和文字、强调创意和概念、坚定地追求效果、具有让广告引发行动的强烈愿望、关注任何能传达有力信息的媒介、决意做出创意并实现它们。如果说创意革命使广告不再仅局限于设计，那么路易斯则将广告传播推到了纯粹广告的范畴之外。

一些人在广告代理业已经取得了辉煌的成就（伯恩巴克、奥格威、瑞夫斯、贝纳、威尔斯），但路易斯的成就是作为一个艺术指导的成就。这似乎是通过个人的力量、超凡的进取心、坚持不懈的努力，还有近乎狂野的竞争欲望取得的偶然的成功。路易斯的艺术将形象与文字大胆交融，具有一种狂野的传播力量，是广告艺术发展史上的一个必然。

托马斯·弗兰克评价，路易斯充满戏剧性和挑战精神的广告无疑在这场广告革命中占据重要地位，他的广告创意与整个历史背景的关联性使得他的广告创意与整个社会能够产生一种微妙的共振。其广告中所蕴含的东西和所要表达的情感是当时每个人所切实共有的，在大环境的影响下，每个人的生活周围都充满了革命的空气。正如他自己所说的"广告——当用爱和天赋去追求时——就能够成为一种大众的表达方式"。广告能够通过强大的想象和简洁的创意来诠释和阐明我们平凡生活的意义。

乔治·路易斯的广告创意为广告界建起一座极具生命力的空中楼阁，对真实的追求和对生活的热爱奠定了这座楼阁的基础，对想象力和创造力的探寻成就了他别具一格的亭台靓景。路易斯在他一生中创造的广告形象不计其数，在他眼里广告不仅仅是一件作品，更是一种生命，这种生命的意识源自他对广告的信念——广告是一门打破规则的艺术。作为一门艺术，广告不再局限于产品本身，扩展开来，它往往彰显人类乃至整个世界中永恒的正义、公平、激情、渴望等种种自然的特质。无论是路易斯，还是他的广告创意，在浩瀚的人类文明长河中都只占据很小的空间，但凭着他积累和沉淀下来的那些生命的经验，这个空间就会被无限扩大。

第二节　广告艺术派理论特征及其发展

一、广告艺术派的理论发生与发展

20世纪以来，诸多广告人对"广告是什么"这一问题的回答，可以归纳为"广告是科学"和"广告是艺术"两种基本观点，并由此在广告学史上产生出广告科学派和广告艺术派两大相对独立的理论体系。

广告艺术派认为广告的本质是打破陈规的艺术，需要艺术的想象和空间的张扬。他们认为广告要求直觉思维和创作力，应当通过从美的角度来刺激人的联想和想象，以达成在此欲求影响下的行动。对于艺术派而言，广告表现形式的多样性和艺术性是重要的，他们执着于每个像素与每帧画面的美感和情绪，以传达独具一格的视觉风貌和精神世界。在这样的认知中，将广告科学化无异于是对艺术和创意的扼杀了。

广告艺术派的旗手是伯恩巴克、被誉为"广告界戏剧大师"的李奥·贝纳和自称"麦迪逊大道的老叛逆"的乔治·路易斯等。

威廉·伯恩巴克，1911年生于纽约，与大卫·奥格威和李奥·贝纳共同被誉为20世纪60年代美国广告"创意革命"的三大旗手之一，是广告文学派的代表、倡导广告创意的先锋、恒美广告公司的创始人。1949年，伯恩巴克和道尔（N. Doyle）及戴恩（M. Dane）在麦迪逊大道上共同创办了恒美广告公司。伯恩巴克只参与自己感兴趣且对消费者有益的广告，与此相反的广告即便赚的钱再多也不参与。他认为，只有对深信不疑的事物，才有可能使自己调起全部力量投入广告创作。他曾说："真相不是真相，直到人们相信你，如果他们不知道你在说什么，他们就不会相信你，如果他们不听你的话，他们也不会知道你在说什么，如果你不有趣，他们不会听你的，除非你富有想象力地、原创地、新鲜地说出事情，否则你不会有趣。"他认为，比起理性和逻辑，直觉和幻想是今天市场及广告行业所忽略的行销武器。

在他看来，广告是一门说服的艺术，规则正是艺术家所要突破的。他认为广告的创作应该更多地依靠直觉和激情，而不是定量地研究。他很少做调查研究，但这并不代表他轻视消费者。相反，他指出，过于天马行空的创作艺术，并不能叫作广告艺术。根据他的

图8-3　威廉·伯恩巴克

观点，伯恩巴克提出了ROI理论，其基本主张是优秀的广告必须具备三个基本特征，即关联性（Relevance）、原创性（Originality）和震撼力（Impact）。在该理论下，广告与商品没有关联性，就失去了意义；广告本身没有原创性，就欠缺吸引力和生命力；广告没有震撼性，就不能给消费者留下深刻印象。同时实现关联性、创新型和震撼性是个高要求。达到ROI必须具体而明确地解决以下五个问题：广告的目的是什么？广告做给谁看？有什么竞争利益点可以做广告承诺？有什么支持点？品牌有什么独特的个性？选择什么媒体是合适的？受众的突破口或切入口在哪里？

所谓关联性就是说广告创意的主题必须与商品、消费者密切相关。伯恩巴克一再强调广告与商品、消费者的相关性，他说过："如果我要给谁忠告的话，那就是在他开始工作之前要彻底的了解广告代理的商品，你的聪明才智，你的煽动力，你的想象力与创造力都要从对商品的了解中产生。"他还指出："你写的每一件事，在印出的广告上的每一件东西，每一个字，每一个图表符号，每一个阴影，都应该助长你所要传达的信息的功效。你要知道，你对任何艺术作品成功度的衡量是以它达到的广告目的的程度来定的。"所谓原创性，即广告创意应与众不同，其创意思维特征就是要求"异"，但这种求异思维是有参照系的思维。所谓震撼力，就是指广告作品在瞬间引起受众注意并在心灵深处产生震动的能力。一条广告作品在视觉和听觉以至心理上对受众产生强大的震撼力，其广告效果信息的传播效果才能达到预期的目标。当消费者有很强烈的震动时，就说明你的广告具备了震撼性。有时人们不常注意的事实的真相就具有震撼人心的效果。

韦伯·扬（1886—1973）是美国智威汤逊广告公司的经理，被奥格威视为五大广告写作高手之一，他在广告创意流派中主要以理论见长。他于1940年在《广告时代》杂志上发表了《产生创意的技术》一文，提出了他对广告创意及其产生的看法。他认为"广告创意是一种组合商品、消费者以及人性的种种事项。真正的广告创作，眼光应放在人性方面。从商品、消费者及人性的组合去发展思路"，而创意过程一般分为资料的收集、信息的咀嚼、信息的消化、创意的出现、创意的发展五个阶段。韦伯·扬的创意方法发表之后，立即得到了众多广告人的欣赏，被视为广告创意的经典之论。

图8-4 韦伯·扬

李奥·贝纳是美国20世纪60年代广告创作革命的代表人物之一，是李奥贝纳广告公司（Leo Burnett Company Inc.）的创始人。与此同时，他也是开创现代广告的六位巨擘之一，是20世纪60年代美国广告"创意革命"的三大旗手之一。他为美国广告开辟了"任何人都不能想象的那么多的可能性"，被形象地誉为"广告界的戏剧大师"，而他的热情、激情和经验使他所做的文案充满了"内在的戏剧效果"。

图8-5 李奥·贝纳

李奥·贝纳他提出了"与生俱来的戏剧性"（Inherent Drama）理论。所谓"与生俱来的戏剧性"，是指某种商品如果能够在市场上生存，那么必有其内在特质被称为戏剧性的东西。真诚、自然、温暖是他挖掘的"戏剧性"的主要表现手法。对他而言，"表达什么"与"如何表达"同样重要。李奥·贝纳相信每件商品都有其"与生俱来的戏剧性"，关键在于广告人是否能够把它挖掘出来。他强调要"表现得引人入胜"，他说"如果不能吸引人们的注意，你就什么也没做"。"与生俱来的戏剧性"就是解决表达什么的问题，而"表现得引人入胜"则是如何表达的问题。

无论是广告调查流派、独特的销售主张流派，还是品牌形象流派、广告定位流派，都有把广告视为科学的倾向，并且分别从不同的角度对广告的科学化作出了自己的贡献。与此相反，广告艺术派坚决反对广告是科学，他们主张广告是艺术。伯恩巴克认为"从本质上看广告是劝说，劝说便不是科学，而是艺术"。他告诫人们"我提醒你们谨防相信广告是一门科学，它是一种知觉是一种艺术技巧，而不是能给予人深刻印象的广告科学"。因此，广告创意流派的工作重点就不是研究产品（他们把观察研究视为妨碍创作的绊脚石），而是研究如何以新奇特的创意来吸引消费者。他们在广告的创意研究和实践方面、在广告的艺术表现方面作出了其他流派没有作出的贡献，我们不能因为他们反对广告是科学而忽视该流派在广告史上的地位。

所谓媒介发展的历史，就是相对新的媒介将相对旧的媒介转化为自身内容的过程。在施拉姆看来，"媒介就是传播过程中，用以扩大并延伸信息传送的工具"。对媒介发展来说，广告艺术派的思考提供了一种新的思路，即广告作为一种艺术，可以不通过数据，而通过广告创意本身，使得产品吸引消费者的注意力。在《科学的广告》中，克劳德·霍普金斯指出："做广告的总的原则还是不会改变的，不要把做广告的目的只限于逗乐、取悦大众和吸引人们的注意。这不是你要做的事情，你要做的是用最廉价的成本赢得你想争取的客户。"这一点，乔治·路易斯在《蔚蓝设计》一书中也已经反复论述过了。媒介技术的发展每一次发生变革，都充分地影响和改变了人类的生产生活方式。广告艺术派的思想在一定程度上也是对媒介变革的一种重新认识，不仅看重数据的力量，同时也回头看向从前的时代，对图画和文字组成的创意本身给予了极高的重新肯定。不管运用什么媒介传递信息，在广告艺术派看来，最重要的都是创意本身。在如今这种越来越看重渠道投放的时代，广告艺术派的思想有如一种警告的回声，提示着在数字时代浪潮中狂热而有所迷失的人们，对于广告而言，什么才是更需要关注的东西。

以乔治·路易斯为代表的广告艺术本质论有着重要的意义。作为与广告科学派相当不同的一种思考方向，该理论为广告学界研究和业界实践提供了丰富的经验。

二、广告艺术派的局限性

显然广告艺术派也存在很多局限性：

首先，该流派的创意方法有利于指导个体的广告创作，但不利于指导群体的广告创作。在市场还不复杂的条件下一个人就可以完成广告的策划和创作，但随着时代的发展，市场条件越来越复杂，资料收集与策划从创作中独立出来并指导创作，这已绝不是一个人所能胜任的了。因此，作为指导个人进行广告创作的韦伯·扬的创意理论便很难在集体的广告策划和创作活动中发挥作用。

图8-6 乔治·路易斯

其次，广告从本质上说是科学和艺术的有机结合体，科学部分研究广告的内容是广告的基础，艺术部分研究广告的形式是广告的灵魂，只有将广告内容（科学）和形式（艺术）有机结合起来，才能形成完美的广告作品。广告艺术派将二者看成是水火不容的两个部分，只重视广告形式不重视广告内容，只重视广告创意不重视广告调研，这就很容易使广告创意成为无源之水、无本之木。

广告创意完美地运用了艺术，然而普通受众体会到广告的艺术性更多的还只是通过广告表现。广告表现正是广告艺术性最集中的体现。一则好的广告，应该将思想、信息、知识、情趣寓于富有美感的美术、摄影、歌曲、诗词、戏剧、舞蹈、文艺等丰富多彩的艺术形式中去表现广告的主题和创意。譬如广告大师李奥·贝纳为万宝路香烟设计的广告，以牛仔为广告画面的主体，给受众以粗犷、豪迈和男子气概的视觉冲击。这些以牛仔为主体的广告宣传画就是广告表现。而这个广告表现给人的视觉冲击和心理感受就是广告表现的艺术性所在。

总之，广告创意和广告表现所体现的广告的艺术性也是不可忽视的。广告的艺术性是成功广告不可或缺的推动力。

到今天，谷歌、Facebook等科技公司正通过其收集的一手用户数据和分析能力争夺广告行业的市场份额，还有那些野心勃勃地外来者——那些过去几年频繁收购数字营销与创意公司的咨询公司们。在营销业内媒体《广告时代》的榜单中，全球前十大数字营销集团中多了埃森哲互动（Accenture Interactive）与德勤数字（Deloitte Digital）的身影。尽管如此，不少广告从业者还是坚信，尽管数字化、媒介碎片化与铺天盖地的数据正在动摇广告行业，但围绕消费者本身展开的创意永远是行业的核心，正如戛纳的全称是"戛纳国际创意节"而不是"戛纳国际广告节"一样。[6]

不过，与这些机构相比，如今广告创意真正的竞争者是流行文化。社交媒体加速了流行文化的传播与消亡——看看人们对流行语和表情包的喜新厌旧就知道了。如今每个消费者都可以自己创造内容，并自己担任剪辑、传播的工作。好的创意必须像时尚、音乐或是体育比赛一样有趣，才能足够吸引消费者的注意力，让他们愿意主动花费时间看广告。

当技术的发展越来越迅猛，内容生产也逐渐泛滥，广告要用什么方法才能抓住人们的眼球？在这个注意力极为昂贵的时代里，也许回头望向以乔治·路易斯为代表的广告艺术派，重新咀嚼他们的思想，对在今天困局中的广告人是有所助益的。

第三节　"艺术本质论"经典广告案例举要

一、乔治·路易斯的渥夫史密特伏特加平面广告

在性文化大举进驻美国广告的时候，乔治·路易斯却以轻松幽默的方式那片纯感官享受的领域中独辟蹊径，创造了一些不落俗套的经典，例如下面这个渥夫史密特（Wolfschmidtd）伏特加的系列平面广告。

第一周的广告上，一瓶直立的伏特加对着一颗甜美的西红柿说："你很特别，我们在一块一定能调出漂亮的血腥玛利。我和其他家伙可不一样！"西红柿说："我喜欢你，渥夫史密特，你很有品位。"

第二周，一个平放的伏特加瓶子对着一颗成熟的橘子说："我是个有品位的人，我能激发你身上最纯正的橘子味儿，我能帮你成名。吻我。"橘子回答："那上周和你在一起的西红柿是谁？"

接下来的几周分别上场的有柠檬、洋葱、橄榄等能在酒吧里看到的食材，这些广告极富挑逗性却不显庸俗，而且并不只是诱人的噱头，它们在讯息传达上同样是非常成功的，就以第一张广告为例，它至少告诉了我们三个信息：渥夫史密特伏特加是有品位的，你若买了它就等于是个有品位的人，而且只有它才最适合调酒。

图8-7　渥夫史密特伏特加广告

路易斯在这一系列的文案创作中弄尽了风情，只是一两句话就把玩世不恭的伏特加、一往情深的西红柿和醋意横生的橘子描绘得活灵活现，你甚至可以想象得到这些无生命的蔬果流露出的表情来。这种想象的效果要比那些赤裸裸的画面又高明了许多，这就是路易斯在用性表现的广告中的另类宣言。

来看另一则路易斯为希腊国家观光组织制订的广告策划。这则广告实际上是危机公关的一个组成部分，当时的情况是中东地区劫机事件非常猖獗，美国国务院提出警告，劝美国人不要搭乘雅典国际航空公司的班机，不要到欧洲旅游，希腊因此成了牺牲品。作为希腊后裔的路易斯毅然挑起拯救希腊旅游的重任，开始他的广告公关活动。要知道改变公众对政府警告的态度是相当困难的，但乔治却是出其不意地请到了38位美国各界名人免费出场充当代言人，其中许多是百万酬劳都请不到的大腕。他的公关手段我们暂且不论，我们来看看他接下来做的一系列电视、报纸广告。广告中，名人逐个登场，他们都说相同的一句话："我要回家，去希腊。"

这是一个很简单的陈述句，它的诉求也是很简单的，但由于是与政府对着干，那就不简单了。然而有这么一大群不是希腊人的名人以十分真诚的口气说出这样的话来，再不简单的又变简单了。"我要回家，去希腊。"这句话饱含了一种游子思乡的情感和踏上归途的激动，让它一次又一次地在你耳边回响，你一定也会考虑："我也该回家了吧。"是去希腊吗？非希腊血统的美国人都向往去希腊旅行，一点也不在乎恐怖分子，因为西方文明的摇篮希腊对他们有一种深层的、情感上的吸引力。那么对东方人来讲，我想也许该这么说："我要回家，去中国。"

反其道而行之的广告定位，独辟蹊径的文案创作以及敢与形势作对的工作风格，塑造了一个著名的广告疯子的形象。对此，乔治·路易斯是这么说的："我的确是想让自己和那些广告巨子能明显地区别开来，因为我有我的执着和个性，而且已显然发挥得淋漓尽致——也就是做个麦迪逊大道上的坏孩子，最顽皮的淘气鬼，以及广告界的莽夫。"他也用一个又一个经典的广告文案实践了他的宣言。

二、绝对伏特加平面广告

1879年，绝对伏特加（Absolut Vodka）诞生于瑞典。1978年，美国的卡瑞朗公司准备将绝对伏特加引入美国，但当时美国每年消费掉的伏特加有超过80%的都是本土酒厂生产的。经过几年发展，绝对伏特加在同类产品中以每年平均高达20%—30%的增长率，领先于所有伏特加酒品牌成为美国市场上占有率第一的伏特加品牌。而一句"绝对完美"的广告语伴随伏特加酒的不断壮大，成为美国市场家喻户晓的广告经典。2002年，福布斯奢侈品品牌排行榜上，绝对伏特加独占鳌头。

作为世界十大名酒之一的绝对伏特加，是享誉国际的顶级烈酒品牌。其生产的顶级伏特加不但口感圆润，质量无与伦比，而且品牌所体现出来的完美和无穷创造力更是为世界所首肯，从而名扬九州。

　　它的成功不仅是由于工艺精湛、口味纯正，更得益于其造型简约、特殊的颈长肩宽的酒瓶外形。不仅如此，绝对伏特加广告已经悄然跨越或模糊了广告与艺术的界限，也许这就是安迪·沃霍尔这位波普艺术大师乐意为绝对伏特加绘制广告的原因。安迪·沃霍尔把波普艺术与绝对伏特加相结合，从而使绝对伏特加以另一种全新的形式展示在世人面前。但这一切的发展和变化都始终围绕着绝对伏特加的品牌追求：纯净、简单、完美。现在绝对伏特加已渗入了多种视觉艺术领域，如服装、音乐与美术。但无论在任何领域中，绝对伏特加都能凭借自己品牌所特有的魅力吸引众多的年轻又忠实的追随者。具体案例如下：

　　瓶形广告——以酒瓶为特写。例如在酒瓶上加个光环，意寓着"绝对完美"；在瓶身上加个天使的光环，意寓着"绝对完美"。

图8-8　绝对伏特加平面广告

　　绝对的物品——将各种物品扭曲或修改成酒瓶状。例如某滑雪场的山坡，从山顶至山脚呈现出一个巨大的酒瓶状，标题为"绝对的山顶"，意味着酒的品质是绝顶的。

　　绝对的城市——1987年，为了感谢加州对绝对伏特加酒的厚爱，绝对伏特加把一座泳池做成了酒瓶状，标题为"绝对的洛杉矶"，没料到全美不少城市纷纷要求也来一张该城市的特写广告，于是就有"绝对的西雅图""绝对的迈阿密"等佳作。

　　主题艺术广告——以代表忠勇之士的红色脸，采用脸谱艺术中常见的勾脸形式使一个从额头经眼窝再到鼻窝所组成的伏特加酒瓶的形状浮现出来。颜色的不同决定了人物性格的趋向，就如同设计师赋予伏特加酒以红色，代表此种酒是人们的忠义之友一样。伏特加酒瓶外形在中国京剧脸谱艺术中的体现，不仅仅是形式上的体现，设计师希望通过这种形式来达到获得大家认可的目的，就如同京剧脸谱艺术深受人们的喜爱一样。

图8-9　绝对伏特加平面广告

　　绝对的口味——除了以蓝色为标准色的纯伏特加外，绝对伏特加还有柑橘、辣椒等多种口味。因此广告中有时还会拿口味来做文章，例如将一块橘皮扭成酒瓶状，标题为"绝对吸引人"。

　　多年来，绝对伏特加的广告遵循着"总是相同，却又总是不同"的广告创意哲学，为产品创造出一种杰出又持久的时尚。在这一理论的指导下绝对伏特加平面广告中坚持采用"标准格式"——瓶子加两个词的标题，制作了600多张平面广告，虽然"格式"不变，但表现总是千变万化。"大胆借势，巧妙传名"，广告的主题多达12类——瓶形广告、抽象广告、城市广告、艺术广告、节日广告、口味广告、服装设计广告、主题艺术广告、影片与文学广告、时事新闻广告、特制广告等等。这些不同主题的广告既有品位，又显示了机智和幽默，同时各自不同的主题都突出了绝对伏特加酒瓶的优雅外形。绝对伏特加的平面广告不仅涉及各个领域，还涉及各销售国的独特文化。正是这些既具有广度又具有深度的创意广告系列，让此品牌在世界上享受无上的殊荣，无论是饮酒的人还是不饮酒的人，都认为它是"绝对完美"。

　　绝对伏特加在广告策略上推陈出新。绝对伏特加的成功告诉我们：品牌的成功，并不全是金钱"砸"出来的，推陈出新、个性另类且又适合自身产品属性、文化的广告策略，同样可以达到"名扬宇内"的效果。绝对伏特加的广告正是从一个创意点出发——以伏特加瓶子外形为设计元素，进行展开联想。在广告策略上，绝对伏特加坚持广告创意表现形式和概念上变与不变的辩证统一，在标准的广告格式下采用源源不断的创意来传达品牌价值。具体到品牌识别策略上，它所贯穿的理念是"酷"和"前卫"，但又不乏幽默和傲气。绝对伏特加的广告创意概念都以独特酒瓶的特写为中心，下方加一行两个词的英文是以"ABSOLUT"为首词，并以一个表示品质的词居次，如"完美"或"纯净"。腾迈（TBWA）提出的广告概念是揭示绝对牌与市场上其他品牌的差异点。这个概念也旨在把绝对牌捧为人们热衷的品牌，并使之成为成功和高级的象征。没有必要讲述任何产品的故事。该产品的独特性由广告产生的独特性准确地反映出来。把瓶子置于中心充当主角当然很可能吸引消费者，但更重要的是，与视觉关联的标题措辞与引发的奇想赋予了广告无穷的魅力和奥妙。

图8-10　绝对伏特加平面广告

　　为了能让杰出的广告概念完美地表达出来，腾迈十分重视创意的执行力，他们聘请高水平的摄影师对酒瓶做完美的摄影，做到感觉荡漾、吸引人，产生视觉上和联想上的震撼力。精良的制作就犹如一件艺术品，集中传递出产品的品质，似乎还暗示消费者，要想得到更好的品质，就必须多付一些钱，不论是作品还是产品。15年的广告积累，培养了一大批"绝对"的忠诚者，当然首先是指其产品的忠诚者，但也同样还有一批迷恋与收集绝对伏特加广告的忠诚者。由于绝对伏特加的广告倍受欢迎，最终，所有广告被结集成书，于1996年正式出版，售价高达60美元，但其销售的火爆程度并不亚于绝对伏特加。

思考与练习

1. 请概述乔治·路易斯的广告思想
2. 广告艺术派的形成与发展经历了哪几位广告大师，受到了哪些思潮的影响？
3. 简述广告艺术派与科学派的争论。你支持哪一方？简述理由。

参考文献

1. 许正林，林莹. 广告也应该是一种艺术——乔治·路易斯的疯言疯语 [J]. 中国广告，2012（01）：134—136.
2. 乔治·路易斯. 蔚蓝诡计 [M]. 何辉译. 上海：华文出版社，2010.
3. 柳静. 乔治·路易斯广告艺术创意思想初探 [J]. 体育研究与教育，2014，29（S2）：142—144.
4. 魏炬. 世界广告巨擘 [M]. 北京：中国人民大学出版社，2006：325—351.
5. 丁菲菲. 乔治·路易斯广告作品的人性化 [J]. 青年记者，2009（21）：113—114.
6. 刘雨静. 我们与李奥贝纳全球主席聊了聊：数字化时代，广告创意扮演什么角色？[EB/OL]. [2018.11.03]. https://www.jiemian.com/article/2586083.html.

第九章

《定位》
——特劳特、里斯与定位论

第一节 《定位》主要内容及核心思想述评

一、杰克·特劳特和艾·里斯小传

如果说20世纪50年代属于罗瑟·瑞夫斯的USP理论，60年代属于大卫·奥格威的品牌形象论，那么，70年代便属于杰克·特劳特和艾·里斯的定位论。定位论由杰克·特劳特和艾·里斯两人共同提出。

杰克·特劳特出生于1935年。1964年，他开始进入美国广告界，先后在通用电气、美国橡胶公司等企业就职。1969年可谓特劳特人生事业的转折点。这一年，杰克·特劳特与合作伙伴艾·里斯共同创办了特劳特与里斯公司并任总裁，就此开始了两人长达26年的合作。他们共同推出了数本足以影响全世界的营销广告界的经典著作，为数十家全球知名公司出谋划策，打造了

图9-1 杰克·特劳特

图9-2 艾·里斯

众多令人敬服的营销广告界的神话。也正是在这一年，杰克·特劳特在美国《工业营销》杂志发表论文《定位：同质化时代的竞争之道》，首次提出商业领域的"定位"概念，并成功预言通用电气、美国无线电等进军电脑行业将无功而返。而后，美国无线电电脑部门巨亏2.5亿美元，通用电气电脑部门卖给霍尼韦尔。也正是有了这一次经历，使特劳特开始了近三十年的定位论探索之路，并最终成为举世闻名的定位大师、全球顶级的营销战略专家。

艾·里斯1950年毕业于迪保尔大学，随后进入通用电气公司纽约分公司的广告与销售部门工作，这一工作经历也是里斯和特劳特产生交集的原点所在。1955年，他离开通用电气，加盟了Needham，Louis&Brorby广告公司，成为沃辛顿和标志公司的销售代表。1961年，他加盟博雅公关公司并担任客户主管。1963年，在积累了丰富的广告与营销经验后，他在纽约成立了自己的第一家广告代理公司——里斯广告公司，在客户服务中，定位论雏形初步形成。

1970年，现代营销学之父菲利普·科特勒将"Positioning"（定位）引入营销，作为战略意义上的重要一"P"。此外，由于特劳特曾成功预言通用电气、美国无线电等进军电脑行业将无功而返。美国《工业营销》杂志邀请特劳特再次撰文，并于1971年11月发布论文《定位回顾：为何通用电气与美国无线电不听忠告？》。[1]

二、杰克·特劳特和艾·里斯主要作品介绍

1972年，杰克·特劳特和艾·里斯在美国《广告时代》杂志发表《定位时代》(*The Positioning Era Cometh*)系列文章，并汇编成册发行，经作者之手送出的就达12万份之多，令"定位"一词开始进入人们的视野。1981年，杰克·特劳特和艾·里斯合著的《定位》(*Positioning*)一书出版，该书随即成为广告学界经久不衰的畅销书和营销行业的"工业标准"。在1985—1993年，里斯和特劳特先后推出《营销战》(又译为《商战》，*Marketing Warfare*)、《营销革命》(*Bottom-Up Marketing*)、《人生定位》(又译为《赛马》，*Horse Sense: The Key to Success Is Finding a Horse to Ride*)和《22条商规》(*The 22 Immutable Laws of*

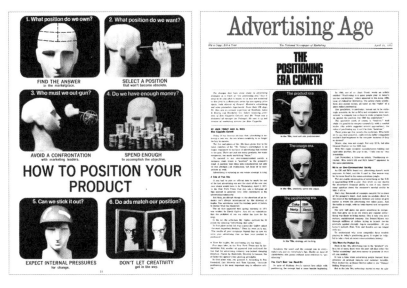

图9-3　《定位时代》系列文章

图9-4　1981年美版《定位》

图9-5 《营销战》《营销革命》《人生定位》和《22条商规》

Marketing）四本营销名著，无不引起全球轰动。其中，《定位》和《营销战》被译成17种文字出版，而《22条商规》则成为各国商务类图书的畅销书。[2]

1994年，对艾·里斯和杰克·特劳特来说是一个重要的时间节点，这一年他们结束了长达26年的合作。也是这一年，艾·里斯和他的伙伴、女儿劳拉·里斯成为合伙人，并在纽约建立了里斯和里斯（Ries & Ries）公司。随后，艾·里斯于1996年独立出版了《聚焦》，本书后来被誉为"管理史上的加农炮"，引发了美国企业界以通用电气为代表的大企业的"数一数二"革命。之后，他又和劳拉·里斯分别在1998年和2000年合作出版了《品牌22律》和《打造网络品牌的11条法则》。到2001年，定位论被美国市场营销协会评为"有史以来对美国营销影响最大的观念"。

2001年，成美咨询得到定位论创始人之一杰克·特劳特授权，与特劳特国际品牌咨询公司合资在上海成立了特劳特（中国）品牌战略有限公司，以定位为工具拓展中国业务。目前，广州成美营销顾问有限公司（成立于1998年），作为中国地区品牌定位咨询领导者，也是第一家为中国企业提供品牌定位咨询的公司，旨在运用先进的品牌定位论，为企业制定实效的品牌定位战略，同时协助企业实施有力的市场推广。

2002年，里斯同他的女儿劳拉·里斯继续合作出版了《广告的没落，公关的崛起》一书。这部著作体现了里斯营销思想的一个新理念，即当今的市场营销首先是要进行公共关系，只有通过公共关系才能使自己的品牌在消费者心中占有一席之地；市场营销始于公共关系，而广告则是公共关系的延续，因此是公共关系在打造品牌，广告则起到提醒消费者的作用。[3]

2004年，父女二人在总结了60余年全球品牌咨询经验的基础上，将达尔文的《物种起源》思想引入品牌战略咨询行业，推出了《品牌的起源》一书。《品牌的起源》探讨了"分化"理论，指出分化是创新品牌的最好方法；在今天的市场上，通过分化创建一个新品类才是打造强大品牌的真正出路。艾·里斯长期担任美国市场营销协会会长和纽约广告俱乐部主席，他同时还是安迪奖俱乐部主席。

2007年，里斯伙伴（中国）营销战略咨询公司在上海成立，艾·里斯与劳拉·里斯正式授权张云为全球网络第五位合伙人，张云和中国公司另一位合伙人王刚主持里斯中国公司的咨询业务，该公司以全球领先的营销战略方法——品类战略为系统，为中国企业在竞争中赢得主导性市场地位提供战略支持。[4]

2009年，《定位》一书被美国《广告时代》杂志评为"史上最佳营销经典"第一名。并在同年，杰克·特劳特再次推出了定位论新作《重新定位》。

2010年，已是75岁高龄的杰克·特劳特出版封笔之作《重新定位》（Repositioning）。至此，杰克·特劳特共出版了定位专著16本，形成了完整的定位论体系。

2012年，劳拉·里斯独立完成并出版《视觉锤》一书，论述了视觉时代的定位论。

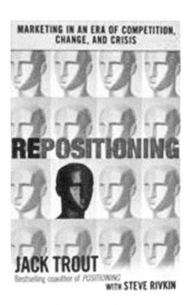

图9-6 《重新定位》

2016年4月28日，艾·里斯因其对定位论原创性、核心性的贡献，获得了有营销界诺贝尔奖之称的目前全球营销界最高荣誉——作为定位论代表入选2016年"营销名人堂"。美国市场营销协会（AMA）称赞他所开创的定位论早已在全球企业界产生了广泛而深远的影响，如今九十多岁的艾·里斯依然保持难得的创新活力，不断推动定位论走向新的高度。

2018年，已经92岁高龄的艾·里斯步履不停，同他的女儿劳拉·里斯及其中国合伙人张云合作推出了《21世纪的定位》一书，提出超级技术时代下的定位原则，为定位重新定位。

图9-7 《21世纪的定位》

自20世纪70年代以来，成名之后的杰克·特劳特和艾·里斯持续对定位理念进行深入的探索和研究，使定位理念日趋成熟，并逐渐发展成较为完善的理论：定位论经过多年的发展与实践，到20世纪80年代，最终超过USP理论和品牌形象论，被奉为经典。连大卫·奥格威都称赞"定位"观念是"有史以来对美国营销影响最大的观念"。直至今日，定位论依旧活跃在世界各国的营销界，有企业，有品牌的地方就会有定位论的应用。[5]

三、《定位》论述框架及主要内容

定论的产生，源于人类各种信息传播渠道的拥挤和阻塞，科技进步和经济社会的发展，几乎把消费者推到了无所适从的境地。由于人们过分地运用传播来解决大量的商业和社会问题，结果正常的传播渠道被堵塞，而真正到达人脑的只是全部信息当中很小的一部分，可能还不是最重要的那部分信息。[6]

特劳特和里斯所撰写的《定位》一书的论证逻辑非常清晰。首先二人对商业发展历史和理论背景进行论证，并在书中运用了极大篇幅去论述定位论对于当今消费市场的重要性，即消费者的心智遭到了史无前例的信息轰炸，严重受到了广告信息的骚扰，因此他们根据这样的时代背景，进一步提出了定位论。

其次，特劳特和里斯提到了定位论的重要性，即将信息简化，帮助企业能够通过一个聚焦的信息来更好地建立消费者认知，从而获得市场地位，通过强调定位论对企业发展的重要性，进一步证明了企业需要定位论。

再次，特劳特和里斯将定位论进行具象化，提出了多种定位方法来帮助企业进行定位，如强势定位、比附定位、进攻定位、避让定位、类别品牌定位、再定位等，这些定位方法下文会详细写到，另外，特劳特和里斯还写到了几种企业在使用定位论过程中会遇到几种陷阱，如缩写的陷阱、跟风的陷阱、品牌延伸的陷阱。同时，他们还举出了多种例子来进一步帮助理解定位论，理解如何去定位，将定位论变得更具可操作性和实践性。

最后，特劳特和里斯提出了几点忠告和建议，进一步对《定位》一书的内容进行概括。

特劳特和里斯在《定位》里归结：首先是媒体爆炸，即信息流失的一个原因就是我们为传播需要而发明的媒体数量太多了。电视分商业、有线和付费电视；电台分中波和调频；报纸分晨报、晚报、日报、平日版和周日版；杂志分通俗类、高雅类、癖好类、商业类，行业类等等。其次是产品爆炸，各式各样的创造发明被寄托在产品上，从耐用消费品到日用品都给人以眼花缭乱的感觉。然而科学家发现，人只能接受有限数量的品牌，后经哈佛大学心理学博士米勒的研究，发现这一数量是"7"，也就是说每一个品类的产品，人的心智最多只能容纳7个品牌，过了"7"这一极限，大脑会开始变得迟钝，进而失去正常的功能。但特劳特进一步发现，在竞争激烈的时代，人们在选择品牌上更多地会购买在其心智中前二的品牌产品，因此人的心智只能给两个品牌留下空间，这也就是定位论中，著名的"二元法则"。最后是广告爆炸，尽管广告的效用在下降，它的使用率却在上升，这不仅反映在广告数量上，还反映在广告使用者的人数上。像医生、律师、牙医、会计师等都在涉足广告领域，甚至连教会和政府也开始做起广告来了。而广告的形式也多样化，电视广告、广播广告、报刊广告、街头广告等等，真可谓无孔不入。因此，在这样一种传播过度的社会，定位的必要性凸显了出来，它是帮助人们在大脑中找到窗的一个有组织的体系。它的基本概念是，传播只有在合适的环境中和合适的时间里才能实现。[7]

此外，20世纪50年代市场营销的观念大行其道，60年代传播学理论发生从"传者本位论"向"受者本位论"转移，而70年代众多传播者将消费者视为研究前提。定位论作为一种具体的传播方法，与整个传播学发展的背景是密不可分的。从它诞生的年代看，20世纪70年代，传播学的效果研究从最初的魔弹论经历了适度效果论、有限效果论发展到宏观效果论，以"使用与满足理论"为代表，受众从被动变为主动，掌握了信息处理的主动权，媒介则由一个发号施令者变成了一个服务者，它从受众方面看待传播活动，特别强调受众的作用，突出受众的地位，认为受众通过对媒介的阶级作用，从而实际上制约着整个传播过程。定位论最基本的起点也是它最精髓的思维在于，把受众的观念当作现实来接受，然后重构这些观念，它把注意力倾注到预期客户的大脑上而不是产品本身的特性及功能上，从受众身上寻找解决问题的方法，是典型的"受众第一论"。[8]

近一个世纪以来，商业社会经历着巨大的变化，企业之间的竞争越发激烈，竞争场所与竞争的方式也在不断转移。企业经历从简单的生产出产品就能卖掉到需要建立品牌形成识别，再到形成独特的定位来深入消费者心智。以下是企业竞争战场转移的三个阶段。

20世纪四五十年代的广告业处于产品时代，或者说是工厂的时代。西方各国刚刚从战争的阴影中走出来，物资极其短缺，产品大多供不应求。因此从许多方面来看，那都是美好的旧日时光，你只需要拿出"新产品"并且有钱推销它就行了。在那个年代，企业以工厂作为第一车间，核心竞争力来自对工厂生产的管理，尤其是生产设备和生产流程的创新，"工厂生产什么，顾客就买什么"。对企业来说，提高生产的效率和降低生产的成本是经营者所关心的全部问题，丝毫不用担心产品没有销路。在那个年代，广告人追求的是可供其宣扬的某种特色或利益。

20世纪六七十年代则是形象时代。得益于彼得·德鲁克开创的管理学，管理学知识在企业的运用极大限度上将社会生产力水平带到了新的高度，新技术得到飞速发展的同时，企业生产效率也得到大幅提高，新产品的推出也日益频繁，市场上的产品不断丰富。而产品数量和品类的多样化，意味着消费者拥有了选择的权利，产品的售卖情况同其功效是否符合市场需求。显然，在这一阶段强调提高生产效率和控制生产成本对企业是远远不够的。于是，企业之间竞争的主战场就由工厂转移到了市场，市场取代工厂成为企业的第一车间。成功的企业发现，在产品销售中，声誉或者形象比任何一个具体的产品特色都更加重要。形象时代的建筑师是大卫·奥格威。他在一次以此为主题的著名演讲中说："每个广告都是对某一品牌之形象的长期投资。"并且通过哈撒威衬衣、劳斯莱斯轿车和其他产品的广告项目来证实他的观点。但是，正如仿效产品毁掉了产品时代，拾人牙慧的企业同样毁掉了形象时代。每个企业都想建立自己的声誉，但结果是只有相对较少的企业取得了成功。在那些成功者中，大多数靠的是突出的技术成就而并非引人注目的广告宣传，旗乐和宝丽来就是其中的两家。

到了19世纪70年代，广告业整体步进了一个新的时代，也就是定位时代。在这个时代里，创新已不再是通向成功的关键。商业持续发展使产品极大丰富，产品数量激增，满足消费者需求的产品大量充斥于市场之上。在这样的背景下，消费者面对着海量的信息以及成千上万琳琅满目的商品，常常陷入无所适从的境地。因此，企业逐渐发现，许多可以满足消费者需求的优质产品，销售情况并不理想。现实情况异常的残酷，企业要想在这个传播过度的社会里取得成功，必须使自己在预期客户的头脑里占有一席之地。这个一席之地不仅包括企业的长处和短处，还包括其竞争对手的优点和弱点。广告业进入了一个战略至上的时代，也就是定位时代。在这个有趣却竞争激烈的时代里，光靠发明或发现新东西是不够的，甚至可能没它也行，但必须第一个打入预期客户的大脑才行。如IBM尽管没有发明计算机，却在预期客户头脑里获得了第一家计算机生产商的地位。

在这样的时代背景下，针对当时的市场现状，特劳特和里斯归纳出多种定位方法来帮助处在不同的市场位置和不同类型的企业去进行定位。下面是定位论提出的一些常见方法：

表9-1 常见定位方法

强势定位	处于领导地位者，要以另外的新品牌来压制竞争者，因为每一个品牌都在其潜在消费者心目中安置了独自占据的一个特定处所。这是作为市场领导者所要采取的策略，因此，在各种场合宣传自己第一的形象自然就在情理之中
比附定位	使定位对象与竞争对象（尤其是已占有牢固位置的）发生关联，并确立与竞争对象的定位相反的或可比的定位概念
进攻定位	既然现有的产品和服务在消费者心目中都有一定的位置，如果这种定位对企业有利的话，就要反复向人们宣传这种定位，强化本企业的产品在消费者心目中的形象，也就是自己的特色，而这种强化必须是实事求是的
避让定位	寻求消费者心目中的空隙，然后加以填补。其中有价格、性别、年龄、一天中的时段、分销渠道、大量使用者的位置等各种空隙
类别品牌定位	当一个强大的品牌名称成了产品类别名称的代表时，必须给企业一个真正成功的新产品一个新的名称，而不能沿袭企业原有产品的名称。因为一个名称不能代表两个迥然不同的产品
再定位	也就是重新定位，即打破事物（例如产品）在消费者心目中的原有位置与结构，使事物按照新的观念在消费者心目中重新排位，调理关系，以创造一个有利于自己的新的秩序。这意味着必须先把旧的观念或产品搬出消费者的记忆，才能把另一个新的定位装进去

定位最终是通过简化信息的手段，达到聚焦的目的，让简单但却有力的信息能够像章鱼吸盘一样能够牢牢地附在消费者心智之中，最终能够使品牌能够建立稳定的消费者认知。经过一个好的定位能够让企业可以在市场上获得很多优势，但一个好的定位不足以使得企业高枕无忧，因此特劳特和里斯又提到了企业在运用定位论过程中会遇到的一些陷阱。

表9-2 定位论陷阱

"我能行"的陷阱	只要足够努力，任何事情都可能办到，但事实上却是不一定的，"我能行"的精神并不能用在广告战中，任何企业都不能向其他企业已占据的定位直接发起挑战并获得成功
缩写的陷阱	企业不能在没人知道的情况下使用缩写名称，这会让企业陷入无名的危机，即没人能通过企业名称就能知道企业在做什么。企业只能在广为人知之后才能用缩写，人们必须理解全称后才能理解缩写
跟风的陷阱	企业不能够轻易地踏入与其品牌定位不相符的领域，这会混乱消费者对品牌的认知。同时尽管其他领域刚刚兴起或者已存在领导企业，不能看到有利可图就随意的去进入这一市场
品牌延伸的陷阱	品牌延伸是指将已被市场接受的品牌延伸使用到企业的其他品牌上，以此来进入新市场，使新产品投放市场伊始即获得原有品牌的优势支持。但企业不能以降低成本为原因，将一个知名产品的品牌用在一个新产品上，尽管这种方法可以在短时间内让新品获得成功，但这会轻易地毁掉知名品牌的市场认知，混淆消费者的心智

通过梳理《定位》的框架，并介绍该书的主要内容，可以看出《定位》一书的独特性和时代性。《定位》即是特劳特和里斯二人合著的第一本书，也是首次将定位论系统化的一本书，其中蕴含的观念对过去、今天和未来的广告营销活动仍具有不小的启发作用。

四、《定位》核心思想评析

20世纪末，企业进入了超级竞争时代，产品的丰富性、多样性完全超越了以往的任何一个时代。在这样的背景下，特劳特选取了军事领域的战略概念运用到商业领域中，他认为商业的战争如同军事上的战争一样，需要运用到战略性思维，而战略的本义是"驱动军队抵达决战地点"。杰克·特劳特根据军事中"选择决战地点"的概念提出定位观念，用以界定企业经营要创造的外部成果，企业内部运营规划相应成为"如何驱动军队抵达"去创建定位。具体而言，是指企业必须在外部市场竞争中界定能被顾客心智接受的定位，回过头来引领内部运营，才能使企业的产品和服务被消费者接受进而转化为业绩。

艾·里斯与杰克·特劳特认为：定位，是从产品开始的，它可以是一件商品、一项服务、一家公司、一个机构，甚至于是一个人，也可能是你自己。定位并不是要你对产品做什么事情，而是你对产品的潜在消费者要做的事，换句话说，你要在预期客户的脑海里给产品确定一个合理的位置。所以说，把这个概念称作"产品定位"是不正确的，好像你在对产品本身做些什么似的。定位并不是不包含变化在内，它也要变，不过，那只是名称上的变化，产品的价格和包装事实上都丝毫未变。变化基本上是表面的，旨在确保产品在预期客户头脑里占据一个真正有价值的地位。在这个传播过度的社会里，想要解决说话没有人听的问题，定位同样也是首选的思路。

定位的关键之处在于率先进入心智中的一个空位，这一点对于品牌而言至关重要，世界上的许多成功品牌都是通过这一方式建立起来的。一个典型的例子是麦当劳，美国第一家汉堡连锁店。今天，麦当劳是世界领先的连锁餐厅品牌。

关于"脑中的小阶梯"，定位的观点是：人们的头脑是阻隔当今过度传播的屏障，会把其中的大部分内容拒之门外。通常来说，大脑只接受与先有知识或经验相适应的东西。这也可以理解为基模，指人的认知行为的基本模式，也称心智结构、认知结构或者认知导引结构。基模的功能是在我们遇到新的信息时，通过动员和组织原有的知识和经验、补足新的要素来进行处理、对新信息的性质作出判定，预测出结果，以确定我们对新信息的反应。基模的运用在个人层面是一个自动的、无意识的过程，对我们认识、判断和行为起着重要的制约作用。日本学者稻叶哲郎将其称为"知识的集束"，换而言之，当我们接触到一个新信息或新事物、遇到一个新事件或者进入一个新的场所的时候，我们过去的相关经验和知识就会引导我们迅速地对新的状况做出认识、推论和判断，并及时地做出态度或行为反应。

因此，尽管品牌希望通过消耗巨额的费用，投放无数的广告来改变人们的认知和想法。但人们的想法一旦成型，就几乎无法改变，凭着广告这样的微薄之力肯定不行，"别用这些东西来迷惑我，我已经有了决定"，这就是大多数人的生活方式。为了应付产品爆炸，人们学会了在脑子里给产品和品牌分类。要想直观地体会到这一点，最好的办法也许是设想人脑里有一组梯子，而每个梯子代表一类产品，每一层上有一个商标品牌，只有处于这个梯子的顶端，产品才有可能拥有最大的市场份额，占据行业领先地位。心理研究对于理解大脑运行机制非常有用，因此广告也被称为"实践中的心理学"。

关于"进军大脑"，定位的观点是：我们相互传播信息的方式令人眼花缭乱，传播的内容量也在呈几何级数增长。媒体本身不可能是信息，但它确实对信息具有巨大的影响。媒体不是一个传播机制，而是像一个过滤器，因此只有极小部分的原始材料最终会进入受众的头脑。此外，我们所接受的东西还要受到这个传播过度的社会的影响。要在预期客户的头脑里寻找解决问题的方法，换句话说，既然用什么办法都不能使别人接受你的信息，那就别去管传播这一头了，将注意力放在接受方上，集中研究一下预期客户的观念而不是产品的现实情况。如果你想让你的信息为另外一个人的大脑所接受，就别无选择。谁说从局内向外看就比从局外向内看更加准确？改变一下方法，把注意力放在预期客户而不是产品身上，简化你的选择过程。还要学会那些有助于你大幅提高传播效率的原则和概念，并且重构观念。真理与之无关，重要的是人们头脑里现存的观念。定位思维的精髓在于，把观念当作现实来接受，然后重构这些观念，以达到你所希望的境地。后来，这种方法被称为"兜底式"思维。

从《定位》的核心思想来看，使用定位最需要注意到的是消费者的心智，也就是消费者怎么看待你的品牌，怎么看待企业，怎么看待国家，甚至是怎么看待个人。而塑造甚至是改变消费者对于一件商品，一项服务，一家公司，一个机构，乃至于是一个人的认知，则需要用到定位论。

为了验证与发展定位论，特劳特和里斯花了将近20年的时间，将定位论打造为可以具体应用的理论，也就是定位的四步工作法。

第一步，分析整个外部环境，确定"我们的竞争对手是谁，竞争对手的价值是什么"。

第二步，避开竞争对手在消费者心智中的强势，或是利用其强势中蕴含的弱点，确立品牌的优势位置——定位。

第三步，为这一定位寻求一个可靠的证明——信任状。

第四步，将这一定位整合进企业内部运营的方方面面，特别是传播上要有足够多的资源，以将这一定位植入消费者的心智。

为了能够更好地去为企业、品牌、产品，乃至个人进行定位，首先要做到的就是去了解当下的广告环境、市场环境、目标受众，通过综合考量各种信息来确定品牌使用何种定位方式，找到一个能够将品牌优势发挥到最大的"定位"，并且将这一定位以一种可靠的、有力的方式刻进消费者的心智之中，形成固定的品牌认知。最后再运用持续不断的广告活动来维护这一定位。

随着定位论越来越被更多人认可，艾·里斯在其最新出版的著作《21世纪的定位》中补充了企业在运用定位论时，需要去遵守的四个原则。

（1）营销不是在市场上胜出，而是在消费者的心智中获胜。

（2）在消费者的心智中寻找一个空缺的位置，并率先推出一个新品牌来占据这个空缺的位置，而不是通过延伸既有品牌的产品线。

（3）创建一个由新品牌主导的新品类，例如，能量饮料中的红牛、智能手机里的苹果、电动汽车中的特斯拉。

（4）永远不要把既有品牌延伸到一个新的品类中。这是许多品牌都曾犯过的错误，包括 IBM 在内。你需要一个新的品牌。

特劳特和里斯认为成功的定位是始终如一的，是能够坚持数十年如一日的。万宝路是第一个在香烟领域里建立男性定位的全国性品牌，这一定位使得万宝路品牌的销量直线上升，并且在十年内从第五位升到了第一位。好的定位能够使产品得以在市场中脱颖而出，并且获得领先地位。但是想要保持领先地位需要品牌日复一日地进行营销活动，通过各种手段将这一定位在消费者心智中不断强化。这种强化不仅需要日复一日的营销活动，还需要去进行聚焦，让品牌定位能够如同一根利箭，穿越重重障碍，进入消费者的心智。但品牌若是想要长久地占据某一定位，需要的是年复一年地坚持。成功的企业很少改变制胜之道。万宝路牛仔骑马走入夕阳的图案大家看了多少年？佳洁士长久以来一直坚持防蛀的定位，其定位已经进入第二代孩子的心智。由于变化，企业必须比以前更具战略性思维。

第二节　定位论的理论意义及其发展

一、"定位"在广告发展史上的意义

定位论在商业史上的重要贡献之一就在于发现并定义了商业竞争的终极战场是潜在消费者的心智（大脑）。由于定位论对整个营销的重大影响，定位已经上升到战略的高度，成为与市场细分、目标市场并列的营销战略基本要素之一。以往的 USP 理论、品牌形象论都是围绕产品或公司进行的，而定位论不仅适用于产品、公司，对于一个人、一项服务、一个机构，甚至是政治的、宗教的、组织的各方面都至关重要。因此作为一种新的沟通方法，定位被视为获得成功的战略，被广泛应用于一切需要传播沟通的场合。《国家定位案例：比利时》《给长岛的一家银行定位》《为你自己及你的生涯定位》《为你的事业定位》都体现了定位在广义营销领域的应用。定位的观念一旦被接受，"如何寻求好的定位"就成为核心问题，定位在实践运用中的难点是定位路径或角度的选择。

20世纪的传播环境呈现出纷繁的状态，各种传播理论相继诞生。其中，被行业评为最有价值的理论贡献不是 USP 理论、品牌形象论等，而是里斯与特劳特共同提出的定位论。当定位的理念出现之后，广告的本质发生了变化，并且开始重视到受众在传播过程中的主动性作用，不再完全以传播者为中心，因此这种新的传播方法对人们开展各类传播活动都产生了重要的影响。

定位论使企业不再以产品宣传为传播核心，而是看到了作为广告受众的消费者，让消费者真正成为市场主体，对企业的广告传播活动产生重要影响。事实上，广告的作用是向消费者告知产品信息，但做出买或者不买的决策权力依旧把持在消费者手中。因此传播不仅仅要告诉受众产品是什么，有什么用，而且应该深入受众的脑海，让其对产品有反应和认知。广告在传播中占据一定的位置，但体验以及客户沟通的过程是定位的关键。沟通有三种：第一种是基于日常知识传播的沟通，第二种是基于心灵的沟通（这是一个较高层次的沟通，要求传播者必须熟练掌握受众的心理），而第三种沟通是给予理想的沟通，它升华了传播的境界，可以说是完全的传播到位，就算不再传播也可以达到效果了。产品本身除了功能诉求还有更深的内涵，或者说产品已经不再是产品，而是带有感情和精神的载体。大多数的企业都在分析消费者的需求层次，但不管哪一种消费者，其消费的只是产品的形式，而整个消费背后一定存在更复杂的思维、情感的决策过程。这些深层次的过程叫作情感需求，所以，产品定位就应该增值为一个情感需求的定位。情感产品是可以通过更深层次的沟通进行传播的，因为消费者购买产品的过程同时也是满足情感需求的过程。

定位打破了以往营销传播由内向外看的眼界，它由外而内（从传播对象出发）的思考方式决定了它是更高层面、战略性的。它必定先于具体的营销传播策划，因为所有营销活动要在它的指导下进行。它的目标是传播对象心目中的位置，而不是具体的传播物（产品、企业等），不会随传播物更新、更换而迅速转变，传播对象的心智不会轻易改变，因而定位是长期的行为。这就决定在营销活动中，USP 理论、品牌形象论等广告策略都服务于它。定位论是立足于战略层面的理论，更加高瞻远瞩。

定位也向企业提供了一种视角、一种特别的方法论，即要求企业将注意力从产品、品牌身上转移开来，不再在企业内部、从产品角度寻求解决问题的方法，而是从消费者的心智之中，找到更适合品牌发展的路径，并且运用简单且一致的传播手段，保证其营销活动的连续性、聚焦性，形成集中、密集且有力的传播力量。

定位论再一次强调了以品牌为核心的经营之道，延伸了大卫·奥格威的品牌形象论。商标起源于中世纪的欧洲，在行会的努力下，手工者把商标标记在他们的产品之上，以保护自己并使消费者不受劣质产品之害，从此之后，商标开始逐渐演变为"品牌"。此外，特劳特还特别强调了品牌名称之于企业的重要性，消费者会透过品牌的名称来进行联想，一个好的名称会为品牌带来更好的附加价值。比如我们看到可乐会联想到美味且清爽刺激的饮料，看到玛莎拉蒂就会联想到高级汽车。实际上，在消费者的心智中，很难存在企业，没有人能够将一个企业装进大脑，消费者只能将代表着企业产品或服务的符号（即品牌）装入大脑。有多少人知道欧米茄、雷达、浪琴、斯沃琪这些名表都出自瑞士斯沃琪集团呢？又有多少人知道帮宝适、丹碧丝、护舒宝、潘婷、飘柔、海飞丝都是宝洁旗下的品牌呢？通过上述例子可以得出，品牌需要透过名字和一系列的识别标志在消费者心智中建立起一个稳定的地位，为企业带来更加有力的竞争位置。

最后，定位论彻底地对品牌延伸进行批判，并为企业的长久发展提供了一条新的道路，即多品牌战略。恒大集团的品牌联想内容一直以来都是地产和足球，2013年11月9日的亚冠决赛上，恒大在比赛中轮回插播"恒大冰泉"的广告，并在赛事后第二天，让"恒大冰泉"这一产品进入市场。恒大集团原本的设想便是利用恒大已经遍布全国的售楼处，作为直销网点；矿泉水业务也可以与恒大自己的房地产业务结合起来，作为社区配套服务的一部分，直接送水入户。他们更是打起了恒大球迷的主意，并设想一批忠实的球迷会愿意在各类周边衍生品上花钱。尽管恒大集团的想法很好，但实际上市场却给恒大泼了一盆凉水。2015年的降价和2016年发布的恒大冰泉等快消业务的出售消息，代表着恒大在跨界多元化经营上的战略告以失败。挥金如土的许老板，用短短两年任性地花掉39亿元来证明了品牌延伸是行不通的道理。[9]

二、定位论及其发展

20世纪50年代左右，是属于罗瑟·瑞夫斯的USP时代。瑞夫斯在《实效的广告》（*Reality in Advertising*）一书中概述了USP理论的核心思想。USP理论即独特的销售主张，该理论认为："每一个广告都必须向消费者提出一个主张：购买该产品可以获得某个特定的利益。"

到了20世纪60年代，则转为品牌形象论的时代，大卫·奥格威在他的著作《一个广告人的自白》中提出并阐释了这一理论。[10]

进入20世纪60年代中后期，到了品牌个性时代，戴维·阿克提出的品牌个性维度量表，在表中大同小异地使用同一种类比法："假设一个品牌是一个人的话，你觉得他/她有哪些性格？"这类问题对受试者来说不存在太大难度，可以轻易联想类比，进而将品牌拟人化。[11]

20世纪70年代，则是杰克·特劳特和艾·里斯的定位时代。1972年，二人在美国《广告时代》杂志发表《定位时代》系列文章，令"定位"一词开始进入人们的视野。随后出版的"定位"系列书籍让定位论系统化和理论化的同时，增强了定位论的实践性。

20世纪80年代，进入了企业形象识别系统的时代。该系统把企业形象作为一个整体进行建设和发展，并分为企业的理念识别、行为识别和视觉识别三个部分。第二次世界大战后，企业形象识别系统由欧美传入亚洲，首先在日本起步并且在理论上得到进一步发展。

20世纪90年代是品牌识别的时代。品牌识别指从产品、企业、人、符号等层面定义出能打动消费者并区别于竞争者的品牌联想，与品牌核心价值共同构成丰满的品牌联想。它是品牌营销者希望创造和保持的，能引起人们对品牌美好印象的联想物，将指导品牌创建及传播的整个过程，因此必须具有一定的深度和广度。

通过对广告理论发展历史的梳理和对经典理论思想的再回顾，可以看出：定位论在广告理论发展史上扮演着承上启下的作用。定位论继承了USP理论的差异化思想，提出了独特的市场定位，也发展了品牌形象论的思想，即企业需要塑造一个良好的品牌形象。这种形象需要企业通过十年如一日的营销传播活动来进行巩固，定位也是帮助企业塑造良好的品牌形象的方式之一，但定位的作用又不仅仅局限于塑造品牌形象，而是对消费者的心智产生影响。特劳特和里斯通过对前人理论思想的继承与发展，最终形成了自己的理论框架，并在此基础上随着社会发展和企业实践不断丰富自身。20世纪50年代至今，广告理论的发展逐渐系统化和理论化，并且更具有针对性和可实践性。可以说，定位论开启了一个新的理论视角，推动广告理论朝着新的方向发展。

从传播的主客体来看，营销传播活动的重心，从企业转向为消费者，企业不再仅仅是通过诉求产品或者诉求品牌的方式来获得市场地位，而更多地通过对消费者和市场进行调研，来寻求一个独一无二的定位，企业关注的焦点从企业、产品、品牌转向消费者心智。

从传播媒介的地位来看，媒介在营销活动中的作用则并始渐渐弱化，媒介在企业进行营销活动过程中，扮演的不再是关键途径，而是辅助企业进行定位或者是识别系统的工具之一，是企业进行营销战略决策中的重要一环。

从信息传播的地位来看，信息在企业在营销过程的作用逐渐弱化，定位论的提出改变了让企业传播信息的方式，从之前长篇累牍的故事、对产品的详细描述，转向至将信息精简再精简的方式，图片和视频在营销过程的作用得到不断增强。

半个多世纪以来，定位论在实践中生生不息地进化，其解释能力及指导力在不断提升。从最初的出击点（Rock）到定位，再到商战的四种模型、聚焦的"精准的焦点"、视觉锤的视觉价值、品牌起源的分化，最后到21世纪的定位。可以说定位论是一种生命力旺盛且被不断完善的理论。

20世纪70年代，特劳特和里斯注意到，广告很多，但是大部分的广告都被消费者和潜在消费者忽视了，只有少数广告带来了销量的提升。因此，他们去研究了奏效的广告和不奏效的广告之间存在的区别后，发现奏效的广告都包含了一个重要的概念，而且这一概念能立刻被潜在消费者接受。里斯把这个概念称为"Rock"，其本意为岩石，这里指毋庸置疑的、客观的、可信度高的出击点，这一概念在之后便成了定位论的雏形。

1981年，特劳特和里斯合著的《定位》一书出版，将定位论进行系统阐述，该书随即成为广告学界经久不衰的畅销书和营销行业的"工业标准"。

1986年，二人继续合作出版了《营销战》，《营销战》一书的思想来源于军事理论的奠基之作《战争论》（On War）。《战争论》由卡尔·冯·克劳塞维茨的普鲁士退役将军所写，出版于1832年，该书描述了所有成功战役的战略思想。特劳特和里斯认为战争其实是竞争的极端形式。早在20世纪末期，品牌市场已然进入了超级竞争时代，营销即是战争，只是营销的战场是潜在消费者的心智。营销战面对的是一个比定位竞争更为残酷的时代，企业单纯地满足需求已经远远不够，因此二人根据战争的战略思想，提出了商战的四种模型。

表9-3 商战的四种模型

商战类型	适用公司	具体策略
防御型商战	市场领先者	1. 只有市场领先者才考虑打防御战 2. 最好的防御战略是敢于向自己发起进攻 3. 必须及时阻挡对方强大的竞争活动
进攻型商战	处于第二位的公司	1. 应主要考虑领先者地位的实力 2. 在领先者优势中发现弱点，并对此发起攻击 3. 在尽可能狭窄的阵地上发动进攻
侧翼型商战	小公司	1. 一个好的侧翼进攻必须发生在没有人能竞争的地方 2. 战术奇袭应当是计划中重要的部分 3. 追击与进攻本身一样重要
游击型商战	当地公司或区域公司	1. 找到一个市场细分，要小得足以守得住 2. 不管能有多么成功，永远不要像领先者那样做事 3. 要在接到命令时立刻撤退

1989年二人出版的《营销革命》一书，则重点针对当时美国企业界"大部分的营销决策是少数几个高层人员在会议室里产生"这一普遍的现实而写，里斯和特劳特认为需要营销悲剧的原因在于企业高层总是在会议室之中做出决策，而忽略了消费者的想法。因此，根据这一情况，里斯和特劳特二人指出战略形成的两种重要方式，其一是由外而内，其二是自下而上。但是总体而言，战略应该来自一线，应该来自潜在消费者的心智，而非会议室。

1996年里斯独自创作的《聚焦》，提出了企业在进行营销过程中最为重要的事情——寻找一个"精准的焦点"。这一概念在定位论中是十分重要的补充，因为里斯认为，企业在进行定位过程中总是想找一个尽可能宽而全的定位，这个定位可以适用于所有消费者。而实际上，企业是难以做到去提供能够满足所有人需求的产品或者服务的。因此，企业在混乱的市场中最应该做的是进行取舍，从而达到聚焦。聚焦可以使企业更加独特，在市场中易于产生区隔的战略。

同年，特劳特独自编写出版了《新定位》（*The New Positioning*）一书，在新商业时期继续推进定位论，将定位论进一步发展与完善，并创新地从受众角度寻找答案，并深入地挖掘凸显了基于消费者角度的定位，分析出了消费者的五大思考模式。[12]

表9-4 消费者的五大思考模式

模 式 一	消费者只能接收有限的信息。在超载的信息中，消费者会按照个人的经验、喜好、兴趣甚至情绪，选择接受哪些信息或记忆哪些信息。因此，较能引起兴趣的产品种类和品牌，就拥有被消费者记忆的优势
模 式 二	消费者喜欢简单，讨厌复杂。在各种媒体广告的狂轰滥炸下，消费者需要简单明了的信息。广告传播信息简化的诀窍，就是不要长篇大论，而是集中力量将一个重点清楚地送入消费者心中，突破人们痛恨复杂的心理屏障
模 式 三	消费者缺乏安全感。由于缺乏安全感，消费者会产生从众心理以不被孤立，多数情况下会跟随别人买同样的东西。所以，人们在购买商品前（尤其是耐用消费品），都要经过缜密的商品调查，而广告定位传达给消费者简单又易引起兴趣的信息，正好使自己的品牌易于在消费者中传播
模 式 四	消费者对品牌的印象不会轻易改变。虽然通常认为新品牌有新鲜感，较能引人注目，但是消费者真能记到脑子里的信息，还是耳熟能详的东西
模 式 五	消费者的想法容易失去焦点。虽然盛行一时的多元化、扩张生产线增加了品牌多元性，但是却使消费者模糊了原有的品牌印象。品牌在盲目延伸时，往往容易使消费者失去对其注意的焦点，从而让竞争对手乘虚而入

2002年，艾·里斯和他女儿劳拉·里斯联合出版的《广告的没落，公关的崛起》，指出了一个革命性的观点，即品牌是由公关建立的，而不是广告。广告的作用在于维护由公关建立起来的品牌，可以说广告更多的是一种工具和手段。里斯认为："在信息爆炸时代，营销最大的难题在于进入心智；在广告爆炸时代，营销最大的挑战在于信息如何赢得潜在消费者的信任。"互联网的出现让信息和广告对消费者心智的"攻击"频率次数不断翻倍，在这样的背景之下，公关的作用不断显现，即帮助品牌去更好地建立消费者信任。

2003年，艾·里斯在美国硅谷大会上作了"创建高科技品牌"的主题演讲，在否定了融合的同时指出了打造品牌的商业力量：分化。2004年，里斯父女继续出版了《品牌的起源》一书，他们在书中引入了达尔文的进化论思想，认为品类必然会分化，由分化产生的新品类会产生打造品牌的机会。首次定义了商业界的物种，商业竞争的关键力量——品类。品类是商业的物种，是隐藏在品牌背后的关键营销力量。《品牌的起源》定义了商业中最为重要的推动力——分化，因此，这本书也被里斯称为他"迄今为止最为重要的一本书"。

2011年由劳拉·里斯创作的《视觉锤》出版，书中提出了定位论的重要发展，即视觉元素：视觉锤，通过视觉锤将定位这个"概念的钉子"锤到消费者的心智当中。可以说"视觉锤"概念的提出将读图时代下，视觉的价值提升到了战略高度。

将以上思想总结下来，可以理解为：企业参与市场竞争首先要建立起一个合适的定位，然后通过聚焦和分化来创建并主导一个新品类和代表品类的品牌，最后通过能够强有力表达品牌特性的视觉锤来进行传播推广，将品牌钉入消费者的心智中。

在艾·里斯和杰克·特劳特不断完善定位论的同时，菲利普·科特勒提出了著名的STP定位方法，进一步地发展了定位论。STP定位方法，即市场细分（Market Segmentation）、选择目标市场（Market Targeting）、市场定位（Market Positioning），该理论的主要内容是：任何企业都无法满足消费者的所有需求。因此企业需要从消费者的角度出发进行市场细分。STP定位方法关注的重点是产品本身，这一理论以消费者满意为核心指导方针。理论的核心在于企业通过实施差异化战略，满足不同市场的不同需求。而差异化战略的差异可以体现在产品、服务、渠道、形象和人员等各个营销要素之中。STP定位方法系统地阐述了市场细分的方法和在此基础上选定目标市场并进行市场定位的策略，没有STP定位方法作为支撑，企业很难在市场中大展身手。同时STP定位方法理论也是菲利普·科特勒定位哲学的根基。

进入21世纪后，全球市场发生了空前绝后的变化，人类再一次面临着全新的机遇与挑战，超级技术和全球化成为影响全球商业的两大力量。无数新技术、新品类融入市场，也同时催生出无数全新的品牌，手机品牌就出现了苹果、华为、三星为代表的智能手机，互联网催生了更多的新品牌，如国内的BAT，即百度、阿里巴巴和腾讯，国外则是亚马逊、Facebook、Twitter、谷歌等，这些国内外互联网的主导品牌都是因为其品牌做得足够聚焦，从而成为成功典范，其共同特征是基本上没有延伸品牌。相反，像沃尔玛这样产品线宽又全的企业并没有真正在互联网上取得成功。如果说在20世纪，我们感受到的是信息爆炸未进入心智时所带来的挑战，那么，在21世纪，无限的媒体、无限的信息、无限的产品都在尝试着从无数的品牌中凸显出来，以各种你能想得到和想不到的方式进入人的心智，这给品牌和企业都带来了全新的挑战。另外，互联网技术的发展使得企业不得不将视野放入更为广阔的国际市场，品牌不再简单的局限于国内市场，走出国门，走向世界成为品牌获得长远发展和进行战略布局的趋势。

面对21世纪以来，市场环境的种种变化，杰克·特劳特在2010年出版了他的封笔之作《重新定位》。[13]

2010年，特劳特选择用"重新定位"一词来对定位论进行补充，探讨了"如何调整潜在消费者心智中的认知"。重新定位概念最早出现在特劳特和里斯编写的第一本著作《定位》中，当时，他们将"重新定位"界定为"如何为竞争对手贴上负面标签，进而为自己建立起正面的定位"。特劳特选择在他最后一本著作中再次提起"重新定位"，是为了应对如今3C时代——竞争（Competition）、变化（Change）和危机（Crisis）而提出战略营销之道。

特劳特认为品牌需要调整其定位：但这种调整是为了匹配或适应而改变，可能品牌的定位会更适应于以往的市场环境，但是当市场产生新的变化时，就需要进行相应的调整。让品牌的定位能够再次与人们的心智相匹配。另外，特劳特专门强调了品牌不应该试图改变人们的心智，因为改变人们的现有认知，是一件非常困难的事情，甚至还会对品牌产生混乱的感觉，不利品牌聚焦。运动品牌"李宁"，是中国家喻户晓的"体操王子"李宁先生在1990年创立的专业体育品牌。这一运动品牌在中国拥有着极高的知名度和社会认可度，但是随着时间的推移，人们的喜好和审美发生了不小的变化，李宁原有的设计难以同年轻一代的喜好达成对接。李宁若是想要重新活动市场，尤其是年轻代或者Z世代①的认同，就需要通过调整其定位，让品牌进行年轻化转型。李宁于2015年进行品牌年轻化探索，以"专业运动＋时尚潮流"定位于全新的品牌，积极布局数字营销和革新销售渠道，使李宁品牌发展步入正轨，成为"国潮"的代言品牌。

企业如果决定去调整定位，这个决定最好趁早做出来，因为重新调整企业的定位需要大量的时间，提早开始谋划会有很大优势。麦当劳为了布局中国市场，很早就开始注册其中国商标，并起了与之相应的中国品牌名称——"金拱门"。这个名称和麦当劳的品牌标识有着极高的关联度，而且因为其名称在国人眼中有些许"土气"，更具中国风格，反而更易被人记住。重新定位需要时间的另一个原因是需要其他人来为你写文章做宣传。麦当劳用了很长一段时间，进行一系列的广告活动、营销活动去加深人们的印象。

特劳特还强调了公共活动的重要性，即公关第一，广告第二，并提出了四条可以使企业公共互动获得成功的法则。（1）确定品牌或产品公众心目中的已有认知，企业可以通过调研活动来了解这一点；（2）采用一个重新定位战略，这需要企业以一个具体的概念从公关和广告上起步；（3）确保企业上上下下的员工都难能够去关注重新定位战略；（4）时不时地对公关、广告、营销工作和整体市场地位进行评估。

艾·里斯同特劳特一样，认为曾经的定位论已不适用于当前的市场环境，因此他和他的女儿劳拉·里斯及其中国合伙人张云共同完成了《21世纪的定位》一书，来对定位论进行修改与补充。里斯首先对其在20世纪提出的定位原则进行了简单梳理：

（1）品牌最重要的任务不是进入市场，而是进入消费者心智；

（2）品牌定位要从寻找消费者心智中的空缺开始；

（3）品牌要进行聚焦，而不是延伸，这个延伸是指定位的泛化和产品品类的多样；

（4）品牌进入市场后，找要做的是寻找同其他品牌的不同之处，而不是让产品做到更好，

---

① Z世代是美国及欧洲的流行用语，意指在1995—2009年出生的人。

通过升级产品获得市场；

（5）品牌名就是定位，因此企业需要为其品牌决定一个拥有一定品牌联想、产品联想且易于记忆的品牌名称；

（6）要以竞争为导向，品牌市场就是战场；

（7）同一品类市场中，人们只会注意到前两名的品牌，两个品牌将主导某一品类的全球市场。

里斯认为上述这些原则在今日仍然行之有效，但仅仅应用这些原则难以让品牌在21世纪的市场站稳脚步，因此，他在这些原则基础上进一步提出了适应与21世纪的七个新的定位原则：[14]

（1）品牌要具有全球视野，如果说20世纪的品牌是走向全国的，那么21世纪的品牌注定是要走向全球的，因为许多品类已经是全球性的品类。

（2）互联网代表着新品类的出现。

（3）开创一个新品类比建立一个品牌更重要。

（4）视觉的力量比单纯的文字力量更加强大，21世纪是图片的时代，也是视频的时代，定位的目的是"在消费者心智中拥有一个字眼（概念）"，让"概念的钉子"锤入消费者心智中的最好方法，就是利用视觉元素。

（5）一个令人难忘的口号会让品牌更具记忆点，这种口号最好可以把声音相互关联起来，以加深印象。

（6）营销中最为关键的问题是可信度，比起不断的使用广告获得可信度，公共的作用可能会比广告的效果更好，公关第一，广告第二。

（7）21世纪的技术变化之快，让无数的品类不断涌现，企业要采用的不应该是单一品牌战略，而应该是多品牌战略。为了能够一直保证其盈利和及时规避风险，企业需要推出新品牌来主导新品类，手机品牌华为就是这么做的，目前华为手机拥有多个产品品牌，包括荣耀系列、P系列、Mate系列，不同系列分别对应不同的消费市场和不同的定位。

特劳特和里斯分别对定位论进行了修改和补充，让定位论走向了全新的高度。

三、定位论的局限性

定位论的提出逻辑是，在产品越来越多且绝大部分都同质化的时代，如此之多且相同的产品让消费者无从选择，而只有让消费者感觉到差异，才有可能赢得竞争。但同质化的问题，品牌不能通过改变过着颠覆产品端就能解决的问题，创造一个新品类也并非易事，于是这就诞生了定位论。定位论认为不需要本质上进行产品的差异化，而是通过对消费者认知的管理，使得"在预期消费者的头脑里给产品定位，确保产品在预期消费者头脑里占据一个真正有价值的地位"。但在今天这种零边界逼近的商业生态下，按照过去的定位论，很难进行品牌的成功塑造。本质上，定位论是建立在前互联网时代的市场特征下的，因为消费者在品牌传播中是孤立和被动的，企业可以运用心理战术和大规模媒介投放去塑造品牌，进而掌控消费者的认知，实现最有利于竞争的市场地位。但是，随着移动互联网时代的到来，人与人之间的连接成本大幅降低，并且媒介渠道已经形成碎片化的分布格局，品牌很难通过集中发力俘获消费者内心的认同，所以很多人说，定位论失效了，或者正在走向失效的边缘。

定位论作为广告和营销的定位战略，畅行于20世纪70年代，但也逐渐显示出战术层面的局限，这表现在策略的运用、受众沟通及适用性诸方面。艾·里斯后来出版了《广告的没落，公关的崛起》一书，表明作者就广告方面所持的某些观点，开始产生动摇。

（一）关于策略的简单性

由于里斯与特劳特都是广告人出身，他们的定位论往往局限于一种广告传播策略，强调让产品占领消费者心目中的空隙。目前，定位论对营销的影响远远超过了原先把它作为一种传播技巧的范畴，而演变为营销策略的一个基本步骤。这反映在营销大师科特勒对定位下的定义中。他认为，定位是对公司的提供物和形象的策划行为，目的是使它在目标消费者的心目中占据一个独特的有价值的位置。因此，"营销人员必须从零开始，使产品特色确实符合所选择的目标市场"。科特勒把定位论归结为"对产品的心理定位和再定位"。显然，除此之外，还有对潜在产品的定位。这就给定位论留下了更为广阔的发展空间。

（二）关于沟通的强效性

定位的重要性本身已经深入广大受众的心里，通过恰当运用定位论也产生了很多成功的案例。然而，在市场发展到一定程度的今天，定位已经不具备以往那无所不能的魔力。有一些人提出了这样的疑问：定位过于处在一种静止状态里，很多定位本身没有失败，但过于讲究定位导致忽视了传播沟通。由此可见，定位的缺陷有以下几个方面：一是，受众对一些产品标榜的定位不怎么感兴趣。大部分受众认为，定位只是传者主观地将自己的想法赋予产品，这是一种强加的个人理念，因此很难快速被识别，进而主动、准确地进入消费者的心智，整个过程都没有让受众觉得：产品是首先拥有了好的定位，然后了解到这个定位是真正适合我的。所以，过于静态的方式对中小企业，特别是缺少广告投入的企业来说是很难取得成功的，不难看出传播成了企业定位成功的关键。二是，定位本身是在进行一场攻心之战，并且随着变化而不断升级跳跃，而不是恒久不变。例如：产品形象需要随着目标客户群的成长而变化。毕竟人们喜欢新鲜的东西，喜欢不断创新的事物，故定位不能反复重播一些已有的陈旧气息，它必须符合潮流，与时俱进。要想保持这种效果，源源不断地进行传播是相当有必要的。

（三）关于发展的适用性

在对产品的定位过程里，传播的本质是让受众产生更快、更长久的以情感为基点的条件反射，创造出产品背后消费者的情感需求。因此，定位一定不能只基于产品形式和功能，更应该从情感的层面上进行细分和定位，这一点应该受到传者的重视。一个新的概念"传播定位"也因此产生，就是说企业要把重点放在传播运营上，定位只是成功的第一步，传播定位才是要走的重要过程。传播定位中有一个制高点战略，就是说传播势能所达到的最高峰。任何事物、产品本身都具备了一定的能量，传播的速度与效率主要是由其能力决定的。那么，当有了精准的定位之后，就应该去寻找传播定位的功能，即势能。

在传播的过程中，传者展开的一系列活动以及传递的信息必将引起受众在心理和情感上的反应。从某种角度看，定位与大众化之间似乎有着一定的矛盾，所以在细分市场达到极致的如今，只要让目标受众群发出心智感应的过程就可以了。但事实比想象困难许多，传播依然是大众化的，而且传播媒介是经由了大众化传播的媒介，只有将大众化确立为目标之后才能将更有效的信息传播给目标受众群，而不是从目标受众群反向流动到大众传播。只有深入并广泛地进行事件影响性的大众传播，定位才能真正有效。同样一把剑，不同的剑客会有不同的效果，宝剑虽锋利，但只有懂剑术之人才能发挥出更多的宝贵价值。定位就好比是一把宝剑，在品位的同时需要反复的操练，使用它，用不同的招数和方法，出奇制胜，取得胜利。而且，定位可以吸收众家之精华，完善本体，就像对待瑞夫斯的USP理论实行拿来主义一样，对于营销的新思维、新方法、新工具，只要有助益定位的实施成功，皆可兼收并蓄、为我所用。

第三节　定位论经典广告案例举要

美国有两大汽车出租公司赫兹（Hertz）和安飞士（Avis）。赫兹公司在美国出租行业中位居首位，年营业额为安飞士的3.5倍。并在机场、市中心和郊区的商业中心、住宅区和度假胜地提供广泛、多样的新型汽车短期租赁服务（包括日租、星期租赁或月租）。另外，赫兹还在汽车租赁行业赢得了许多"第一"。

第一个将汽车租赁站点从偏僻的车库中搬出来，并提供由便利的、具有吸引力的汽车租赁站点组成的从大西洋两岸到太平洋两岸网络的公司。

第一个提供多规格、多型号、多款式的车辆，允许租车人进行挑选以满足多样化需求的公司。

第一个建立了"飞行+驾驶"的汽车租赁系统，将租车与飞机旅行结合起来的公司。

第一个能够使顾客更容易地找到他们的目的地的公司。赫兹在1984年就开始使用"计算机化驾驶说明书"（CDD），为顾客提供包括估计时间和距离在内的有关目的地的详细说明书。

直到21世纪初，在美国，在超过110个的赫兹机场和市中心站点都能获得界面友好、自我服务的CDD终端，这些站点同时提供6种语言的说明书。CDD说明书在加拿大、整个欧洲和澳大利亚的主要机场站点和市中心站点也能获得，CDD在欧洲提供9种语言的说明书。

安飞士出租车公司是由华伦·安飞士（Warren Avis）在美国底特律一家机场创建的，其名字的寓意是英文 All vehicle instantly supplied（即刻提供各类汽车）的首字母缩写，也有可能取自拉丁语avis（鸟），喻示该公司的出租车辆可像鸟一样，提供快速和远距离的服务。由于安飞士出租汽车公司能提供各类出租汽车，并且像鸟一样随处可见，对顾客服务热情周到，深受顾客的欢迎。安飞士出租车公司创立于1946年，从1952年至1962年的11年间，在激烈的市场竞争下，一直为美国排名第一的赫兹出租汽车公司所压制，连续亏损，处于不景气的状态。

1962年，安飞士新任总裁罗伯·汤森决定开展自强活动，引进大型电脑强化服务，增加竞争力。当时赫兹公司的资产是安飞士的5倍，但两家公司的汽车、汽油、租金、保险、员工工资等成本却均相同。因此，汤森得认为，安飞士公司的1美元必须当5美元用，才能与赫兹公司竞争。于是，他坚持找到一家花100万美元代理费能创造出500万美元价值的广告代理商。许多广告公司听说要达到5倍的效果，都却步了，只有威廉·伯恩巴克大胆地承接下来，但他有3项附加条件：（1）必须提供安飞士公司最详尽的业务资料，以便广告公司能深入了解该公司情况；（2）必须给广告公司90天的时间；（3）对于广告公司所撰写的策划方案，不得有任何更改，而且广告必须登在广告公司指定的媒体上。

经过伯恩巴克的策划，在新推出的广告中，安飞士坦诚地宣称：它只不过是第二位。广告的标题说："在租车业中，安飞士只不过是第二位，为什么你要用我们的车子?"广告正文紧接着写道："我们更加努力（当你不是最大的时候，你就必须如此）。我们就是不能提供肮脏的烟盒，或不满的油箱，或用坏的雨刷，或没有清洗的车子，或没有气的轮胎，或任何无法调整的暖气，或无法除霜的除霜器，等等。很显然，我们如此努力就是力求最好。为了提供给你一部新车，一部神气活现、马力十足的福特汽车以及一个愉快的微笑……请下次用我们的车子。我们这儿排队候车的人比较少。"

会有这样的广告定位，是因为伯恩巴克做了一系列的调研，并和与汤森展开了一次脑力激活式的对话。

伯恩巴克问：安飞士的车比赫兹的新吗？

汤森答：不！

问：出租车的价格比较便宜吗？

答：也不！

问：安飞士与赫兹之间到底有什么不同呢？

答：我们比较认真。

就是汤森的这句话，终于激发出定位"第二"的伟大创意。90天以后，伯恩巴克推出了以"第二位"为点子的系列广告。广告的标题有：

——我们只处于第二位，所以我们要更认真地工作。

——当你只是第二位时，一定要努力不懈。

——全世界的安飞士都要加倍努力。

上述这些广告标题中的"认真""努力"就是指：洗净的车子、干净的烟灰缸、满满的油箱、完好的冷暖设备、可顺利调整的座位、热忱的服务态度等。

图9-8 安飞士广告

如它的一则广告的画面是一条正在逃出大鱼之口的小鱼，在广告文案中强调，安飞士能正视自己第二位的位置，有强烈的危机感，将努力以更周到的服务来赢得广大顾客。另一则广告上是一位等出租车已不耐烦的顾客的照片，在广告文案中强调安飞士非常了解顾客的心情，并保证自己公司不会让顾客有这样的苦恼，安飞士的服务宗旨是随叫随到。

以上各式广告刊出后，"第二位"的定位不但成为热门话题，而且也激励了安飞士下属各营业所员工的士气，1963年安飞士首度转亏为盈，接下来的一年盈利继续上升，直到1965年盈利上升为500万美元。

时至今日，安飞士已经发展成为一家全球性的汽车租赁公司，在世界170个国家和地区设立了超过1 700家分支机构、4 700多个营业网点，拥有19 000名员工，车队规模超过50万辆，每年通过105个国家和地区的3 000个网点为超过800万的客户提供汽车租赁服务。

其实在当时的消费者心智中，赫兹雄踞第一位已久，这是安飞士难以超越的。因此采取甘当老二的策略，不与赫兹进行正面较量，反而与赫兹拉近关系，尽早地占据第二位的位置。这样既把紧跟在后的居第三位的全国（National）出租车公司，在形象上抛在后面；同时又扮演了弱者的角色，表明自己将尽一切努力使顾客满意，以赢取消费者同情弱者、支持劣势的心理。这个广告活动非常成功，两个月内安飞士就扭亏为盈。三年后营业额增加40%。第一年实现盈利120万美元，第二年赚260万美元，第三年赚500万美元。"安飞士"广告作为建立"比附位置"（Against position）的典范，充分体现了伯恩巴克富有独特个性的创意哲学，对今天的广告创作仍具有无限的启示。

图9-9　安飞士广告——正在逃出大鱼之口的小鱼

安飞士出租车公司是广告采用比附式定位的典型案例之一。所谓比附式定位策略就是攀附名牌的定位策略，即企业通过各种方法和同行中的知名品牌建立一种潜在的关联，使自己的品牌得以快速进入消费者的心智，形成一定的品牌认知，进而占领一个牢固的位置，借名牌之光使自己的品牌增辉。比附式定位的实质是一种借势定位或反应式定位。即借竞争者之势，以衬托自身的品牌形象，建立一种强有力的品类关联、联想关联。在比附定位中，参照对象的选择是一个重要问题。一般来说，只有与知名度、美誉度高的品牌比较，才能借势抬高自

图9-10　安飞士中国广告

己的身价。比附式定位共有三种形式可以选择：（1）甘居第二，即安飞士出租车公司选择的定位方式；（2）攀龙附凤，即品牌通过一切手段，同名人、名牌、重量级人物建立关联，进而使自己成为"耀眼的明星"，不少品牌选择去邀请当红明星或者是具备优秀品质的运动员便是希望可以接明星之光来增益品牌之势；（3）加入高级俱乐部，企业如果不能取得第一名或攀附第一名，便退而采取此策略，借助群体的声望和模糊数学的手法，打出入会限制严格的俱乐部的高级团体的一员，从而提高自己的地位和形象，如美国克莱斯勒汽车公司当初宣布自己是美国"三大汽车公司之一"，使消费者感到克莱斯勒和第一第二一样都是知名品牌。

在同类产品（服务）竞争激烈的情况下，广告创作者应善于避开强大竞争对手的锋芒，准确确定广告产品（服务）的位置，通过竞争对手来显示自身的特点。"我们排行第二"，这一招既可以在回避竞争者的锋芒同时赢得市场的同情，为企业尽快在市场上形成定位站稳脚跟，也使得消费者更容易记住品牌。

采用"甘居第二"的策略，实质上也是让企业尽快进入消费市场的"二元法则"的有效手段。在竞争激烈的时代，人们在选择品牌上更多的会购买在其心智中前二的品牌产品，因此人

的心智只能给两个品牌留下空间，而占据市场中前两名的品牌更易于在人们心智中占据位置。

同安飞士一样，在中国乳业竞争中，蒙牛也同样运用了比附定位，并且在中国乳制品市场中持续占据行业领先地位。蒙牛的做法是在其品牌诞生之初，行业排名远在千名之外的蒙牛面对强大的竞争对手——伊利，仍旧决定，喊出争做"乳业第二品牌"的豪言，并在短短几年后，蒙牛真的成为"乳业老二"。

为了获得"行业第二"的市场地位，蒙牛第一块广告牌写口号就是"做内蒙古第二品牌"，其宣传册写下了"千里草原腾起伊利集团，蒙牛乳业……我们为内蒙古喝彩"的话语，在其冰激凌的包装上，蒙牛更是打出了"为民族工业争气，向伊利学习"的口号，通过利用伊利的知名度，蒙牛得以迅速提高其自身品牌影响力。可以说，蒙牛的策略与安飞士有异曲同工之妙。也就是及时确定一个明确的定位，在消费者心智之中占领"行业第二"的位置，进而顺利在市场站稳脚跟，获得持续的影响力。而这也是我们应该向安飞士和蒙牛学习的地方，在品牌弱小的时期便选择通过比附定位来做一种缓兵之计，站稳脚跟之后再对领军品牌发起挑战，进而持续扩大其行业影响力。21世纪品牌将会面临更加激烈的竞争市场，选对合适的定位和使用正确的策略能够让品牌的发展更上一层楼。[15]

思考与练习

1. 如何看待定位论在广告理论发展过程中的地位？
2. 试辨析产品类型与广告定位的关系。
3. 如果给你一个机会，你会如何运用定位论让一个品牌成功进入消费者心智。

参考文献

1. 里斯战略定位咨询官网_战略定位咨询开创者_定位论_品牌定位/公司/案例，网址为http://www.ries.com.cn/.
2. 里斯战略定位咨询官网_战略定位咨询开创者_定位论_品牌定位/公司/案例，网址为http://www.ries.com.cn/.
3. 里斯.《广告的没落 公关的崛起——彻底颠覆营销传统的公关圣经》.寿雯译.北京：机械工业出版社，2013.
4. 里斯伙伴（中国）营销战略咨询公司（翻译）.定位论的产生与四十年发展［J］.销售与市场（管理版），2012（8）：40—45.
5. 艾·里斯，劳拉·里斯，张云.21世纪的定位：定位之父重新定义"定位"［M］.寿雯译.北京：机械工业出版社，2019.
6. 杰克·特劳特，艾·里斯.定位：有史以来对美国营销影响最大的观念［M］.谢伟山，苑爱冬译.北京：机械工业出版社，2011.
7. 杰克·特劳特，艾·里斯.定位：有史以来对美国营销影响最大的观念［M］.谢伟山，苑爱冬译.北京：机械工业出版社，2011.
8. 郭庆光.传播学教程［M］.北京：中国人民大学出版社，1999.
9. 侯候息夫编著.重新认识定位：不同于科特勒的竞争营销学［M］.北京：中国人民大学出版社，2007.
10. 张金海.20世纪广告传播理论研究［M］.武汉：武汉大学出版社，2002.
11. 戴维·阿克.Building Strong Brands. New York：The Free Press，1995.
12. 特劳特伙伴公司中国官网_战略定位咨询_定位论丛书_定位书籍_正确定位-特劳特战略定位咨询，网址为http://www.trout.com.cn/.
13. 特劳特，里夫金.重新定位——定位之父杰克·特劳特封笔之作（珍藏版）［M］.谢伟山，苑爱冬译.北京：机械工业出版社，2011.
14. 艾·里斯，劳拉·里斯，张云.21世纪的定位：定位之父重新定义"定位"［M］.寿雯译.北京：机械工业出版社，2019.
15. 罗志文.紧随和超越——蒙牛品牌定位策略解读［J］.经营战略.2008（4）：60—62.

第十章

《整合营销传播》
——唐·舒尔茨与"整合营销传播"理论

第一节 《整合营销传播》主要内容及核心思想述评

继USP理论、品牌理论、定位理论之后，广告传播迎来了整合时代。唐·E. 舒尔茨率先将整合营销传播（Integrated Marketing Communication，简称IMC）的概念变为系统化论述，他与史丹立·田纳本、罗伯特·劳特朋合著的《整合行销传播》英文原版于1993年出版。1995年，中山大学卢泰宏教授从中国台湾地区带回繁体中文版。1998年和2002年，简体中文版《整合行销传播》（现译名《整合营销传播》）在国内出版社相继出版。本节将介绍该书的作者、主要内容、核心思想以及地位和意义。

图10-1 《整合行销传播》英文原版与中文版

一、唐·E. 舒尔茨小传

唐·E. 舒尔茨[1]（1934—2020）是世界著名的营销大师之一，战略性整合营销传播理论创始人，被誉为"整合营销传播之父"。他撰写的广告学和广告策略的书籍一向被各大学传播等相关科系广为采用。他1993年出版的《整合营销传播》一书是世界上第一本关于IMC的著述，也是该领域最具权威性的经典著作。1977—2019年，舒尔茨共发表了115篇论文和商业文章，出版了43本书。[2]

　　1957年，舒尔茨获得俄克拉荷马大学市场营销学和新闻学学士学位，毕业后在达拉斯成为一名贸易杂志社的推销写手，随后来到得克萨斯的一家日报社，开启了他的广告生涯，凭借天赋和扎实的理论基础，不久后他就成了广告总监。1965年舒尔茨加入特雷西-洛克（Tracy-Locke）广告公关公司，此后近十年，他先后担任该公司在各地的分公司经理。

图10-2　唐·E.舒尔茨

　　随着世界经济的发展和市场格局的变革，广告行业也发生了极大变化。舒尔茨渐渐意识到许多前人的理论已不再适应新的时期，于是他萌生了通过研究将自己未成形的观念形成理论的想法。"在我生命的某一时刻，我突然意识到我真正感兴趣的是多学习一些自己正在做的事情，所以我又回到了大学里。"1974年，已经升任高级副总裁职位的舒尔茨毅然辞职，开始在密歇根州立大学攻读广告学硕士学位和大众传媒博士学位。1977年，舒尔茨加入美国西北大学担任助理教授，1985—1989年在西北大学担任广告系主任，1989—1993年成为梅迪尔新闻学院副院长，1992—1995年担任梅迪尔新闻学院执行委员会主任，后任整合营销传播教授。

　　中国策划人与舒尔茨的第一次亲密接触是在2000年，中国营销策划界邀请舒尔茨来上海参加金鼎奖的颁奖。他发现自己和自己的理论在这片陌生土地上的知名度是如此之大，随后开始在中国"布道"。2002年，他曾两度在中国数个城市巡回演讲，包括诺基亚、摩托罗拉、农夫山泉、娃哈哈等的众多企业都来参会。同年，舒尔茨在中国招收了20多名学员开班上课。2003年受聘为清华经管学院的访问教授，此后每年为清华EMBA学员开设整合营销传播的相关课程。

　　舒尔茨在业界和学界的成就与荣誉，可谓是数不胜数。他曾担任阿高拉（Agora Inc.）咨询公司的总裁、TAGETBASE营销公司和TARGETBASE营销协会的高级合伙人，曾是美国推广营销协会的主席、新闻和大众传媒资格委员会主席、美国癌症协会伊利诺伊分会传播委员会主席、高级广告研究协会的主席、美国国家广告评论部的成员、广告研究基金会整合营销传播委员会的联合主席之一。同时，他也是《直效营销月刊》杂志的第一任主编。

　　舒尔茨曾获直效营销教育基金会颁发的第一届"年度最佳直效营销教育家"殊荣，被美国广告协会授予"年度杰出教育家"称号，被全球权威的美国《销售和营销管理》杂志推举为"20世纪全球80位对销售和营销最有影响力的人物之一"。

二、《整合营销传播》的主要内容

　　《整合营销传播》[3]全书正文共十个章节，可以分为六个部分。舒尔茨从整合营销传播产生的背景和认知心理基础出发，论述了成功的整合营销传播的必要条件，包括新的企划模式、策略和创意、佣金报酬制度的重整等方面，并探讨了如何测量效果和排除障碍，最后列举了两个成功案例进行具体分析。

第一部分（第一章）：整合营销传播产生的缘起与背景。其一是产业嬗变。20世纪90年代，信息技术的发展主导和影响了整个社会生产发展方向，以制造业为英雄、以生产为导向的时代走向终结。其二是营销嬗变。社会裂变、权力下移，分众概念的出现，推动营销观念和传播观念发生变化。其三是消费者地位嬗变。4P营销理论（产品、价格、渠道、促销）已成明日黄花，新的营销世界已经转向4C（消费者、成本、便利、沟通），以消费者需求为导向。其四是文化嬗变。后现代文化思潮下，视觉文化取代口语文化占据支配地位，感觉取代逻辑，"认知"（Perceptions）胜过"事实"（Facts）。

第二部分（第二章）：整合营销传播的认知心理基础。从口语传播社会到视觉传播社会的转变、媒体零细化、近似文盲的出现及消费者的认知远胜于客观事实的现象，结合人类的认知过程是从概念到建构类别，说明如果厂商想让讯息被消费者接收并处理，其讯息必须：包含能轻易转化成概念，并可被分类的影像、声音或经验；能清楚辨认并加以分类；和人们既有的分类系统相吻合。消费者在处理讯息时，会使用一套"判断系统"，基于既存的概念和类别构成的网络，决定接收、修正或拒绝讯息，这更像是一种累积的过程，是新旧概念的结合而非取代。由此，讯息的一致性是消费者接收并储存讯息的重要考虑，整合营销传播不仅重要，还是成功之钥。

第三部分（第三至第六章）：如何借助整合营销传播增进与消费者的关系。

其一是明确思考基础。有效的整合营销传播的思考基础包括：消费者通过类别与品牌网络储存品牌讯息；当"传播"取代"流通"成为主角，营销传播的新概念随即被提出；单向沟通转为双向沟通，在某些领域里双向沟通也被称为关系营销，建立双向沟通系统的最佳方法是利用资料库；需要一个不同于传统营销的企划模式；整合营销传播的真正价值在于循环本质。

其二是制定传播策略。传播策略是整合营销传播计划的重心，内容包括消费者购买诱因、产品的实质与认知、竞争状况、竞争性利益点、足以令人相信的理由、品牌调性与个性、传播与执行目标、认知改变、消费者接触点以及未来计划。一份好的传播策略可以开发出犀利的、极具说服力的整合性讯息，进而发展出有别于竞争者的独特品牌及品牌个性，从而打动消费者。

其三是抓住创意这个执行力。创意决定了能否将策略成功演出，是成功的整合营销传播计划的第二个要点。这一过程对创意人员、销售主张都提出了较高的要求。

其四是佣金报酬制度的重整。佣金报酬制度朝着追求公平、保证质量、调动积极性的方向调整，包括奖励制度、保证结果的制度以及资源基准的收费制度等。

第四部分（第七至第八章）：基于消费者行为的效果测量。整合营销传播的测量方式相当直截了当，即尽可能测量与实际购买相近的行为，其中尤其要重视资料库分析。测量消费者反应的环节包括测量品牌网络、接触、消费者的承诺以及购买行为。

第五部分（第九章）：排除整合障碍。包括组织内部对改革的抗拒、规划系统及营销思考、组织结构本身、品牌管理执行、能力、自建资料库等方面的障碍。

第六部分（第十章）：两个成功案例。从公益团体美国癌症协会和B to B牛奶盒厂商两个类别的组织入手，介绍它们面临的挑战以及如何运用整合营销传播手段化解危机，阐述整合营销传播的实效。

三、《整合营销传播》的核心思想

（一）以消费者为中心

卢泰宏教授在这本书的推荐序中说到，整合营销传播并不仅是将各种传播工具"加起来形成一个声音"，因为这种整合或组合的思想，在传统营销理论中早已有之，并非整合营销传播的创造，整合营销传播的创新在于更彻底转向消费者导向。

1. 由外而内模式：从4P到4C的转向

20世纪60年代，美国密西根大学的麦卡锡教授提出的4P理论，即产品（Product）、价格（Price）、渠道（Place）、促销（Promotion）已不能适应新的营销和传播环境。1990年美国营销专家劳特朋教授提出4C理论，重新设定了市场营销组合的四个基本要素：

- 把产品先搁到一边，加紧研究消费者的需要与欲求（Consumer Wants and Needs），不要再卖你能制造的产品，要卖消费者确定想购买的产品；
- 暂时忘掉定价策略，快去了解消费者要满足其需要与欲求所须付出的成本（Cost）；
- 忘掉通路策略，应当思考如何给消费者方便（Convenience）；
- 最后请忘掉促销，20世纪90年代的正确词汇是沟通（Communications）。

这是一种由外而内的模式，由消费者的需求主导产品和服务。用舒尔茨的话来说，4C营销理论的出现表明营销世界已经从"消费者请注意"转向"请注意消费者"，整合营销传播中的消费者地位得到明显提升。约10年之后，舒尔茨又进一步提出了5R理论，并以5R作为整合营销传播的基础[4]，其营销要素包括：

- 与消费者建立关联（Relevance）；
- 注重消费者感受（Receptivity）；
- 提高市场反应速度（Responsive）；
- 关系营销越来越重要（Relationship）；
- 赞赏回报是营销的源泉（Recognition）。

从4P到4C再到5R，可以看出消费者的价值得到越来越多关注。这也体现出舒尔茨教授的学术思想主线，即营销的核心应从交易走向关系。整合营销传播不只是为了传播及提升传播的效果，也是为了建立消费者关系这一营销最核心的目的。

2. 关系营销：从单向传播到双向传播的转向

在大众营销时代，制造厂商控制大部分产品资讯，相关资讯十分有限，产品的竞争对手也不多，因此单向沟通系统运作其佳。但媒体和现代科技的巨大变革，使得这种单向传播的影响力式微，而大规模的一对一双向沟通变得极为可行。双向沟通意味着厂商和消费者在进行一种资讯交换活动。为了达成资讯交换的目的，首先厂商必须了解消费者所拥有的资讯形态及内容；其次，消费者要能够通过某种管道或方式让厂商知道他需要哪一种资讯；最后厂商才能对消费者的需要予以回应。此外，厂商不但要向消费者传送讯息给予回应，更要收集消费者的反应，通过对这些反应的统计测量来修改传播计划，并改进下一轮传播活动，达到整合营销传播的循环本质。

在某些领域里，这种双向沟通被称为关系行销（Relationship Marketing），这意味着买方与卖方存在着一种源于交换资讯与分享共同价值的关系。舒尔茨认为，关系营销是所有未来营销的关键，而唯有通过整合营销传播，这种关系才能得以建立。

所以，整合营销传播的重点是在购买者及销售者间建立起双向沟通的模式，以鼓励消费者回应。

（二）营销即传播，传播即营销

舒尔茨表示，过去使用多年的营销技术与方法实际上就是一些不同形式的传播和沟通。例如，电动开罐器与手动开罐器功能相同，然而经过产品设计后，电动开罐器的制造厂商就向消费者传播了一种不同的讯息、感觉与价值观。因此，产品设计就成了一种沟通方式。这样来看，营销可以说就是传播，而传播几乎就是营销。从营销沟通的连续过程来看，每一个环节都可以视为与消费者沟通的各项接触，包括广告、公关、促销、直效营销、产品设计、包装、渠道、售后服务等。

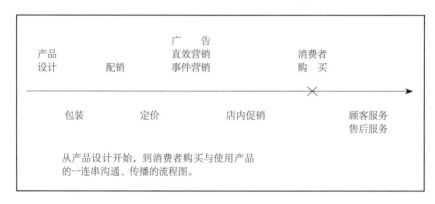

图10-3 营销沟通的连续过程

总之，营销本身就是一种信息传播活动，而传播也带有营销的意图，就是所谓的"营销即传播，传播即营销"，二者密不可分。因此，正确、适切地整合所有的营销讯息和手段是相当重要的。

（三）建立并利用资料库

舒尔茨认为，建立双向沟通系统的最佳方法是利用许多不同形式的资料库，或筹划资料库营销专案计划。消费者的回应及回复应记录在资料库中，厂商再依据这些回应资料来调整、修正其传播计划。从各种不同管道获得的消费者行为资料，是整合营销传播成功的关键。厂商多年来所倚重并作为重要决策依据的消费者态度资讯，可以协助了解现况，而实际的消费行为的资讯则真正协助厂商发展一个有效的整合营销传播计划。资料库也是区隔消费者类别的依据，是思考有效的整合营销传播的起点。

此外，舒尔茨强调了资料库分析在效果衡量中的重要性。他认为，资料库是整合营销传播的核心，是从消费者行为出发进行研究并发展营销传播计划最基本的要件。因此，厂商应该建立全面且完整的资料库以便利用。资料库分析使整合营销传播有别于传统的营销手法，以一种由外而内的角度，先了解消费者做过什么或正在做什么，然后再回头解释这些行为。

毫无疑问，消费者和潜在消费者资料库是营销组织未来的成功关键，但现今资料库的缺乏，仍然是发展整合营销计划的一大障碍。

（四）整合营销传播的企划模式

图10-4是一个主要针对消费品厂商设计的整合营销传播企划模式。整合营销传播的企划模式和传统营销沟通企划模式最大的不同，在于它将整个企划的焦点置于消费者或潜在消费者身上，而不是放在公司的目标营业额或目标利润上。营销目标被放在整合营销传播企划模式的下半段，因为舒尔茨认为，所有的厂商、营销组织，无论是在销售量上还是利润上的成果，完全依赖消费者的购买行动。

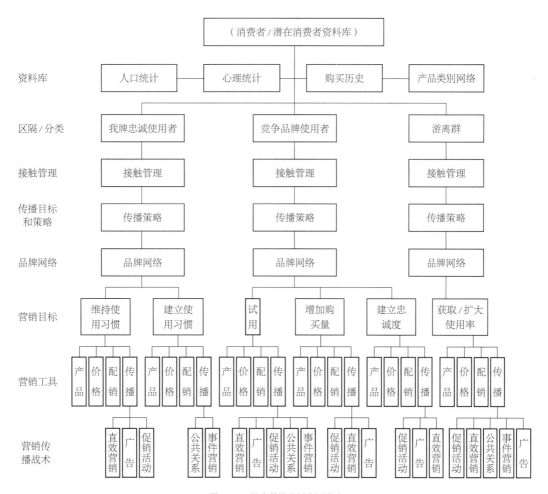

图10-4　整合营销传播企划模式

消费者或潜在消费者的资料库是整合营销企划模式的起点。资料库的内容至少应包括人口统计资料、心理统计资料和以往购买的记录。此外，消费者态度的资讯，如消费者的产品类别网络及消费者对所使用产品的联想等，对一个扎实的整合营销传播计划也是必需的。

区隔与分类阶段，可以将消费者分为本品牌忠诚使用者、竞争品牌使用者和游离群等。市场区隔主要依据消费者及潜在消费者的行为资讯，这是整合营销传播企划模式和传统模式的又一重要差异。舒尔茨认为，消费者"行为"资讯比起其他资料如"态度"测量结果等，更能够清楚地显现一个人在未来将会采取什么行动。

接触管理意为选择并决定厂商在什么时间、地点，或者什么状况下与消费者沟通。现在的市场由于资讯超载、媒体繁多而干扰大增，决定如何及何时与消费者接触是最重要的事，同时接触的方式也决定了要和消费者沟通什么诉求主题。

发展传播目标和策略即决定在什么样的背景环境（接触管理）之下，传达何种讯息。传播目标试图与某些行为产生关联，可以是消费者行为的显著变化，也可以是消费者或潜在消费者心中品牌网络的改变。

营销目标根据传播目标而确定，必须是非常明确的数字化的目标。例如，维持或增加使用量。

营销目标确定之后，下一步就是决定营销工具。产品、渠道、价格等都是和消费者沟通的要素，关键在于哪些工具、哪种组合最能够协助达成营销传播目标。

最后一个步骤是选择有助于达成目标的营销传播战术。这里所用的传播手段更为具体，也可以无限宽广。只要能协助达成营销及传播目标的手段，都是传播利器。整合营销传播最重要的中心思想就是整合各种形式的传播手段以完成所设定的传播目标。

四、《整合营销传播》的地位和意义

《整合营销传播》是全球第一本整合营销传播方面的专著，也是该领域最具权威性的经典著作。有业界人士称其为"新世纪的新广告学"，舒尔茨等人在网络营销还未成形时就已洞烛趋向，随后著作的畅销也印证了其市场需求。而以21世纪的视角回望，可以更清楚地看到这本书的前瞻性。书中提出的战略性整合营销传播理论，成为20世纪后半世纪最重要的营销理论之一。

《整合营销传播》是一本理论与实务并重的书。它颠覆了传统营销的理念，是对整合营销理论的回应和发展。[5] 首先，整合营销传播强调各营销传播要素的整合。虽然它看上去是传统营销推广要素组合的一种理论延续，但具有更大的涵盖和包容。除广告、公关、促销外，一切有关消费者与品牌接触的传播渠道都被包容其中。整合营销传播以4C理论代替4P，消费者被置于营销传播的核心地位，营销传播的出发点和归宿有了本质的改变。此外，整合营销传播理论还纳入了对关系营销、接触管理、资料库和品牌网络等概念的论述，提供了一种超越传统营销传播的新思维。

其次，整合营销传播的提出，宣告了单纯依赖某种单一的营销传播方式的时代的结束。过去，广告一直作为一种行之有效的营销传播工具发挥作用，策划概念的提出促使广告自系统理论的建构。从广告与广告理论发展的视角来看，虽然这种状况有利于广告自身的发展，但长时间局限于自领域的运作，缺少与其他营销传播要素的协调与配合，这在市场环境日益复杂化的背景下逐渐显露弊端。整合营销传播的出现，将广告纳入营销传播的整体范畴，使广告运作突破封闭的系统，实现与整体营销传播系统的整合，这也成为未来营销传播的基本趋势。

该书还向受众提供了可实操的模式和流程，为跃跃欲试的广告界和营销传播界提供参考与借鉴。企业开始在营销实战中注入整合营销传播的策划和运作，具有典型意义的事件是2000年科龙集团建立了整合营销传播部，聘请世界前三大广告传播集团中的奥美和电通协助科龙实施整合营销传播，成为国内第一家全面实施整合营销传播战略的企业。

第二节 "整合营销传播"理论的意义及发展

2009年，唐·舒尔茨和帕蒂在《IMC的演进：IMC在客户驱动型市场》一文中提出，整合营销传播理论的形成和发展，大致可以分为个阶段：第一阶段是对营销传播"环境的监测"；第二个阶段是"观察"；第三个阶段是形成"初始概念"；第四阶段是"尝试界定IMC"；第五阶段则"……特别关注整合营销传播管理过程，以及鉴别阻碍实施整合营销传播的障碍"；第六个阶段是"把测量（传播）效果看作是广泛应用并适应IMC框架的关键所在"；最后，第七个阶段的研究重点转向"组织问题、顶层管理及理论发展"等一类深层或战略性的课题。[6]

一、IMC 的定义演变

自20世纪80年代后期，整合营销传播的概念出现后，学界也涌现了大量关于整合营销传播的定义，但至今还未有一个公认通用的说法。舒尔茨本人也在不断更新自己的观点。他认为，定义整合营销传播的难点，就在于它处在不断的动态发展过程中，以适应那些接受和运用这一概念的组织。

表10-1 整合营销传播定义[7]

提出者/年代	整合营销传播定义	局 限
美国广告协会（1989）	整合营销传播是一个营销传播计划概念，要求充分认识用来制定综合计划时所使用的各种带来附加值的传播手段——如普通广告、直接反映广告、销售促进合公共关系——并将之结合，提供具有良好清晰度、连贯性的信息，使传播影响力最大化	• 将整合营销传播仅仅视为传播工具的综合使用 • 缺乏对消费者及企业前景信息的数据库积累
舒尔茨（1991）	整合营销传播是一种长期对消费者及潜在消费者发展、执行不同形式的说服传播计划的过程，也是将所有与产品或服务相关的信息加以管理的过程，使消费者与潜在消费者接触整合的信息，产生购买行为并维持消费者忠诚度	• 将整合营销传播理论仅仅视为一种执行的过程，而不是一种观念或想法

（续表）

提出者/年代	整合营销传播定义	局　　限
汤姆·邓肯 （1992）	组织将所有信息和媒介进行战略性整合，使其共同对企业的品牌价值产生影响	• 过于宽泛 • 没有强调消费者和关系
舒尔茨 （1993）	整合营销传播是发展和实施针对现有和潜在消费者的各种劝说性沟通计划的长期过程。整合营销传播的目的是对特定沟通受众的行为实际影响或直接作用。整合营销传播认为现有或潜在消费者与产品或服务之间发生的一切有关品牌或企业的接触，都可能是将来信息的传递渠道。进一步说，整合营销传播运用与现有或潜在的消费者有关并可能为其接受的一切沟通形式。总之，整合营销传播的过程是从现有或潜在消费者出发，反过来选择和界定劝说性沟通计划所采用的形式和方法	• 缺乏战略观
汤姆·邓肯 （1994）	整合营销传播是指企业或品牌通过对所有信息实施战略性控制或影响的过程，使自己借助各种媒介或其他接触方式与员工、消费者、投资者、普通公众等关系利益人建立建设性的关系，从而建立和加强他们之间的互利关系的过程	• 缺乏由外而内的思考视角 • "控制"一词本身则可能使企业陷入"单向思维"的困境
邓肯和凯伍德 （1996）	整合营销传播是一个过程，通过战略控制或影响全部讯息和鼓励有目的的对话来产生和培养与消费者和其他利益相关者可获利关系	• 将整合营销传播仅仅视为一种执行的过程，而不是一种观念或想法 • 缺乏由外而内的思考视角
申光龙 （1999）	整合营销传播是指企业在经营活动过程中，以由外而内的战略观点为基础，为了与利害关系者进行有效的沟通，以营销传播者为主体所展开的传播战略	• 目的不明确 • 外延较大
舒尔茨 （2000）	整合营销传播是业务的战略过程，可以利用此过程设计、发展、执行以及评估协调对于消费者、潜在消费者和目标受众中相关的内部及外部受众的可测量的、具有说服力的品牌传播方案	• 外延较大
汤姆·邓肯 （2001）	简单地说，整合营销传播是一个提高品牌价值、管理消费者关系的过程。更具体点，就是通过战略性的控制或影响相关团体所接受到的信息，鼓励数据发展导向，有目的地和它们进行对话，从而创造并培养与消费者和其他利益相关者之间可获利关系的一个跨职能的过程	• 消费者和企业的关系地位不明，"控制"一词可能会使企业陷入"单向思维"的困境
杰瑞·克里亚恰科 （2005）	整合营销传播是一个受众导向的、渠道中心的、结果驱动的长期品牌传播项目的战略管理概念和过程	• 目的不算明确
黄迎新 （2012）	整合营销传播是企业组织的营销战略观念和营销传播方式。在一个消费者导向的企业组织中，企业通过与消费者有目的的对话，与消费者进行信息交换，从而建立起与消费者长期的、友好的互动关系，并最终带来品牌价值	• 对象不一定是企业组织和消费者，范围可以更广泛

　　该书梳理了11条整合营销传播定义，可以看到，随着营销传播环境的改变，整合营销传播也在不断调整适应，从早先重战术和运作，发展到后来重战略规划。接替的改进使得整合营销传播的概念逐渐清晰，以黄迎新的定义为例，他明确了以下几点：整合营销传播既是一种观念，也是一种手段；是有目的的、平等的对话；以顾客为导向；重视反馈和长期的互动关系建构；有明确的目标，即建设品牌。

二、舒尔茨对整合营销传播理论的发展

（一）整合营销传播的四个阶段

舒尔茨总结了组织在进行整合营销传播时必经的四个阶段[8]，从高度实用性的战术导向发展到更多地由对顾客及其行为的理解所驱动的战略导向。

图10-5　整合营销传播的四个阶段

1．第一阶段：战术性协调

对大多数组织而言，要进行整合营销传播意味着有必要协调各个产品、分部、地区及国家的营销活动。在早期市场上，营销传播只有几种基本的方法可供选择。然而当媒体变得更加专业化后，每种媒体都必须予以特别的重视。同时其他新型工具也有了巨大的发展。有时候甚至需要进行专门的活动以将差异化的信息传递给不同的受众。

整合营销传播最基本的目标是通过制定统一的架构来协调传播计划，从而使组织达到"一种形象，一个声音"的效果。其设定的具体目标为：（1）更有效地协调向市场所传递的各种信息；（2）充分发挥每一种传播手段或者技巧的优势和强项，从而使整体结果远远大于各个部分的简单相加，使传播信息实现最佳效果。

跨职能是第一阶段整合的另一个特点。不同的组织使用不同跨职能形式，其潜在的目标是获得更高的能力。这种能力不仅包括管理单个的传播活动，也包括如何使各种活动显得更有生气并获得协同效应。有效的整合要求企业内部、各个业务单元之间、企业与外部供应商之间的人际沟通和跨职能、跨部门沟通高度顺畅。光靠明文规定的政策和程序无法有效地驱动整合。

尽管有些企业借助代理商来协调它们的各种活动，现行的研究却表明更多的企业更愿意自己着手进行这些整合活动，也就是说，是企业自己在掌控整个整合进程，而不单纯仰仗广告代理商或者其他供应商进行整合。

2．第二阶段：重新定义营销传播范围

这一阶段的重点在于改革及加强外围传播活动的动作、传递及有效性。

当进入第二阶段时，组织需要重新定义营销传播。从本质上讲，就是由从公司操作层面出发的观念，转向从消费者和最终使用者出发的观念。企业开始关注消费者与品牌接触的所有渠道。品牌接触被看作高度个人化的问题，各个消费者之间相差甚远。而如果管理得当，其中有

些可能会成为公司成长的巨大源泉。

传统的传播活动显然是重要的品牌接触，但是，还有许多其他对购买决策有同样影响力的接触活动。雇员、友好的用户手册、产品包装、意见处理程序、求助答复时间、忠诚度的识别、信用调整、返利政策、入口的清洁与否，等等，每一个都会影响塑造消费者印象。消费者并不区分信息来源，只是积累关于某个组织的经验，并形成相应的感知和偏好。因此，就像消费者所认为的那样，将传播视为从不加区别的信息源发出的信息流而加以重新组合，就成了整合营销传播一个重要的方面。

通过对一手和二手市场研究以及真实的消费者行为数据的收集，企业可以获取各种消费者信息，并将这些信息充分应用到传播活动的计划、执行和评估过程中。

营销传播视野的扩展也让企业意识到营销传播部门以外的员工在维持与消费者之间的对话这一过程中所发挥的重要作用。因此，企业有必要通过内部的实践和政策来支持这些员工，将通过对外传播向消费者传递的承诺协同起来。虽然，内部协同对整合来说是一个重大的挑战，但内部的营销推广是一个至关重要的问题。由英国战略管理资源机构首席执行官朱丽叶·威廉斯进行的研究表明，当内部营销和传播规划不能支持外部营销和传播规划或不能与之协调时，高达40%的营销传播支出被浪费了或被破坏了。

3. 第三阶段：信息技术的应用

信息技术既能促使营销传播改变又提供了营销传播解决方案。第三阶段的整合营销传播，企业可以利用新技术的力量和潜力来提升绩效。主要包括两种方式：一是处理如何及何时向消费者、潜在消费者及其他目标受众传达信息之类的问题，这种应用的价值不在于领先的边缘的技术本身，而在于将技术与适当的消费者需要和要求相匹配。二是利用数据库来获取和储存关于消费者和潜在消费者的信息。过去十年数据库在所有行业和所有规模的公司中爆发式应用，与整合营销传播有关的则有以下四个关键领域：

（1）以经验为根据的消费者数据

经验性消费者资料应用的最基本的方式之一就是跟踪消费者购买的持久性及重复购买模式。整合营销传播过程的核心就是组织能随时间的变化跟踪消费者行为，并用这些数据作为评价营销的有效性及结果的基础。

（2）行为和态度

交易数据的使用能够让组织将评价传播计划的标准从产出结果转到真实的业务成果上来，还能让公司成为学习型组织以更好地满足消费者的偏好、需要和期望。

（3）价值工具和技能

第三阶段的另一个重要特征就是"消费者评价分析工具"的使用。组织可以通过大量的统计方法和工具去评价消费者和潜在消费者。由此，组织将能以更高的精确度确定获取、留住和转移消费者的成本，也可以分析购买周期中的消费者行为以确认那些有背叛可能的消费者，经过适当的培育也能提供有增长潜力的消费者。

（4）以经济为标准的消费者差异

对组织来说，从针对相似的、一般的消费者的营销转换到针对最有价值的消费者和期望消费者的差异化行为的营销已变得重要。

信息技术应用的问题不在于处在第三阶段上的企业是否可以取得推动自己向前发展的数据，而在于这些数据被消化、分析和应用以驱动组织的发展的程度如何，这正是整合营销传播第三阶段的真正特点。

4. 第四阶段：战略与财务整合

这个阶段更多地与高层管理者面对的问题相关，其中有两个问题值得重视：

（1）评估消费者投资回报率的能力

这个过程主要强调有关特定消费者或高度定义在相同消费者群中非收入流增加（或减少）的消费群体，一旦企业将必要的过程与基层结构用来精确测量消费者投资回报率，他们就能够测试不同传播手段混合的效果或者为了进一步精练未来循环计划的投资水平。在这个方法中，最重要的就是将消费者收入流作为评估最关键的因素，而不是个体传播努力的程度。

（2）运用整合营销传播驾驭企业与战略方向的能力

企业已不再是运营驱动、"由内而外"的传播规划，而应该是"由外而内"的传播规划，强调从品牌体验的各个方面去为消费者创造价值。这要求企业从消费者反馈、产品质量、人力资源的招聘与培训到完善组织结构的各个方面都必须联合起来，不断地完善提供给消费者的服务。

（二）《全球整合营销传播》的主要内容及核心观点

在《整合营销传播》之后，舒尔茨与菲利普·J. 凯奇撰写的《全球整合营销传播》[9]从新兴全球化市场的基本工具入手，阐述市场转型问题。数字化、信息技术、知识产权和传播系统这四大关联因素构成了全球化的基石，推动着市场营销和营销传播的变革。企业若想立于不败之地，就必须发展全球整合营销传播方案。该书主要介绍了两个核心观点：一是当一个机构在开发有效的全球整合营销传播方案时必须拥有或可以获得的九个主要方面；二是全球整合营销传播规划过程中的八个步骤。

1. 掌握全球整合营销传播的九项能力

（1）创立全球秩序及标准化

内部标准化和外部标准化都是必要的。开创跨边界、跨文化和跨业务的制度以及程序的能力是绝对关键的一面。对大多数情况而言，标准化来自营运系统的发展。虽然不能说标准化在营销传播中就非常重要，但一个机构成功的简单方法就是必须拥有和上下左右的阶层进行沟通传播的渠道。

（2）始于消费者，而不是产品或地理位置

全球整合营销传播是建立在与内部和外部消费者群进行交流的基础上的。从历史上看，大部分传播是从一个机构想要出售的产品开始的，这是由内而外的营销传播方式。全球整合营销传播从消费者开始，然后返回来再设计产品和传播。这种方式把消费者放在了系统的中心，而不是把销售经理或产品放了中心。21世纪的全球市场是互动的、由消费者驱动的。

（3）识别真正的和潜在的消费者，并给他们估价

通常来说，给消费者评估是基于他们过去带来的收入流，以及他们未来的潜力。消费者和潜在消费者被看作资产，企业必须将其传播资源用于那些最有可能支付最佳收益的消费者和潜在消费者身上。这个方法固有的必要条件是，为了投资必须了解、掌握、识别或评估消费者和潜在消费者的方式方法。采用全球整合营销传播的方法就会在很大限度上使用信息技术获取关于消费者和潜在消费者的信息，并分析这些信息。

（4）消费者和潜在接触点的识别

在拥挤混乱的市场上，了解消费者或潜在消费者与企业联系的方式、地点和途径更为重要。企业提供的各种各样的消费者服务、查询分析或技术支持都是与消费者的接触方式，当今与消费者的接触点愈来愈多。对于全球整合营销传播经理来说，他们的任务不仅是准备和传递整合营销传播方案，还要了解消费者和潜在消费者如何、在哪里、以何种途径接触到品牌和机构。

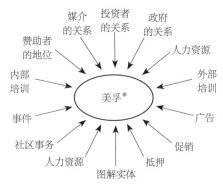

图10-6　消费者接触点

（5）与机构交互式反映的能力进行联合

在21世纪的市场上，机构的首要重点必然是服务于客户的能力，而不仅仅是基于传递的基础与他们进行沟通。这就需要在开发以及传输传播方案的方法上进行巨大的改革。企业要创立并经营交互式的传播来代替发送的模式，与客户实时交流。通过交互式系统产生的反应就像规划一样重要，并且已迫在眉睫。

（6）经营多重系统

营销传播使用AIDA（关注、兴趣、欲望和行动）模式来综合营销传播系统，如果能经营这个程序过程，就能说服客户和潜在客户产生购买行为。但显然，全球市场远不止是综合市场，而是复合市场、复合客户、复合渠道、复合媒介等等。在极高程度上，全球整合营销传播在复合市场上面对复合客户群体要制定复合营销传播方案。

（7）给品牌估值

品牌对消费者和潜在消费者来说变得重要起来，不是因为品牌是市场营销机构一方安排的，而是因为产品和产品的名称给购买产品或接受服务的人提供了优质的价值。在消费者驱动的市场里，品牌与消费者、潜在消费者以及股东的关系将是机构的第一竞争优势，所以品牌需要被完全了解以及恰当经营。

（8）重视财政措施

在全球整合营销传播方式中，消费者以及潜在消费者身上的财务投资以及收益将被作为评估的基础。衡量营销传播投资收益很难，部分难处是来自目标设定缺少精确性。因此，在全球整合营销传播过程中的重点是财务目标，运用重视态度的措施理解消费者的行为，从而更好地理解企业在市场中的成就。

（9）创立横向的企业体系

今天的消费者需要单一的接触点、单一的计价和传输系统以及单一的定价清单。因此，全球市场需要的是横向的体系，而非纵向体系，需要跨业务单位的工作能力，以及跨边界和跨文化的能力。这就意味着传播必须跨过、穿越、围绕各个群体和企业进行。机构要以消费者为导向整合自己的内外部关系。

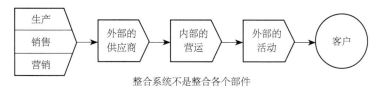

图10-7 外部/内部联合

2. 全球整合营销传播规划过程中的八个步骤

全球整合营销传播规划过程是一个闭合系统，在本质上是循环的，在每一个步骤学到的经验都可以为下一个步骤提供材料和基础。

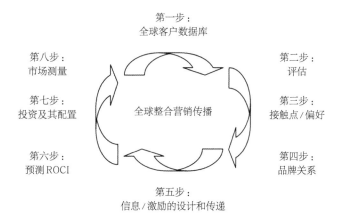

图10-8 全球整合营销传播规划过程的八个步骤

（1）第一步：全球消费者数据库

数据库是发展有效的全球整合营销传播方案的关键。建立数据库的真正目的是使一个组织得以理解与现有消费者的关系及发展与潜在消费者和有影响力的公众的关系。数据存在于营销部门、销售过程、消费者服务、技术支持、技术研究等各个环节。数据类型包括统计、心理、行为/用途、地理等。大多数有用的数据库最少要有消费者曾经购物的详细情况或潜在消费者的资历。数据库的理想形式是电子化的，可供多人进行管理和分析。

（2）第二步：评估

评估的原因很简单，如果要把机构有限的资源投资于培养最佳的消费者和潜在消费者，那么投资过程就必须以评估消费者为基础。最佳方法是通过财务了解他们的购买情况，或者说了解所谓的"收入流"，基本包括四个要素：产品渗透力、消费者购买力、购买份额以及边际贡献（毛利润）。基于此就可以决定将要投资的额度，是继续维持，还是追加，还是把资产组合中的其他产品或服务介绍给对应消费者。从全球得来的经验显示，所有消费者或潜在消费者现在或将来对于企业的价值都不尽相同。因此，机构需要区分不同的消费者或消费者群。

（3）第三步：接触点/偏好

接触点是指消费者和潜在消费者同组织、品牌、销售渠道成员或其他任何与品牌有直接联系并能影响消费者现在或将来对品牌考虑的人或活动发生接触的途径。接触偏好是指消费者或潜在消费者所偏爱的从企业或品牌处接收信息和材料的途径。接触偏好承认企业与消费者和潜在消费者之间关系的互动性。因此，规划过程的重点是了解并且评估消费者能够接触到企业的各种方式以及他们的偏好，并对此作出反应。

（4）第四步：品牌关系

品牌将日益成为一个组织所控制的极具价值的资产之一。这使得品牌知识，也就是消费者和潜在消费者对品牌现有含义的理解，在识别和制定新的品牌传播计划时至关重要。在理解消

图 10-9
大众汽车的品牌标志

费者如何同一个品牌建立起关系以及这种关系可以怎样被改进、加强甚至在必要时加以改变时，需要考虑关系的历史、含义、共有的理解和对未来的期望这四个要素。

消费者倾向于将特定的想法或概念同品牌相联系。舒尔茨在世界各地的会议上询问参与者这个品牌标志的含义，几乎在所有国家都得到了"甲壳虫"这个回答，但大众在其中很多国家已经多年没有销售这种车型了。因此，品牌网络对于理解品牌关系也非常重要。

（5）第五步：信息/激励的设计和传递

舒尔茨发现，大多数消费者和潜在消费者并不会对广告、公关、促销等不同类型的传播方式加以区分，而是倾向于集合所有信息形成一个单一连贯的元素。因此，所有形式的营销传播都可以被看作是信息，或激励信号。信息是营销组织希望消费者记住的东西，激励信号则用来激发行为。在消费者驱动的市场中，信息本身同信息或激励信号的传送体系相比常常处于次要地位，重点是了解消费者和潜在消费者，尤其是他们乐于获得信息的方式。因此，信息传送是21世纪营销传播结构中的关键问题。

（6）第六步：预测ROCI

传统上对品牌或营销传播的测量集中于传播活动的传送系统，但由于不重视市场效果而无法衡量营销和传播的实际成果。在全球整合营销传播中应该基于对消费者所做的营销或传播投资来测量从他们那里获得的回报，即预测消费者投资回报（ROCI）。基本预测过程应该包括：测量财务时间段，完成传播策划矩阵，区分短期回报和长期回报，最后是预测回报。预测回报应该将消费者和潜在消费者的价值折算成收入流，然后预测传播项目可能引起的收入流变化，最后预测围绕着维持、增加某个消费者群的收入流会给企业带来的价值进行。

（7）第七步：投资及其配置

这一步骤是在财务投资上的实际决策，是协调各种营销传播活动及测试预计收益的过程，需要根据数据库和实际市场经验中的信息和材料进行判断。在投资和分配决策中，重要的一步是采用零基准预算方法。没有预想的条件，预置的传媒或传输的选择，做每个决策时都是独立的，还可以使计划好的以及正在执行的各个方案之间有互动性。决策的基础是什么会给企业带

来最佳收益。

（8）第八步：市场测量

这一步测量的是实际市场成果，即机构从各种消费者的投资上取得了何种收益，以及得到收益历时有多长。营销传播方案的实际总和是所有评估的基础，但把方案成果相加并不是这个过程的终结，而仅仅是一个开始。市场成果会被放到消费者及潜在消费者数据库里，这些成果扩大了数据，并提供了一个可以重新开始这个过程的基础，使得企业可以在先前成果的基础上不断学习改进。只有闭路的、循环的系统才真正把全球整合营销传播和其他传播区分开来。

（三）《整合营销传播：创造企业价值的五大关键步骤》的主要内容及核心观点

今天的营销环境与20世纪80年代末和90年代初整合营销传播概念刚被发展出来时的环境已经不能相提并论。在新的背景下，舒尔茨再次探讨整合营销传播主题，出版了《整合营销传播：创造企业价值的五大关键步骤》[10]。这本书的背后体现了一个革命性概念从成长到成熟的发展过程，并归纳了整合营销传播在学界和业界的五大变化：向品牌和品牌建设转变、执行流程五步骤、关注个体消费者而不是细分市场、向可衡量性和可问责性转变、全球化的方法。舒尔茨也强调，整合营销传播绝对不是一个一成不变的静态的商业模式，它是一个动态的流程，在一个急剧变化的商业环境里，这一流程在提升企业竞争力方面将会起到至关重要的作用。

1. 整合营销传播流程的五个步骤

整合营销传播需要企业在思维方式方面进行变革，因此，遵循一个更为清晰、更为一致的流程所达到的执行效果会更好。这一流程同样是一系列内在关联的、闭环的、以消费者为中心的管理步骤。舒尔茨表示，这一流程在过去几年时间里被全球各地许多企业的实践证明是卓有成效的。

图10-10　整合营销传播流程的五个步骤

（1）第一步：明确现有消费者和潜在消费者

整合营销传播需要通过行为数据，即已经做过的事情，或者因为受到某种影响在未来可能采取的行动，来明确现有消费者和潜在消费者。他们应该被视为个体，而非市场整体。营销传播管理者不仅需要根据行为来明确消费者，而且还需要理解这些行为产生的原因。基于此，第一步就需要收集不同类型的信息，包括人口统计信息、地理区域信息、心理统计信息和其他相关数据。这里的重点是对这些数据进行聚合和整合，从而更好地理解设计传播活动需要针对的人或者企业。要根据消费者的行为进行聚合，这样才能发展出与每个群体密切相关的传播活动。

（2）第二步：评估现有消费者和潜在消费者的价值

以价值为导向的整合营销传播要为现有消费者和潜在消费者确定一个预估的财务价值，即明确他们为企业贡献的收入。这一步非常关键，是企业决定将其有限的资源分配给谁以及如何分配的基础。企业首先要清楚地了解其目标消费者目前是如何使用其产品和服务的，还要考虑到未来的潜力，这都要以目前或未来贡献给企业的收入来体现。确定了收入规模，还要建立具体的可衡量的行为目标，根据每个目标群体的特殊情况来获取消费者、维护消费者、发展消费者或者转换消费者。

（3）第三步：策划传播讯息和激励计划

这一步的目标是设计出相关度高、感染力强的传播活动，从而在现有消费者和潜在消费者最容易接受这些传播的时间点上到达他们那里。因此，营销者要全面、深入地理解每个消费群体的品牌接触和品牌网络状况，也就是他们接触品牌的地方和对品牌建立的联想"网络"。同时，各种营销传播的职能要素应该被精简为讯息或激励计划。内在于讯息或者激励计划方法的是传播信息的递送系统，即向消费者、终端用户和潜在消费者的信息递送系统。只有策划好了适当的讯息和激励计划策略，才能够决定如何最好地运用基本的营销工具（产品属性、价格政策、分销或者渠道策略以及传播）。最后，传播计划的实际执行可以划分为两个基本的组成部分：使讯息或者激励计划到达目标对象的传递系统，以及实际采用的最终的创意执行，包括文字、平面设计、文案格式和活动主题等等。

（4）第四步：评估消费者投资回报

在整合营销传播方法中，财务性价值是非常关键的指标。在将消费者视为资产的基础上就可以估算企业所有的营销传播活动的财务结果。在整合营销传播中，管理者不仅能够证明营销传播投资确实获得了正回报，而且还能够细化到具体哪一个项目的效果最好，效率最高。结果可以被划分为短期回报（业务发展）和长期回报（品牌建设）。

（5）第五步：事后分析和未来规划

这一步包含三个具体步骤：首先，确定一个相关的时间段，在市场上执行整合营销传播计划；其次，当计划实施后对计划进行评估；最后，制定一个再投资的策略。整合营销传播流程中的营销传播不再被视为一个一成不变的计划，其起始和终结并不完全跟随企业财年或者财务报告期。因此，整合营销传播方法认为，营销传播是不间断的、持续进行的。它永远不会完成，也永远没有终点。

舒尔茨在他的三本整合营销传播代表作里各提出了一种整合营销传播流程模型。从上页图的变化可以看出不同时期舒尔茨对整合营销传播的不同看法。在第一个模型中，舒尔茨完全把整合营销传播看作一个操作流程，强调的是最终不同营销传播工具的组合运用。在第二个模型中，舒尔茨对第一个模型做了较大的改变，提出八步模型。首先，从线性模型改成循环模型。

其次，将营销传播战术的运用重新解读为信息/激励的设计和传送，并增设了ROCI预测、市场测量等环节。在第三个模型中，舒尔茨将八步模型简化为五步模型，流程更加清晰扼要。由此可以看出，舒尔茨早期更多地把整合营销传播看作是一种战术，晚期更多地将其视为一种战略，或者说是战略和战术的结合。

2．整合营销传播未来发展的七个挑战

舒尔茨表示，整合营销传播的未来一定是非常光明的，但在全面推广中仍然面临不少挑战。

（1）协调内外部营销和传播策略

企业内部传播有着与外部传播相同等或更甚的重要性。对于企业来说极其重要的一点是，让有机会接触消费者的员工和同事正确理解并有效传递企业的品牌讯息，大力支持消费者的品牌体验。但是，内部传播或者对内营销通常不为管理者所重视。因此，整合营销传播在未来要取得成功，其中一个关键要素就是要有效地整合对内对外的传播活动，从而使消费者在任何时候、任何地方，不管以什么方式和品牌相互接触，都能够拥有一以贯之的体验。对内营销也即将成为整合营销传播进程的下一个主要走向，其中销售和市场部门的配合是主要问题。

（2）转向从行为角度来衡量营销传播结果

绝大多数企业对营销和传播的评估仍然基于态度方面的指标或者传播效果，如知晓度、再现度、认知度等。但财务回报才是进行任何营销或者传播投入的关键所在。因此，驱动整合营销传播未来发展的关键要素之一，就是企业是否有能力界定对营销传播的财务投入究竟能够带来多少财务回报。要做到这一点，就需要转而采纳基于消费者行为的衡量和评估方法。企业最需要改用行为指标来衡量的地方就是媒介投放。

（3）扭转营销传播流程的方向

企业面临的一个很大的问题是，即使营销者在界定消费者方面已经比较有经验了，而且其预测消费者响应的能力也有了显著的提升，但是他们在针对现有消费者或者潜在消费者制定和传播讯息和激励计划时还是浪费了大量的资源。要解决这个问题的一个手段是，建立和完善互动系统，让现有消费者和潜在消费者可以按需获取信息，让买卖双方共享传播成本。在今天，整合营销传播要想取得预期的成功，所有的传播系统必须做到互联互通互动，这样才能更好地服务消费者，而不是怠慢消费者。

（4）在营销中让品牌挂帅

品牌传播必须从简单的战术层面的行动转化为企业的重要战略工具。通过有效的营销传播来发展与现有消费者和潜在消费者之间的关系，也许是企业在21世纪的市场上必须拥有的最重要的能力之一。要发展这种能力，高层管理者必须积极地参与品牌、营销和营销传播活动，必须大力支持新的营销、传播和品牌建设理念和实践。这种通过品牌与消费者建立良好关系的不懈努力最终会使具有前瞻性的企业脱颖而出。企业需要加大对营销和传播活动的投入，加大对研究的投入，最重要的是，加大对人的投入。

（5）拥有全球化的视野

我们身处在一个已经全球化了的市场中，尽管还是有很多企业领导者对这种变化置若罔闻，但全球化和互联互动的进程不会减慢。因此，营销和营销传播必须从以往看待市场和营销系统的封闭、狭隘眼光转向国际化、跨国化、全球化视野，必须突破国与国之间的物理界限和政治界限，同时要能够包容巨大的文化差异。由此，要培养一大批新一代的整合营销传播管理者，能够在不同国家和不同文化之间自如地切换。

（6）建立前瞻性的预测、衡量和评估系统

绝大多数的营销衡量体系只估算花出去的钱的回报，而无法预测营销传播投入的潜在回报。营销者必须改变做法，从只是评估过去发生了什么，转变为预测未来的回报。这样一种预估系统可能并不像想象的那么困难。一旦企业能够了解谁是消费者，了解其价值观和过去的行为，就可以建立预测消费者未来行动的概率模型。尽管建立并验证不同类型的投资回报系统可能需要花费多年，但是，建立在消费者知识、信息和跟踪情况基础上的预测系统仍然能够变成企业的一种技能。

（7）建立新的组织结构和考核方法

企业的组织结构和员工的考核方法变革是整合营销传播未来发展进程中最艰难的挑战。我们目前的组织结构是工业化时代遗留的产物，它是纵向组织的，以内部为导向，人员和流程被纳入各自为政的职能领域。其所固有的考核制度根据制造的产品来进行奖惩，固化了目前的设计体系，阻碍任何进步的发生。而在21世纪，企业若想继续生存，必须实行扁平化的结构，员工也应该被激励去服务好消费者。要真正做到以消费者为中心，企业必须围绕消费者或者消费群体进行架构设计。如若不然，整合营销传播所面临的挑战将会更多地来自企业内部而不是外部。

三、整合营销传播理论的争议

围绕整合营销传播（后简称"IMC"）的争议主要体现在以下四个方面：

（一）理论范式还是管理时尚[11]

2000年，美国《广告研究杂志》同期刊登了两篇文章，一篇是科内利森和洛克的《理论概念还是管理时尚？——IMC的价值检验》，另一篇是舒尔茨和凯奇的《对"理论概念或管理时尚"的回应》。这两篇文章针锋相对，对IMC的现状和前景看法完全不同，成为IMC研究的一大争论焦点。科内利森和洛克认为，过去十年IMC作为一个理论概念、观念、技术或者一个单纯的辞藻获得业界和学界越来越多的认可。但还是没有人能够说清IMC对于营销界和广告界无论是思想上还是实践上的理论价值和实际意义。他们断言IMC已经进入衰落期，并说："基于IMC作为一个理论非常浅表化，像定义缺失、正规的理论架构缺失、研究缺失，于是IMC是一个管理时尚的假设诞生了。"舒尔茨和凯奇对这篇文章进行了批驳，指出IMC处于理论（前范式）阶段，并不能得出它是管理时尚的结论。他们对IMC的前景十分看好："我们主张IMC是一个概念，它似乎能够反映那个时代世界正发生的变化，提供如何处理那些议题的新建议。我们仍不相信IMC是一个理论，但相信整合一般观念、过程和系统思维一定在

21世纪领导潮流。"

（二）IMC 理论的范畴

本节已经探讨了IMC定义的演变，可以发现目前还没有一个广为接受的定义。IMC不仅在内涵上无法确定，在外延上也比较含糊。舒尔茨提出的IMC四个阶段——战术性协调、重新定义营销传播范围、信息技术的使用以及战略和财务整合，使得IMC从营销传播领域延伸到企业营销和管理领域。"整合营销""整合传播"等术语的混乱使用也说明IMC概念的外延范围不清晰，导致对IMC理解的困难。

舒尔茨提出的"营销即传播，传播即营销"的观点，一方面强化了整合的意义，但另一方面取消了营销和传播的界限，使得定位于物质经营活动和信息传播活动的两个概念模糊化，忽略了两者作为整体的宏大价值和战略视野。

（三）IMC 理论的目标

IMC理论目标的争议主要有两个方面：

1. 企业和消费者的关系

舒尔茨说自己刚开始研究IMC的时候，主要关注外部传播项目如何被组织和整合，即达到"一种形象，一种声音"，但实际上消费者需要的是更全面的信息。虽然舒尔茨十分重视消费者在IMC中的地位，但他始终以企业的实际利益为思考方向，例如ROCI理论也是在突出消费者能够带来的回报。而消费者和企业本身又是存在对立统一关系的，因此IMC中消费者和企业的关系似乎形成了一种悖论。近年来，舒尔茨一直关注价值共创理论，试图把IMC目标推向前进，他强调企业应与消费者共享共创价值。2017年，他与马特豪斯[12]提出了一个消费者网络与协商式营销传播模型，主要观点是营销者和利益相关者通过协商完成价值共创和价值融合；应摒弃传统价值链的线性思维，转向价值网思维和互联网思维，构筑营销者与利益相关者的命运共同体。

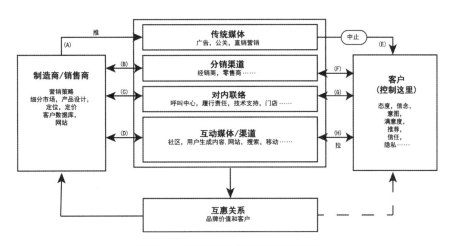

图10-11　消费者网络与协商式营销传播模型

2. 整合营销传播和品牌的关系

张金海和段淳林[13]在充分肯定IMC的革命性意义的基础上，认为：这一理论并没有把与消费者建立良好的品牌关系作为核心问题，也没有把品牌关系确定为IMC的核心价值追求。但在早些时候，舒尔茨洞察到学界重视品牌传播研究的转向，与贝斯·E. 巴恩斯合作，提炼概括出一种新的理论："整合品牌传播"理论。1999年，他们合作出版了《战略性品牌传播运动》一书对该理论进行了系统论述。[14]

学者桂世河和汤梅[15]梳理了IMC目标的演进过程，IMC目标先后经历塑造统一品牌形象、建设品牌关系、提升品牌资产，转向共创价值的演进过程。这个结论为IMC目标的争议提供了学理参考。

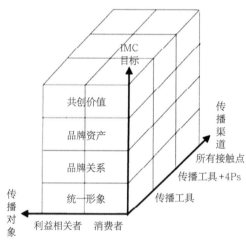

图10-12　整合营销传播目标的三维图

（四）IMC理论的实用性

自IMC的概念诞生以来，受到学界和业界的热捧。以舒尔茨、邓肯、凯奇等为代表的学者充分肯定了IMC的价值，认为它是符合时代潮流的新营销方式。但也有学者提出质疑，认为它只是概念的再次发明，是"新瓶装旧酒"。菲利普·科特勒在其著作《营销管理：分析、计划、执行和控制》中也提出IMC实施的困难性：

"超越营销传播的范畴来检讨整合营销传播的理论得失，并不符合我们的主张。但我们也必须看到，营销传播的诸种元素，分属营销组织的不同职能部门，没有营销组织跨职能的整合，整合营销传播是不可能得以有效实施的。没有营销组织的整合营销，就不可能有真正意义上的整合营销传播。这就是为什么整合营销传播观念一提出即迅速得到普遍认同并得以风行一时，而真正能付诸实施并取得成功的例子却少之又少的原因。整合营销传播的确是一个好的观念，可惜实施的难度太大。"

在实际的应用中，由于对IMC概念的理解偏差，容易陷入两个误区：一是盲目认为"整合"就是尽可能把所有传播和营销工具都用上，而不考虑企业本身、产品和消费者的特点，导致了资源的浪费；二是浅尝辄止，没有深入企业内部和组织结构的整合，不能带来完全的效益。

第三节　"整合营销传播"理论经典广告案例举要[16]

一、IBM的品牌危机

创立于1911年的IBM目前拥有全球雇员31万多人，业务遍及160多个国家和地区。在长达百余年的发展中，公司凭借先进的技术和成功的品牌战略，逐渐成长成为"蓝色巨人"。"无论是一大步，还是一小步，总是带动世界的脚步"这句广告语成了时代经典。但与此同时，它在经营中的错误导向也初现端倪。当时的IBM是一个产品导向的集权化大型企业，由于公司在品牌战略中过分强调以技术领导市场，而忽略了消费者的真正需求，加上庞大的企业规模以及多年的成功，使得高傲、自大的情绪逐渐弥漫于整个IBM企业文化中，使得"服务至上的IBM"服务质量每况愈下，到处都有消费者在抱怨市场服务人员傲慢、冷漠、自以为是的服务态度。IBM品牌陷入了危机。

一方面是财务危机和市场份额的骤降。20世纪90年代以来，全球正在进入一个崭新的网络计算时代，国际信息产业正以爆炸性的速度改变着人类的生活，创建了新型的网络社会结构，成为世界上最为重要的行业。此时IBM却出现了危机：

- 从1990年至1993年连年亏损，1993年当年亏损额高达80亿美元，这在公司的历史上是史无前例的；
- 股票在1993年跌至每股40美元；
- 产品被挤出PC机（个人计算机）的国际市场前三名，康柏公司取而代之成为PC机的新霸主；
- 公司的研究开发费用日益飞涨；
- 以硬件系统产品为主的公司经营战略已不再符合网络时代的要求。

另一方面是竞争对手的夹击。苹果公司推出的MacintOSh"1984"电视广告利用了人们不满的心理，将IBM比作残酷的"老大哥"，暗示IBM就是人类身边的梦魇，正企图以那巨大的、压迫式的信息专制势力奴役人类。戴尔公司当时推出以"IBM不会这么快"（Not So Fast, IBM）为标题的攻击性比较广告，康柏公司则推出了"我们今年在后端销售时战胜了IBM和康柏"（Announcing Our Annual Kick IBM and Compaq in the Rear End Sale）比较广告，并将IBM设定为广告策略的敌手，制定了一个针对IBM的进攻计划。

二、整合营销传播下的IBM品牌重塑

（一）以消费者为中心的组织架构整合

1992年底，IBM首先对其组织结构机制进行重大改革。通过使各分支单位成为利润中心而使组织结构分权化，发展出网状组织，进行层级缩减、组织扁平化，使每个成员都发挥专业能力，就好比从"一艘战舰"转变为"一支舰队"，以便更灵活地适应市场变化。

时任IBM总裁郭士纳要求各个营销部门——推销、广告、产品管理、营销调研等必须彼此协调。所有营销职能必须从消费者的观点出发，紧扣市场的需求进行整合运作。后来，IBM经过反复探讨，尝试把现有的营销和销售小组分为三大类：IBM的现有客户、IBM的竞争厂商的客户和没有安装电脑系统的公司。这三大类客户，对电脑系统的期望和需求各有不同。IBM的销售和营销人员，针对不同客户的需求，提供适当的产品和服务，这样就避免了原有的内部沟通困扰。对每一类客户的任务都很明确：对于IBM的现有客户群，营销的基本原则是提供良好的售后服务，以便及早发现问题，谋求改善；对于竞争对手的客户，则针对其电脑系统的弱点，提出IBM相容的解决方式，促使他们转向IBM；至于没有安装电脑系统的公司，则要帮助他们消除对电脑的恐惧，为他们提供完善的电脑系统。每一家公司只会收到来自IBM的一种讯息，每一次的DM（直接邮寄广告）、每一次的造访和所有的营销组合，都是为达成同一个销售和营销目的。这种营销理念称为"整合营销传播"，其中心思想就是根据客户的需求传播清晰一致的讯息。

（二）IBM与360度品牌管家

1994年5月24日，IBM迎来了公司历史上的一个重要转折——它决定将其全球广告业务全部交给奥美。IBM特别要求新的代理商，能够使IBM品牌在全球范围内具有完全一致的特性和源源不断的活力。而奥美在全球60多个国家和地区设有270余个分部，拥有7000名以上的员工，使用70多种当地语言，完全能够提供适应当地文化环境的各种广告策略。依据市场调查所获得的资料，奥美开展了对IBM的品牌重塑运动。

1. 管理品牌资产

奥美独特的"品牌管家"作业方式对IBM品牌重塑发挥了巨大作用。下面以其中两个主要步骤加以说明：

（1）品牌检验

品牌检验就是调查消费者到底是如何认知IBM这个品牌。奥美运用"品牌管家"中的品牌检验工具，针对IBM客户、广告代理商、消费者进行调查，得出的结果表明："你无法和IBM一同欢笑。""IBM只会与你的主管讨论，除此以外，别人都不重要。"人们认为IBM机构庞大，反应缓慢，在研究开发方面做得不够，新产品开发少，以至于消费者对其品牌特性及未来发展方向感到困惑。

同时，调查也表明：IBM是值得依赖、具有良好品格与崇高道德的公司；以提供满足消费者的各项服务与支援为目标；是孕育现今信息技术的摇篮；与其他企业相比较，IBM在基层和新兴资讯科技的发展上投注更多的资源，并拥有更多的专利权。

（2）品牌写真

根据品牌检验的结果，奥美又对IBM进行了品牌写真。所谓品牌写真，就是对消费者与IBM之间独特关系的一种生动陈述（带有感情成分），是关于IBM存在的理由。在IBM的品牌写真中，IBM被描述为"信息时代的基石、改造我们生活的拉力……IBM站在全球发展的高度，兼顾人性化需求的温和、积极，甚至偶尔也会自嘲一番；轻轻一触，它就能把任何人变成拥有科技魔力的用户；它提供了四海一家的解决之道"。

品牌写真书写了IBM品牌的灵魂与意义，从实质上定义了公司组织的每项活动，包括宣传、所有与消费者的互动关系，以及公司所做的每件事与所说的每句话。"科技魔力"的精神实质，反映在IBM的营销和传播活动中。从品质到品位、包装、零售环境、展售地点、产品线、人体工学、设计与色彩、促销、价格、公司信誉与公关、销售小组与服务经验、口耳相传、电话营销、文稿与接待员风格、电话对应、偏见与社会态度、集体与个体记忆，直到电脑个人网站等等，所有这些都遵循一个整体的接触策略。

由此可见，奥美的"品牌管家"，并不只是针对广告的策划程式。做广告不是最终目的，塑造和发展品牌才是永远的追求。它包含了广告以外的任何东西，包括个人接触、直接接触、一对一接触等。奥美的"品牌管家"是一门建立、增进、维护与增强品牌的艺术。它承担了IBM除传播外的更重大的责任，即如何管理品牌资产，使IBM保持其品牌的核心价值与精神，使之持久不衰。

2."四海一家的解决之道"——用广告整合IBM

"四海一家的解决之道"标志IBM公司由一个主要销售计算机硬件的公司逐步转变为根据客户需求提供硬件、软件和整体解决方案的公司；标志着IBM公司从一个产品导向的公司转变为一个以市场需求为第一先导的整合营销导向的现代公司，也标志着新IBM品牌塑造广告运动正式拉开序幕。

（1）广告的全球化与本土化

以下是两则具有代表性的广告片：

爱尔兰的"牧羊人篇"：伴随着轻松活泼的爱尔兰风笛曲，一个年轻人和一个老人在大风雪中赶着一群绵羊，困难地前进着。老人不解地问年轻人："你干吗走到哪儿都带着这部便携机？"年轻人蜷缩着身子紧抱着电脑说："我这IBM ThinkPad 755CD可是高科技的精华！有话筒，可以放激光唱碟，又能打印文件，而且不需要外接电源！"老人探着头看了看，说："噢，我要是有这么一部就好了！"年轻人发现引起了老人的兴趣，又自豪又激动地接着说："还有它回放录像的方式更不可思议！瞧。这是我在阿卡波高拍的。"画面转向便携机屏幕，屏幕中播放着俊男靓女在一个热带海滩场景里游玩的录像。这时，好像有人在说："太妙了！"他们循声看去，发现是两人中间的那只绵羊！最后，伴随着轻松活泼的爱尔兰风笛曲广告口号逐渐显现："IBM 四海一家的解决之道"。

曼谷的"河流篇"：太阳的余晖洒在湄公河上，一位白领正在和下班的船夫闲聊，白领显得有些垂头丧气。"做事不顺心？"船夫问。白领开始抱怨："公司要改组，要花钱找顾问。""找IBM。"船夫建议。"干吗，又不是要多买一些电脑。"白领对船夫的建议流露出不屑的神情。船夫倒是没理会这些，继续滔滔不绝地说："找IBM做咨询顾问，IBM经验丰富又实干，他们会尽全力与你一起完成工作。"就在这时，船夫的手机响了："哦，黄豆涨价了。抛出。"最后字幕出现："IBM 四海一家的解决之道。"

泰国的湄公河、拥挤的小渡船、爱尔兰的风笛曲，都有着浓郁的本土特色，所有这些本土化、民族化的东西都在"四海一家的解决之道"主题下得到了整合。因此，不难发现IBM的广告非常具有全球化的特性。全球化广告要求在世界各地市场上通过采用基本一致的广告传播方式，实现全球市场的统一营销战略。事实上，1994年后推出的IBM系列广告片就是在全球统一的总战略指导下进行制作的：

统一的广告主旨——四海一家的解决之道；

统一的创意模式——困境-解困模式；

统一的表现形式——在特定环境下的人物对话；

统一的广告风格——平易近人、幽默诙谐。

同时在全球化的广告总战略下，IBM从广告用语、符号意义、文化象征、诉求主题、形象组合到广告经营策略等方面又很好地结合各地本土的社会文化，将本土化完美地结合进IBM的品牌内涵中。这种全球化广告策略使IBM降低了为实现市场规划和控制目标所需的营销和广告成本，降低了广告制作成本，简化了市场营销和广告的协调控制的程序，更给IBM品牌重塑带来了明显的规模化效应，在全球范围内迅速建立起了IBM的新形象。

（2）困境-解困模式

困境-解困模式是IBM广告中运用得最多的一种方法。这种模式的广告往往习惯直面生活中种种障碍与问题，借助高品质产品或服务的某种功能加以解决，以"解决困境"这种直接可见的具体利益打动人心，并将"解决"与"未解决"两种情景进行比较，或者是提出美好的憧憬，从而达到一种皆大欢喜的正面效果，因此这与IBM的解决之道不谋而合。"曼谷的河流篇""阿拉伯的摩洛哥人篇""希腊渔夫篇""意大利的农场主篇"等，以及在我国推出的"药店篇"、"购并公司篇"就都是在这种模式下制作的广告。

在1994年底推出的"四海一家的解决之道"广告运动的作用下，1996年IBM度过了一个灿烂的夏天，它的利润出人意外地创下了新高。像ThinkPad系列的电脑销量非常好，而且IBM在广告运动中主推的咨询服务和解决方案服务仅在1996年1—9月就创下了110亿美元的利润。"四海一家的解决之道"广告运动使IBM的服务业成了明星，那个脚步沉重的"蓝色巨人"一去不复返了。

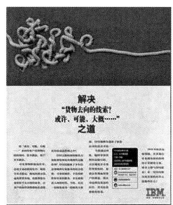

图 10-13　IBM"四海一家的解决之道"部分平面广告

（三）其他营销传播工具的整合运用

除了广告外，IBM 同时进行直效营销、公关活动、促销、事件营销，在全球一百多个国家和地区进行整合品牌传播。这些传播活动的目的是增加IBM品牌的价值与曝光率，不论在哪个国家和地区，用何种语言通过哪些媒体打广告，均遵循相同的风格、语调与方式来沟通，IBM的品牌形象更加鲜明一致。

在IBM的整合品牌传播中，直效营销是它的特色，数量占整合营销活动一半以上。IBM建立资料库营销团队，对各行业做深入研究，通过分析有用的资料，提出符合各行业需要的解决方案，制定各种类型的营销活动。例如在中国台湾地区，对金融事业保险群，IBM通过和美国运通银行合作，分寄DM给挑选的名单等。

IBM也很重视公关策略的运用，但是与一般公关关系策略不同，IBM强调从增加品牌资产的高度出发，建立一个长效的公关策略机制。公共关系活动的核心追求在于组织通过与社会的良性沟通，达到塑造企业或品牌良好形象的目的。从整合营销传播的观点来看，公关应该是整体战略中很重要的一环，而不是像"水龙头"一样，需要的时候就打开，不需要的时候就关闭。整合营销传播视野中的公共关系，不再是传统意义上简单的在报纸上有一个报道，或是做一个采访；公共关系传播的对象也不仅仅是媒体，还包括企业员工、政府、大学等其他的意见领袖。公共关系的核心追求也同样体现了整合营销传播的终极价值追求，即通过建立消费者与品牌之间的关系来提升品牌价值。整合营销传播视野中的公共关系不仅超越了传统营销传播中信息传播的单向度，也明确了自身是一个持续、长效的运作过程。

1997年5月1日，IBM策划了一场超级人机大战：国际象棋大师卡斯帕罗夫与IBM深蓝RS/6000SP计算机进行对弈。最终"深蓝"赢得了这场举世瞩目的比赛。据统计，全球有30亿人了解了该赛事，比赛的结果引发了一系列对"深蓝"的关注。事实上，"深蓝"是IBM公司生产的世界上第一台超级国际象棋电脑，计算能力惊人，每秒可计算棋局变200万步。所以，"深蓝"的胜利是基于IBM超级计算机的计算能力和完美应用程序的巧妙结合。此后，"深蓝"又成功预测了1998年世界杯的结果，进一步巩固了IBM高科技公司的形象定位。

在策划人机大战之前，IBM公司已经着力改善多年来的品牌形象，通过与奥美合作，以"IBM已经卷土重来"作为信息主题，在消费者心中重新塑造了IBM以客为尊、科技至上的形象。IBM策划的人机大战继续强化了这一形象。人机大战之后，IBM又对两名博士进行了采访，并利用各种不同的媒体组合，作了题为"下棋不过是'深蓝'的业余爱好"的广告，介绍了"深蓝"在各行各业的应用。并在此后又在主要的IT媒体上继续投放了三则广告，包括RS/6000SP登上火星的内容，以继续推广深蓝的影响。IBM策划的人机大战吸引了全球数百家主流媒体的关注和报道，深蓝战胜世界棋王后，曾在世界范围内引起了一场"人脑战胜电脑还是电脑战胜人脑"的辩论，因而最大限度地达到了提升知名度、塑造品牌形象和扩大社会影响力的目的。

IBM大力投资我国的教育事业也是其重要的长效公关策略之一。IBM与中国高校合作关系的开始可追溯到1984年，当年IBM为中国高校作了一系列计算机设备硬件和软件的捐赠。1995年3月，以IBM与中国国家教委（现教育部）签署合作谅解备忘录为标志"IBM中国高校合作项目"正式启动，这一长期全面合作关系的基本宗旨是致力于加强中国高校在信息科学技术领域的学科建设和人才培养。十几年来，"IBM中国高校合作项目"不断向着更高的水平、更深的层次和更广的领域发展，对中国高校信息技术相关专业的学科建设和人才培养起到了积极的推动作用。IBM这一长效公关策略对塑造其高科技、以人为本的品牌形象发挥了重要的作用，而最重要的是，通过这一策略，IBM在社会上树立了持久的良好形象。2004年1月，教育部向IBM颁发了"捐资助教特殊贡献奖"，以表彰和感谢IBM长期以来对中国的教育事业所做的突出贡献，这是中国政府第一次向跨国公司授予此类表彰。

思考与练习

1. 整合营销传播理论的主要内容是什么？
2. 整合营销传播定义的演变呈现了什么样的趋势？如果要你为整合营销传播进行定义，你会怎么写？
3. 运用整合营销传播理论分析一个广告营销案例。

参考文献

1. 魏炬. 世界广告巨擘 [M]. 北京：中国人民大学出版社，2006：105—142.
2. 段淳林. 告别大师，纪念"整合营销传播之父"唐·E. 舒尔茨 [J]. 中外管理，2020（07）：110—112.
3. 唐·E. 舒尔茨，史丹立·田纳本，罗伯特·劳特朋. 整合行销传播：21世纪企业决胜关键 [M]. 吴怡国，钱大慧，林建宏译. 北京：中国物价出版社，2002：1—279.
4. 何平华. 中外广告案例选讲 [M]. 武汉：华中科技大学出版社，2010：178—180.
5. 张金海. 20世纪广告传播理论研究 [M]. 武汉：武汉大学出版社，2002：140—150.
6. Don E. Schultz, Charles H. Patti. The evolution of IMC: IMC in a customer-driven marketplace [J]. Journal of Marketing Communications, 2009, 15(2-3): 75-84.
7. 黄迎新. 整合营销传播理论：批评与建构 [M]. 北京：人民出版社，2012：1—276.
8. 唐·E. 舒尔茨，海蒂·舒尔茨. 二十一世纪营销传播的变化 [EB/OL]. [2001-12-24]. 中国营销传播网，http://www.emkt.com.cn/article/58/5841.html.
9. 唐·E. 舒尔茨，菲利普·J. 凯奇. 全球整合营销传播 [M]. 黄鹂，何西军译. 北京：机械工业出版社，2011：1—260.
10. 唐·E. 舒尔茨，海蒂·舒尔茨. 整合营销传播：创造企业价值的五大关键步骤 [M]. 王苗，顾洁译. 北京：清华大学出版社，2013：1—366.
11. 黄迎新. 理论建构与理论批评的互动——美国整合营销传播理论研究二十年综述 [J]. 中国地质大学学报（社会科学版），2010, 10（02）：76—81.
12. Don E. Schultz, Edward C. Malthouse. Interactivity, Marketing Communication, and Emerging Markets: A Way Forward [J]. Journal of Current Issues & Research in Advertising, 2017, 38(1): 17-30.
13. 张金海，段淳林. 整合品牌传播的理论与实务探析 [J]. 黑龙江社会科学，2008（05）：99—102.
14. 星亮. 从历史研究看理论发展——对营销传播理论演进路径的理解与诠释 [J]. 暨南学报（哲学社会科学版），2013, 35（04）：153—160+164.
15. 桂世河，汤梅. 整合营销传播目标的演进与发展趋势 [J]. 管理现代化，2019, 39（01）：78—81.
16. 何平华. 中外广告案例选讲 [M]. 武汉：华中科技大学出版社，2010：159—187.

第十一章

《体验营销》
——伯德·施密特与"体验营销"理论

第一节 《体验营销》主要内容及 核心思想述评

一、伯德·施密特小传

（一）伯德·施密特的工作履历

伯德·施密特是美国康奈尔大学毕业的博士，作为哥伦比亚商学院国际品牌管理中心创立者兼主任，也作为教授给商学院的学生上课，教授一门关于企业创造力的课程，这门课程曾获得该校的"课堂创新奖"。同时他还是哥伦比亚市场营销管理高级管理培训项目副主任，以及上海中欧商学院（CEIBS）市场营销学系主任。

伯德·施密特致力于企业和品牌标识、国际营销和战略营销、产品定位和宣传方面的研

图11-1 伯德·施密特

究，经常在营销和管理研讨大会上发表重要演讲。作为国际知名的顾客体验管理专家，他用大量实际的案例给广告界带来新的活力。

20世纪90年代，他开始研究亚洲市场和消费者，给包括三星、索尼、塔塔汽车在内的很多亚洲公司做过顾客体验管理的咨询和培训。在全球领域中，曾为汽车、电子、软件、金融服务、制药、美容和化妆品、酒店、媒体、电信和艺术等行业的公司提供咨询服务。[1]同时也会为MBA学生以及专业营销人员举办品牌创新技术会议，将最新的一些技术和营销策略分享给广告从业者。

在2013年12月，施密特教授接受了《哈佛商业评论》中文版的专访，分享了顾客体验管理的兴起和发展以及顾客体验管理框架的操作实践。在采访中也曾提出："顾客体验管理（CEM，Customer Experience Management）要关注生活方式，在中国，包括很多零售业在内的很多行业几乎都没有关注到这点。"

（二）伯德·施密特的学术履历

在学术著作方面，伯德·施密特也出版了很多经典著作。其中包括和亚历克斯·西蒙森（Alex Simonson）一同出版的《视觉与感受：营销美学》（*Marketing Aesthetics*）、《顾客体验管理：实施体验经济的工具》（*Customer Experience Management*）、《更长远的战

略》（*Big Think Strategy*），以及和戴维·罗杰斯，卡伦·弗特索斯合作产出的《娱乐至上：体验经济时代的商业秀》（*There's NO Business That's Not Show Business: Marketing in an Experience Culture*），当然还有本书将重点讨论分析的《体验营销》（*Experiential Marketing*）。以上这些都是该领域非常有影响力的作品，都是根据在实际的企业实践中总结出来的经验、沉淀下来的经典的方法论，能帮助大家更好的当下市场环境中的营销和品牌管理策略。

在《视觉与感受：营销美学》一书中，强调了营销美学的核心思想是：产品的性能／价值追求和品牌形象追求是体验营销的早期阶段，现在的消费者选择商品的根据是商品是否符合他们的生活方式，或者商品是否代表了一种激动人心的体验。

大量的媒体工具和爆炸的信息，使得产品的性能／价值、品牌的名称和联想已经难以给消费者留下多深的印象，能够吸引顾客的是让他们享受到与公司、商品的定位相一致的、令人难忘的感官体验。该理论突破了品牌管理的传统思维，将品牌管理、识别和形象等营销理论有机结合，着重论述如何通过标志、宣传手册、包装、广告，以及声音、香味和光线等美学效果推销"记忆深刻的体验感受"。营销美学实际上提升了原来以视觉为主导的广告传播理论，同时也为体验营销提供了具体的实践手段。[2]

在《顾客体验管理》一书中，他提出顾客体验管理是战略性地管理客户对产品或公司全面体验的过程，而顾客体验管理框架则是用于全方位指导顾客体验管理实施过程的流程和策略的集合。

同时他还建立了实施顾客体验管理的框架结构，指出实施顾客体验管理可以遵循以下步骤：（1）分析客户的体验世界（社会文化因素、消费者的体验需求、生活方式以及影响顾客体验的经营方式都是需要考虑的内容）；（2）建立客户体验平台（主要包括体验定位、体验价值承诺等要素，客户体验平台的制高点是全面的实施主题，它主要协调市场和沟通及未来的创新）；（3）设计品牌体验（体验产品特点、产品美学，标签设计、包装以及货架摆放，体验信息和广告、网站上的形象和其他营销活动等共同形成了品牌体验）；（4）建立与客户的接触从而实现与客户的良性互动（与客户的接触点主要包括店内面对面的接触、销售代表到客户办公室的拜访、银行的ATM机、网上的交易等）；（5）致力于不断创新（包括接待客户的方式和提高客户体验的活动，从重大的发明到产品形式的小创新以及营销的创新）。这个理论也为顾客体验管理的实施奠定了基础。

《更长远的战略》则是记录了一些真实的案例和谈话，从一些新的创造性商业实践中寻找灵感，甚至从古老的特洛伊木马的故事、马勒交响乐和一些电影中汲取了创新性灵感，将真实的生活体验和营销策略上的想法结合起来，让人在阅读过程中身临其境，鼓励人们在工作中也要保持创新精神。

《娱乐至上：体验经济时代的商业秀》主要讲述了近年来各大公司娱乐秀营销的成功体验，并提供了一些成功的案例分析，展示了那些可以吸引顾客，发布新产品，树立品牌，制造新闻以及建立深厚顾客关系的"商业秀"技术。可以说是用案例来解释的"体验经济操作手册"。

二、《体验营销》的主要内容

在过去物资匮乏的年代，消费者的需求还停留在"量的满足"的层面，需要的是"消费极大化"，也就是我们传统意义上的有就行，如果多那么更好。伴随着生产力的不断发展和进步，物质并没有那么匮乏了，消费者在购买商品的过程中会更在乎实用价值，在不同厂家都能生产出相类似产品的同时，消费者会进行商品之前的各项比较，包括实用性、价格、美观等一系列比较。

但是时间来到今天，当越来越多的同质化产品无从选择，并且越来越多的人都有能力为自己喜欢的商品付费的时候，消费者更多时候需要的是一种心理上的满足。在今天的消费者看来，较多的物质并不意味着幸福和生活水平的高质量，只有拥有足够"可变的东西"提高自己的生活品位，才是真正的追求所在。

消费者购买商品越来越考虑商品的象征意义和象征功能，即人们更加注重通过消费获得个性的满足。这种"个性需求消费"的出现，必然给企业研究市场带来新的课题。企业要想在市场上立于不败之地，就必须根据消费者需求的新特点，引导和创造"个性需求"市场，体验营销便应运而生了。

体验营销是20世纪末出现于美国、21世纪初传入我国的一种新型营销活动。1998年美国人派恩和吉尔摩在《哈佛商业评论》上发表的《欢迎体验经济的到来》一文中，首次提出了体验营销的概念。此后，体验营销开始引起人们的关注并迅速传播开来。而伯德·施密特的著作《体验营销》也将体验营销的策略更深入更全面而具体地展示在大家面前。

（一）体验经济的到来

经济演进的过程随着消费型态的改变，已从过去之农业经济、工业经济、服务经济转变至"体验经济"时代之来临。美国俄亥俄州的战略地平线顾问公司的共同创办人派恩与吉尔摩在《体验经济时代来临》（*Welcome to the Experience Economy*）中指出：体验经济时代已来临，其区分经济价值演进的四个阶段为货物（Commodities）、商品（Goods）、服务（Services）与体验（Eperiences）。

所谓体验经济，是指企业以服务为重心，以商品为素材，为消费者创造出值得回忆的感受。传统经济主要注重产品的功能强大、外形美观、价格优势；现在的趋势则是从生活与情境出发，塑造感官体验及思维认同，以此抓住消费者的注意力，改变消费行为，并为产品找到新的生存价值与空间。经济发展与社会型态的变迁息息相关，随着科技、信息产业日新月异的发展，人们的需求与欲望，消费者的消费型态也相应地受到了影响。

经济发展的演进已从过去的农业经济、工业经济、服务经济走向现阶段的体验经济，而各经济发展阶段在生产行为及消费行为上呈现不同的型态：

农业经济：在生产行为上是以原料生产为主；消费行为则仅以自给自足为原则。

工业经济：在生产行为上是以商品制造为主；消费行为则强调功能性与效率。

服务经济：在生产行为上强调分工及产品功能；消费行为则以服务为导向。

体验经济：在生产行为上以提升服务为首，并以商品为道具；消费行为则追求感性与情境的诉求，创造值得消费者回忆的活动，并注重与商品的互动。

下表是从衣、食、住、行、教育、娱乐等层面举例探讨上述四个经济发展阶段的演进。

表11-1 经济发展阶段影响生产及消费行动

发展阶段	农业经济	工业经济	服务经济	体 验 经 济
衣（服饰）	自己织布及缝制衣服	买成品布，请裁缝师傅做衣服	在服饰店购买适合自己尺寸的各类衣服	服饰店不再是仅仅卖衣服，更强调店面整体搭配，体现自身品位，并推出专卖店以凸显品牌特色
食（蛋糕）	以自家农场生产的面粉、鸡蛋等材料，亲手做蛋糕，成本不到一美元	从商店购买蛋糕粉等材料，自行烘烤，仅仅花费几美元	在面包店订购做好的蛋糕，花费十几美元	过生日不再是以蛋糕为主角，更强调以生日宴会等方式创造难忘的体验，花费一百美元
住（房屋买卖）	买卖房屋靠口耳相传	在各种媒体上以刊登广告达到宣传目的	委托专业的房地产销售（中介）公司，且服务到家门	通过推出具有特色的服务，如数字化小区、绿色家园等，给消费者以想象的空间，以吸引顾客的注意力
行（汽车）	被视为昂贵的交通工具，少数人专用的，且被定义为代步工具	强调汽车的安全性、耐用、经济实惠	建立较为庞大的汽车销售网络，以提供完整售后服务	除了对汽车性能的注重外，更强调汽车与生活、休闲及个性色彩的结合，透过感情及联想的诉求，提供给驾驶者更多的体验空间，以达到销售的目的
教 育	以学校教育为主			学校不再是上课的唯一场所，以森林小学、户外教学方式提供学生直接的体验，更可建立双向的互动关系
娱 乐	休闲娱乐活动多数非常单调			强调亲身体验的旅游特性，使用高科技手段造就了各种主题乐园，同时新兴的旅游型态如亲自动手之休闲农场、SPA、度假村等也应运而生

（二）体验营销越来越被重视

2001年8月21日，联想推出了全新的商用电脑——开天系列。联想副总裁陈绍鹏宣称：这一产品系列体现了联想对产业的思考和对客户的理解，是用联想用"全面客户体验"理念打造的"全三维品质"精品。在全面客户体验时代，不仅需要对用户深入和全方位的了解，还应把对使用者的全方位体验和尊重凝结在产品层面，让用户感受到被尊重、被理解和被体贴。而后惠普公司与康柏公司达成250亿美元的并购交易，成为IT新老大。惠普公司总裁费奥·利娜（Carly Fiorina）提出了构造"全面客户服务模式"（Total Customer Experience），带领新惠普由传统的产品经济、服务经济全面转向体验经济。10月25日，被微软公司形容为设计最佳和性能最可靠的新一代操作系统Windows XP全球面市，比尔·盖茨宣称该新操作系统为人们"重新定义了人、软件和网络之间的体验关系"。而"XP"来自"Experience"，其中文意思就是体验。

同年12月2日，美国未来学家阿尔文·托夫勒来到中央电视台《对话》节目现场。这位曾经预测了"第三次浪潮"到来的大预言家托夫勒再次向大家预言：服务经济的下一步是走向体验经济，人们会创造越来越多的与体验有关的经济活动，商家将靠提供体验服务取胜。一时间，体验这个词在各种媒体上一下子热了起来，不但在IT领域，传统产业的企业也纷纷一起来关注"体验"。

体验经济时代的到来，对企业影响深远，其中最主要的影响在企业的营销观念上。就像伯德·施密特博士在《体验营销》一书中指出的那样，体验营销站在消费者的感官（Sense）、情感（Feel）、思考（Think）、行动（Act）、关联（Relate）五个方面，重新定义、设计营销的思考方式。

此种思考方式突破传统上"理性消费者"的假设，认为消费者消费时是理性与感性兼具的，消费者在消费前、消费时、消费后的体验，才是研究消费者行为与企业品牌经营的关键。

（三）体验营销的一些特点

1. 关注顾客的体验

体验的产生是一个人在遭遇、经历或是生活过一些处境的结果。企业应注重与顾客之间的沟通，发掘他们内心的渴望，站在顾客体验的角度，去审视自己的产品和服务。

2. 以体验为导向设计、制作和销售产品

当咖啡被当成"货物"贩卖时，一磅可卖三百元；当咖啡被包装为"商品"时，一杯就可以卖一二十元；当其加入了"服务"后，在咖啡店中出售，一杯最少要几十元至一百元；但如能让咖啡成为一种香醇与美好的"体验"，一杯就可以卖到上百元甚至是好几百元。增加产品的"体验"含量，能为企业带来可观的经济效益。

3. 检验消费情景

营销人员不再孤立地去思考一个产品（质量、包装、功能等），而要通过各种手段和途径（娱乐、店面、人员等）来创造一种综合的效应以增加消费体验；不仅如此，而且还要跟随社会文化消费向量（Sociocultural Consumption Vector，SCCV），思考消费所表达的内在的价值观念、消费文化和生活的意义。检验消费情境使得在对营销的思考方式上，通过综合的考虑各个方面来扩展其外延，并在较广泛的社会文化背景中提升其内涵。顾客购物前、中、后的体验已成为增加顾客满意度和品牌忠诚度的关键决定因素。

4. 顾客既是理性的又是情感的

一般说来，顾客在消费时经常会进行理性的选择，但也会有对狂想、感情、欢乐的追求。企业不仅要从顾客理性的角度去开展营销活动，也要考虑消费者情感的需要。

5. 体验要有一个"主题"

体验要先设定一个"主题"，也可以说：体验营销乃从一个主题出发并且所有服务都围绕这主题，或者其至少应设有一"主题道具"（例如一些主题博物馆、主题公园、游乐区或以主题为设计为导向的一场活动等）。这些"体验"和"主题"并非随意出现，而是体验营销人员精心设计出来的。如果是"误打误撞"形成的则称不上是一种体验营销行为，这里所讲的体验

营销是要有严格的计划、实施和控制等一系列管理过程,而非仅是形式上的符合。

6. 方法和工具有多种来源

体验是五花八门的,体验营销的方法和工具种类繁多,并且与传统的营销又有很大的差异。企业要善于寻找和开发适合自己的营销方法和工具,同时不断地推陈出新。

(四)不同的体验形式对应不同的营销战略模板

体验是复杂且多种多样的,可以分成不同的形式,有自己所固有而又独特的结构和过程。这些体验形式是经由特定的体验媒介创造出来的,能到达有效的营销目的。伯德·施密特将这些不同的体验形式称之为战略体验模块(Trategic Experiential Modules, SEMs),以此来形成体验营销的构架。根据不同的划分,大致可分为下面五种不同的战略体验模块:

1. 感官

感官营销的诉求目标是创造知觉体验的感觉,它经由视觉、听觉、触觉、味觉与嗅觉。感官营销可区分为公司与产品(识别)、引发顾客购买动机与增加产品的附加价值等。

施密特曾举例希尔顿连锁饭店的一个小作法是在浴室内放置一只造型极可爱的小鸭子,顾客大多爱不释手,并带回家给家人作纪念,于是这个不在市面销售的赠品便成了顾客特别喜爱希尔顿饭店的动力(当然希尔顿饭店其他设施、服务等方面也是一流的),这样便造成了很好的口碑,这就是"体验营销"的应用(视觉和触觉)。另外,在超级市场中购物经常会闻到超市特地生成的烘焙面包的香味,这也是一种感官营销方式(嗅觉)。

2. 情感

情感营销诉求顾客内在的感情与情绪,目标是创造情感体验,其范围可以是一个温和、柔情的正面心情,到欢乐、自豪甚至是激情的强烈的激动情绪。情感营销的运作需要的是,真正了解什么刺激可以引起某种情绪,以及能使顾客自然地受到感染,并融入这种情景。

比如新加坡航空以带给乘客快乐为主题,营造一个全新的起飞体验。该公司制定严格的标准,要求空姐如何微笑并制作"快乐手册",要求以什么样的音乐、什么样的情境来"创造"快乐。通过提供出色的顾客服务,新加坡航空公司成为世界上前十大航空公司和获利最多的航空公司之一。反观国内的企业在体验营销上,尚没有成型的做法,但以情感为诉求点的营销做法却是有一些较为成功的案例。一句"孔府家酒让人想家",引起在外游子对父母、对家乡无限的思念之情。使得顾客在消费中,也感受了"想家"的体验。

3. 思考

思考营销诉求的是智力(Intelligence),以创意的方式引起顾客的惊奇、兴趣、对问题集中或分散的思考,为顾客创造认知和解决问题的体验。对于高科技产品而言,思考活动的方案是被普遍使用的。在许多其他产业中,思考营销也已经被用于产品的设计、促销和与顾客的沟通。

1998年苹果公司的iMac计算机上市仅六周,就销售了27.8万台,以至《商业周刊》把iMac评为1998年的最佳产品。该公司的首席执行官史蒂夫·乔布斯表示:"苹果已回到它的根源，并再度开始创新。"iMac的设计师伊维（Jonathan Ive）也指出："与众不同是这个公司的基因"。iMac的创新紧随着一个引人沉思的思考营销的促销活动方案。该方案是由广告人克劳（Lee Clow）构思，将"与众不同的思考"（Think Different）的标语，结合许多在不同领域的"创意天才"，包括爱因斯坦、甘地、拳王阿里、理查德·布兰森、约翰·蓝侬和小野洋子等人的黑白照片。在各种大型的广告路牌、墙体广告和公交车的车身等随处可见该方案的平面广告。这个广告刺激消费者去思考苹果计算机的与众不同，同时也促使人们思考自己的与众不同，并且通过使用苹果电脑让他们成为创意天才。乔布斯说："与众不同的思考代表着苹果品牌的精神，因为充满热情创意的人们可以让这个世界变得更美好。苹果决定为处处可见的创意人，制造世界上最好的工具。"

4. 行动

行动营销的目标是影响身体的有形体验、生活形态与互动。行动营销通过增加他们的身体体验，指出做事的替代方法、替代的生活形态、与互动，丰富消费者的生活。而消费者生活形式的改变是激发或自发的，并且也有可能是由偶像角色引起的（例如影、视、歌星或是著名的运动员等）。

耐克每年销售逾160 000 000双鞋，在美国，几乎每销售两双鞋中就有一双是耐克。该公司成功的主要原因之一，是出色的"尽管去做"（Just Do It）广告。经常地描述运动中的著名篮球运动员迈克尔·乔丹，升华身体运动的体验，是行动营销的经典。

5. 关联

关联行销包含感官、情感、思考、与行动营销等层面。关联营销超越私人感情、人格、个性，加上个人体验，而且与个人对理想自我、他人或是文化产生关联。这种模型的诉求是为自我改进（例如，想要与未来的"理想自己"有关联）的个人渴望，要别人（例如，一个人的亲戚、朋友、同事、恋人或是配偶及其家庭）对自己产生好感，让人和一个较广泛的社会系统（一种亚文化、一个群体等）产生关联，从而建立个人对某种品牌的偏好，同时让使用该品牌的人们进而形成一个群体。

关联营销已经在许多不同的产业中使用，范围从化妆品、日用品到私人交通工具等等。以瑞士名表为例：表店为其中一款瑞士名表附上一小卡片，上面说明400年后回来店里调整闰年；其寓意是在说明该瑞士名表的寿命之长、品质之精，即便拿它当作"传家之宝"也不为过。而非如同一般电子表虽有过400年自动调整闰年的功能，但谁会认为电子表可以保存到那么久呢？该表店以此"关联"的寓意来传达商品的价值。

（五）体验营销需要借助媒介才能完成

营销人员为了达到体验营销目标，所用来创造体验的工具被称为体验媒介（Experience Providers, ExPros）。作为体验营销执行工具的体验媒介包括：沟通（Communications）、视觉与口头的识别（Cisual and Verbal Identity）、产品呈现（Product Presence）、共同建立品牌（Co-branding）、空间环境（Spatial Environments）、电子媒体（Electronic Media）与网站（Web Sites）、人员（People）。

1. 沟通

主要包括广告、公司外部与内部沟通（例如，杂志型广告目录、宣传小册子、新闻稿、公司年报）以及品牌化的公共关系活动等。其中，广告是最常为企业所运用的。

2. 视觉与口头的识别

一般是指可以使用于创造感官、情感、思考、行动及关联等体验的品牌，包括品牌名称、商标及标志系统等等。例如麦当劳黄色的金拱门标志及耐克的勾型标志。

3. 产品呈现

一般是包括产品外观设计、包装设计以及品牌的标志物或是吉祥物。例如：昂贵的女性化妆品和香水就是一种极为重视产品外观设计及包装的产品。至于吉祥物，第11届亚运会的吉祥物熊猫盼盼可以算得上家喻户晓，它已经成为当届运动会的一个重要组成部分。

4. 共同建立品牌

包括对一些重大事件的参与或赞助、联盟与合作、授权使用、产品在一些影视作品中的出现以及其他的一些合作活动等形式。例如：可口可乐公司、柯达公司等一些世界知名企业赞助奥林匹克运动会，不但增加了产品的销售量，更制造了品牌被体验的机会；在007系列电影中，男主角詹姆士·邦德所驾驶的汽车为德国产的宝马（BMW）跑车，宝马在影片中的出现，带给消费者以全新的体验。

5. 空间环境

一般包括公司建筑物、办公室、工厂空间、零售空间（大型超市、购物中心、商场、专卖店等）、宾馆饭店以及商展摊位。例如：德国宝马的总部就建成了一个类似四缸发动机的样子；海尔公司的总部建筑则体现了中国传统天圆地方的理念。国际上一些知名的大的零售企业如沃尔玛、家乐福、日本大荣，宾馆如希尔顿、香格里拉，以及一些举办各种商展的公司，它们在空间环境的设计上都是值得国内企业借鉴的。

6. 电子媒体与网站

互联网的出现大大改变了人们沟通的方式，也为企业的体验营销提供了理想的舞台。例如：在logo或banner上使用网络动画广告展示品牌和产品，使用flash或real格式的网络电影进行服装展览（而非现场展示），使用聊天室和BBS留言板供企业与消费者沟通（取代销售人员通过面对面或电话来交流），以及网上购物，等等。

7. 人员

主要包括销售人员、公司代表、为消费者提供服务的人员，以及任何可以与公司品牌相关的人。对价值较为昂贵的产品，越需要销售人员去创造消费者的体验。例如：一个态度和蔼可亲、专业知识丰富的汽车销售员，一个面带笑容的、落落大方的、善解人意的化妆品专柜小姐，等等。像这样一些非常优秀的销售服务人员将会把一种简单的交易变成一次完美的体验。

（六）体验营销策略中，更常用的"体验杂型"或"全面体验"

虽然前面已经介绍了五种体验类型，对应着不同的营销战略模板。但是在实际的市场环境中，却很少有单一体验的营销活动，一般都是几种体验的结合使用，而这样的融合体验可以称为体验杂型（Experiential Hybrids）。进一步来说，如果企业为消费者提供的体验是涉及所有的五类体验，就会被称为全面体验（Holistic Experiences）。

一般来讲，战略体验模块被分为两类：一种是消费者在其心理和生理上独自的体验，即个人体验，例如感官、情感、思考；另一种是必须有相关群体的互动才会产生的体验，即共享体验，例如行动、关联。但体验杂型和全面体验并不是两种或两种以上战略体验模块的简单叠加，而是它们之间互相作用、相互影响，进而产生一种全新的体验。

当然建立体验杂型就要需要其专有的工具——体验之轮（Experiential Wheel）。传统的营销学中会提到效果的等级，即消费者对一种产品的购买是分阶段进行的，如左图所示。

开始意识

↓

理解

↓

形成态度

↓

最终购买

图11-2　产生购买行为前的心理变化

体验之轮也是遵循类似的原理，使得五种战略体验模块在使用上有其自然的顺序：感官—情感—思考—行动—关联。"感官"引起人们的注意；"情感"使得体验变的个性化；"思考"加强对体验的认知；"行动"唤起对体验的投入；"关联"使得体验在更广泛的背景下产生意义。

战略体验模块还要考虑和体验媒介的搭配使用，在实际操作中还要根据各品牌的定位和擅长的传播模式以及目标消费群体容易接受的媒介等进行配合，灵活使用。

三、《体验营销》核心思想评析

（一）体验营销策略需要融合感性与理性

体验从心理学角度理解，就是一个人的情绪、体力、智力，甚至是精神达到某一特定水平时，他意识中产生的美好感觉，或者说是个体对某些刺激产生回应的个别化感受。

体验虽是个体主观感受，依然可以作为企业创造的一种有别于产品和服务的价值载体，可以作为一种独立的经济提供物，为企业带来利益。体验具有多重存在形态，既可以依附于产品和服务而存在，也可以作为单独的出售物而存在。体验营销从消费者的感官、情感、思考、行动和关联五个方面，重新定义、设计营销的思考方式。这种思考方式突破了传统营销的"理性人假设"，而将人理解为感性和理性兼具的动物。

但值得注意的是当下，虽然有很多消费者在消费过程中会有对狂想、感情、欢乐等一切极致感官甚至是刺激的追求，但并不是所有的品牌都适合从一开始就选择这样的营销模式。消费者在决定购买的时候，一部分是来源于冲动消费，另一部分是来自理性思考。现在有很多新品牌尤其是国产品牌，一面市就主打各种体验营销，只让消费者记住了形式却记不住要去消费，仅停留在对品牌态度的认知而未深入到对品牌产品的认知，可能到最终的转化漏斗并不成功，尤其是对一些客单价较高的实体产品而言，完全脱离产品本身的功能点去凭空打动消费者，难度还是很高的。

（二）体验营销的特征在于个性、感性和参与性

1. 注重个性化

当今社会，人们追逐个性化，一种体验情景根本无法满足消费者的多样化、娱乐性需求。追求个性、讲究品位的消费者，已不再光顾批发市场、小型商店，而是光临名品名店，身在其中可以体验高贵、典雅的装饰，满足个性化需求欲望。

2. 引导感性消费

长久以来，传统营销把消费者看成理智购买决策者，事实上，很多人的购买行为是感性的，他们的消费行为通常受感性支配，他们并非非常理性地分析、评价，最后决定购买，也会存在幻想，有对感情、欢乐等心理方面的追求，特定的环境下，也会有冲动。营销人员应该明白，顾客同时受感性和理性的支配。也即是说，消费者因理智和一时冲动而做出购买的概率是一样的，这也是体验营销的基本出发点。因此，企业要考虑消费者的情感需要，应当"晓之以理，动之以情"。

3. 消费者主动参与

体验营销为消费者提供机会参与产品或服务的设计，甚至让其作为主角去完成产品或服务的生产和消费过程。企业只提供场景和必要的产品或服务，让消费者亲自体验消费过程的每一个细节。消费者的"主动参与"是体验营销的根本所在，这是区别于"商品营销"和"服务营销"的最显著的特征。离开了消费者的主动性，所有的"体验"都是不可能产生并被消费者自己消费的。

（三）体验营销，重在让消费者有完整的"主题感受"

体验经济时代，企业在体验经济运行中扮演着策划者的角色，发挥着为消费者提供"舞台"的作用，真正在舞台上表演的人是消费者。消费者去"体验"所需物的设计工作、定价工作，并进行直接的使用与享用，以品学体验过程的快乐和消费过程的满足。但其实真正关键的并不是"舞台"，而是"主题"，即使没有这样的环境，让用户有一整个完整的"主题"感受，想象自己身处这样的体验/情绪之中也能算是一种体验营销。

在世博园中，每一个国家馆都有主题的，比如英国馆，它宣称这个建筑象征着"青春、清纯、新鲜、活力"，但也是有一个主题的，这个主题就是"绿色、创新、环保、低碳、与自然和谐共存、可持续发展"。英国馆分为"绿色城市""户外城市""种子圣殿""活力城市"和"开放公园"。其核心部分是一个由6 000多根纤细的透明亚克力杆构成的"种子圣殿"。整个建筑的视觉感受特别像一个盛开的蒲公英，非常漂亮。[3]

但很多网络服务却没有一个真实的线下环境，甚至也无法提供给消费者一个完整的沉浸式消费体验，但却可以通过自己的各种主题活动或者包装策略来提供给消费者更好的体验。比如NIKE官网提供的定制化球鞋服务，消费者可以根据自己的喜好来DIY自己心仪的款式。太平鸟服饰根据消费者喜好不断地去生产各式各样的联名款，甚至有的品牌还会根据网友投票来决定自己下季度的新款趋势，这些都是注重了消费者的参与体验，为自己的品牌包装出了"客户

至上""追求个性"等主题，也实现了体验营销的策略。

（四）如何评价《体验营销》

体验营销包含了品牌与消费者之间的互动、参与和活动，目的在于能够有效直接吸引消费者，邀请并鼓励他们参与品牌倡导的理念，与之共同成长，所以体验营销最终目的是契合。

在消费需求日趋差异性、个性化、多样化的今天，消费者已经不仅仅关注产品本身所带来的"机能价值"，更重视在产品消费的过程中获得的"体验感觉"。这帮助企业开始思考新的发展道路，寻找自己可以提供的更多的"体验价值"，能够从更深层次增强企业与消费者的黏性，也让企业更注重与消费者之间的沟通，发掘消费者内心真正的渴望，在帮助企业改进的同时，也更好地满足了消费者的诉求。

第二节 "体验营销与传播"的理论意义及其发展

一、《体验营销》的思想及意义

体验营销理论是科技发达、信息膨胀、产品过剩的高度商业化社会条件下产生的新型营销理念，尽管相关理论和实践并不成熟，却迎合了消费者日益高涨的精神需求和企业开拓新市场的强烈愿望。这种顺时代潮流而生的鲜活理念必然会对传统营销市场下的种种营销问题和社会经济的整体格局产生深刻的影响。

（一）体验营销使得消费者更受关注

首先，体验营销理论提出了以"体验"作为"商品"来满足消费者心理层面需求的营销方式，丰富了体验营销的理论体系。传统的市场营销理念总是以产品功能特性和益处为核心，"根据购买者从产品中所寻求的益处不同区分购买者，从而进行市场细分"[4]，产品定位仅仅关注诸如质量、创新、服务等比较宽泛的尺度。传统的广告也因此留下了许多后遗症，就像广告人尼克·绍尔所言："广告制作一成不变地收着类似于独特销售卖点或是产品的根本益处这些规则。"[5]体验营销理论则引导广告人和企业将诉求重心转向消费者个性化、心理化、多样化的体验需求，将企业产品和品牌与消费者的生活方式、价值观念、社会环境联系起来，把消费的过程营造成一次充满意义的体验之旅、一次难忘的人生经历。从这个角度来看，体验营销理论无疑是对传统营销体系的一次突破。

（二）体验营销使得消费过程更加丰富多彩

从现实生活的角度来讲，体验营销还将在物质领域和精神领域大大丰富消费者的生活。在体验经济时代，消费者永远都是舞台上的主角：企业根据消费者的需求设计体验，在消费者的建议下完善体验，不断推出新的体验来满足消费者不断膨胀的消费需求，而消费的结果就是，消费者完成了自我实现，满足了内心的渴望与追求。为了保证能够令消费者沉浸在企业提供的体验场景中，产品的质量也在不断提高，功能更加完善，包装设计、氛围营造以及服务人员都更加人性化和个性化。消费者在享受深刻而完美的体验盛宴的同时，也获得了高质量的产品与服务。

（三）体验营销促进体验型的产业规模化发展

从经济发展的层面来看，体验营销理论成功地将人的内心感受和抽象意义转化成为商业赢利，因而推动体验主导型产业的发展，促使产业结构进一步优化。体验意识的提高将会使营销者越来越关注消费者的内在心理需求，与之相对应的娱乐和休闲业等体验主导型产品将会进一步地发展。而商品和服务经济发展中遇到的瓶颈也将得到缓解，消费市场将会进一步被开拓。但在这里要纠正一个认识误区：体验时代的到来并不会带来传统经济的消亡。人们需要其他的经济提供物，包括原料、产品和服务，来维持基本的生存和生活，而体验也需要附着在一系列的商品和服务之上才能被提供给消费者。也就是说，典型的体验经济仍然要以服务为舞台，以商品为道具。所以，体验经济的来临只能说明传统产业中的体验含量将会普遍提高，体验主导型产业在经济中的比重将会提高。[6]

二、《体验营销》的局限性

体验营销并非毫无瑕疵，它在理论构建和实践运作的过程中都存在着一定的局限性。

（一）体验营销适用范围有限，并非所有企业主题都可复用

从适用范围来看，体验营销理念虽然被许多企业视作挖掘新市场的营销利器，但并不意味着所有的企业都可以在营销中融入体验成分。对于非体验类产品行业（如采矿业、电力、燃气供应业、医药制造业、化学工业品制造业）以及非体验类服务行业（如货运、金融、技术服务业等）来说，它们并不直接面对个体消费者，其产品也无法被赋予花样繁多的体验属性。因此，传统营销模式仍然在这类涉及社会安全和经济命脉的产业中占据绝对主导的地位，体验营销往往作为传统营销的辅助手段存在的，仅在与消费者进行接触的部分环节和元素上发挥作用。

（二）过分强调个性可能引发"自我认知危机"

此外，体验营销中对于个性化、私人化、自我实现的过分强调有可能会引发一种"自我认证危机"。托夫勒在《未来的冲击》中描述了这样一个过度追求自我，谋求改变的未来社会：

……我们会经常感到苦恼和厌烦，对现状莫名其妙地感到不满；换句话说，对眼下的生活模式不顺心……寻寻觅觅，想要找到生活模式……每当我们选定某一模式，做出一次最高选择，我们就和某一个或某几个亚文化群发生沟通，自我形象也随之改变。在某种程度上，我们变成了另外一个人，在自己心目中也有所不同。

在这个社会里，人们习惯了随时抛弃旧有的意识形态，短暂地接受新的生活方式，然后随时准备叛逃。如此这般循环往复，疲于奔命。因为没有坚定的信仰而感到迷惘，频繁认证自我的结果就是自我将不复存在。尽管这只是一个关于未来社会的预言，但是却给体验营销的社会实践敲响了警钟——体验营销不是一种营销万灵药，它必须在一定的范围内被理智地、谨慎地、有所保留地应用到营销实践中去。

三、体验经济

1970年，未来学家托夫勒在《未来的冲击》一书中曾描述过"体验经济"，并在1983年的《第三次浪潮》一书中再次重申"服务经济的下一步是走向体验经济，商家将靠提供这种体验服务取胜"。

1985年，全球商业网络的杰伊·奥格尔维（Jay Ogilvy）为SRI国际公司撰写了《体验产业》的年度报告，指出"生动体验"的需求已经驱动了美国经济的边际增长。

1998年，"体验经济"这一概念被派恩与吉尔摩推出，一篇发表在美国《哈佛商业评论》上的论文《体验经济时代的来临》震动了经济界的研究者与实践者。

所谓体验经济，是指企业以服务为重心，以商品为素材，为消费者创造出值得回忆的感受。传统经济主要注重产品的功能强大、外形美观、价格优势，体验经济则要求企业是从生活与情境出发，塑造感官体验及思维认同，以此抓住消费者的注意力，改变消费行为，并为产品找到新的生存价值与空间。

体验经济是经济发展继农业经济、工业经济、服务经济之后的第四种经济形态。

表11-2　不同经济形态的特点区分

经济形态	农 业	工 业	服 务	体 验
经济提供物	产品	商品	服务	体验
经济功能	采摘	制造	传递	舞台展示
提供物的性质	可替换的	有形的	无形的	难忘的
关键属性	自然的	标准化的	定制的	个性化的
供给方法	大批储存	生产后库存	按需求传递	在一段时间后披露
卖　方	贸易商	制造商	提供者	展示者
买　方	市场	用户	客户	客人
需求要素	特色	特色	利益	突出感受

体验经济的出现改变了企业的生产方式。在工业经济时代，企业的生产方式是以自己对市场的理解进行产品创新，所生产出来的产品与消费者的需要是否吻合，企业只有到了销售阶段才能验证。服务经济的运行是以企业提供服务，消费者被动接纳为表现形态，服务可以帮助解释企业创造了什么和提供了什么，消费者仍然不具有自我决定的权利。

而体验经济的运行首先想到的就是消费者，消费者需要什么产品，由消费者自行决定，企业所做的工作是按照消费者的要求进行生产与经营，这个过程也是企业与消费者的互动过程。

体验经济的出现改变了消费者的生活方式。进入21世纪，消费者不再满足于被动地接受企业的诱惑和操纵，而是主动地分辨和选择企业与产品，主动地提出自己对产品的设计意见与要求的形态，在参与产品的设计与开发的强烈愿望支配下，成为自己所需求产品的设计者、观察者、审视者、评价者和使用者，消费者的一切行为均在自己的掌控之中。体验经济产生于市场经济的大背景之下，但与工业经济和服务经济的特性相比，这是一种更加完备的经济形态。[8]

（一）体验经济以满足消费者个性需求为出发点

在体验经济条件下，企业的经济运行首先要考虑的是消费者的个性要求，企业在提供体验的运行思路、程序和方法时，也必须要保证给消费者业更大的想象、愿望与自我修正的空间。企业所主张的是消费者个性的张扬，并竭尽全力保证消费者需求个性的全面满足。

（二）体验经济为消费者提供了定制化服务

定制化服务是指按消费者自身要求，为其提供适合其需求的，同时也是消费者满意的服务。定制化的基本特征是，定制化服务是一种劳动，并且是一种高水平的劳动。它需要"劳动者"有更高的素质、更丰富的专业知识和更积极的工作态度。因此，这种劳动较有形的生产劳动和无形的人员服务提供了更大的价值，这种价值由消费者价值转化而来，并最终形成企业的品牌价值：定制化服务带给消费者的是个性的感受，"结果是没有哪两个人能得到完全相同的体验"。因此这是一种量身打造，有供有需的活动过程。定制化的结果不会出现生产过剩，也不会出现需求不足，最终保证不会出现需求过剩，进而保证经济运行的平衡与稳定。

定制化服务所产生的"体验"效果是，带给消费者美好的感觉、永久的记忆和值得回味的事物与经历。消费者对这种美好的感受不会独自享有，而是会与他人分享，即进行积极的传播，进而产生放大效应，引导更多的消费者参与体验的过程，从而形成更具有感召力与影响力的体验经济氛围。

（三）体验经济遵循的原则是"以消费者为核心"

消费者是体验经济的主体，消费者对企业的经济运行工作参与度越高，对企业的产品与服务信任度越高，对企业品牌价值的认同度也就越强，企业品牌价值的实现程度也就会越高。

（四）体验经济使企业的经济运行更加开放、健康、有活力

体验经济的发展促使企业不断提高自己的开放程度，使企业在社会公众的关注之下开展各

项经济活动。这为拥有优质品牌的企业提供了更大的发展空间与发展机会，形成市场的召唤与吸引机制；而对于那些拥有不良品质与品牌的企业，发挥的是矫正其思想与行为，约束经济运行的作用；至于那些拥有劣质品质与品牌的企业，最终会在消费者的抵抗声中退出市场。因此体验经济的运行具有积极的功效，它可以保证企业建立良性的运行机制，完善运行程序，满足更广阔的市场需求。

在过去的十几年里，社会经济在两个方面发生了重大改变：一是部分消费者收入水平的提高达到了某一关键程度，消费者开始追求消费的个性，这使得消费方式从大众的简单划一的"标准化消费"转向旨在让人性获得全面发展的、"一对一服务"甚至"多对一服务"基础上的"个性化消费"；二是物质资本被积累到一定程度，劳动的基本性质开始从体力的支出转变为脑力的支出。网络经济将要求每个工人都成为"方案设计师"，因为个性化客户服务本身所要求的，正是为客户设计单独的方案。

（五）体验经济与体验营销的关系

体验经济时代是产品与服务的有机结合。正是对二者的兼收并蓄，才开创了一个崭新的经济时代，它意味着曾经的单向度的产品经济与服务经济结束了，一种融合产品与服务的双向度时代开始了。它不仅为任何企业组织在可持续性的发展规定了必须选择的产品战略、服务战略，同时也指明：唯有将两者紧密结合才是在日益激烈的市场竞争中制胜的核心战略。[9]

其实，从某种程度上来讲，体验营销就是体验经济时代里的一种营销手段。体验营销是一种策略、一种企业的销售模式或者销售方法，是在体验经济时代的一种企业生存本领。面对越来越复杂的经济形式和越来越繁多的消费者需求，要充分了解当下经济形势中，消费者迫切需要一个良好的消费体验，让人印象深刻的消费体验能在很大限度上直接左右消费者的购买行为，并且很容易使消费者在此后产生复购行为。

四、体验营销与传播理论的发展

（一）阿尔温·托夫勒的"体验经济"

"体验经济"一词最早出现于阿尔温·托夫勒的《未来的冲击》一书中。托夫勒是当今最具影响力的社会思想家之一，从事未来价值体系及社会走向的研究。他是第一位洞察到现代科技将深刻改变人类社会结构及生活形态的学者，在《未来的冲击》和《第三次浪潮》中，曾经就未来信息技术的发展对社会各个层面的冲击和影响进行过预言性的描述：跨国企业将盛行；电脑发明使SOHO（在家工作）成为可能；人们将摆脱朝九晚五工作的桎梏；核心家庭的瓦解；DIY（自己动手做）运动的兴起……而这一切预言在如今看来都已成现实。

在《未来的冲击》中，托夫勒构想了一个诞生于服务经济之后的超工业经济时代。尽管书中并没有给出确切体验营销的定义，我们仍可以从托夫勒充满想象力的描述中勾画出它的基本内涵：他认为体验工业的产生是为了满足消费者的心理和精神需求，体验将作为"商品"进行销售，消费者乐于为之付费。而"体验"这种产品和其他可以回收处理的产品不同，它没有实体，一旦被消费者买下便无法拿走。体验的实现是以模拟环境为基础的：由企业提供逼真的或者真实的消费场景，消费者主动参与体验场景中从而体验到现实生活中无法感受到的冒险、奇遇、刺激和其他乐趣。

托夫勒还特别预言了体验经济背景下的广告传播：登广告的人总是想方设法给每种商品表明不同的形象，这些形象自有用途，能满足消费者的某种需求。不管怎样，这种需要从通常意义上来说是心理上而非使用的。[10]

也就是说，体验经济时代中的消费者从广告中获取的不再是有关商品或者品牌的商业信息，而是一种能够在精神上产生共鸣的心理层面的意义。

总体来讲，托夫勒勾画出的体验经济就是通过向消费者提供某种具有心理价值的有形或无形商品来实现盈利的经济模式。而体验式广告从本质上来说就是意义的产生和传递。

虽然在物质生产尚未满足人类基本需求的20世纪70年代，托夫勒关于体验经济的预言并未得到多少学者和营销专家的响应。但在40年后的今天来看，这个关于体验经济的预言是如此精准，21世纪的体验营销实践正是按照托夫勒的设想在一步步地发展完善。

（二）约瑟夫·派恩二世和詹姆斯·吉尔摩的《体验经济》

首先将"体验营销"理论化、系统化的是美国经济学家约瑟夫·派恩二世和詹姆斯·吉尔摩。两人共同创立了位于俄亥俄奥罗拉的战略地平线LLP公司，致力于向各类企业提供新的运作和营销方式。在他们看来，整个经济发展史就是一部将原先免费的东西进行付费的过程。从最初的以物易物到日益成熟的商品经济，原料、产品和服务都曾经作为使人类付费的"商品"并带来过巨大的社会变革和迅猛的财富增长。随着商品经济达到极致，商品和服务无法带来更多的经济价值，体验终将成为第四种独立的"商品"从服务中分离出来，就像服务从物质产品中分离出来一样。

1998年，派恩和吉尔摩在美国《哈佛商业评论》双月刊7—8月号发表文章《体验经济时代来临》，并于2002年推出《体验经济》一书，提出了"工作是剧场，生意是舞台"的体验营销观点。

派恩和吉尔摩特别强调了体验主题设计。体验不是自发的而是诱发的，体验策划者需要为品牌创设一个能引导消费者产生美好体验的诱因即"体验主题"，一切的营销和传播活动要围绕这一个人性化、个性化和差异化的主题进行。这样能给消费者带来美好的回忆、值得纪念的产品及商业娱乐的活动过程的系统设计是体验经济的灵魂。因为只有对消费者的心理需求把握精准且布局严密的主题体验设计才能够吸引消费者全身心地投入其中，获得全面的体验。此外，还根据消费者在体验过程中的参与程度和状态，将体验营销的具体形态划分成四种：娱乐、教育、逃避现实和审美。这四种形态及其混合应用，可以构成体验创作的丰富空间。

如果说托夫勒只是描摹出了体验经济的一个大体的轮廓，那么派恩和吉尔摩则在此基础上为其添画了精致缜密的细节，特别强调体验的核心是互动与参与。而两人对于主题体验设计的重视和体验设计原则的强调则将原本只是活跃在理论层面上的体验营销活化成可操作落实的实践活动。

（三）伯恩·施密特的《体验营销》

与派恩和吉尔摩的学说同时产生、相映成趣的是我们前面谈过的经济学家伯恩·施密特提出的体验营销理论系统。1999年，伯恩·施密特推出了《体验营销》，指出体验营销同传统的、以产品的功能和特色为核心的营销方式不同，是"一种为体验所驱动的营销和管理模式"。也就是说，在体验营销时代，营销人员不能再孤立地去思考一个产品（质量、包装、功能），而是要通过各种途径和手段来考察和开发消费者进行消费的整个过程，使其变得具有消费价值。

关于体验营销的内涵，他指出体验是人们响应某些刺激的个别事件。他将体验比喻成人脑，认为体验就像大脑一样，由具有不同功能的各个部分组成，即感官、情感、思考、行动和关联体验五种战略体验模块。每一种体验模块都有自己所固有而又独特的结构和过程，在体验过程之中发挥着不同作用。战略体验模块被伯恩·施密特视作体验营销的战略基础，是构成体验的基本要素。

当然，伯恩·施密特强调：消费者无法自发产生体验，必须在体验媒介的刺激下才会产生。体验媒介是营销人员创造出感官、情感、思考、行动和关联体验的战术实施部分，包括传播、视觉和语言标志，产品、联合品牌营销、空间、电子媒介和人。体验媒介和战略体验模块相互搭配使用，可以对体验营销进行战略规划。

相比于前面两套营销理论，伯恩·施密特对于体验营销背景下的消费者角色格外关注。一方面他突破了传统的"理性消费者"假设，认为消费者消费过程中兼具感性和理性，这体验营销顺利作用于消费者的前提。另一方面在《顾客体验管理》一书中，伯恩·施密特从客户角度出发，关注与消费者的每一次接触，着重考虑了影响消费者满意度何种程度的深层次因素。

总体来看，体验营销理论发展到伯恩·施密特手中，形成了较为完善的理论框架，并对消费者进行了更加细致深入的研究。他提出的体验战略模块和顾客体验管理在营销实战中有着很强的指导意义和应用价值。

（四）体验营销的延伸——不同的实战策略

托夫勒着重描述体验经济的心理化特点，与派恩和吉尔摩突出体验经济的互动与参与，伯恩·施密特则认为消费者是体验营销的核心。通过对三种学说的概括，我们可以这样理解体验营销，它是通过让消费者与企业品牌和产品的互动获得心理价值，从而实现商业赢利的一种营销手段。而体验营销理论现在国内也有了更深一步的发展，不少学者和营销从业人员已将体验营销策略运用到营销实战中。

陈英毅和范秀成认为在产品或服务的功能和质量基本相同的情况下，体验成为关键的价值决定因素，也是消费者购买的主要依据，并根据消费者的不同体验追求，将体验营销策略分为下五种。

人们在心理和精神等层面的追求存在着很大的共性。根据关于这些共性的已有知识，以及成功企业的卓越实践，可将消费者体验分为娱乐体验、审美体验、情感体验、生活方式体验和氛围体验等五大类。企业因而可采取的体验营销策略分别是娱乐营销、美学营销、情感营销、生活方式营销及氛围营销。[11]

　　朱世平认为运用体验营销，可以提炼品牌个性，表现消费个性；可以传播品牌创意与执行，建立消费理解和尊重；可以吸引消费者参与品牌互动，实现品牌认同的忠诚。并且还提出体验营销的关键是使消费者在体验中得到满意，如何测算体验营销下的消费者满意值、科学构建体验营销模型至关重要。[12]

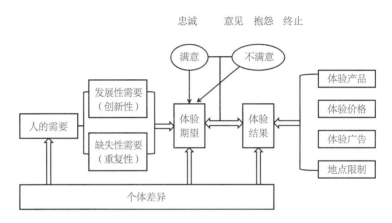

图11-3　体验营销结果影响模型

　　体验营销的发展越来越成熟，有很多品牌充分理解和发挥了这种营销思维的优势。现在也有很多企业开始运营体验营销的逻辑，开展一种新的销售方式，我们把它称为"场景营销"。尤其是移动互联网的不断发展，消费者消费行为也发生了深刻变化，"场景"成为企业营销新的争夺资源。继续发挥体验营销的核心，场景营销的本质也是以满足消费者需求为核心，以移动终端为载体，以定位技术为支点，通过洞察特定场景中的消费者需求，并提供与其需求相适配的内容、服务和形式，达到营销信息的精准快速推送和最终交易的闭环，从而建立品牌与消费者生活的连接。

　　互动性、娱乐性、价值创造及整合传播是场景营销的核心特征。移动产业背景下，可通过场景的细分与构建来进行场景设计，并通过三个关键策略实现场景营销的成功落地：准确识别目标用户；深刻洞察消费者需求，精准推送品牌信息；合理引导消费，为消费者提供便利，促进交易闭环。[13]

　　而在场景营销中，有学者认为最有效的方法是及时互动，在贴近消费者的实际消费场景中，让他们在轻松自然中被触发打动，在场景中随心地接受商家的信息。结合当下的LBS定位技术，在场景中找准新客户，培养客户的习惯，不断提升客户的体验。[14]在一系列时间、空间技术的催化之下，我们可以做到在合适的时间、地点、场合将"广告"推送给合适的消费者，也就是找到那个合适的场景；而就算没有实际的场景，我们也可以通过互联网的各种手段，比如沉浸式的图文体验和一些新型的线上活动，即使没有实际的场景，也可以创造出一个商业需要的虚拟场景。[15]

（五）体验营销离不开体验式广告

与此同时，由于营销离不开广告的宣传，体验营销理论的诞生也使得体验式广告开始兴起。2007年伊始，香港广告商会主席、威汉环球营销机构创办人之一的陈一枬女士将体验营销方法引入品牌发展战略，认为目前整个广告行业发展走向将是品牌的国际化和体验化。体验作为一种革新模式，开始被广泛地应用到广告领域，并对传统的营销传播模式提出了挑战。

体验式广告，就是通过广告形式向消费者提供一个体验场景，令消费者感受到并产生心仪的体验。我国学者莫梅锋和刘潇橘将其描述成一种符号体验媒介，在他们看来，消费者收看体验广告的行为就是一场符号体验：在这种经历中人们还能获得某种记忆，由此，这种经历就留存在了人的记忆中，获得了一种"继续存在的意义……如果某个东西不仅被经历过，而且他的经历存在还获得了一种使自身具有继续存在意义的特征，那么，这个东西就属于体验"[16]。

事实上，体验式广告就是这样一种用各种负载着特定文化意义的传播符号搭建起来的虚拟体验情境。然而，同其他的体验媒介不同，广告无法实现消费者与品牌商品的直接接触，只能够提供文字、图像、声音、色彩等各种符号要素。显然，如果消费者无法全身心地投入体验的情境，就很难产生预期的情绪反应和思维联想，体验营销就不可能顺利进行。这就要求体验式广告用上述的符号要素创造出能够刺激真实情绪产生的虚拟场景，让消费者通过意义联想在脑海中勾画出一定的品牌内涵，并且通过想象按照广告中提供的仿真情景在脑海中完成一次模拟消费。一次虚拟体验进行的完整过程就是体验式广告的发生机制。

广告刺激消费者产生出虚拟消费的意义体验，从这个角度讲，广告在传递体验的同时，也在创造体验。我国广告学者莫梅锋曾经仿照加拿大传播学者麦克卢汉的"媒介是人体的延伸"提出，传播媒介也是广告生命体的延伸。在《体验广告：体验时代呼唤体验媒介》一文中，莫梅锋写道："体验式广告发展需要体验式的媒介符号环境。体验广告通过将包括体验式媒介与体验品牌（符号）在内，整合空间位置、时间契机等元素，形成的一种特定的心理场域。在这个场域中，各种体验符号游离的所指（意义）才能得到确定。处于其中的人们才能自然产生一种正面的、愉悦的、美妙的、值得回味无穷的体验。"[17]

由此可见，体验媒介其实为体验广告提供了可以与消费者进行交流的符号系统和文化环境。因为体验媒介是在一定的社会文化背景中产生的，掌握着与目标受众进行顺利沟通的技巧和经验。只有以媒介为平台，体验广告才能够与消费者完成"亲密接触"，可以"抓"住消费者的眼睛，"占"居消费者的心理。体验媒介尤其能够产生一种"沉浸体验"的体验模式，在这种高峰体验的状态下，消费者可以长时间地、完全地沉浸于体验媒介所提供的虚拟环境之中。显而易见，消费者在"沉浸体验"的状态下能够更加深刻和全面地同体验式广告进行互动，因此所产生的体验效果也就越发强烈。

此外，莫梅锋还对包括网络媒体和传统媒体在内的大众媒介的体验化程度进行了论述："网络媒体是实现媒介'沉浸性'体验最好的环境。海量的信息可以为网民提供教育体验；先进的数字技术可以提供多媒体艺术审美体验；丰富多彩的媒介产品可以提供娱乐体验；通过与他人的网上沟通、联系及组成社群可以提供'社群性体验'……传统媒体也可以通过增加体验成分为受众提供长时间逗留的'沉浸性'体验：比如《超级女声》的零距离审美体验……广播节目超越空间的话语权体验……纸质媒体的开放式写作体验……"[18]

除了《体验广告：体验时代呼唤体验媒介》所提及的几种媒介，手机、分众传媒和聚众传媒等新媒体也为体验广告提供了丰富的便利条件。

通过对体验式广告相关理论的论述，我们可以归纳出：体验式广告的实质就是一种意义的生产和传递；意义生产过程就是通过声音、图像、文字等广告要素塑造出感官、情感、思考、行动和关联体验，来迎合消费者的心理需求的过程；而意义的传递过程则指的是依靠各种体验媒介所提供的接触平台，实现与消费者的沟通和交流。这一套理论囊括了体验式广告的内涵实质、生成机制和实施工具，是体验营销理念与广告融合的最新实践成果，对接下来的体验广告实践操作具有很强的指导意义。

第三节 "体验营销与传播"理论 经典广告案例举要

一、星巴克：品味"第三生活空间"

（一）星巴克公司简介

星巴克公司于1971年在美国西雅图诞生，一直精心经营咖啡豆、茶叶和香料，当时规模不大，只有四家分店。那时，它还只是专注于出售高质量的咖啡豆，没有想过提供饮料服务。对此，星巴克总裁霍华德·舒尔茨后来回忆说："我来到这里，首先闻到了咖啡的芬芳，完全是原汁原味的那种。我感觉它就像未成品的钻石，而我则有能力把它切磨成璀璨的珠宝。"

有一次舒尔茨去米兰出差，当他走入当地的一家咖啡吧，喝了一杯意大利咖啡时，萌生了创办今天我们所见的星巴克空间的设想。

他意识到，原来放松的气氛、交谊的空间、心情的转换，才是咖啡馆真正吸引消费者一来再来的精髓。大家要的不是喝一杯咖啡，而是渴望享受咖啡的时刻。这才是星巴克要做的。那时我真是心情澎湃。他后来回忆说："美国还没有这种东西，我预感到自己将会大有作为。"

然而星巴克的创始人对舒尔茨的想法嗤之以鼻。无奈之下，舒尔茨于1985年离开了星巴克。两年后，舒尔茨斥资400万美元收购星巴克，并开出第一家销售滴滤咖啡和浓缩咖啡饮料的门店，完全按照给消费者以"咖啡体验"的理念来经营星巴克。1991年星巴克成为全美第一家为兼职员工提供股票选择权的私人企业。1992年星巴克在纽约纳斯达克成功上市，开设了165家分店，从此进入一个新的发展阶段。

　　1999年，星巴克在北京开设了中国内地第一家门店，开启中国内地市场。2017年，星巴克亚洲首家全沉浸式咖啡体验门店——星巴克臻选®上海烘焙工坊开业。2018年，星巴克全新多重体验式旗舰店——星巴克臻选®北京坊旗舰店揭幕。

　　截止到2021年8月，星巴克在全球82个市场拥有超过32 000家门店，400 000多名伙伴（员工），市值超过1 300亿美元。用50年打造咖啡帝国，成为全球消费者心中咖啡的印象品牌，星巴克的成功离不开体验营销。

图11-4　星巴克上海迪士尼小镇店

（二）星巴克成功的秘诀——"第三空间"理念

　　咖啡行业作为一个传统行业，没有太多技术含量，进入门槛也比较低。星巴克是靠什么从"1小杯咖啡+1小块方糖"的小咖啡屋发展成为国际最著名的跨国公司的呢？其成功的秘密究竟何在？其实星巴克的最大成功之处在于为消费者营造了一种"非家、非办公"的中间状态——第三空间。

　　它出售的不仅仅是咖啡，而是以为消费者创造"第三空间"为主题，营造出全新的顾客体验。这种体验正是星巴克独特的魅力所在——一个独立于办公室和家庭之外的首选休闲场所。星巴克认为：公司和家是当代人生活的两大空间，一边是辛苦拼搏的工作场所，一边是饮食起居的生活场所。在工作和生活之外，人们往往需要另外一个空间来放松自己，或者相互沟通，而星巴克正是这样的精神栖息之所，营造出一种放松的环境和气氛。

　　按照舒尔茨的说法——它是忙乱喧闹都市中的小绿洲，让奔波于家庭与办公室之间的现代人有个暂时的落脚点。除了精致的咖啡饮品和糕点外，星巴克还向消费者提供现场钢琴演奏、欧美经典音乐、咖啡知识介绍等配套"消费品"，定位思路相当清晰——为白领提供更高价值的享受。

　　"我不在办公室，就在星巴克。我不在星巴克，就在去星巴克的路上。"

　　这句著名的广告词绝妙地诠释了星巴克"第三空间"悠闲、舒适和浪漫的场景。可见，"第三空间"的打造已经逐渐深入人心，而它的成功也得力于星巴克对"第三空间"环境构成要素的独到、深刻、人性化的理解与阐释。

1. 一流品质的咖啡——体验营销的基础载体

咖啡是星巴克体验的载体，在星巴克看来，这种载体的质量品质是企业的灵魂。为了让人们品尝到一流的、纯正的咖啡，星巴克对产品质量的要求达到了疯狂的地步。从购买原料到炒制过程再到销售途径，层层都有缜密的把关，致力于让所有喜欢星巴克的人都能品尝到最纯正的咖啡。

2. 感性色彩的店铺设置——体验营销的"空间舞台"

咖啡店环境是消费者体验咖啡的场所，而环境本身也是人们得到美好体验的来源之一。完美的体验塑造要带给消费者全面的感官刺激，在咖啡的嗅觉、味觉刺激之外，还追求对消费者视觉、听觉、触觉的全面的刺激，使人们的感受更加深刻。好的消费环境是完成这一切的必需，也是打造消费者难忘体验的重要因素。

将咖啡店装修成起居室的风格，仔细挑选相配套的装饰物和灯具，煮咖啡时的嘶嘶声，将咖啡粉末从过滤器敲击下来时发出的啪啪声，用金属勺子铲出咖啡豆时发出的沙沙声，都这些是消费者熟悉的、感到舒服的声音，都烘托出一种"星巴克情调"。

同时，星巴克还有计划地把自然与人工的雕琢融合在一起：柜台和标志图样区域的浅木纹色调、褐色的包装袋，绿色的商标和商标上披着长发的女郎，都营造了一种自然与人的和谐氛围。商标上的人像传达了原始与现代的双重含义，包装和杯子的设计也彼此协调来营造假日的欢乐、多彩的情调，为消费者烘托出一种典雅、悠闲的氛围。店内所有的包装，包括一些纪念品的杯子，都一同打造出星巴克的"精致生活"感受。

图11-5　星巴克城市纪念杯系列

3. 以消费者感受为服务中心——体验营销的心灵升华

在服务的细节上，星巴克以消费者的感受为中心，做到"无微不至"，致力于让每一位消费者在店内享受到舒适的体验。为了保证服务的质量，星巴克员工要经过专业培训后才能上岗。在训练中，要接受公司历史及文化的熏陶、学习咖啡的配置程序、店内工作内容，消费者服务技巧和咖啡文化也是必修内容。星巴克还会有课程教授员工如何更好地去和消费者沟通，使消费者在找到最适合自己口味咖啡的同时，还能体味到星巴克所宣扬的咖啡文化。

4. 店铺之外的延伸体验——体验营销的延伸

体验营销的目标是使消费者成为难忘经历的主人。消费者参与在体验营销中占据很大的分量，为了调动消费者的参与热情，星巴克还通过各种方式把体验延展到店铺之外更广阔的空间中去。通过创建俱乐部，吸收会员，星巴克把它最忠实的消费者网罗到了一起。不仅给会员提供店内的特别服务，还通过发送会员电子期刊来获得与消费者在店铺之外更长时间、更大范围的深度沟通。

（三）星巴克体验营销案例分析

星巴克的许多活动让消费者在咖啡之外体验着更加浓郁的芳香。例如，在星巴克以为消费者创造"第三空间"为主题，营造了一个全新的环境体验。

"这不是一杯咖啡，这是一杯星巴克。"

没有巨额的广告费和促销预算，星巴克的魅力却在消费者之间口耳相传，"出售体验而不是出售咖啡"的星巴克致力于为在都市中奔忙的现代人营造一个城中的绿洲，也因此成就了在消费者心中的非凡意义。

总结起来，星巴克的环境体验之成功其实体现了一个中国传统的经营理念，那就是"商道即人道"，以人为本，为人着想。星巴克正是从消费者和员工出发，充分理解他们的需求，把他们作为价值目标和诉求对象，用一套现代的商业模式，将公司同消费者，以及员工同消费者紧密联系起来，形成一个"第三空间"理念。咖啡则是连接他们的一个载体，但远远超过这个载体的是星巴克用服务带给消费者的愉悦体验和有效沟通的价值模式。这些成了星巴克在市场竞争中差异化的核心武器，为其带来了持续的竞争优势。

星巴克，将普普通通的咖啡经营成独特体验，并以此为卖点，走向成功。反观其他企业，这恰恰是高谈阔论者营销战略所欠缺的。星巴克所坚守的是一成不变的咖啡文化体验模式，创新的是在咖啡文化体验中的各类服务内容、服务品种与服务手段，后者纷呈迭出，蔚为大观。正是这种坚守与创新，造就并延续了星巴克的成功。

二、宜家家居：美好生活从这里开始

（一）宜家的成长传奇——17岁男孩的创业

英格瓦·坎普拉德（Ingvar Kamprad）1926年出生于瑞典一个农场主家庭。后来因为祖父自杀，留下了一片农场交由他父亲打理。也许是祖父因钱而自杀、父亲经常念叨农场因为缺钱而做不成，坎普拉德从少儿时代就进行一些小打小闹的批发转零售类小生意。他从销售中发现了巨大的赚钱乐趣。

那是一种惊喜，当你发现自己能够如此便宜地买进各种东西，然后再以稍高一点的价格卖出时，你就会感受到这种惊喜。

1943年，坎普拉德在进入哥德堡商学院读书之前，用父亲给的一笔"学习奖金"创建了宜家（IKEA）。这一名字就是由他姓名首写字母（I、K）和他所在农场（Elmtaryd）及村庄

（Agunnaryd）的第一个字母组合而成的。由于最初主推的家具（一种椅子和一种咖啡桌）很成功，坎普拉德开始印制名为《宜家通信》的小报（1951年正式发展为宜家的商品目录册，而后以27种语言和56个版本印刷近2亿册，发行量甚至是《圣经》的2倍）。而伴随着数字时代的来临，在2020年的末尾，宜家目录册宣布停刊，纸质手册转为线上订阅版本。

1947年，宜家开始销售家具。1948年，宜家有了第一位雇员。1953年3月，位于瑞典阿姆霍特的宜家第一家展厅式销售的家具商场开业，消费者第一次能够在定购宜家家居用品之前看到和触摸到这些产品。将邮购业与家具商场合二为一的宜家家具经营之道正式诞生。1955年，宜家开始自己设计家具。1958年，宜家在瑞典开设了第一家商场。

此后到20世纪90年代，宜家在欧洲、美洲和大洋洲陆续开设了110多家商场，并设计开发了多种使用不同材料、适应不同需求特别是儿童需求的家具。1998年，宜家在中国的北京开设了亚洲第一家商场。到今天一共在中国9个省份开了19家门店，并且通过线上商城向其他城市售卖家居家具用品。截至2017年，宜家全球422家门店实现了383亿欧元的零售额。而2019年宜家家居全球门店访问量达到10亿人次。

图11-6 宜家门店外景

（二）宜家成功的秘诀——"家的感觉"

宜家在20世纪后半叶开创了一个企业神话，60多年来从一个人的杂货公司发展到今天拥有近12万名员工的家具设计、生产及销售帝国，在世界各地创造着一个又一个销售奇迹。一个不容忽视的成功关键因素是在消费者心中宜家已经不是一家家具制造商和经销商，而是"家的感觉"的出品人，代表着另类、新潮、率直、个性十足，它很好地诠释了"家的感觉"。宜家家居是一个商业传奇，也是一件充满魅力的文化体验产品。

在许多人眼里，宜家是一个充满娱乐氛围的商店。一般的家具商店都是很死板的，没有充满美感的家具仓库，但是宜家以独有的风格，将商场营造成了适合人们娱乐的购物场所。它有着蜿蜒的过道、造型奇异的家具、手感舒适的床上用品，还有耳边袅袅的音乐……在这里购物完全成了一种享受。

宜家体验营销中的这种情境创设使消费者感到轻松愉快、心平气和、耳目一新，意料之外，又是情理之中的环境。消费者对宜家的评论最爱使用的词语就是：自由、随意、舒适、温暖。而专业人士讨论宜家，最常用的一个词语就是"体验营销"。

宜家通过体验营销的五个维度出发，营造出一种环境和氛围，或温馨，或自由，或理性，给消费者以感官的刺激、心灵的慰藉、家的温馨和美的享受，从而刺激消费者的购买欲望，挖掘潜在需求。简单是宜家的特点，而体验营销这个简单却深刻的理论，宜家从1958年开始就在用行动来实践了。通过体验营销的"铁五角"，通过其成功的情境创设和环境营造，宜家成功地铸就了自己在家居王国中的地位。

（三）宜家的体验营销之道

1. 温馨雅致的感官享受

步入宜家商场，人们仿佛来到了精心设计的主题公园式的瑞典，视觉鲜明的蓝黄色调，正是瑞典国旗的颜色，突出了宜家的文化背景和地域风格。宜家从视觉、听觉、触觉、嗅觉等各方面给消费者提供了一道丰富的感官大餐。典雅别致的家具，随意而又巧妙地散布在宽大的居室之中，个个都别具特色，静静地期待着你发现它们时的快乐与欢呼。

宜家是时尚、平和的，因为这里处处洋溢着热情的异国风情，在这里你不仅可以看见温馨舒适的卧房、错落有致的客厅、充满童趣的婴儿房、巧妙利用每一寸空间的厨房等。客厅、卧室、厨房、洗手间……麻雀虽小，五脏俱全。精心布置的一间又一间样板间，虽然风格各异，但每一间都让你体验到"家一般的舒适和温馨"，让消费者每次逛完都迫不及待地自己拥有一个这样的同款。

图11-7　宜家"家一样温馨"的样板间

2. 美好的情感体验

敏锐的宜家善于把握消费者内在的感情与情绪，通过营造一种能够触动消费者内心情感的环境氛围，成功地为消费者创造了一个温和、柔情的快乐体验，使得原本枯燥的购物过程变成了一个兴趣盎然的美好体验。只有在宜家，消费者才会恍然自己原来有这么多的潜在需要，才会感到生活原来可以这样的精彩，时不时的一种发自内心深处的感动会让消费者彻底爱上宜家。

拟设一个家庭，以"这就是我们的家"为主题，设计不同情景的故事，来吸引目标群体，引起共鸣。在宜家，情境营销不仅仅是这些实物的样板房，还有随处可见的各种标语。这种语言描述也会带着消费者进入各种生活情境，同时还鼓励你去躺在床上、沙发上使用它们的产品，在体验中感受到产品的美妙之处。

在这里你不会遇到喋喋不休的销售人员，他们不会亦步亦趋地跟着你，只有在你要求的时候，他们才会主动出现，因此你可以尽情地欣赏任何东西，而不会有人打搅你。如果你逛累了，宜家还准备了各种美味的小吃茶点等，有原汁原味的瑞典肉丸可以品尝，还有来自各地的经典美食可供享用。

3. 激发消费者的思考和动手能力

宜家，不仅将消费者看作会冲动、会欢呼、会感动的感性人，更是会冷静、会联想、会思考的理性人。因此在宜家，不仅有令人心仪的家居设施，更有令人信服的数字说明。在厨房用品区，宜家出售的厨柜从摆进卖场的第一天起就开始接受测试器的测试。厨柜的柜门和抽屉不停地开、关着，数码计数器显示了门及抽屉可承受开关的次数：至今已有608 220次。在沙发区，一架沙发测试器正不停地向被测试的沙发施加压力，以测试沙发承受压力的次数。计数器上同样显示着：到某年某月某日，几时几分几秒，这只沙发共承受过多少次重压，至今仍完好如初。

它更会大方地告诉你一些生活的小秘诀，让你思维豁然开朗。宜家希望为消费者提供最充分的产品信息，总是提醒消费者"多看一眼标签：在标签上您会看到购买指南、保养方法、价

图11-8 宜家提货仓库

格"。宜家在所有商品上都贴有标签，这些标签上标明了产品的尺寸、材料、颜色、价格、产地功能、购买程序、使用规则及保养指南等。

挑选好家具后，消费者需要自己到自选仓库去提货，需要自己动手把包装箱从货架上搬下来，需要自己到收银台去排队交款。当消费者走出宜家时，还需要自己把包装箱拖回家，当然也可以让宜家的工作人员帮助运回家，不过这需要付费。"自己动手、丰衣足食"的生活观念就这样被宜家人演绎得淋漓尽致。宜家鼓励消费者自己动手组装家具，体验DIY的乐趣。随着消费者消费意识的成熟，消费者对消费的过程体验需求越来越强烈，宜家结合这样的需求，提供了一套从现场卖场到最终将家具搬回家之后的全套体验营销，让消费者不仅仅在现场体验，而且回到家后还可以自己动手安装体验，从而拉近了产品与消费者之间的距离。

4. 关联体验——为社会负责

消费者对宜家的喜爱还在于宜家是一个对社会极其负责、对消费者健康极其关注的特殊环保者。从1986年开始，宜家执行的就是世界上最为严格的木质、棉纺产品甲醛含量标准，而且明令禁止在宜家产品及其生产过程中使用对臭氧层有害的化学物质。为了保护原始天然林，宜家从不在实木产品生产过程中使用来自原始天然林或其他应受保护林带的木材，其产品目录的纸张也不采用上述原材料。

宜家对包装材料的环保要求也十分苛刻：要求包装材料可以回收利用，或可二次重复使用。即使是宜家的产品目录，自1993年起也全部采用了完全不含氯的纸张。宜家就这样巧妙地将神奇的体验之旅融入消费者的购物过程，让体验真正成了宜家的成功基石。

图11-9　宜家公益促销

（四）宜家体验营销案例分析

当商业融入了浓墨重彩的人文关怀，营造出独具魅力的人文气氛时，它所经营的场所开始与人们的情绪、情感等心理需求环环相扣，丝丝入微地展开了一种如梦似幻的既与现实生活相似，又抽离于现实的环境，即情境。宜家有目的地引入或创设具有一定情绪色彩的、以形象为主体的生动具体的场景，以使消费者有一定的态度体验，从而引起消费者的共鸣。

在当今体验经济的时代，宜家把体验营销简直做到了极致。它的体验营销，与精心设计的体验情境密不可分，是情境对消费者进行感官刺激，从而改变了消费者行为过程的方式。在人们日常的购物行为中，很多人都会被现场的感性信息吸引，因此现场的体验就会影响到消费者的购物决策。

体验营销是一种更为系统的营销管理体系，进行精心的体验场景设置是体验营销流程需要开展的一项重要工作，即在消费者对某种产品表示出兴趣并到卖场来了解的时候，销售现场的情景设置非常关键，这将直接影响消费者的最终购买决定，体验式场景设置需要创造自由并与产品属性关联的气氛。对体验营销来说，如何创造一种不同寻常的体验场景，是影响消费者购物决策的核心要点。

宜家在消费者的感官、情感、思考、行动、关联五个方面都渗透了环境情境的设置，通过营造一种惬意、轻松、自由、温馨的环境氛围，刺激消费者的感官，触动消费者的情感，引发消费者的思考，鼓励消费者行动，并通过关联激发消费者的社会责任意识。

从宜家我们可以看出，体验营销的实施并不难，它一切都围绕着消费者这个中心点来进行设计。但体验营销是一种更为系统的营销整合管理体系，它不是对于传统营销行为全流程的颠覆性新思想，而只是营销效果实现环节的一种操作型策略思想。运用体验营销的关键是，在从产品设计一直到营销推广整个过程的每一个环节，企业都必须始终站在消费者的体验角度来构思，不能像过去一样仅仅满足于怎样把它做好，而是要考虑消费者看到它、使用它时，会产生什么样的感受。

宜家的体验营销不仅为我国的家具行业的营销模式提供了一个成功的典范，对其他行业也具有启示效应，例如汽车、电器家电、房地产、旅游、休闲娱乐、酒店服务等。业界许多人都认为，体验营销无非就是加强终端现场的展示而已，其实并非如此，体验营销一旦实施，它就必须更清楚地掌握消费者的所有消费行为，更加关注好消费者在购物的前、中、后的全部体验，让消费者感觉到品牌是那么鲜活、多样化，而且是可以看得到并伸手可及的，超越他们的预先设想，这样的体验才是真正的体验营销，如果切实将它们贯穿在营销中，才能创造真正的价值。

思考与练习

1. 你觉得体验经济与体验营销的关系和区别在哪里？

2. 从案例可以看出星巴克带给消费者的不仅是产品和服务的体验，而且还包括环境氛围、渠道氛围等体验，让消费者所需价值得到满足，从而带动企业体验价值的提升。请结合体验营销的策略与案例，分析星巴克是通过哪几种体验类型实现体验营销的？

3. 你能从日常喜欢的企业或品牌中举出一个体验营销做得比较成功的案例吗？

参考文献

1. 伯德·施密特. 更长远的战略 [M]. Harvard Business School, 2007, 3—5.
2. 伯德·施密特, 亚历克斯·西蒙森. 视觉与感受：营销美学. 曹嵘译. 上海：上海交通大学出版社, 1999：1—298.
3. Danny. 体验营销——施密特专访 [J]. 品质, 2010, 000 (009)：38—45.
4. 伯恩·施密特. 体验营销 [M]. 梁丽娟等译. 北京：清华大学出版社. 2004：13.
5. 伯恩·施密特. 体验营销 [M]. 梁丽娟等译. 北京：清华大学出版社. 2004：18.
6. 邓明新. 体验营销技能案例训练手册 [M]. 北京北京工业大学出版. 2008：367.
7. 阿尔温·托夫勒. 未来的冲击 [M]. 蔡伸章译. 北京：中国对外翻译出版公司. 1985：277—279.
8. 王成慧. 体验营销案例研究 [M]. 天津：南开大学出版社, 2011：1—117.
9. 王强. 体验经济时代的消费需求及营销战略 [J]. 中国商论, 2016, 000 (033)：9—10.
10. 阿尔温·托夫勒. 未来的冲击 [M]. 蔡伸章译. 北京：中国对外翻译出版公司, 1985：198.
11. 陈英毅, 范秀成. 论体验营销 [J]. 华东经济管理, 2003, 17 (002)：126—129.
12. 朱世平. 体验营销及其模型构造 [J]. 商业经济与管理, 2003, 000 (005)：25—27.
13. 徐艳琴. 基于移动产业视角的场景营销策略分析 [J]. 商业经济研究, 2016 (13)：65—67.
14. 余梦妮. 移动互联网时代的场景营销探析 [J]. 管理观察, 2015, 000 (017)：173—175.
15. 苏落. 构建场景——移动互联基础营销杀招 [J]. 成功营销, 2015 (06)：78—82.
16. 莫梅锋, 刘漾楷. 体验广告：体验时代呼唤体验媒介 [M].《新闻界》, 2005 (5)：56—57.
17. 莫梅锋, 刘漾楷. 体验广告：体验时代呼唤体验媒介 [M].《新闻界》, 2005 (5)：56—57.
18. 莫梅锋, 刘漾楷. 体验广告：体验时代呼唤体验媒介 [M].《新闻界》, 2005 (5)：56—57.